教师教育
综合素质教程

汪明春　杨会燕　主编

华中科技大学出版社
http://press.hust.edu.cn
中国·武汉

内 容 提 要

教师专业发展成为21世纪世界各国面临的重要问题,因此大力发展教师教育,帮助更多优秀人士进入教育领域,成为中国教育的重要课题。

本书立足于教师资格证考试大纲的基本要求,兼顾学术性与实用性的统一,本书内容既包括了教师职业的形成与发展、教师教育的发展历程、教师资格制度的形成和发展、教师职业的基本素养,又涉及教师资格证考试中"综合素质"的基本内容,如教师的职业理念、教师的职业道德、教师的法律观、教师的职业能力、教师的文化素养等。

此外,本书也有一定的特色:①提供教师教育的清晰脉络;②围绕教师的综合素质形成内容体系;③提供知识框架和练习题。

真诚希望本书能成为大学教师教育的教材,也希望本书对有志于成为教师的社会人士有所帮助。

图书在版编目(CIP)数据

教师教育综合素质教程/汪明春,杨会燕主编.—武汉:华中科技大学出版社,2016.9(2023.8重印)
ISBN 978-7-5680-2222-4

Ⅰ.①教… Ⅱ.①汪… ②杨… Ⅲ.①教师素质-资格考试-教材 Ⅳ.①G451.6

中国版本图书馆CIP数据核字(2016)第226792号

教师教育综合素质教程 汪明春 杨会燕 主编
Jiaoshi Jiaoyu Zonghe Suzhi Jiaocheng

策划编辑:陈培斌
责任编辑:李文星
封面设计:原色设计
责任校对:刘 竣
责任监印:周治超

出版发行:华中科技大学出版社(中国•武汉) 电话:(027)81321913
　　　　　武汉市东湖新技术开发区华工科技园 邮编:430223
录　　排:武汉楚海文化传播有限公司
印　　刷:武汉市首壹印务有限公司
开　　本:787mm×1092mm 1/16
印　　张:17
字　　数:408千字
印　　次:2023年8月第1版第6次印刷
定　　价:48.00元

本书若有印装质量问题,请向出版社营销中心调换
全国免费服务热线:400-6679-118　竭诚为您服务
版权所有　侵权必究

前 言

"教师是太阳底下最光辉的职业","教师是人类灵魂的工程师"。这些对教师的赞誉无不说明了教师的重要性。从某种程度上说,没有教师就没有人类社会的进步。但随着社会的发展,人们对教师的要求越来越高,教师专业化和教师专业发展已成为教师发展的主要趋势。因此,如何做专业的教师,如何成为人民满意的教师,成为当前教师教育中的主要问题。

而随着教师资格考试在全国推进,师范生和有志于成为教师的社会人士必须通过一定的考试并合格之后,才能拿到教师资格证,才有可能成为教师。

因此,为了更好地帮助师范生和社会人士通过教师资格考核,具有教师的基本素质,我们特意编写了这本教材。这本教材不同于市面上其他的"综合素质"的考试用书,本书是在大学开设的"教师教育综合"课程的基础上编写的。本书既具有一定的学术性,又体现一定的实用性。本书内容既包括教师职业的形成与发展、教师教育的发展历程、教师资格制度的形成和发展、教师职业的基本素养,又涉及教师资格证考试中"综合素质"的基本内容,如教师的职业理念、教师的职业道德、教师的法律观、教师的职业能力、教师的文化素养等。也就是说,本书致力于帮助师范生和有志于成为教师的社会人士,了解教师的相关理论体系,顺利通过"综合素质"的教师资格考试。

此外,本书在编写中也有一定的特色:

(1)提供教师教育的清晰脉络;

(2)围绕教师的综合素质形成内容体系;

(3)提供知识框架和练习题。

本书主要由武汉体育学院从事教师教育研究的研究者合作完成,总体框架的设计和统稿由汪明春、杨会燕完成;绪论、第一章、第二章由汪明春编写;第三章由杨会燕、徐凤娇编写;第四章由汪宇峰、黄永晴编写;第五章由李茹(新疆石河子大学)、李云云编写;第六、七、九章由崔婷编写;第八章由但艳芳编写。

在本书的写作过程中,我们参考了许多文献,对我们参考的文献,我们尽可能做了标注。但必须说明,我们参考的文献远远多于我们标注的文献。在此,对这些作者表示我们最诚挚的谢意。由于时间仓促,加上我们水平有限,不足之处和失误在所难免,敬请广大读者批评指正。

编　者
2016年6月

目录

绪论　教师教育概述 ……………………………………………………………………（1）
第一节　教师与教师教育概说 …………………………………………………………（3）
第二节　教师教育发展史 ………………………………………………………………（5）
第三节　我国教师教育课程标准 ………………………………………………………（13）

第一章　教师资格制度 …………………………………………………………………（17）
第一节　教师资格制度简介 ……………………………………………………………（18）
第二节　教师资格制度的发展历程 ……………………………………………………（19）
第三节　我国现行教师资格制度 ………………………………………………………（26）

第二章　教师职业的专业化与专业发展 ………………………………………………（38）
第一节　教师职业与教师专业 …………………………………………………………（39）
第二节　教师专业发展的内容 …………………………………………………………（48）
第三节　教师专业发展的途径和方法 …………………………………………………（51）

第三章　教师职业理念 …………………………………………………………………（63）
第一节　教师的教育观 …………………………………………………………………（64）
第二节　教师的学生观 …………………………………………………………………（70）
第三节　教师的教师观 …………………………………………………………………（82）

第四章　教师职业道德 …………………………………………………………………（93）
第一节　教师职业道德概说 ……………………………………………………………（94）
第二节　中小学教师职业道德规范 ……………………………………………………（98）
第三节　班主任职业道德规范 …………………………………………………………（106）
第四节　教师的职业行为规范 …………………………………………………………（110）

· 1 ·

第五章 教师的法律观 ………………………………………………………… (116)
第一节 法律概说 ………………………………………………………… (118)
第二节 我国主要教育法律法规解读 …………………………………… (122)
第三节 教师的权利与义务 ……………………………………………… (141)
第四节 学生的权利与义务 ……………………………………………… (147)

第六章 教师的文化素养 ……………………………………………………… (152)
第一节 教师的历史素养 ………………………………………………… (153)
第二节 教师的文学素养 ………………………………………………… (160)
第三节 教师的艺术素养 ………………………………………………… (174)
第四节 教师的科学技术素养 …………………………………………… (175)
第五节 教师的传统文化素养 …………………………………………… (184)

第七章 教师的基本能力 ……………………………………………………… (193)
第一节 教师的信息能力 ………………………………………………… (194)
第二节 教师的逻辑思维能力 …………………………………………… (198)
第三节 教师的阅读能力 ………………………………………………… (200)
第四节 教师的写作能力 ………………………………………………… (203)

第八章 教师的职业技能 ……………………………………………………… (209)
第一节 教学设计技能 …………………………………………………… (210)
第二节 授课技能 ………………………………………………………… (214)
第三节 教研技能 ………………………………………………………… (221)

第九章 教师的职业形象 ……………………………………………………… (227)
第一节 教师职业形象概说 ……………………………………………… (228)
第二节 教师仪表 ………………………………………………………… (233)
第三节 教师仪态 ………………………………………………………… (235)

附录 ……………………………………………………………………………… (241)
附件1 教师教育课程标准(试行) ……………………………………… (241)
附件2 教师资格条例 …………………………………………………… (249)
附件3 《教师资格条例》实施办法 ……………………………………… (252)
附件4 《综合素质》(中学)考试大纲 …………………………………… (255)
附件5 2016年上半年中小学教师资格考试 …………………………… (259)

绪论 教师教育概述

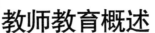

 考试内容与要求

1. 教师

➢ 了解教师的含义。

2. 教师教育

➢ 掌握教师教育的含义。
➢ 了解教师教育发展的历史。
➢ 知道教师教育的发展趋势。

 知识框架

教师与教师教育概说	教师	教师是指受过专门教育和训练的,在学校中向学生传递人类科学文化知识和技能,增强学生的体质,对学生进行思想道德教育,培养学生高尚的审美情趣,把受教育者培养成社会需要的人才的专业人员
	教师教育	教师教育即专门培养训练教师的教育,是对教师培养和培训的统称,是在终身教育思想指导下,按照教师专业发展的不同阶段,对教师实施职前培养、入职培训和在职研修等连续的、可发展的、一体化的教育过程
教师教育发展史	世界教师教育发展史	1. 世界教师教育的产生——师范教育的产生(17世纪末到18世纪末); 2. 世界教师教育的扩展(18世纪末到19世纪末); 3. 世界教师教育的转折发展(19世纪末到第二次世界大战); 4. 世界教师教育的新发展——教师教育取代师范教育(第二次世界大战之后至今)
	我国教师教育发展史	1. 独立封闭师范教育体系的形成和确立(1897—1921年); 2. 开放性师范教育体系的形成和发展(1922—1948年); 3. 独立封闭师范教育体系的重建和新的发展(1949—1995年); 4. 开放性教师教育体系的确立和发展(1996年至今)
	当代教师教育发展趋势	专业化趋势;高学历化趋势;信息化趋势;多元化趋势;一体化趋势
我国教师教育课程标准	我国教师教育课程标准	见附件1

考题举例

下列对教师教育的理解,存在片面性的是( )。

A. 对教师进行的教育　　　　　　B. 不包括职前教育
C. 包括教师在职进行　　　　　　D. 包括入职培训

【答案】B

有人说:教师是蜡烛,照亮别人而燃烧自身;教师是犁铧,为播撒知识的种子而磨损自己;教师是人梯,让学生踩着自己的肩膀去攀登科学高峰;教师是渡船,让一批批学子从蒙昧的此岸到达智慧的彼岸;教师是铺路石,让一代代年轻人踏着自己走向辉煌的未来;教师是园丁,用心血辛勤耕耘,精心育才;教师是春蚕,为体现自身价值默默吐尽最后一口丝;教师是根,为叶的繁茂,不停地延伸,为果的丰收,不辞辛劳……因此,夸美纽斯说:"教师,是太阳底下最光辉的职业!"是的,从某种意义上说,没有教师就没有人类的进步,没有教师就没有社会的发展,没有教师就没有个人的幸福。好的教师确实是难能可贵的。有这样一位教师,她的故事也值得深思:

开学的第一天,她站在五年级的学生们面前,说了个谎。她看着她的学生,说她会平等地爱班里的每一位同学。但这是不可能的,那是因为坐在前排的一个小男孩,他叫泰迪·斯托达德。

汤普森夫人发现,泰迪根本无法与其他的孩子玩到一起去。他的衣服很邋遢,身上也不整洁,而且不怎么受大家欢迎。汤普森夫人很喜欢在他的卷子上用红笔画一个个红叉。

过了不久,汤普森夫人教课的学校要求老师对每个孩子过去的记录进行审阅,她把泰迪的档案放到了最后一个才看。然而,当她看到泰迪档案的时候,吃了一惊。

泰迪一年级的老师写道:"泰迪是个聪明的孩子,永远面带笑容。作业写得很工整、很有礼貌,他给周围的人带来了欢乐。"

二年级的老师写道:"泰迪是个优秀的学生,深受同学的喜欢,但是他很苦恼,因为他妈妈的病已到了晚期,家里生活困难。"

三年级的老师写道:"母亲的去世对他是个沉重的打击。他试图尽最大努力,但他的父亲责任感不强,如果不采取一些措施,他的家庭会对他产生不利影响。"

四年级的老师写道:"泰迪性格孤僻,对学习不感兴趣。他没有什么朋友,有时会在课堂上睡觉。"

此时,汤普森夫人才意识到问题的所在,她为自己的行为感到羞愧。

圣诞节到了,当学生们送给她圣诞礼物时,她更是无地自容。学生们的礼物是用明亮的彩纸包好,上面扎着美丽的丝带,唯独泰迪的不是。他的礼物是用厚厚的牛皮纸袋包裹,那纸是从杂货袋上扯下的。汤普森夫人费了很大劲才打开这个礼物。那是一只水晶石手链,上面有颗水晶石已经丢失了,还有一瓶只有四分之一的香水。一些孩子开始发笑,她制止了他们。她大声夸赞这只手链多漂亮啊,并把它戴在手上,还在手腕上擦了些香水。

那天放学后,泰迪·斯托达德说了一句话才走:"汤普森夫人,今天你身上的味道就像我妈妈以前一样。"

孩子们走后,她哭了至少一个小时。从那一天起,她不再研究怎样教阅读、写作和算术,而是研究怎样教育孩子们。

汤普森夫人开始特别关注泰迪。与汤普森夫人一起学习时,泰迪的大脑变得灵活起来,她越鼓励他,他就反应越快。

到了这年年末,泰迪已成为班上最聪明的孩子。尽管她说过,"会平等地爱所有的孩子",但泰迪成了她的"宠儿"。

一年后,汤普森夫人在门缝下发现一张纸条,是泰迪写的,他告诉她,她是他一生中遇到的最棒的老师。

又过了六年,汤普森老师又收到泰迪的另一张纸条。他说,自己已经高中毕业,成绩排在全班第三名,她仍是他一生中遇到的最棒的老师。

多年后,汤普森老师收到一封信,这次泰迪说,当初拿到学士学位后,他决定继续留在学校深造,他还说,汤普森夫人仍是自己一生中遇到的最好的老师。但如今信上的落款变得长了些:医学博士西奥多·F.斯托达德。

那年春天,泰迪又来了一封信,说他马上要结婚了,他不知道汤普森夫人是否愿意参加他的婚礼,并坐在新郎母亲的座位上。汤普森夫人欣然前往。她戴着那只丢了水晶石的手链,还专门喷了泰迪母亲用过的那种香水。师生俩互相拥抱,斯托达德博士轻声在汤普森夫人的耳畔说:"谢谢你,汤普森夫人,非常感谢你让我知道自己可以有所作为。"汤普森夫人眼含热泪,低声说:"泰迪,你全搞错了,是你教会了我,直到遇见你,我才知道如何做老师。"

是的,教育的使命就是让每一只鸟都歌唱,让每一朵花都开放。一个春天有千万多玫瑰,可是,对一朵玫瑰而言,却只有一个春天。每一朵花都有开放的理由。

那么,你愿意做一个教育的使者去守护每一朵花的开放吗?希望本课程的学习,能帮助你成为优秀的"护花使者"。

第一节 教师与教师教育概说

一、教师概说

(一)教师含义

教师一词有两重含义,既指一种社会角色,又指这一角色的承担者。广义的教师泛指传授知识、经验的人。狭义的教师是指受过专门教育和训练的人,并在教育(学校)中担任教育、教学工作的人。

教师教育中的教师一般是指狭义的,即受过专门教育和训练,在学校向学生传递人类科学文化知识和技能,发展学生的体质,对学生进行思想道德教育,培养学生高尚的审美情趣,把受教育者培养成社会需要的人才的专业人员。

《中华人民共和国教师法》也指出教师是履行教育教学职能的专业人员,承担教书育人、培养社会主义事业建设者和接班人、提高民族素质的使命。

(二)教师的来源

古代称教师为"师",与军队有关。"师"的称谓,最早见于西周金文中,称为"师氏",简称"师",系教国子之官。

西周统治者为培养善战的贵族子弟,开办了"国学",由高级军官"师氏"任教。随着社会的进步和文化教育事业的发展,文官任教的人也逐渐多起来,因而,教师便成为社会上一部分人的职业。由于"教"是传授知识的主要手段,因此,人们便逐渐把"教"和"师"合起来,成为"教师"。

何谓师？《说文解字》注曰："师,教人以道者之称也。"教师,一般指直接从事教育工作或其他传授知识技术的人,也泛指在其他方面值得学习的人。从史书中看,先秦时期就有师傅、师长、先生此类称谓,一直沿用至今。

(三)教师的尊称

中国有悠久的尊师重道的传统,古代就有"人有三尊,君、父、师"的说法。《吕氏春秋·尊师》云："生则谨养……死则敬祭……此所以尊师也。"中国古代教师的称谓很多,其中尊称有以下五种：

1. 老师

"老师"最初指年老资深的学者,如《史记·孟子荀卿列传》："……齐襄王时,而荀卿最为老师。"宋元时期"老师"是对地方小学教师的称谓。如金代元好问《示侄孙伯安》一诗："伯安入小学,颖悟非凡儿。属句有凤性,说字惊老师。"后专指学生对教师的尊称。

2. 先生

明清以来,一般称教师为"先生"。直至19世纪末20世纪初,辛亥革命元老、中国现代教育奠基人何子渊、丘逢甲等人将西学(美式教育)引入中国,创办新式学校后,便开始在"学生操行规范"里面明确将"教师"的称谓定义为"老师"。但绝大部分学生约定俗成地将"先生"改称为"老师",则是从国民政府时代开始,并一直沿用至今。

3. 西席、西宾

西席、西宾的由来是这样的：汉明帝刘庄为太子时,拜桓荣为师,登皇位后,对桓荣仍十分尊敬,常到桓荣住的太常府内,听桓荣讲经。汉代席地而坐,室内坐次以靠西墙(西边),面向东方为尊。汉明帝给桓荣安排坐西南面东的坐席,表示对启蒙老师的尊敬。从此,"西席"便成了对教师的尊称,也称"西宾"。

4. 师长

师长是古时候对教师的尊称之一。《韩非子·五蠹》："今有不才之子……师长教之弗为变。"

5. 山长

山长源于《荆相近事》。五代时,蒋维东隐居衡岳,以讲学为主,受业者众多,尊称蒋维东为"山长"。此后,山中书院中的主讲教师亦称"山长"。久而久之,"山长"成为对教师的一种尊称。

6. 其他称谓

教书匠——最通俗、范围最广的称呼。

夫子——最古老的尊称。

教员——港台等地区最流行的称呼。

园丁——最质朴无华的褒称。

蜡烛——最温馨动人的称谓。

慈母——最真挚感人的爱称。
春蚕——最诚挚的称谓。
春雨——最生动形象的称谓。
人梯——最高评价的专称。
孺子牛——最具中国特色的喻称。
教练——指导、训练和督导他人,试图完成某种使命或任务的人。
人类灵魂的工程师——最富哲理的称谓。

二、教师教育概说

教师教育即专门培养、训练教师的教育,是对教师培养和培训的统称,是在终身教育思想指导下,按照教师专业发展的不同阶段,对教师实施职前培养、入职培训和在职研修等连续的、可发展的、一体化的教育过程。

教师教育从"师范教育"概念基础上发展而来,从教师终身学习的观念出发,把教师的职前教育、入职教育、在职进修三个阶段合为一体,称作"教师教育"。

"师范教育"专指职前培养阶段。2001年,《国务院关于基础教育改革与发展的决定》正式以"教师教育"的名称取代了"师范教育"一词。

从"师范教育"到"教师教育"并不是简单的概念替换或文字游戏,而是标志着教师培养进入到一个新的历史阶段,是教育发展的内在要求。因此,"师范教育"与"教师教育"的含义,在本质上是有所区别的。"教师教育"相较于"师范教育",内涵更为丰富,更适应于当今世界的科技知识的更新和教育普及程度的提高,体现与时俱进。由"师范教育"向"教师教育"的转变直接关系到我国基础教育师资培养的制度、模式、方法、标准、课程设置、权利责任,关系到我国基础教育的发展水平,是一项复杂而又意义重大的系统工程。

现在的"教师教育"就是在终身教育思想指导下,按照教师专业发展的不同阶段,对教师的职前培养、入职培训和在职研修通盘考虑、整体设计,体现了对教师的教育是连续的、可发展的,一体化的。[①]

第二节 教师教育发展史

一、世界教师教育发展史

(一)世界教师教育的产生——师范教育的产生(17世纪末到18世纪末)

师范作为专门培养教师的教育机构,最早起源于17、18世纪的法国。在古代,由于社会生产力水平低下,教育发展迟缓,因而师资无需专门培养,也就没有师范教育。欧洲文艺复兴后,工商业和外贸业进一步发展,促进了教育的发展,从而产生了大量师资的需求,于是,就出现了师范教育。1684年,法国"基督教兄弟会"创始人拉萨尔在兰斯首创师资

---

① 马立.推进教师教育改革加快基础教育改革和发展[J].人民教育,2001(8).

训练学校。① 这是世界上最早的专门培养教师的机构。1696年,德国的弗兰克在哈雷创办教师养成所。1738年,弗兰克的学生赫克为普鲁士的教师设立了第一个正式的师范学校。1796年,法国成立巴黎师范学校。

(二)世界教师教育的扩展(18世纪末到19世纪末)

师范教育的真正发展却在工业革命后。工业革命使社会化大机器生产代替了个体手工劳动,它要求数以百万计的生产工作者比闭塞无知的农奴更有文化,更加伶俐,能够懂得机器和正确地使用机器。于是,在欧美等地提出了普及教育的口号。教育要普及,学校得发展,发展学校教育就需要数量众多的教师,师范教育应时代要求迅速发展起来。师范学校数量急剧增加并由初等师范教育向中等师范教育发展。

18世纪60年代的第一次工业革命,使生产力发展突飞猛进,机器大工业迫切要求普及教育,以使广大劳动者掌握文化科学知识和技术。因而,教师的需求量骤然增加,师范学校大量涌现。如美国,自1823年创办第一所中等师范学校,至1900年公立师范学校发展到170所,在校生4.3万人;私立师范学校发展到了118所,在校生2万多人。法国,从1822年到1878年,初等师范学校从12所发展到174所。

同时,随着各国普及初等义务教育的年限由低年级向高年级延伸,师范教育也从初等师范教育向中等师范教育发展,并最终被中等师范教育取代。

(三)世界教师教育的转折发展(19世纪末到第二次世界大战)

1. 中等师范教育普遍实施并逐步为高等师范教育取代

19世纪70年代,第二次技术革命使社会生产力进一步发展,这就要求劳动者必须具备与之相适应的更高的文化与技术水平。因此,普及中等教育、发展职业技术教育就成为当时社会的必然要求。而这时的中等师范学校显然已不能适应这一要求,高等师范教育应运而生,并在与中等师范教育并存一段时间后,随着普及初等义务教育的完成,逐渐取代了中等师范教育。

在这次技术革命中,美国发展最快。因而,也正是它揭开了师范教育由中等师范教育向高等师范教育历史性转变的序幕。1893年,美国奥尔巴尼市率先将师范学校升格为州立师范学院,建立了第一所高等师范院校。1908年,美全国教育协会发表声明,敦促各州以师范学院取代师范学校,并建议高等师范学院招收高中毕业生,培养中小学教师和进行教育科研。一时间,高等师范学院如雨后春笋,蓬勃发展。到20世纪初,美国各州普遍建立了师范学院。1920年,已有师范学院46所,到1930年高等师范院校达到144所,1948年达250所。与此同时,中等师范学校呈现萎缩趋势,或淘汰撤销,或升格为师范学院,1919年中等师范学校尚有325所,1928年减少到202所,到1942年仅存60所,1945年只剩14所了,到60年代则基本绝迹。

20世纪初,英、法、德、日等国也先后不同程度地出现了这种趋势。如1919年德国联邦宪法第143章第2条规定:"德意志全境内的师资训练的基本原则是统一实行高等教育。"苏联的做法是把培养低年级的师范学校由高中水平升至高中后两年,中高年级的教师则由师范学院或综合性大学培养。

---

① 张瑞璠,王承绪.中外教育比较史纲(近代卷)[M].济南:山东教育出版社,1997:703.

2. 高等师范教育继续发展，师范教育由单一、封闭走向多元、开放（从第二次世界大战后至今）

20世纪四五十年代的第三次技术革命（科学技术革命）对劳动者的知识能力提出了前所未有的要求，要求劳动者不仅要有基础知识和基本的职业技能，而且要吸纳更多知识、更新知识及在劳动中创造性地运用知识的能力，人才的培养呈现综合化趋势，这对教师的素质提出了更高的要求。而师范院校由于培养目标过于单一、课程设置死板狭窄，因而所培养的师资知识范围较窄、学术水平较低，难以满足这种要求。加之英、美等许多发达资本主义国家这时已基本普及了中等义务教育，而人口增长率却开始呈现下降趋势，学生人数逐渐减少，出现师资供过于求的现象，这就迫使师范院校向综合性大学靠拢（或与综合性大学合并成为综合性大学的教育系或教育学院）。由此，师范教育由封闭走向开放、从单一走向综合，师范教育进入了一个新的转折时期。

美国从20世纪40年代开始，师范院校就逐渐扩充，进而与综合大学合并，产生了"大学＋师范"的"4＋1"模式。哈佛大学、斯坦福大学、芝加哥大学及许多州立大学都设立了教育学院或教育系，独立的师范学院逐渐衰亡。据20世纪60年代的统计，师范学院培养的中小学教师仅占全国总数的20%。而80%的教师则由综合大学的教育学院和文理学院教育系培养①。

联邦德国在20世纪60年代进行的师范教育改革，首先就是取消师范学校，中小学教师统一由高等师范院校和综合性大学教育系培养，之后高等师范院校逐渐减少。

英国一些师范学院与大学合并，成为大学师范科或教育学院。例如，1932年伦敦师范学院并入伦敦大学，改称伦敦大学教育学院。还有一些师范学院充分利用大学的学术优势，与大学联合，由大学来认可师范学院的课程和考试，师范生须通过该大学的文凭考试，方可获得"教师证书"。如当时的喀尔罕师范学院和玛利格雷师范学院就分别与牛津大学、伦敦大学建立了这种学术联姻，从而促进了两所师范学院学术水平的提高。

3. 教师考核制度和证书制度日臻完善

1810年，德国开创确立、认可教师资格之先河。之后，欧美、日本等国都相继建立了教师考核及证书制度，并不断完善和推广。

例如，法国小学教师需经过三种证书的考试，第一次是师范学校入学考试，合格录取后取得初级证书；第二次是师范学校二年级结业考试，通过后方可升入第三学年并获得高级证书；第三次是毕业试教两年后的专业考试，通过后可获得专业证书，具有终身小学正式教员的资格。法国中学教师通过国家考试，可获得"中等教育教学能力证书"，参加此证书考试的教师须受过3年以上高等教育并有学士学位。

美国于1825年最早在俄亥俄州实施教师证书制度，到1940年，全国已有42个州实行了教师证书制度。尽管各州规定不一，但一般有这样几种证书：按级别划分，有幼儿园、小学、中学、职业技术、特殊教育等教师证书；按职责划分，有各科教师和各类管理人员证书；按任职时限划分，有临时、短期、终身等教师证书。为了便于教师流动，纽约州还推出证书交换计划，到1921年，已有38个州加入该计划。

第二次世界大战前，德国中小学教师必须通过国家考试才能获得任职资格，否则，不

---

① 人民教育出版社《外国教育丛书》编辑组. 师范教育的现状和趋势[M]. 北京：人民教育出版社，1979.

管拥有什么学历,都不能聘为正式教师。德国小学教师必须经过两次鉴定考试,合格者可获永久性证书,中学教师由教育部主持鉴定,合格者获中学教师证书。

日本中小学教师的任职条件非常严格,必须持有相应的师范毕业证书,或通过考核审定授予教师许可证书才许执教。小学教师教学许可证分为初等、中等和高等三种,有效期为5年。1900年,日本颁布《教员许可政令》,规定"教员许可证由文部大臣授予以培养教师为目的的官立学校的毕业生和经过参加教师考核鉴定的合格者"。这种双重的教师资格审定制度一直持续到第二次世界大战结束。

教师考核和教师证书制度的实施和不断完善,有效地保证了教师的质量,促进了教师素质的提高,维护了持证教师的权益,标志着教师专业化的水平不断提高,师范教育正朝着规范、有序的方向发展。

(四)世界教师教育的新发展——教师教育取代师范教育(第二次世界大战之后至今)

自20世纪中叶起,世界上兴起又一轮的教育改革高潮,旧的师范教育体系难以满足基础教育改革对教师数量及质量的要求,对各种专业的高技术人才的需求,更加促进了教师教育课程和学制体系的进一步改革,教师教育逐渐向大学靠拢,将基础学科与教育学结合起来,并加强对教学实践课程的重视,延长其学制年限。所有教师一律采取开放式非定向的模式培养,将中小学教师的学历水平提高到大学水平及以上。

美国教师教育经历从单一的学校向单一学院再向综合性大学转变;英国在20世纪60年代后将大学教育和教师教育结合起来;法国也在1969年进行法国初等教师教育培养体制改革,如同综合性大学一样招收高中生进行职业培训,1979年,进一步将大学和师资学校合作,分别负责一部分教学;德国在经历二战后,教师教育曾一度停滞不前,20世纪60年代后,大多数的高等师范学校或与大学合并或与综合性高等学校联合,或自身升格为综合性大学。

随着科学技术知识更新速度的加快,教育普及程度的提高,教师地位的不断提高,教师需要不断更新其知识结构和提高其教育教学水平,教师教育更加强调教师培养的终身性、多层次性和专业性。教师专业化问题逐步形成世界共识。

1966年,联合国教科文组织发布《关于教师地位的建议》,强调教师的专业性质,认为"教育工作应被视为一种专门专业,这种职业要求教师经过严格的、持续不断的研究,才能获得并保持专门的知识与专门技能";1975年,联合国教科文组织第35届国际教育会议通过决议,强调教师职前培养和在职进修相统一的必要性。此后,"师范教育"逐渐延伸为考虑教师终身专业发展的"教师教育",出现了"教师教育培养一体化"的概念。这为教师专业化的进一步发展创造了条件。1996年,联合国教科文组织第45届国际教育大会,主题为"加强变化着的世界中的教师作用",提出"在提高教师地位的整体策略中,专业化是最有前途的中长期策略"。这次大会被看作国际教师教育发展的一个里程碑。1998年,在中国北京召开了"面向21世纪师范教育国际研讨会",进一步明确了"当前师范教育改革的核心是教师专业化问题"。这样,教师专业化运动在20世纪结束之际,终于达成世界性的共识,即培养具有专业化水准的教师是21世纪国际教师教育改革的目标。

二、我国教师教育的发展史

(一)我国师范教育产生

师范教育的性质虽然近似人才教育,但它以辅助普通教育的发展为目的,它的萌芽在中日甲午战争以后。由中日甲午战争一直追溯到同治元年同文馆的设立,虽然有三十多年的办学历史,但中国学术方面的教授仍由科举出身的学者担任,西洋学术方面的教授则多聘请外人,在国内尚无所谓师范教育。

光绪二十二年(公元1896年),梁启超曾撰《论师范》一文,指斥当时聘请外教担任教师的五不相宜,这可视为师范教育议论的发端。

盛宣怀正是在他创设天津头二等学堂过程中,深感"教者既苦乏才,学者亦难精择",提出"惟师道立则善人多"、"师范学堂,尤为学堂一事先务中之先务",遂于1897年在上海创办南洋公学,内设师范院培养教师,成为中国师范教育的发端。

以后陆续创办的师范学堂有京师大学堂师范馆(1902年)、湖北师范学堂(1902年)、通州师范学校(1902年)、三江师范学堂(1902年)。

1904年,《奏定学堂章程》颁布,师范教育机构作为有别于一般学校的独立体系而设置。

(二)我国教师教育发展

我国教师教育体系的演变过程,大体可以划分为四个阶段:

1. 独立封闭师范教育体系形成和确立(1897—1921年)

自1897年盛宣怀创办师范学院直至1921年,是我国师范教育发展的第一个阶段。这一阶段的师范教育主要以封闭式教育为主,模仿日本师范教育模式。

1902年,《钦定学堂章程》(壬寅学制)正式规定了师范教育体系。其中,关于高等师范教育阶段的要求:"高等学堂应附设师范学堂一所,以造就各处中学堂教员。"1902年,京师大学堂内设师范馆,培养中学师资,开了我国高等师范教育先河。1904年初,仿照日本模式,《奏定学堂章程》(癸卯学制)对师范教育章程进行了修订。该学制把附设于京师大学堂的优级师范科改为独立设置的优级师范学堂,并规定"优级师范学堂,京师及各省城宜各设一所"。优级师范学堂,作为国家统一承办的11类独立设置的、专门培养中学师资的机构,也就是说这一阶段的教师主要依靠专门设置的师范学堂来培养。

2. 开放性师范教育体系形成和发展(1922—1948年)

1922年到新中国成立前夕,我国学习美国教育模式,取消独立师范体系,由大学和独立设置的师范学院共同承担中等师资的培养,形成了开放性的师范教育体系。美国教育家杜威、孟禄等人陆续访华,大批留美学生回国,使美国的教育思想和教育体制对中国的师范教育产生了深刻影响。对独立设置的师范教育体制的反思、质疑,"五四"运动后我国新教育思潮的兴起以及欧美教育的变革,促使我国高等师范教育体制发生了重大变化。1922年,中华民国政府教育部制定了《学校系统改革案》(壬戌学制),一改独立设置的师范教育体制,授予普通大学中等教育师资教育权。此后,普通大学与独立设置的师范学院共同承担起中等师资的培养任务。

3. 独立封闭师范教育体系的重建和新的发展(1949—1995年)

新中国成立之后到1995年,我国开始学习苏联的教育制度,又开始重建独立封闭的师范教育体系。1951年,全国第一次师范教育工作会议对有关高等师范教育办学的方针、任务及设置与调整的原则、办法做了明确规定。有关规定概括如下:①原独立设置的师范学院应加以整顿巩固,充实文理科的各系;②设在综合性大学内的教育学院,应逐渐独立设置,并增设数理科系;③大学文学院中的教育系应逐渐归并于师范学院;④以个别大学的文理学院为基础,成立独立的师范学院;⑤每一大行政区至少建立一所健全的师范学院,各省和大城市应设置健全的师范专科学校或师范学院。由此,我国高等师范院校均为独立设置,大体上形成了"定向型"教师教育体系。1952年的院系调整,正如教育部总顾问阿尔辛杰夫建议的那样,削减综合性大学,增加单科院校,这进一步加强了师范院校独立设置的体制。后来,我国系统地学习苏联模式,更加强化了"定向型"教师教育体系,并在以后的较长时期从发展走向成熟。尽管在此之后的40年,中国高等师范教育经历了"大跃进"、"文革"、改革开放,但这一体系一直没有改变。

4. 开放性教师教育体系的确立和发展(1996年至今)

1996年以来,我国的教师教育开始进入向开放性教师教育体系的转型阶段。进入20世纪90年代,以高校的合并、重组为主要内容的高等教育体制改革不断深化,教学改革虽然没有完全改变以专业为核心的人才培养制度,但是高校办学市场化、拓宽专业、淡化专业的改革走向却十分鲜明。在此期间,许多高师院校对封闭的教师教育体系进行了深刻反思,认为该体系:①体制上缺乏灵活性和多样性;②培养规格整齐划一、无层次区分;③"学术性"与"师范性"双重滞后;④在课程设置上,偏重理论传授,忽视实践训练。

随着我国基础教育的快速发展,基础教育师资供求关系、师范教育结构、师范教育政策均发生了重大变化,我国教师教育从数量保障体系开始转向质量保障体系。这些变化为我国的教师教育体系走向开放奠定了坚实的基础。1996年,第五次师范教育工作会议提出:坚持师范院校的主体地位,鼓励其他高校积极参与举办师范教育。1999年,《中共中央国务院关于深化教育改革全面推进素质教育的决定》提出:"调整师范院校的层次和布局,鼓励综合性高等学校和非师范类高等学校参与培养、培训中小学教师的工作,探索在有条件的综合性高等学校中试办师范学院。"这就从制度上打破了师范院校教师培养一统天下的局面,明确了我国教师教育体系的开放性目标,为形成开放式的教师教育体系提供了政策保障。

目前,高师院校、综合性高等学校和非师范类高等学校共同培训基础教育教师的格局已基本形成。我国教师教育已经开始呈现出与一些发达国家类似的发展趋势,如师范院校综合化,综合性大学设置教育学院等等。

表0-1所示为我国师范教育发展历程。

表 0-1 我国师范教育发展历程

时间	阶段	标志性事件和文件	体系特征	经验来源
1897—1921年	独立封闭师范教育体系形成和确立	1897年南洋公学师范院(序幕) 1902年京师大学堂师范馆(开端) 1904年《奏定学堂章程》(师范学校的独立地位) 1912年《师范教育令》(形成师范教育制度)	独立封闭的体系	日本模式
1922—1948年	开放性师范教育体系形成和发展	1922年《学校系统改革案》(独立设置师范院校与普通大学合并或改为普通大学)	基本没有独立设置师范院校的开放性制度	美国模式
		1938年《师范学院章程》(建立师范学院制度)	独立设置师范院校与综合性大学师范学院、教育系共存的混合的开放性制度	美国模式的改革
1949—1995年	独立封闭师范教育体系的重建和新的发展	1951年第一次师范教育工作会议(确立大力发展师范教育的目标)1952年、1953年高等教育院系调整(建立、巩固、加强了独立设置的师范院校)	中国特色的独立封闭体系	苏联模式
1996年以来	开放性教师教育体系的确立和发展	1996年第五次师范教育工作会议(提出坚持师范院校的主体地位,鼓励其他高校积极参与举办师范教育)	中国特色的开放性体系	综合学习世界各国的成功经验

三、当代教师教育发展趋势

如果从1839年美国马萨诸塞州建立的第一个州立师范学校算起,世界教师教育已有160多年的历史;如果从1897年盛宣怀在上海创办南洋公学师范院算起,中国教师教育已有100多年的历史。从那时到现在,由于社会经济的需要和教育自身的发展,教师教育历经沧桑巨变。综观20世纪下半叶以来教师教育的历史发展,我们认为,国内外的教师教育出现了以下明显的五大趋势。

(一)专业化

教师专业化是西方国家20世纪60年代以来、我国20世纪90年代以来教育界兴起的一股强劲的思想浪潮。教育部《关于"十五"期间教师教育改革与发展的意见》明确提出,我国教师教育改革与发展的基本原则就是"以教师专业化为导向"。教师专业化是说,教师职业就像医生、律师等职业一样，是一种不可替代的专业性工作，其中包括了专业知识、专业技能和专业情意等素质要求。鉴于目前我国教师职业的专业化程度普遍不高（有人称之为"准专业"），这就要求我们从教师职业技能训练的完善、教师培养培训的制度、教师个体生涯的发展等诸多方面进一步促进教师专业化的提高，比如，教师进修制度化、规范化。

（二）高学历化

随着教师专业化政策的推进和教师教育改革的深化，现在发达国家的中小学教师队伍正趋于高等教育化，一般起点是本科。近年来，获得硕士学位者到中小学任教的人数也在不断增加。我国中小学教师的学历水平和发达国家相比存在较大差距。据统计，2002年，全国小学、初中教师具有专科、本科以上学历的分别占教师总数的33.1%、19.4%。根据这种现状，早在1998年，教育部《面向21世纪教育振兴行动计划》就已提出："2010年前后，具备条件的地区力争使小学和初中专任教师的学历分别提升到专科和本科层次，经济发达地区高中专任教师和校长中获硕士学位者应达到一定比例。"由此开始，中小学教师的学历层次从"旧三级"向"新三级"过渡成为中国政府的既定方针。

（三）信息化

以计算机及其网络为基础的信息技术的迅猛发展，对教育领域产生了革命性的影响。教育信息化将突破教育的时空限制，有助于加快教育知识的更新速度，有助于培养教师的教学能力和学生的思维能力。世界各国都十分重视教育信息化工作，2000年10月，中国教育部下发了《关于在中小学普及信息技术教育的通知》和《关于在中小学实施"校校通"工程的通知》，提出从2001年开始用5～10年的时间在中小学普及信息技术教育。教育信息化离不开教师教育信息化，2002年2月，教育部下发了《关于推进教师教育信息化建设的意见》，全面阐释了未来五年间我国教师教育信息化的指导思想和发展目标。

（四）多元化

这指的是办学主体的多元化。无论国内还是国外，传统的教师培养模式一直是以师范院校为主，这种模式在维系庞大的基础教育师资方面曾经起到了不可磨灭的作用，但其最大的弊端恐怕就是没有很好地解决"学术性"和"师范性"的矛盾，因此，20世纪下半叶以来，教师教育界"打破封闭，走向开放"的呼声日益提高，其主要表现就是综合性大学积极介入教师教育。2002年，中国教育部颁发的《关于"十五"期间教师教育改革与发展的意见》明确指出："国家鼓励其他高等学校特别是高水平的综合大学参与教师培养、培训，或与师范院校联合、合作办学，为中小学教师特别是高中教师来源的多元化作出积极贡献。"这表明，综合性大学参与教师教育在我国同样已是大势所趋。

（五）一体化

多年以来，中国的教师教育一直采取的是师范院校负责职前培养、教育学院和教师进修学校负责职后培训的封闭型模式。实践证明，这种模式存在着不小的弊端。形成开放的教师教育体系，其中非常重要的一个内容就是提倡"培养培训相衔接，职前职后一体化"，这是符合教师终身教育的发展规律的。当然，要解决这一问题，并不是单纯地将教育学院和教师进修学校撤销或者并入师范大学那样简单，最重要的恐怕是各类教师教育院校或机构的职能转换问题。

第三节 我国教师教育课程标准

一、《教师教育课程标准（试行）》（见附件1）

《教师教育课程标准（试行）》由教育部于2011年10月8日，以教师〔2011〕6号文发布实施，体现国家对教师教育机构设置教师教育课程的基本要求。

二、《教师教育课程标准（试行）》解读

培养和造就未来教育家是我国教师教育面临的时代课题与严峻挑战。我们需要反思一系列关乎教师教育安身立命的问题，诸如：教师教育如何适应基础教育的发展；教师教育如何扎根本土实践，提升教育学术水平；教师教育如何跟世界教师教育的发展对话与交流，等等。我们应当而且已经开始从教师教育课程改革切入，回应时代的课题与挑战。

（一）《教师教育课程标准（试行）》凸显两个创新点

前总理温家宝早就提出，"要培养一支德才兼备的教师队伍，造就一批杰出的教育家"。而此次颁布的《教师教育课程标准（试行）》就力求凸显如下两个创新点：

1. 教师教育需要从"教书匠"的训练走向"教育家"的成长，成为反思性的实践教育家

这意味着教师角色的转型和职业品格的提升。当代教师工作的重心必须从"教会知识"转向"教学生会学知识"，即所谓的"授之以渔"。会学知识比掌握知识本身更为重要。教师的职责更多的是为学生创设相应的教学情境，激发学习兴趣，促使学生主动学习并提供恰当的帮助。

我国教师往往被视为"教书匠"，意味着教师只是用某些技巧加工别人提供的教材，并将这些教材内容传授给学生。而反思型的教育家在每日每时的教学过程中，借助自身实践的反思形成实践智慧。实践智慧通常是内隐的，是基于教师的个人经验与个性特征的，它镶嵌在教师日常教育的情境之中。教师的实践智慧不仅来源于活动过程中的实践经验的反思，而且也基于实践情境重新解读理论概念，发展自身的实践性知识。教师的实践智慧是教师专业发展的知识基础。

实践不是单纯的理论应用领域，它也是实践性理论形成的领域。对于教师而言，"理论的实践化"固然重要，"实践性理论"或是"实践的理论化"更是必须。作为"反思性实践者"的教师所面临的问题是情境性的。这类教师会有意识地运用理论来思考和解决问题，更会从自身的实践经验中"悟"出自己的"行动理论"。这样，教师不再是"教书匠"，而是反思者、研究者、"实践性理论"的创造者。

2. 教师教育课程的构成需要实现观念与体制的创新，彰显当代教师教育改革的三大原理

1）强调"儿童为本"（教师学习的内容取向）

这是"以人为本"在教育中的具体体现。教师是儿童发展的促进者。教师工作的出发点和归宿是儿童发展。"儿童本位"的含义是发现儿童、尊重儿童。所谓"发现儿童"，是发现在人的生命周期中存在的"儿童"，亦即发现儿童期与儿童的特性。这意味：①儿童是

人;②儿童是儿童,儿童不是小大人;③儿童不是静态不变的。他们要成长,要发展,最终要成长为成人。所谓"尊重儿童",就是保障每一个儿童的"学习权",即保障基本人权。

2)强调"实践取向"(教师学习的实践性质)

教师是反思性实践者。教师工作是理论指导下的实践活动,同时又是在复杂多变的实践情境中,教师通过实践问题的解决和实践经验的反思,而形成教师自身的实践智慧、发展教师的教学风格的过程。教育实践能力是教师专业成长的核心。因此,教师教育课程应当重视个人经验,强化实践意识,关注现实问题,把理论学习与实践反思结合起来。教师的专业成长过程必须是基于每一个教师的具体案例的研究。

3)强调"终身学习"(教师学力的持续发展)

学习的专业需要专业的学习。教师专业的"学习"有三个基本原理:其一,越是基于学习者的内在需求越是有效;其二,越是扎根于学习者的鲜活经验越是有效;其三,越是细致地反思学习者自身的经验越是有效。所以,教师的成长需要终身学习。培养"终身学习者"的教师首先必须成为"终身学习者"。

(二)《教师教育课程标准(试行)》为我国教师教育课程的改革奠定基石

新课程改革贯穿了一条明晰的改革逻辑线:学校改革的核心环节是课程改革,课程改革的核心环节是课堂改革,课堂改革的核心环节是教师专业发展。聚焦"课程、课堂、教师"的静悄悄的"课堂革命"正在全球展开。况且,按照教学论"三角形模型",大凡教学总是基于三大要素——儿童、教师、教材——之间的交互作用而形成的。因此,无论从师范大学的服务对象还是自身的教育学术发展来说,发展"三大研究"已是刻不容缓了。

1. 儿童学研究

在世界儿童学研究的浪潮下,欧、美、日各国的以脑科学为中心的"教育神经科学"(脑教育学)的跨学科研究高潮迭起。经济合作与发展组织在1999年启动的"学习科学与脑科学研究",正在形成一门新兴科学。2003年成立的日本儿童学会基于医学、生物学和文化学的视角,从身心两个侧面展开跨学科的儿童研究,借以确立儿童科学的体系。2002年以来,日本全国有63所大学新设儿童学系和儿童学专业。日本的儿童学课程涵盖了儿童医学、儿童社会学、儿童文化学的研究领域,形成了诸多模块式课程。这些儿童学课程旨在拓展教师的儿童学视野,探寻真实的而不是抽象的儿童世界,这也正是我国教师教育课程改革的根本诉求。可喜的是,我国教育界已经涌现出关注儿童研究的新气象,诸如上海医生进驻中小学开展生物教育学研究;纪录片《成长的秘密》为我们展示了鲜活的儿童世界。

2. 教师学研究

国际教师学研究思潮形形色色,有学术主义、发展主义、社会效率、社会改造主义等研究,但不同流派的教师研究都是通过对教师的教育实践的特定侧面进行反思而产生的。它们分别聚焦教育实践的特定领域。当今声势浩大的"反思性教学研究",倡导教师新的职业品性,即作为"反思性实践家"的成长。

国际教师学研究的聚焦点值得我们关注。其一,聚焦教师个人成长的研究;其二,聚焦教师团队(教师学习共同体)的研究;其三,聚焦教育关系的研究。

在新课程背景下,我国教师角色正在发生变化。表现在:教师的能力正在从"传递力"向"创造力"转变;教师的视野正在从"学科视野"向"课程视野"转变;教师的角色作用正在从"控制者"向"引领者"转变。一些学校在新课程改革中形成了"教师学习共同体"的雏形,为每一个教师的专业成长提供了广阔的空间。这是非同小可的。教师角色的转型、教师团队的形成、"课堂革命"的方略以及特色学校的创生,亟待我们去研究和总结。

3. 教材学研究

教学本质上是一种对话实践,是三种对话、三种实践的三位一体——同客观世界进行对话的认知性实践、同他人展开对话的社会性实践、同自身进行对话的道德性实践——的过程,而教材则是这种对话过程中不可或缺的媒介,是"教学之本"。教科书不是现成知识点的堆积,它包括了三个构成要素:基础知识与基本概念系统;知识体系背后的思维方式与作业方式;思维方式与作业方式背后的情感、态度、价值观。义务教育教科书归根结底是体现主流价值观的一个载体、反映公民形象的一个缩影。优秀的教科书需要精细的"教材化"的加工编辑的功夫。

教材有其漫长的历史发展及其千姿百态的现代形态。我们可以从教材的发展史中汲取前人教材开发的智慧,发展现代教材编制的技术。现代教材学归纳了教材的三大基本功能,这就是:①信息源功能——为学生选择和传递有价值的真实的信息;②结构化功能——帮助学生建构并梳理自己知识的结构;③指导性功能——使学生学会认知、学会做事、学会做人。教材学研究有着广阔的天地。

教材学研究是开发新时代教科书的前提条件。我国新时代的教科书开发面临诸多挑战:从当今世界的教科书政策看,无论是"一纲多本"、"多纲多本",还是"有纲无本",都意味着现代教师必须具备研究教材、开发教材的素质与能力;从教科书国际比较看,笔者的整体判断是——理科教材难度偏高,文科教材难度偏低。但都同样没有解决好教材的内在结构——"学科逻辑"与"心理逻辑"的统一问题。标榜新课程的教材未必是新教材,其深层次的原因是缺乏教材研究的积累。教材的社会学研究、信息学研究、心理学研究、教学论研究乃至国际比较研究,不是一般出版企业单位能够承担的。教材学研究的主力军当然是拥有多学科、跨学科优势的师范院校。

"为了未来教育家的成长"应当成为我国教师教育课程改革的基本理念。我们期待在若干师范大学建立儿童学、教师学、教材学的国家级研究中心,把儿童学、教师学、教材学作为教师教育课程的核心学科加以开发。现在该是聚焦上述三大研究,为我国教师教育课程的创新奠定基石的时候了。

练习题

1. 教师教育与师范教育有何联系?
2. 世界教师教育经历了哪几个发展阶段?
3. 我国教师教育经历了哪几个发展阶段?
4. 当代教师教育的发展趋势如何?

练习题答案

1. 教师教育是在师范教育基础上发展起来的,教师教育强调教师培养的一体化、终身化,将教师培养的职前、职后看作一个完整的体系,强调教师的专业化发展。

2.(1)世界教师教育的产生——师范教育的产生(17世纪末到18世纪末)。

(2)世界教师教育的扩展(18世纪末到19世纪末)。

(3)世界教师教育的转折发展(19世纪末到第二次世界大战)。

(4)世界教师教育的新发展——教师教育取代师范教育(第二次世界大战之后至今)。

3.(1)独立封闭师范教育体系形成和确立(1897—1921年)。

(2)开放性师范教育体系形成和发展(1922—1948年)。

(3)独立封闭师范教育体系的重建和新的发展(1949—1995年)。

(4)开放性教师教育体系的确立和发展(1996年至今)。

4.(1)专业化。

(2)高学历化。

(3)信息化。

(4)多元化。

(5)一体化。

本章参考文献

[1] 孙培青.中国教育管理史[M].北京:人民教育出版社,1997.

[2] 周予同.中国现代教育史[M].福州:福建教育出版社,2007.

[3] 叶立群.师范教育学[M].福州:福建教育出版社,2000.

[4] 陈元晖.中国近代教育史资料汇编[M].上海:上海教育出版社,2007.

[5] 张瑞璠,王承绪.中外教育比较史纲(近代卷)[M].济南:山东教育出版社,1997.

[6] 教育部教师工作司.教师教育课程标准(试行)解读[M].北京:北京师范大学出版社,2013.

第一章 教师资格制度

 考试内容与要求

1. 教师资格制度简介
➤ 了解教师资格制度的含义。
➤ 知道建立教师资格制度的意义。

2. 教师资格制度的发展历程
➤ 知道西方教师资格制度的形成和发展过程。
➤ 了解我国教师资格制度的形成和发展过程。

3. 我国现行教师资格制度
➤ 了解我国教师资格制度的类别。
➤ 了解教师资格的认定制度,能够顺利完成教师资格认定。
➤ 了解教师资格的考试制度,为教师资格考试做好准备。

 知识框架

教师资格制度简介	教师资格制度	教师资格制度是国家对从事教师职业及教育教学活动所应具备的条件或身份的一种强制性的规定,是对专门从事教育教学工作人员的最基本要求
教师资格制度的发展历程	国外教师资格制度的形成与发展	近代西方教师资格制度的形成(19世纪初到20世纪中期) 国外教师资格制度的发展(20世纪中期到现在)
	我国教师资格制度的形成与发展	我国教师资格制度的法制规范初步建立阶段(1986—1993年) 我国教师资格制度的法制规范完善阶段(1993—2008年) 我国教师资格制度改革发展阶段(2008年至今)
我国现行教师资格制度	教师资格类别	幼儿园教师资格;小学教师资格;初级中学教师资格;高级中学教师资格;中等职业学校教师资格;中等职业学校实习指导教师资格;高等学校教师资格等
	教师资格认定制度	认定机构
		申请认定教师资格需要的条件:①中国公民;②遵守宪法和法律,热爱教育事业,履行《教师法》规定的义务;③具有良好的思想品德,遵守教师职业道德;④具备《教师法》规定的相应学历;⑤有教育教学能力;⑥未达到国家法定退休年龄
		认定程序:了解政策;具备条件;准备材料;网上申报;现场确认;实践能力测试;查询认定结果,办理领证手续
	教师资格考试制度	教师资格考试的考核内容:综合素质;教育(保教)知识与能力;学科知识与教学能力;教育教学实践能力
		考试形式:笔试和面试

> **考题举例**
>
> 1. 曾受到有期徒刑两年刑事处罚的孙某申请获取教师资格证。下列选项中正确的是（　　）
>
> A. 刑满之后孙某可以取得教师资格　　B. 经培训后孙某可以取得教师资格
> C. 五年之后孙某方能取得教师资格　　D. 依照法律孙某不能获得教师资格
>
> 【答案】D

第一节　教师资格制度简介

一、何谓教师资格制度

资格是一种条件，也是一种身份。要得到某种不同于一般意义的权利就要先有条件。资格证书是一个人具有某方面能力的证明，从事某种专门职业的准入证，受到相关法律的保护和监督。[①]

教师资格制度是国家对从事教师职业及教育教学活动所应具备的条件或身份的一种强制性的规定，是对专门从事教育教学工作人员的最基本要求。

教育在当今社会经济发展中的作用日益显著，社会各界对教师的专业素养、能力的要求也越来越高。教师资格制度是国家选拔合格教师的基本途径，是保证具有合格素养的人进入教师行业的关键环节。

教师资格是教师入职的前提，没有教师资格，空有从事教育职业的热情，即使具有教师职业所需的专业内涵也不能进入教师队伍，从事教学工作。教师资格制度是关于教师资格的一套完整的规章，是从法律上确立教师资格的地位、作用、实施的细则。

教师资格制度具体包括教师资格认定制度、教师资格考试制度、教师资格证书管理制度等。完善教师资格制度，对促进教师个人的专业化发展、教师队伍的整体素质，以及依法管理教师队伍有着重大而深远的影响。

二、教师资格制度的意义

1. 教师资格制度有利于提高教师的素质，促进教师的专业化，保证教学质量

教师承担着传播人类历史文明的职业使命，寄托着民族和国家的希望。教师的素质不仅与青少年成长的质量有关，而且一个国家的教育质量和水平也体现在教师的素质上。我国自2000年全面实施教师资格制度以来，教师的素质应该说是得到了一定的提高。过去，当一个教师具有相当的能力、本事时，就想方设法地调到其他部门工作，甚至有当教师不如当营业员的观念。随着我国教师资格制度的实施，教师的法定地位得以确立和提高，教师的素质也在教师申请教师资格时得到准确的体现，通过教师资格制度，教师的素质也

[①] 张彦云. 美国教师资格证书制度研究及借鉴[D]. 保定:河北大学,2005.

得到了提高。教师素质一提高,教学能力增强,教育的质量就自然而然得到了保证。

2. 教师资格制度有利于整个教师队伍从"量变"到"质变"

教师队伍建设涉及教师的聘任,教师的培训、考核,教师职称的晋升,教师的工资待遇等很多与教师切身利益相关的规章。在教师资格制度实施前,教师队伍建设主要依靠地方教育部门,没有统一的标准与规范,随意性大。教师资格制度的建立,通过我国的《教师法》、《教师聘任办法》等共同构成管理教师队伍的法律体系,使教育行政部门、学校对教师的管理做到"有法可依",为科学任用教师奠定法律基础,从而让教师队伍建设走上法制化、规范化的道路。

3. 教师资格制度有利于提高教师的社会地位,吸引优秀人才从教,扩大教师的来源,有利于国家选拔到真正优秀的教师人才

教师资格制度可以让人们明晰国家对教师的能力、学识等方面的具体要求。从这些要求中,人们可以充分地意识和感受到教师职业的内涵,形成尊师重教的风气,从而提高教师的地位。尤其是现在社会生活成本增加、各方面压力较大的情况下,教师职业以其职业的稳定、收入的提高、业务的专业性吸引着很多有能力、有学识、乐于奉献、热爱教育事业的优秀人才加入到教师队伍中来,从而扩大选拔教师的范围,提高教师的整体素质,为国家的教育贡献力量。

4. 教师资格制度是我国社会进步、教育发展的反映

我国的教师资格制度从20世纪90年代提出并实施以来,对规范教师职业的确是功不可没的,但仍然存在不少问题。同西方发达国家相比,比如法国在19世纪末就开始实施教师资格制度,我国的教师资格制度显得起步较晚。过去由于国家经济贫弱,主要精力都集中在发展经济上。经过我国人民几十年的努力,我国的经济水平提高了,人民的物质生活丰富了。教育中的教学条件也从"一支粉笔,一块黑板"的局面走到今天"多媒体"、"校园网"的高科技时代。对教师的要求从基本的"照本宣科"到现在的求实创新。教师资格制度也从无到有,从单纯的教师准入机制到与教师教育课程设置、教师培训、教师专业化紧密联系,都体现出我国社会的进步、教育的发展。

第二节 教师资格制度的发展历程

一、国外的教师资格制度

(一)近代西方教师资格制度的形成(19世纪初到20世纪中期)

自1810年普鲁士首次实施教师资格制度以来,世界各国尤其是实行"开放型"教师教育培养模式的国家,教师资格制度得到长足发展,成为比较成熟的教师管理制度之一。

1810年实施教师资格制度的普鲁士是最早实行教师资格制度的国家,其教师资格制度的建立和发展有政治、社会、文化等历史原因。首先是由于国家独立与统一的民族思想的增长。1806年普法战争失败后,普鲁士蒙受割地赔款之辱,经济上也遭受重大损失,因而唤起了爱国思想,兴起了一场带有强烈民族主义性质的由上而下的资产阶级改革运动和兴建近代国民国家的政治过程;国民教育制度作为建立近代国家的必不可少的组成部分,理所当然地得到高度重视。狭隘的民族主义思想感情教育,是这一时期教育发展的动力和重要因素。其次是资本主义生产力的发展。

1763年普鲁士就已经颁布了《初等学校教师通则》,对初等学校教师资格和责任等作了全面、详尽的规定。它虽然没有实施,但仍然可以视为德国近代公立初等教育兴起的重要标志。1810年7月12日普鲁士颁布"关于教师资格考试"的教令,规定中学教师只有通过国家考试才能获得教师资格证书,才能得以任用。

德国的教师资格证书分三种:高年级教师资格证书、低年级教师资格证书和兼具高、低年级的教师资格证书。教师资格考试由国家委托大学办理,考试科目和要求以训练中学教师所设课程为依据和标准。考试办法由"教育代表团"负责执行,代表由柏林大学、布勒斯劳大学和孔尼兹堡大学三校各派一人充当。1826年又进一步规定,教师在未被正式任用之前,应有一年的实习期,实际上它具有试用的性质。1831年后,对教师的考核更加严格,规定凡是有志于当教师者,无论是否大学毕业,都应接受哲学、教育学、神学、古文科目的考试。同时必须在下列三组科目,即希腊文、拉丁文、德文,数学及自然科学以及历史、地理中有一组见长,而其他两组也有相当修养。19世纪90年代对中学教师培养规定再次修改,培训分两阶段,第一阶段是以理论为主的大学教育的修业阶段,第二阶段是在"见习学院"或"大学后机构"进行的、以教育方法培训为主的实习阶段。上述改革改变了文科中学只能由神学家和牧师担任的状况,打破了文科中学对教会和僧侣阶层依赖的局面。学校教育与教会分离,也把教师提到了专业工作者的地位。①

独立战争后,教师资格和标准问题开始引起美国各方重视。美国最早的教师资格制度发轫于1782年的美国弗蒙特州。1825年,全美开始推行教师资格证书制度。当时是由州确定一般要求和最低标准,地方学区制定具体规定。各州、各学区之间标准不一,差异很大。1907年,印第安纳州首次把未来教师必须高中毕业作为教师学历的最低标准。1930年,所有的州都对小学教师发放资格证书,26个州对初中教师发放初中教师资格证书,31个州对高中教师发放高中教师资格证书。20世纪80年代,美国实行"选择性教师证书"制度,吸引并指导非教育专业大学毕业生或有相关经验但没有正规教师证书的人成为教师。1991年,大约有30个州参加"选择性教师证书计划"(ATCP)。

法国的教师资格制度于1808年提出,1821年正式实施,初等和中等教育教师经国家考试可分别获得能力证明和会考教师资格。第二次世界大战以后,在初等教育阶段任教所必需的教学能力证书(CAP)取代了能力证明,中学会考教师资格下面又陆续增设了初中普通课教师、证书教师及相应的考试,逐步形成了现行的法国中小学教师资格制度。

日本对教师教育的管理主要采用的是资格证书制度。1872年,随着《学制令》的颁布,日本的教师资格制度创立,实行的是师范学校毕业资格制度。1874年,文部省规定授予官立师范学校学业考试合格者以"训导证书",承认其教师的资格。1886年颁布的《诸学校通则》规定"凡教员须得文部大臣或府知事县令之许可证",因而确立了教师"许可证主义"的原则。1900年日本颁布《教员许可政令》,规定"教员许可证由文部大臣授予以培养教师为目的的官立学校的毕业生和经过教师考核鉴定的合格者"。这种双重的教师资格审定制度一直持续到第二次世界大战结束。

---

① 王柳生.教师资格制度:昨天、今天、明天[J].现代教育科学,2004(3).

(二)国外教师资格制度的发展(20世纪中期至今)

20世纪中期,随着教师专业化的提出和发展的需要,教师资格制度完善和发展成为教师专业化和专业发展的现实要求和必经之路。因此各国都对教师资格制度进行了相应的改革,在教师资格考试制度和专业发展方面都予以完善。

美国各州自20世纪80年代开始,就普遍实施了中、小学教师的资格考试。参加美国中、小学教师资格考试的人分为三类:各大学中师范和教育学院的毕业生与准备进入师范和教育学院学习的学生,已持有教师证书的在职教师,教学管理人员。师范和教育学院毕业生接受教师资格考试是他们取得教师资格的必由之路。到1988年,教师基本能力测试是成为教师的必要条件。

日本中、小学教师的培养都是由科技、教育和文体省批准的高等教育机构负责开展的。小学教师由国立大学(四年制教育大学)、综合性大学的教育学部或短期大学培养,初中教师由四年制大学或短期大学培养,高中教师由四年制大学或研究生院培养。日本的教育学士主要招收高中毕业生,学制四年,培养义务教育阶段的教师。根据《职员许可令》的规定,一般大学毕业生如果修得规定的学分,可获得教师许可证。再参加国家教师资格考试,合格者才能授予"教育资格证书"。要成为中、小学教师,还要经过审查与考试,第一次是在大学毕业时提交毕业论文,第二次是符合规定者领取都道府县教育委员会颁发的教师许可证,第三次是参加都道府县教育委员会举办的教师任用考试。

法国国民教育部对中、小学教师资格考试的名额作出严格限制,每年根据国家财政能力和对教师的实际需要定额录取。小学教师由师范学校培养,招生名额由省、学区、教育部根据两年后的需要和预算的可能性来确定。学生报读师范学校,要经过竞争性考试,考试分为初试、复试和自选考试。最后学生完成了学业,经过严格的考试,可以获得"初等教育教师高等学习文凭",毕业后需要参加初等学校教师资格考试,获得"教学能力证书"后成为小学教师。初中教师申请者在教育中心学习,其条件一是持有高中毕业会考文凭的师范学校学生,二是接受一年高等教育并持有证明书者,三是有三年以上教龄的正式小学教师且年龄不得超30岁。初中普通课教师须担任两门课的教学。在中心学习两至三年,成绩合格者授予"初中普通课教学能力证书"。报考证书教师,须经过三年的大学学习,并取得学士学位,参加全国统一考试,考取后由综合性大学和学区教育中心联合培养一年。经过一年教师教育专业方面的学习,学习成绩合格,可取得"中学教学能力证书"。

其他国家也纷纷建立了完善的教师资格制度,如英国除了要求教师要有合格证书外,1998年还实施全国校长资格制度,2004年规定新任校长必须具有资格。1999年设立优秀教师奖,2000年实施申报教职者的基本技能考试和教师能力工资制度。

总之,20世纪中期以来,促进教师专业发展,加强和逐步完善教师资格制度是各国关注的重要教育问题之一。

二、我国教师资格制度的形成与发展

(一)我国教师资格制度的法制规范初步建立阶段(1986—1993年)

1986年《中共中央关于教育体制改革的决定》、《中华人民共和国义务教育法》、《中小学教师考核合格证书试行办法》三个政策法规的颁布使我国教师资格制度的法制规范初步得以建立。

改革开放伊始至20世纪80年代中期,我国教育事业与社会其他各项事业一样,重获新生,开始走上健康、迅速发展的轨道。与此同时,教师队伍建设也可谓是成绩斐然。据1977年统计,我国小学民办教师为343.9万人,初中民办教师为111.3637万人,高中民办教师为13.9万人;他们分别占小学、初中、高中教师的65.8%、47.2%、16.8%。到1985年,小学民办教师降至275.9万人,初中民办教师降至41.35万人,高中民办教师降至0.29万人,占小学、初中、高中教师的比例分别降至51.3%、19.1%、0.6%。

另据1978年统计,全国小学教师中,初师、初中毕业及中师、高中肄业及以下程度的占18.6%,初师、初中肄业及以下程度的占34.3%;初中教师中,师专肄业、中等学校毕业及以下程度所占比例为90.2%;高中教师中,师专肄业、中等学校毕业及以下程度所占比例为46.8%。经过改革开放后数年的努力,教师队伍学历素质不高的状况有了很大改观。据1985年统计,全国小学教师中,初师、初中毕业及中师高中肄业的比例降至33.5%,初师、初中肄业及以下的比例降至5.9%;初中教师中,高等学校肄业及专科毕业的比例降至22.1%,中等学校毕业及以下的比例降至72.5%;高中教师中,高等学校肄业及专科毕业的比例降至43.4%,中等学校毕业及以下的比例降至17%。尽管如此,我国教师队伍素质仍不尽如人意,不具备国家规定学历的约占半数,不能胜任教育、教学工作的教师占比较大,有相当数量的教师亟须培训提高。教师队伍这一素质状况难以适应教育改革和发展的需要,难以适应经济社会发展对劳动力素质不断提高的要求。

造成这一时期教师学历合格率不高、教师队伍素质整体偏低的原因是多方面的。其中一个重要原因是,长期以来,在教师队伍建设过程中,缺乏严格的管理规章,更缺乏教师资格条件的法制规范,教师队伍建设的随意性很大;为弥补师资的不足,不按教师资格条件录用教师的现象较为普遍,以至大量的不具备教师资格条件者进入教师队伍。

1985年5月27日,中共中央颁发了《中共中央关于教育体制改革的决定》(以下简称《决定》)。《决定》从我国基础教育薄弱、国民整体素质不高的实际出发,作出了有步骤地实行九年制义务教育、加大发展基础教育力度的决定。

根据《决定》精神,1986年4月12日,第六届全国人民代表大会第四次会议通过了我国新中国成立以来的第一部教育类法规——《中华人民共和国义务教育法》(以下简称《义务教育法》)。《义务教育法》的颁布,标志着中国教育发展的一个新纪元的到来,也是我国教师队伍建设的新的里程碑,拉开了我国教师队伍建设、教师资格制度的法制化序幕。《义务教育法》第13条提出:"国家建立教师资格考核制度,对合格教师颁发资格证书。"这里提出的"建立教师资格考核制度",不只是对义务教育阶段的教师而言,它针对的是各级各类学校的教师。

为保障《义务教育法》的各项条款能切实地得以贯彻落实,在《义务教育法》颁布半年后,由国务院转发国家教委、国家计委、财政部、劳动人事部《关于实施〈义务教育法〉若干问题的意见》(以下简称《意见》),《意见》对教师资格条件作了比《义务教育法》更为具体、详尽的规定。它是继《义务教育法》之后,我国对教师资格条件做出规定的第二部法规性文件。

这一时期在教师队伍建设方面,除颁发了《义务教育法》、《意见》这两部内含教师资格条件的重要法规性文件外,值得一提的是"考核合格证书制度"的实施。

1986年9月6日,国家教育委员会发布了《中小学教师考核合格证书试行办法》(以下简称《试行办法》),《试行办法》规定,1986年9月1日以前凡"不具备国家规定学历的中小学(含农职业中学文化课)教师",应通过考试取得国家规定学历或"考核合格证书"才能担任教师。《试行办法》规定"考核合格证书制度"设《教材教法考试合格证书》、《专业合格证书》两种,并规定"两证书"的考核内容、考核及考核申请的方法、考核组织与领导、考核要求、考核时间、考核结果的认定、获得"两证书"的条件等事项。《试行办法》颁发后,全国各地随即组织《教材教法考试合格证书》考试,并于1987年在一些省、市组织《专业合格证书》的文化专业知识试考,在试考取得一定经验之后,国家教委决定将《专业合格证书》的考试推广至全国范围。1987年10月,国家教委召开"全国中小学教师《专业合格证书》文化专业知识考试试点工作总结会议",会议决定从1988年起,开始有计划地进行中小学教师《专业合格证书》文化专业知识考试。同年12月,国家教委向全国各省市发出《关于开始有计划地进行中小学教师〈专业合格证书〉文化专业知识考试的通知》,随《通知》还附发了《中学教师〈专业合格证书〉文化专业知识考试进度表》,对1989—1991年初、高中教师应考学科在每一年进行考试的科目分别作了安排。

"考核合格证书制度"实施后,大批学历不合格的中小学教师参加了"两证书"的考核,教师学历达标率有了明显的提高。仅1987年度,就有77万名、37万名、6万名学历不合格的小学、初中、高中教师参加了《专业合格证书》的考试,分别占小学、初中、高中学历不合格教师的67%、31%、24%。到1990年底,全国初中教师中,中等学校毕业及以下程度所占比例由1986年的70.8%下降到51.5%,高中教师中,师专肄业及中等学校毕业及以下程度所占的比例,由1986年的15%下降到7.8%。

《义务教育法》颁布前,规范我国教师资格条件的一直是行政性手段、政策性措施。《义务教育法》的颁布,实现了教师资格制度的质的突破,第一次以国家法律形式确立了教师资格条件的国家标准,教师资格条件第一次由政策规定上升到法制规范的高度;它的颁布是我国教师资格制度建设的新的历史起点,标志着我国教师资格制度发生了历史性转折,标志着教师资格制度开始迈入法制规范阶段。它不仅规定了义务教育阶段教师的资格条件,而且在国家的法规文件中第一次提出了"国家建立教师资格制度"。但这还只能说是我国教师资格制度法制规范的初步建立阶段。

(二)教师资格制度的法制规范完善阶段(1993—2008年)

这一时期以《中华人民共和国教师法》的诞生为发端,我国颁布了一系列规范教师资格制度的法律文件,教师资格制度的法制规范体系得以形成。

1993年10月31日,第八届全国人大常务委员会第四次会议审议通过了《中华人民共和国教师法》(以下简称《教师法》)。《教师法》不仅规定了教师的权利、义务及保障权益、保障教师待遇的具体措施,规定了教师的培养、培训、任用制度,还全面确立了教师资格的条件和教师资格条件的考核、认定等一整套法律制度,确立了我国现代教师队伍管理的新机制。《教师法》的颁布,不仅是全国1000万教师工作、生活中的大事,也是我国教育史上的大事。《教师法》的制定,标志着我国教师队伍的建设走上法制化、规范化的道路,也标志我国教师资格制度开始进入法制化、规范化的完善阶段。

《教师法》开列专门一章——"第三章'资格和任用'"提出了教师资格制度的法制规范。其第十条、第十一条、第十二条、第十三条、第十四条分别对取得教师资格的对象及其条件、教师资格的认定机构、教师资格过渡办法、教师资格的取消等事宜作了规定。该法从以下几个方面实现了对《义务教育法》有关教师资格制度条款的发展：一是不仅规定了义务教育阶段教师的资格条件，而且规定了其他各级各类教师的资格条件；二是其规定的教师资格条件比《义务教育法》更为全面、具体；三是其规定的教师资格制度的事项也比《义务教育法》更为全面，除确立教师资格条件外，还确立了认定教师资格的机构、教师资格的取消等事宜；四是《教师法》将《义务教育法》中确立的"建立教师资格考核制度"升格为"国家实行教师资格制度"。但《教师法》提出有关教师资格制度的条款，也还只是原则性规范，不是实施教师资格制度的细则，更不是认定教师资格的具体的、可操作的方法；《教师法》规定的原则性规范要具有可行性、得以落实，还有待进一步细化。

1995年12月，教育部颁布了细化《教师法》有关教师资格条款的《教师资格条例》。《教师资格条例》出台后，国家教委于1996年1月颁发了《教师资格认定的过渡办法》。

按照《教师资格认定的过渡办法》的规定，对1993年12月31日在岗的人员，凡具有教师职务，考核合格，可以通过过渡取得相应教师资格。教师资格过渡实际上对《教师法》实施之前已在学校中任教的人员采取了"老人老办法、新人新办法"的政策。1997年底教师资格过渡工作结束时，全国属于规定范围的在职人员共计有1026万余人获得了教师资格。由于各级教育行政部门的重视，广大教师的积极参与，教师资格过渡工作顺利开展。

2000年9月23日起草制定、颁布《〈教师资格条例〉实施办法》，并决定于颁布之日起正式实施。《〈教师资格条例〉实施办法》的颁布与实施，标志着我国教师资格制度的法制规范体系得以确立。教师资格的实施经历了两个阶段：

(1)教师资格制度试点工作。按照教育部党组的指示，教育部人事司于1998年4月下发了《关于在部分地区开展教师资格认定试点工作的通知》，确定在上海、江苏、湖北、广西、四川、云南6个省（区、市）的部分地市进行教师资格认定试点工作。试点于1998年底基本结束。

(2)全面实施阶段。2001年1月4—5日，教育部在京召开全国教师资格制度实施工作会议，全面实施教师资格制度工作正式启动。陈至立部长在会上作了题为《全面实施教师资格制度，建设一支高水平的教师队伍》的重要讲话。5月中旬，教育部印发了《关于首次认定教师资格工作若干问题的意见》，对实施教师资格制度的法律和政策依据、教师资格的性质、认定范围、资格申请、认定程序、学历条件、教育教学能力考察、资格条件的特许条款、早期退（离）休教师认定教师资格问题、教师资格的丧失与撤销、证书管理、收费问题等首次认定教师资格的有关政策作了进一步的明确规定和细化。8月中旬，教育部印发了《教师资格证书管理规定》，对教师资格证书内容、证书管理、证书编码等方面作了具体规定。截至2002年底，重庆等29个省（区、市）已基本结束学校在编正式任教人员教师资格认定工作，面向社会人员的教师资格认定工作正在逐步展开。据不完全统计，通过首次认定教师资格工作，共有200多万名1994年以后参加工作的学校在编正式任教人员取得教师资格，20多万名1993年12月31日以前办理手续的退（离）休教师取得教师资格。重庆、上海、广东、海南4个省市首次面向社会人员认定教师资格工作已经基本结束，申请者共有6.95万人,其中认定4.58万人。

(三)教师资格制度改革发展阶段(2008年至今)

随着社会的发展,社会对教育质量的要求越来越高,对教师的素质也提出了更高的要求。教师资格制度暴露出一些问题,需要改革,比如在考试和认定方面,教师资格考试和认定不分;在公信力方面,教师资格考试的社会公信力较低;在含金量方面,教师资格考试含金量不高;在教师准入的门槛方面,教师职业准入门槛低。

因此,为了进一步提升教师的职业素质,特别是在全球教师专业化发展的趋势下,我国也制定教师发展的新目标,逐步提升教师的专业化程度,《国家中长期教育改革和发展规划纲要(2010—2020年)》制定了教师队伍建设的规划目标,提出建立教师资格证书定期登记制度。

为贯彻落实《国家中长期教育改革和发展规划纲要(2010—2020年)》中关于教师队伍建设的相关精神,根据《教育部关于开展中小学和幼儿园教师资格考试改革试点的指导意见》(教师函〔2011〕6号)的有关要求,我国在2011年开始通过对中小学和幼儿园教师资格考试改革试点,建立国家教师资格考试标准,改进考试内容,强化职业道德、心理素养、教育教学能力和教师专业发展潜质,改革考试形式,加强考试管理,完善考试评价,引导教师教育改革,严把教师职业入口关,结合新任教师公开招聘制度改革,逐步形成教师准入和管理制度。

教育部部长袁贵仁在2011年2月中宣部等六部门举办的热点问题形势报告会上指出:要切实加强教师队伍建设,努力提高整体素质,健全教师管理制度,实施中小学教师资格考试改革和定期注册试点,建立"国标、省考、县聘、校用"的中小学教师职业准入和管理制度。

教师管理体制改革按照总体设计、分步实施的方法予以推进。首先由国家统筹设计教师行业的专业标准与准入制度,建立国家教师资格考试制度,先在部分地区进行改革试点,总结相关经验,并根据各地实际情况,逐步在全国推进。以鼓励和吸引优秀人才从事教育工作为宗旨,各试点省市为考生提供专业化的考试服务,充分发挥地方的主动性、积极性和创造性,坚持考试的科学性、规范性和公正性,择优选拔乐教适教的人员取得教师资格。各省市所有申请幼儿园、小学、初级中学、高级中学教师资格的人员须参加中小学和幼儿园教师资格考试。

根据教师资格考试改革的精神,2011年11月26日,全国首次教师资格统一考试在浙江和湖北举行。2012年试点扩大到6个:河北,上海,海南,广西,浙江,湖北。2013年下半年,山西、安徽、山东、贵州加入试点,试点省份达到10个。2013年8月15日,教育部印发《中小学教师资格考试暂行办法》。2014年计划再扩大10个试点省份。2015年力争全面实施中小学教师资格考试和定期注册制度。

根据政策规定,所有申请幼儿园、小学、初级中学、高级中学教师资格的人员须参加中、小学和幼儿园教师资格考试。2011年(含)及以前已入学的全日制普通院校师范类专业学生,可以持毕业证书直接申请认定相应的教师资格。2011年以后入学的师范类专业学生,申请教师资格也应参加教师资格考试。特别是部分地区推行教师资格定期更新申请制度,从而彻底打破教师资格终身制。

第三节 我国现行教师资格制度

一、教师资格类别

我国《教师资格条例》第四条规定，教师资格有七类，依次为：幼儿园教师资格，小学教师资格，初级中学教师资格（包括初级中学教师和初级职业学校文化课、专业课教师资格），高级中学教师资格，中等职业学校教师资格（包括中等专业学校、技工学校、职业高级中学文化课、专业课教师资格），中等职业学校实习指导教师资格（包括中等专业学校、技工学校、职业高级中学实习指导教师资格），高等学校教师资格等。

《教师资格条例》同时还规定了各类教师资格适用于哪一层次的学校，我国教师资格证书可以向下融通，第五条规定"取得教师资格的公民，可以在本级及其以下等级的各类学校和其他教育机构担任教师"。

二、教师资格认定制度

（一）认定机构

根据基础教育事业分级管理、分级负责的原则，按照国家统一要求，由省级教育行政部门制定教师资格认定标准，市县根据本地的实际情况具体实施认定。认定机构分两类：

一是符合条件的全日制普通高等院校，经教育行政部门批准成为委托受理机构，负责本校的教师资格认定工作。

二是经教育行政部门批准的委托受理机构，如县（市、区）教育局、人才交流服务中心等。

每年春季和秋季各受理申请一次。

《〈教师资格条例〉实施办法》规定，县级以上（包括县级）地方人民政府教育行政部门根据《教师资格条例》规定权限负责本地教师资格认定和管理的组织、指导、监督和实施工作。依法受理教师资格认定申请的县级以上地方人民政府教育行政部门，为教师资格认定机构。

不同级别的教师资格认定机构负责认定的资格种类如下：

幼儿园教师资格、小学教师资格、初级中学教师资格由县级人民政府教育行政部门认定。

高级中学教师资格、中等职业学校教师资格、中等职业学校实习指导教师资格由地（市）级人民政府教育行政部门认定。

北京、上海、天津、重庆四个直辖市的高级中学教师资格、中等职业学校教师资格、中等职业学校实习指导教师资格，由直辖市教育行政部门认定。

高等学校教师资格由省级教育行政部门认定。

因认定人数减少或认定机构违规或认定机构无法正常履行认定职责的，以及参加中小学和幼儿园教师资格考试改革试点的省份，省级教育行政部门可以根据本地教师队伍建设的实际，调整教师资格认定权限。

因此，申请人通过中国教师资格网（http://www.jszg.edu.cn）进行网上申报时，应根据各级教育行政部门的认定权限向相应的教育局或教育厅（教育委员会）提出申请，即选择"认定机构"时，需按下列要求选择：

（1）申请幼儿园、小学和初级中学教师资格者，应选择申请人户籍所在地或工作单位所在地（须有人事档案关系）、应届毕业生就读学校所在地的区、县级人民政府教育行政部门。但某些地区认定权限进行了调整或另有规定的除外。

（2）申请高级中学、中等职业学校和中等职业学校实习指导教师资格者，应选择申请人户籍所在地或工作单位所在地（须有人事档案关系）、应届毕业生就读学校所在地的地（市）级人民政府教育行政部门。

北京、天津、上海和重庆四个直辖市申请高级中学教师资格、中等职业学校教师资格、中等职业学校实习指导教师资格者，在网上申报时须选择市教育委员会。

（3）申请高等学校教师资格者，应选择任教学校所在省份的省（自治区、直辖市）级人民政府教育行政部门（教育厅或教育委员会）。

在此特别提醒各位申请人：申请人若要获得教师资格，必须通过法律规定的程序向各级教育行政部门提出申请。从社会任何其他机构（或渠道）或采用虚假材料从教育行政部门违规获得的教师资格证书均属非法。非法获得的教师资格一经查实，将被依法撤销。被撤销教师资格者，从撤销之日起五年内不得重新申请认定教师资格。被撤销教师资格的当事人五年后再次申请教师资格时，需提供相关证明。所以，申请人万万不可相信此类机构所谓的"包过"之类的承诺。

（二）认定标准

1. 申请认定教师资格需要的条件

根据《教师法》、《教师资格条例》、《〈教师资格条例〉实施办法》的规定，申请认定教师资格需要具备以下条件：

（1）中国公民。

（2）遵守宪法和法律，热爱教育事业，履行《教师法》规定的义务。

（3）具有良好的思想品德，遵守教师职业道德。

（4）具备《教师法》规定的相应学历。

（5）有教育教学能力。

（6）未达到国家法定退休年龄。

2. 良好的思想品德的标准

教育部、中国教科文卫体工会全国委员会于2008年9月1日颁布了重新修订的《中小学教师职业道德规范》，并于2011年12月23日印发了《高等学校教师职业道德规范》。这两个规范是教师资格申请人具有良好的思想品德以及遵守教师职业道德的主要参照标准。此外，还需要对申请认定教师资格者的工作、政治思想表现、热心社会公益事业情况、遵守社会公德情况、有无行政处分记录、有无犯罪记录等进行考察和核实。

《中小学教师职业道德规范》（2008年修订）的主要内容为：

一、爱国守法。热爱祖国，热爱人民，拥护中国共产党领导，拥护社会主义。全面贯彻国家教育方针，自觉遵守教育法律法规，依法履行教师职责权利。不得有违背党和国家方针政策的言行。

二、爱岗敬业。忠诚于人民教育事业,志存高远,勤恳敬业,甘为人梯,乐于奉献。对工作高度负责,认真备课上课,认真批改作业,认真辅导学生。不得敷衍塞责。

三、关爱学生。关心爱护全体学生,尊重学生人格,平等公正对待学生。对学生严慈相济,做学生良师益友。保护学生安全,关心学生健康,维护学生权益。不讽刺、挖苦、歧视学生,不体罚或变相体罚学生。

四、教书育人。遵循教育规律,实施素质教育。循循善诱,诲人不倦,因材施教。培养学生良好品行,激发学生创新精神,促进学生全面发展。不以分数作为评价学生的唯一标准。

五、为人师表。坚守高尚情操,知荣明耻,严于律己,以身作则。衣着得体,语言规范,举止文明。关心集体,团结协作,尊重同事,尊重家长。作风正派,廉洁奉公。自觉抵制有偿家教,不利用职务之便谋取私利。

六、终身学习。崇尚科学精神,树立终身学习理念,拓宽知识视野,更新知识结构。潜心钻研业务,勇于探索创新,不断提高专业素养和教育教学水平。

《高等学校教师职业道德规范》的主要内容是:

一、爱国守法。热爱祖国,热爱人民,拥护中国共产党领导,拥护中国特色社会主义制度。遵守宪法和法律法规,贯彻党和国家教育方针,依法履行教师职责,维护社会稳定和校园和谐。不得有损害国家利益和不利于学生健康成长的言行。

二、敬业爱生。忠诚人民教育事业,树立崇高职业理想,以人才培养、科学研究、社会服务和文化传承创新为己任。恪尽职守,甘于奉献。终身学习,刻苦钻研。真心关爱学生,严格要求学生,公正对待学生,做学生良师益友。不得损害学生和学校的合法权益。

三、教书育人。坚持育人为本,立德树人。遵循教育规律,实施素质教育。注重学思结合,知行合一,因材施教,不断提高教育质量。严慈相济,教学相长,诲人不倦。尊重学生个性,促进学生全面发展。不拒绝学生的合理要求。不得从事影响教育教学工作的兼职。

四、严谨治学。弘扬科学精神,勇于探索,追求真理,修正错误,精益求精。实事求是,发扬民主,团结合作,协同创新。秉持学术良知,恪守学术规范。尊重他人劳动和学术成果,维护学术自由和学术尊严。诚实守信,力戒浮躁。坚决抵制学术失范和学术不端行为。

五、服务社会。勇担社会责任,为国家富强、民族振兴和人类进步服务。传播优秀文化,普及科学知识。热心公益,服务大众。主动参与社会实践,自觉承担社会义务,积极提供专业服务。坚决反对滥用学术资源和学术影响。

六、为人师表。学为人师,行为世范。淡泊名利,志存高远。树立优良学风教风,以高尚师德、人格魅力和学识风范教育感染学生。模范遵守社会公德,维护社会正义,引领社会风尚。言行雅正,举止文明。自尊自律,清廉从教,以身作则。自觉抵制有损教师职业声誉的行为。

3. 学历条件

《教师法》规定,各类教师资格的合格学历条件分别为:

(1)取得幼儿园教师资格,应当具备幼儿师范学校毕业及其以上学历,其他中等专业学校毕业学历应当视为不合格学历。

(2)取得小学教师资格,应当具备中等师范学校毕业及其以上学历,其他中等专业学校毕业学历应当视为不合格学历。

(3)取得初级中学教师资格,应当具备高等师范专科学校或者其他大学专科毕业及其以上学历。

(4)取得高级中学教师资格和中等职业学校教师资格,应当具备高等师范院校本科或者其他大学本科毕业及其以上学历。

(5)取得中等职业学校实习指导教师资格应当具备中等职业学校毕业及其以上学历,并应当具有助理工程师以上专业技术职务或者中级以上工人技术等级。

具有特殊技艺者申请认定中等职业学校实习指导教师时,经省级教育行政部门批准,其学历要求可适当放宽。此项规定仅限于中等职业学校实习指导教师资格,不适用于其他种类教师资格。

(6)取得高等学校教师资格,应当具备研究生或者大学本科毕业学历。

目前,随着教育事业的发展和公众对高质量教育需求的不断提高,特别是教师资格考试制度改革试点的实行,部分试点省份已提高了幼儿园、小学、初中等教师资格种类的学历要求。

4. 教育教学能力要求

《〈教师资格条例〉实施办法》第八条规定,申请认定教师资格者的教育教学能力应当符合下列要求:

(1)具备承担教育教学工作所必需的基本素质和能力。具体测试办法和标准由省级教育行政部门制定。

(2)普通话水平应当达到国家语言文字工作委员会颁布的《普通话水平测试等级标准》二级乙等以上标准。少数方言复杂地区的普通话水平应当达到三级甲等以上标准;使用汉语和当地民族语言教学的少数民族自治地区的普通话水平,由省级人民政府教育行政部门规定标准。

(3)具有良好的身体素质和心理素质,无传染性疾病,无精神病史,适应教育教学工作的需要,在教师资格认定机构指定的县级以上医院体检合格。

(三)每年申请认定教师资格的时间

教育行政部门每年春季(3月份开始)、秋季(9月份开始)各受理一次教师资格认定申请。具体受理期限和受理的资格种类由省级教育行政部门规定,并以适当形式提前公布。申请人应在春季和秋季之前,特别关注当地教育行政部门的教师资格认定工作网站,在规定的受理期限内及时提出申请。

(四)申请认定教师资格的具体流程

我国教师资格认定的法定程序:申请认定实行属地化管理,申请认定教师资格者在受理申请期限内(30个法定工作日内)向相应的教师资格认定机构提出申请,提交相关材料,经教师资格认定机构初步审查,并通过教师资格专家审查委员会组织的面试、试讲。符合法定的认定条件者,获得相应的教师资格及教师资格证书。

一般来说,申请认定教师资格首先要了解政策,之后经过"具备条件"、"准备材料"、"网上申报"、"现场确认"、"实践能力测试"等环节,符合条件者将获得教师资格证书。

1. 了解政策

申请教师资格人员应提前向拟申请认定省份的省级教育行政部门或当地教育行政部门负责教师资格认定工作的处室(或登录其官方网站)了解当年教师资格认定工作的安排和相关要求,如需要具备的条件、什么人可以申请、何时考试、何时网上申报、何时现场确认、何时参加实践能力测试等。

2. 具备条件

取得合格学历、参加教师资格考试合格、参加普通话水平测试合格、进行思想品德鉴定并合格、进行体格检查并合格,以及达到省级教育行政部门规定的其他条件。

3. 准备材料

根据申请教师资格所需要具备的各项条件,申请人需提前将各项条件所对应的证件或证明等材料准备好,并在规定时间内向拟申请认定的教育行政部门提交。需要准备的材料如下:

(1)《教师资格认定申请表》一式两份(网上申报后下载打印并签名)。

(2)身份证原件和复印件。

(3)学历(学位)证书原件和复印件。

(4)由教育行政部门指定的县级以上医院出具的体格检查合格证明。

(5)普通话水平测试等级证书原件和复印件。

(6)思想品德情况的鉴定及其他证明材料。

(7)教育学、心理学考试或中小学和幼儿园教师资格考试成绩合格证。

(8)《教师资格认定现场受理通知》(网上申报后下载打印)。

(9)各省级以上教育行政部门规定的其他材料。

4. 网上申报

从2008年开始,申请认定教师资格一律采取网上申报的方式。申请人需登录中国教师资格网(http://www.jszg.edu.cn)进行网上报名。

网上申报分为"参加全国统考合格申请人网报入口"和"未参加全国统考申请人网报入口"两个入口。申请人需根据本人是否需要参加考试以及参加的是哪种考试等具体情况来选择正确的网上申报入口,进行注册并填写和提交申报信息。

5. 现场确认

申请人按照网上申报中提供的现场确认注意事项,在规定时间内将准备好的材料送交到现场确认点。确认点工作人员将审核网上申报的信息与提交的《教师资格认定申请表》的一致性,并审查申请人提交的其他材料的完整性与真实性。若申请人提交的材料有问题,申请人需补充或提供正确的材料,并在规定的时间和地点再次进行现场确认。

申请人网上申报时填写有误的信息,可以由现场确认人员帮助修改。

6. 实践能力测试

实践能力测试(面试、试讲)一般安排在理论考试(笔试)后、申请认定教师资格前举行。申请人需根据当地教育行政部门或教育考试机构的通知,在规定的时间到规定的地点、按照实践能力测试安排和要求进行拟申请任教学科的面试和试讲。

7. 查询认定结果,办理领证手续

教师资格认定机构在现场受理结束之日起30个工作日内,做出是否认定其教师资格的结论,并将认定结果通知申请人。对认定合格者,颁发教师资格证书。

目前,2008年以及以后依法获得的教师资格证书可在中国教师资格网上得到验证。

教师资格证书由国务院教育行政部门统一印制,在全国范围内适用。

(五)应届毕业生申请认定教师资格的时间及条件

应届毕业生可以在毕业前最后一个学期,持学校出具的思想品德鉴定、学业成绩单(暂代替毕业证书)、教师资格考试合格证明和其他申请材料,向就读或拟任教学校所在地相应的教师资格认定机构申请认定教师资格,其他要求不变。通过教师资格专家评审委员会审查、符合认定条件的,在其取得毕业证书后,由教师资格认定机构认定其相应的教师资格。

参加成人教育或远程教育学习的学生,必须在毕业后才能申请认定教师资格。

(六)申请认定教师资格需要获取的信息及途径

1. 申请人在申请教师资格前需要了解两个方面的信息

一是国家法律法规和本省份的相关政策。申请人需要对自己准备申请认定的教师资格种类的条件要求、申报程序、需要准备的材料、向什么机构提出申请等信息有基本的了解。目前,我国教师资格认定工作主要遵循《教师法》、《教师资格条例》、《〈教师资格条例〉实施办法》这三项国家基本法律法规以及各省(自治区、直辖市)依据国家基本法律法规制定的本地区的实施办法及其他相关政策细则和规定。此外,申请人还需了解国家对普通话水平测试以及普通高等院校招生、就业体检等方面的规定。

二是本地教师资格认定工作安排。申请人要了解负责受理教师资格申请的有关教育行政部门的联系电话、经办的具体部门、官方网站等详细信息,以便及时获取与认定工作安排相关的信息。

2. 获取申请认定教师资格相关信息的途径

及时、准确了解教师资格考试、教师资格申请和认定等信息极为重要。获取相关信息的途径主要有以下四种:

(1)中国教师资格网(http://www.jszg.edu.cn)。该网站是我国实施教师资格制度的官方工作网站。申请人可以在该网站了解国家相关法律法规以及部分地方政策。同时,该网站还提供各省份教师资格认定工作官方网址的链接和中国语言文字网及各省份语言文字网址的链接。

(2)各级教师资格认定机构网站以及当地广播、电视、报纸等新闻媒体或学校人事部门的通知。

(3)中小学和幼儿园教师资格考试网(http://www.ntce.cn)及本省份教育考试网和教育信息网。该途径用于获取教师资格考试政策及考试安排等信息。

(4)中国语言文字网和各省级及地(市)级语言文字网站。该途径用于获取普通话水平测试政策及测试安排等信息。

在此特别提醒申请人:由于申请认定教师资格的各个环节都有严格的时间限定,如果申请人获取信息的途径不正确,往往不能及时、准确地了解相关的政策和认定程序,有的还因此受到社会上不法机构的蒙骗,造成不必要的损失。所以了解信息的有关工作做得越早、越细越好。

（七）关于普通话

1. 关于普通话测试水平的相关规定

《〈教师资格条例〉实施办法》第八条（二）项二款规定：少数方言复杂地区的普通话水平应当达到三级甲等以上标准；使用汉语和当地民族语言教学的少数民族自治地区的普通话水平，由省级人民政府教育行政部门规定标准。

高等学校拟聘任副教授以上教师职务或具有博士学位者申请认定高等学校教师资格，一般不对其普通话水平作出要求。但其所在省份的省级以上教育行政部门另有规定的，按照规定执行。

1954年1月1日以前出生的人员，在申请认定教师资格时，不需要参加普通话测试。

2. 普通话水平测试等级证书的有效期和适用范围

普通话水平测试等级证书目前不设有效期，即长期有效。

普通话水平测试等级证书在全国范围内通用。

3. 考普通话测试站点

普通话水平测试工作由教育行政部门和语言文字工作机构共同组织实施，各地及一些高校都设有普通话测试站点。关于测试站点和测试时间以及测试标准等详情，请登录本省份或本地区语言文字网站或教师资格认定工作网站查询。

（八）关于思想品德鉴定

关于思想品德以及有无犯罪记录等方面情况的鉴定，在职申请人的《申请人思想品德鉴定表》由其工作单位填写；非在职申请人，该表由其户籍所在地街道办事处或者乡级人民政府填写；应届毕业生由毕业学校负责提供鉴定。必要时，有关单位可应教育行政部门要求提供更为详细的证明材料。《申请人思想品德鉴定表》需加盖鉴定单位公章。

（九）关于体检

1. 制定申请认定教师资格体检标准的政策依据

目前，各省份制定的体检标准和体检办法的政策依据主要有以下几个文件：

（1）教育部、卫生部、中国残疾人联合会于2003年3月3日颁发的《普通高等学校招生体检工作指导意见》。

（2）教育部办公厅、卫生部办公厅于2010年2月20日颁发的《关于普通高等学校招生学生入学身体检查取消乙肝项目检测有关问题的通知》（教学厅〔2010〕2号）。

（3）卫生部、教育部于2010年11月1日开始实行的《托儿所幼儿园卫生保健管理办法》（卫生部教育部令第76号）。

2. 关于体检的医院

身体检查应到教育行政部门指定的县级以上医院进行。在各地发布的当年认定工作通知中，都会将体检医院、体检要求等给予说明。

国家规定，体检标准、办法和体检项目等由省级人民政府教育行政部门规定。

3. 申请认定幼儿园教师资格身体条件的特殊规定

根据教育部、卫生部于2010年11月1日开始实行的《托儿所幼儿园卫生保健管理办法》（卫生部教育部令第76号）的规定，对申请认定幼儿园教师资格人员，除其他体检项目外，增加淋球菌、梅毒螺旋体、滴虫、外阴阴道假丝酵母菌（念珠菌）（后两项指妇科）检查项目。具体检查办法由当地教育行政部门商当地医疗卫生部门确定。

（十）其他问题

1. 一个人可以申请认定两种以上教师资格吗？

由于教师资格只是对申请人能力、水平、条件的认定，而且是开放性的，因此一个人可以具有多种教师资格。

但是同一申请人不能在同一自然年内申请两种及以上教师资格。也就是说同一申请人在同一年内只能申请认定一种教师资格。

申请人在申请认定另一种教师资格时，其条件要求和认定程序按所申请认定的相应教师资格种类的要求执行。

因学校调整、合并或升格等，需要具备其他种类教师资格的人员，应依照法定程序及时申请认定与其新的教学岗位相应的教师资格。

2. 取得相应的教师资格证可以在哪一级学校使用？

《教师资格条例》第五条规定，取得教师资格的公民，可以在本级及其以下等级的各类学校和其他教育机构担任教师；但是，取得中等职业学校实习指导教师资格的公民只能在中等专业学校、技工学校、职业高级中学或者初级职业学校担任实习指导教师。

高级中学教师资格与中等职业学校教师资格相互通用。

2009年教育部印发了《教育部关于进一步做好中小学教师补充工作的通知》（教师〔2009〕2号），要求将持有与教学岗位相应的教师资格证书作为教师招聘录用的前提条件和职务晋升的必要条件。目前有的省份根据文件规定，要求上岗教师持有与教学岗位相一致的教师资格证书。

3. 什么人不能申请认定教师资格？

有下列情况之一的人员，不能申请认定其教师资格：

(1) 被撤销教师资格不满5年的人员。

(2) 丧失教师资格人员。

(3) 被剥夺政治权利或故意犯罪被判有期徒刑以上刑事处罚的人员。

(4) 受到参加教师资格考试作弊处罚不满3年的人员。

三、教师资格考试制度

（一）教师资格考试的相关规定

我国《教师法》第十一条（六）规定："不具备本法规定的教师资格学历的公民，申请获取教师资格，必须通过国家教师资格考试。"

我国参加教师资格考试的，主要是那些与《教师法》和《教师资格条例》规定的教师资格要求不符而想申请教师资格的人。而学历符合相关要求但未修读师范专业的人员则要参加教育教学能力测试。

我国《教师资格条例》对教师资格考试的组织有比较明确的规定。《教师资格条例》第九条规定：教师资格考试科目、标准和考试大纲由国务院教育行政部门审定。

教师资格考试试卷的编制、考务工作和考试成绩证明的发放，属于幼儿园、小学、初级中学、高级中学、中等职业学校教师资格考试和中等职业学校实习指导教师资格考试的，由县级以上人民政府教育行政部门组织实施;属于高等学校教师资格考试的,由国务院教育行政部门或者省、自治区、直辖市人民政府教育行政部门委托的高等学校组织实施。

(二)教师资格考试的考核内容

教师资格考试制度改革后,对申请人的教育教学基本素质和能力的考核主要包括四个方面:

(1)综合素质。具有先进的教育理念、良好的法律意识和职业道德及一定的文化素养;具有阅读理解、语言表达、逻辑推理、信息处理等基本能力。

(2)教育(保教)知识与能力。教育的基础知识和基本能力;学生指导的知识和能力;管理班级的知识和能力。

(3)学科知识与教学能力。拟任教学科的专业知识与有效教学能力。

(4)教育教学实践能力。主要包括选择教育教学内容和方法、设计教学方案、掌握运用教育学心理学知识的能力、语言表达能力、管理学生的能力,运用现代教育技术的能力以及为提高教育教学水平而进行研究活动的能力等等。

综合素质、教育(保教)知识与能力、学科知识与教学能力三项内容通过笔试的方式考核;教育教学实践能力的考察一般通过面试、试讲等方式进行。

(三)考试形式

考试包括笔试和面试两种。

1. 笔试

1)笔试考察内容

笔试主要考查申请人从事教师职业所应具备的教育理念、职业道德、法律法规知识、科学文化素养、阅读理解、语言表达、逻辑推理和信息处理等基本能力;

教育教学、学生指导和班级管理的基本知识;

拟任教学科领域的基本知识,教学设计实施评价的知识和方法,运用所学知识分析和解决教育教学实际问题的能力。

2)笔试考试科目

幼儿园教师资格考试笔试科目为"综合素质"、"保教知识与能力"2科;

小学教师资格考试笔试科目为"综合素质"、"教育教学知识与能力"2科;

初级中学、普通高级中学教师和中等职业学校文化课教师资格考试笔试科目为"综合素质"、"教育知识与能力"、"学科知识与教学能力"3科;

中等职业学校专业课教师和实习指导教师资格考试笔试科目为"综合素质"、"教育知识与能力"、"专业知识与教学能力"3科。

中等职业学校教师的"专业知识与教学能力"科目测试,暂由各省(区、市)自行命题和组织实施。

表1-1所示为中小学、幼儿园教师资格考试笔试科目。

表1-1 中小学、幼儿园教师资格考试笔试科目

教师资格类型	笔试科目1	笔试科目2	笔试科目3
幼儿园教师资格考试	综合素质	保教知识与能力	
小学教师资格考试	综合素质	教育学知识与能力	

续表

教师资格类型	笔试科目1	笔试科目2	笔试科目3
初级中学教师资格考试	综合素质	教育知识与能力	学科知识与教学能力（分为语文、数学、物理、化学、生物、历史、地理、思想品德/政治、英语、音乐、美术、体育与健康、信息技术等学科）
高级中学教师资格考试	综合素质	教育知识与能力	学科知识与教学能力（分为语文、数学、物理、化学、生物、历史、地理、思想品德/政治、英语、音乐、美术、体育与健康、信息技术等学科）

2. 面试

1）面试方法

采用结构化面试、情景模拟等方法，通过备课、试讲、答辩等方式进行，使用教育部考试中心统一研制的面试测评系统。

2）面试主要考核内容

面试通过结构化面试、情景模拟等方式进行。主要考核申请人的职业道德、心理素质、仪表仪态、言语表达、思维品质等教师基本素养和教学设计、教学实施、教学评价等教学基本技能。

3）面试条件

只有中小学和幼儿园教师资格考试笔试各科成绩合格者，方可参加面试。

4）面试分科目报名详情

幼儿园教师资格考试面试不分科目。小学教师资格考试面试科目分为两类，小学甲类包括非艺术体育类所有科目，小学乙类包括音乐、体育、美术。中学教师资格考试面试科目，与笔试科目三"学科知识与教学能力"相一致。

5）面试考生试题确定

面试试题分为备课（或活动设计）试题和规定回答问题两种。

备课（或活动设计）试题的确定：考生在备课前登录面试测评系统，计算机从试题库中随机抽取一组试题，考生任选其中一道试题并确认。

规定回答问题的确定：考生在试讲（或演示）前，考官在面试考场从试题库中随机抽取后确定的。

6）面试时间

抽题备课（或活动设计）准备20分钟，试讲（展示）、答辩共20分钟。

考生考前须按准考证规定时间到达面试考点的候考室候考。

7）面试考试程序

（1）候考：考生持面试准考证、身份证件，按时到达测试考点，进入候考室候考。

（2）抽题：根据考点安排，登录"面试测评软件系统"，计算机从题库中抽取一组试题，考生任选其中一道试题，系统打印备课纸及试题清单。

（3）备课：考生持备课纸、试题清单进入备课室，撰写教案（或演示活动案），备课20分钟。

(4)回答规定问题:考官从题库中随机抽取 2 个规定问题,考生回答,时间 5 分钟。
(5)试讲(模拟上课):考生按照准备的教案(或活动方案)进行试讲,时间 10 分钟。
(6)答辩:考官围绕考生试讲内容和测试项目进行提问,考生答辩,时间 5 分钟。
(7)评分:考官组依据评分标准对考生面试表现进行综合评分,填写《面试评分表》,经组长签字确认,同时通过面试测评系统提交评分。

(四)考试时间

中小学和幼儿园教师资格考试(简称"全国统考")每年春季和秋季各举行一次,具体报名和考试时间由教育部教育考试中心在"中小学和幼儿园教师资格考试网"(http://www.ntce.cn)上提前公布。参加全国统考的省份在本省份教育考试网或教育信息网上也会同时公布相关信息,以及包括报考对象、报考条件、考试科目、考试报名、考场安排、缴费和考试时间等详细规定的考试简章。

尚未参加全国统考的省份,申请人可向本省份教师资格认定工作网站及当地教育行政部门查询。各省份安排教师资格考试报名的时间一般比受理申请认定的时间早三到六个月。因此,申请人需提前查询相关信息。

四、教师资格管理制度

《〈教师资格条例〉实施办法》规定:各级人民政府教育行政部门应当加强对教师资格证书的管理。教师资格证书作为持证人具备国家认定的教师资格的法定凭证,由国务院教育行政部门统一印制。《教师资格认定申请表》由国务院教育行政部门统一格式,教师资格认定机构建立教师资格管理数据库,对取得教师资格者的材料归档保存。

《〈教师资格条例〉实施办法》第四条规定:"国务院教育行政部门负责全国教师资格制度的组织实施和协调监督工作;县级以上(包括县级,下同)地方人民政府教育行政部门根据《教师资格条例》规定权限负责本地教师资格认定和管理的组织、指导、监督和实施工作。"根据《教师资格条例》第十八条和第十九条的规定,丧失教师资格的,不能重新取得教师资格;被撤销教师资格的,自撤销之日起 5 年内不得重新申请认定教师资格,其教师资格证书则由县级以上人民政府教育行政部门收缴。

我国《教师资格条例》对师范教育类毕业的申请者的职前教育和研修制度没有明确作出规定,只规定教育行政部门或受委托的高校根据实际情况要求非师范教育类毕业的申请人补修教育学和心理学课程,并取得结业证书。这与国际上为确保教师资格专业性而重视教师培训制度的做法不符,也是我国教师资格制度中相对不完善的表现之一。

五、《教师资格条例》见附件 2

六、《〈教师资格条例〉实施办法》见附件 3

七、《〈综合素质〉考试大纲(中学)》见附件 4

练习题

1.教师王某认为自己是师范毕业生,而且获得了教师资格证书,就能终身从教了,王某的想法(   )。

A.不符合统一城乡教师编制的准入要求

B. 不符合教师资格证定期登记制度的规定
C. 不符合统一中小学教师职称条例的规定
D. 不符合严格实施教师准入制度的要求
2. 我国现行教师资格证包括哪几个类别?
3. 我国申请认定教师资格需要哪些条件?
4. 我国现行教师资格考试考核哪些内容?

练习题答案

1. D

【解析】很明显,教师王某的想法不符合教师资格证书定期登记制度的规定。

2. 我国现行教师资格证包括:
(1)幼儿园教师资格。
(2)小学教师资格。
(3)初级中学教师资格。
(4)高级中学教师资格。
(5)中等职业学校教师资格。
(6)中等职业学校实习指导教师资格。
(7)高等学校教师资格等。

3. 我国申请认定教师资格需要满足以下条件:
(1)中国公民。
(2)遵守宪法和法律,热爱教育事业,履行《教师法》规定的义务。
(3)具有良好的思想品德,遵守教师职业道德。
(4)具备《教师法》规定的相应学历。
(5)有教育教学能力。
(6)未达到国家法定退休年龄。

4. 我国现行教师资格考试考核内容包括:
(1)综合素质。
(2)教育(保教)知识与能力。
(3)学科知识与教学能力。
(4)教育教学实践能力。

第二章 教师职业的专业化与专业发展

 考试内容与要求

  ➢ 了解教师专业发展的要求。
  ➢ 具备终身学习的意识。
  ➢ 在教育教学过程中运用多种方式和手段促进自身的专业发展。

 知识框架

教师职业与教师专业	职业	是随着社会分工而出现的,并随着社会分工的稳定发展而构成人们赖以生存的不同的工作方式
	专业	是指一群人经过专门教育或训练、具有较高深和独特的专门知识与技能,按照一定的专业标准提供专门化的社会服务、促进社会进步的专门职业
		专业的特征:①具有不可或缺的社会功能;②具有完善的专业理论和成熟的专业技能;③具有服务的理念和典型的伦理规范;④具有高度的专业自主权和权威性的专业组织;⑤要经过长期的培养和训练,并不断地继续学习与发展
	教师专业化	是指教师职业群体逐渐符合专业标准,成为专门职业并获得专业地位的过程
	教师专业发展	是指教师个体作为专业人员,在专业思想、专业知识、专业能力等方面不断发展和完善的过程,即从专业新手到专家型教师的过程
教师专业发展的内容	教师专业发展的内容构成	专业理念、专业知识、专业能力、专业道德
	专业理念	是指教师自己选择、认可并确信的教育观念或教育理念
	专业知识	是教师从事教师职业的知识前提,也是在教育教学过程中所形成的属于自己特有的知识结构
	专业能力	是教师从事专业性教育教学活动所必须具备的基本能力
	专业道德	是指教师在从事教育劳动过程中形成的比较稳定的道德观念、行为规范和道德品质
教师专业发展的途径和方法	教师专业发展阶段	新手阶段、胜任阶段、熟练阶段和专家阶段
	教师专业发展途径	正规的专业教育、非正规的专业教育、校本专业发展
	教师专业发展的方法	终身学习、教育行动研究、教学反思、同伴互助、网络远程研修、教师成长档案袋

考题举例

学校邀请专家来做教育理念辅导报告,李老师拒绝参加,他说:"学那些理论没有用,把自己的课上好才是教师的看家本领。"李老师的说法(　　)。

A. 错,教师应该不断提高理论素养

B. 对,能把课上好就是优秀的中学教师

C. 错,教师应该把自我提升作为首要目标

D. 对,教育理念辅导报告对实践教学没有任何帮助

【答案】A

【解析】教师专业素养需要不断提升,理论学习是其中很重要的一部分,教育理念随着社会发展在不断地发生着变化,教师希望上好课,在理念上就得跟上社会发展的步伐。

第一节　教师职业与教师专业

一、专业与职业

(一)职业

职业是在人类社会分工出现之后而产生的一种社会历史现象。根据《中国大百科全书·社会学》,职业是随着社会分工而出现的,并随着社会分工的稳定发展而构成人们赖以生存的不同的工作方式。它依据人们参加社会劳动的性质和形式而划分,并区分人们在社会劳动中的具体劳动方式。

职业具有特定的工作领域和专门职责,并以从事职业所得收入作为人们主要的生活来源。随着社会的发展,新的社会分工不断细化,新的职业的种类不断出现,同时一些不符合人类生产生活需要的职业趋于消亡。作为一个社会人,从事某种职业,既是个人谋生及社会发展的需要,也是社会个体应该承担的社会角色和社会职责。

职业具有以下特征:

(1)职业是社会分工中的一种行业。

(2)职业是一种为获取报酬的谋生手段,是为生活而从事的活动。

(3)职业是一套成为模式的人群关系(工作关系)。

(4)职业是一种劳动角色,是社会角色的一个重要方面。

(5)职业是一种社会地位。

(二)专业

1. 专业的含义

专业是指一群人经过专门教育或训练、具有较高深和独特的专门知识与技能,按照一定的专业标准提供专门化的社会服务、促进社会进步的专门职业。

专业是职业分化的结果。

专业对社会进步具有较大的贡献,地位较高,并具有不可替代的职业特点。

目前专业性的职业有医生、律师、会计师等。

准专业性职业如护士、图书馆员。

非专业性职业如售货员、操作技工。

2. 专业的特征

较早对专业有系统研究的英国社会学家卡尔·桑德斯（Carr-Saunders）认为，专业就是一群人在从事一种需要专门技术的职业，这种职业需要特殊的智力来完成，目的在于提供专门性的服务。然而，作为一个复杂的社会学概念，专业内涵至今未有统一的界定，因此人们认为，探讨作为专业群体存在的共同特性比专业内涵的争论显得更为妥当。

有关专业的界定标准，在历史上曾有过多种多样的表述。

早在1948年，美国教育协会就提出了八项指标，认为一门职业要被称为"专业"必须满足的条件：①含有高度的心智活动；②拥有一套专门化的知识技能体系；③需要较长时间的专门职业训练；④需要持续的在职进修；⑤提供一种可终身从事的职业活动和永久的成员关系；⑥建立自身的专业标准；⑦置服务于个人利益之上；⑧拥有强大的、严密的专业团体。

20世纪50年代，利伯曼的定义在国际教育界一度盛行，这一定义对"专业"提出了八项基本条件：①范围明确，垄断地从事于社会不可缺少的工作；②运用高度的理智性技术；③需要长期的专业教育；④从事者无论个人、集体均具有广泛的自律性；⑤专业的自律性范围内，直接负有做出判断、采取行动的责任；⑥非营利，以服务为动机；⑦形成综合性的自治组织；⑧拥有应用方式具体化的伦理纲领。

1995年再版的《国际教学与教师教育百科全书》对"专业"提出了五个判定标准：①提供重要的社会服务；②具有专业理论知识；③在本领域的实践活动中个体具有高度的自主权；④进入该领域需要经过组织化和程序化过程；⑤对从事该项活动有典型的伦理规范。

上述有关专业标准的界定，虽然存在着不少差异，但其间也不乏共同之处，具体来说，一个职业要成为专业，理论上必须有一套支持技术或技能的严密的知识系统；实践上必须有未接受过专门训练的外行人难以掌握的技术或技能；职业态度上必须有以客户为重的服务意识；职业行为上必须有高度的自主权和自律性；职业组织上必须有设立专门标准并能制裁其成员的自主团体；职业准入上必须经过组织化和程序化的过程，并要求接受较长时间的专门训练。

综合来看，一种职业被认可为专业，应该具备以下五个方面的基本特征。

1）具有不可或缺的社会功能

任何职业都具有一定的社会功能，有社会存在的价值，对社会发展具有推动作用，包括日常生活中对国家和人民担负的责任和对发展政治、经济、文化事业的意义。每一种职业的社会功能是不同的，一般来说，专门职业对社会具有重要作用，它不但对社会有作用和贡献，而且其作用和贡献"更是整体社会继续存在及发展所不可缺少的，倘若专业服务不足或水准低落，则会对社会构成严重的伤害"。

2）具有完善的专业理论和成熟的专业技能

专业理论和专业技能是一种职业能够被认可为专业的理论依据和技能保障。

作为一门专业，必须建构起自己相对完整的理论体系，为具体的专业活动提供思想指导，从理论上指明专业发展的方向。确定专业知识的框架，明确专业活动的对象和范围，掌握从事专业工作所需要的专业知识。

3）有服务的理念和典型的伦理规范

专业一方面指精湛的学识、卓越的才能，另一方面指服务或奉献的专业道德或称为专业伦理规范。它是该职业群体为更好地履行职业责任、满足社会需要、维护职业声誉而制定的自我约束的行为规范——一套一致认可的伦理标准。这一套由一个专业全体成员共同遵守和全面应用的标准，界定了一个专业服务时恰当和不恰当的行为。法国思想家、社会学家雅克·德里达（Jacques Derrida）说，一个教师教授理论知识，陈述知识，这是他的基本任务。但是，他要完成的义务，他的权力，并不是理论的，而是行为的，是对"义务"、"责任"的"承诺"。美国教育家舒尔曼在1998年也提出，一个专业首要的社会目的就是服务。专业工作者应是那些接受了教育并且利用其知识和技能为不具备这些知识和技能的大众服务的人。他们内心要有为大众提供服务的倾向，有义务以道德理解为起点来运用复杂的知识与技能，并通过提供实际工作以表现出公正、责任感和美德来。

4）具有高度的专业自主权和权威性的专业组织

高度的专业自主权和权威性的专业组织是专业实践和发展的内在要求。由于专业活动所依赖的专业知识是"圈内知识"，是一套"高深的学术"，它只能为专业人员所掌握，并为专业人员所垄断。因此，只有业内人员才有能力对业内的事务作出判断，控制业内的裁决权，并在专业内形成一个对从业人员具有制裁权力的专业组织。它们是专业实践和发展的内在要求。

5）要经过长期的培养和训练，并不断地继续学习与发展

在现代体系中，专家知识的深奥，依赖于长期的训练和专业化的结合。通过专业训练以获得专业技能，是一个长期的过程，如高度专业化的医生、律师等职业，其养成阶段需要相对较长过程。同时，个人生命周期的不同阶段以及相关的自我认同与专业生涯紧密相关。职业生涯包括了30年及其以上的生命周期。在这个漫长的过程中，个人置于飞速运转的现代社会中，处在复杂多变的专业活动之中，需要不断地适应和学习进修，不断地进行专业社会化，才能跟上时代的步伐，这也是专业发展的核心内容。

（三）专业与职业的区别

专业的形成晚于职业，是立于职业基础之上的。专业同样是一种职业，是职业高度发展与细化的结果，其间的重要区别体现在四个方面（见表2-1）。

表2-1 专业与职业的区别

	职业	专业
知识基础	经验和常规	专门理论知识与复杂技能
专门训练	学徒培训，个人体验与经验的逐步积累	长时间的专业化训练
社会服务	以体现谋生价值为主，间接体现社会价值	不仅体现谋生价值，社会价值体现更为重要
研究创新	以达到熟能生巧为极限，可不断重复，无须创新	需要终身学习，并以创新来提高专业服务水平

教师专业与其他成熟专业如医生、律师和工程师等相比，具有自身的特殊性，具体表现为：

(1)教师职业面临着更加复杂、不可预测的教育情境,教师知识具有情境性、模糊性和不确定性。

(2)教师专业知识技能的获得必须通过"教育"而不是"训练",或者说仅有"训练"是不够的,因为"教育"更强调教师对实际教育情境的反思、探究、教师之间的对话与交流。

(3)教师的专业道德具有更强的利他性。

(4)教师专业发展模式中,除了教师的专业知识技能外,还应包括教师的欲望、情绪、价值信仰等人格特征。

(5)与医生、律师和工程师等专业相比,教师专业组织的功能主要不在于市场的垄断和自身保护,而在于作为一个学习共同体,教师专业的自主性主要应表现为教师有权决定自己的发展方向。

二、教师专业化与教师专业发展

(一)教师专业化

1. 专业化

专业化是指一个普通的职业群体逐渐符合专业标准、成为专门职业并获得相应的专业地位的过程。

2. 教师专业化

对教师专业化内涵的界定有多种观点。

哈蒙德认为,专业由三个基本要素构成:专门知识、特殊技能、高度的使命感和责任感。而专业化则是提升以上三个要素的层次,使教师团体具有自主性、独特性及服务性的过程。

西克斯提出教师专业化的四项条件:第一,将执业人员必备的知识与技能成功地转化为经得起验证并经系统累积的知识基础;第二,接受专业教育的人是经过严格筛选的;第三,这些知识的累积和传播是在特定的教育机构内进行的;第四,接受专业教育者需经过实习且通过证书考试才算是合格的执业人员。

刘捷对教师专业化的界定如下:教师在整个专业生涯中,依托专业组织,通过终身专业训练,系统的教育专业知识技能,实施专业民主,表现专业道德,逐步提高自身从教素质,成为一个良好的教育专业工作者的成长过程。

英国教育社会学家莱西说,教师专业化也是从一个"普通人"变成"教育者"的专业发展过程,是"个人成长为教学专业的成员并且在教学中具有越来越成熟的作用这样一个转变的过程"。从社会学的角度看,教师专业化属于成人阶段的职业社会化,又称教师专业社会化。

也有人认为教师的专业化发展至少可以从两个层面去理解:一是将教师作为一个群体意义上的专业化发展,强调的是作为群体的教师的专业提升,这种角度的理解往往倾向于从历史和社会的角度去描述和界定教师职业的专业性质,"专业发展"概念中"发展"的含义更多的是体现群体意义上教师职业走向专业化的过程;二是从教师个体的意义上的成长过程、阶段和条件的角度去把握教师专业化发展的特征和过程,"发展"在这里指的是教师的个人职业成长,这一层面的教师专业化发展与大量来自心理学的研究有关。

综上所述,虽然对专门职业特征的划分存在不同的标准,对教师工作是否作为专业问题,也众说不一。但是尽管如此,人们还是看到教师在促进教育改革成功中的关键地位和作用,以及教师专业化的可能性与必要性,据此我们可以得出教师专业化的内涵。

教师专业化是指教师职业群体逐渐符合专业标准,成为专门职业并获得专业地位的过程。

教师专业化是一个发展的概念,既是一种状态,又是一个不断深化的过程。

(二)教师专业发展

1. 含义

教师专业发展是一个内涵丰富、指向多元的概念。因此,研究者对教师专业发展的理解也具有多样性。

美国教育专家霍伊尔认为:"教师专业发展是指教学职业生涯的每一个阶段,教师掌握良好专业实践所必备的知识与技能的过程。"佩里认为教师专业发展意味着教师个人在专业生活中的成长,包括信心的增强、技能的提高,以及对所任教学科知识的不断更新、拓展和深化,对自己在课堂上为何这样做的原因意识的强化。利伯曼认为,教师专业发展关注教师对实践的持续探究本身,把教师看作一个成年学习者。教师专业发展代表了一种更为宽阔的思想,它不仅是教师与学生一起改进其实践的途径,而且还意味着在学校中建立起一种相互合作的文化,在这一文化中,教师之间相互学习的行为受到鼓励和支持。富兰和哈格里夫斯指出教师专业发展既指通过在职教师教育或教师培训而获得的特定方面的发展,也指教师在目标意识、教学技能和与同事合作能力等方面的全面进步。利特尔认为教师专业发展的研究有两种截然不同的路径。其一是教师掌握教育复杂性的过程,这些研究主要关注特定的教学法或课程革新的实施,同时也探究教师是如何学会教学的,他们是如何获得知识和专业成熟,以及他们如何长期保持对工作的投入等。其二是侧重研究影响教师动机和学习机会的组织和职业条件。

由此,我们发现对"教师专业发展"的理解,国外学者虽然观点不同,但大致都包括两个方面:一是教师的专业成长过程;二是教师专业成长的内容。

国内学者对教师专业发展也有不同的理解。赵昌木认为:"教师不仅仅作为一种职业或专业存在,而且是具有个体生命意义的人,是一个社会化的人。教师成长是教师学会教学,不断习得与教师有关的角色期盼和规范的社会化过程。"刘秀江和韩杰认为,教师专业发展的内涵体现在以下几个方面:教师是专业人员,教师是发展中的人,教师是学习者,教师是研究者。我国台湾学者罗清水认为:"教师专业发展乃是教师为提升专业水准与专业表现而经自我抉择所进行的各项活动与学习的历程,以期促进专业成长,改进教学效果,提高学习效能。"

综上所述,不论是国内的学者还是国外的学者对于教师专业发展的理解都强调教师专业成长的过程,强调教师专业发展的内容。据此我们认为教师专业发展的内涵如下:

教师专业发展是指教师个体作为专业人员,在专业思想、专业知识、专业能力等方面不断发展和完善的过程,即从专业新手到专家型教师的过程。

2. 教师专业化与教师专业发展的区别

教师专业化与教师专业发展的相同之处是两者均强调加强教师专业性的过程,促进教师的专业成长。

教师专业化与教师专业发展的不同之处是,教师专业化主要强调教师群体的、外在的专业性的提升,强调教师职业作为一门专业的发展历史过程;教师专业发展是教师个体的、内在的专业性的提升,强调教师由非专业人员成为专业人员的过程(见表2-2)。

表2-2 教师专业发展与教师专业发展关注的重心

	教师专业发展	教师专业化
外部	个人职业阶梯的上升和各种专业荣誉的获得等	专业地位的认可和社会地位的提升等
	教师个体被动专业化	教师群体专业化:工会主义
内部	内在专业素质的提高和专业实践的改进等	订立严格规范的资格许可任职制度等
	教师个体主动专业化	教师群体专业化:专业主义
对象	个体	群体

三、教师专业化的历史发展

教师职业伴随着人类社会的产生而产生,是人类社会古老而永恒的职业活动。但作为专门培养学校教师的专业性教育只有三百多年的历史。

教师作为人类文明的重要传递者和创造者,其社会功能、素质要求、职业劳动特点均不断发生变化和发展。起初是"养老与育幼相结合、师长合一"的古老习俗,后来是"官师合一"、"僧师合一"的漫长历程。进入资本主义社会以来,伴随着教育普及化、教育理论与实践的丰富与发展,教师职业才逐渐成为一种专门的、科学的职业,并逐步形成专业化的特征。

(一)教师非职业化

教师是与人类社会同时产生的。

在古老的原始社会,人类为了自身的生存和发展,必须通过教育向年轻一代传授劳动知识技能和社会生活经验并进行道德教育和宗教教育。这时的教育活动是全体劳动者参加,并在劳动和生活中进行的。家庭中的父母兄长、氏族部落的首领、长者,均负有将生产劳动和社会经验传递给子女及其他幼小社会成员的责任。这一阶段,教育还没有从生产劳动中分离出来,长者为师、师长合一,养老与育幼紧密结合,没有专门的教育机构和专门的教师职业。

(二)教师职业化

1. 教师职业产生的两个原因

生产力的发展和生产知识经验的日益丰富,到了奴隶社会,劳动产品有了剩余,便产生了一部分人专门管理生产、掌握公共事务、从事文化科学的可能,社会上开始有了脑力劳动和体力劳动的分工。

文字的出现,教育开始从体力劳动中分离出来,产生了专门的教育机构——学校,同时也产生了以教育教学为职业的教师。

2. 中西方教师在此阶段的发展

西周实行政教合一、官师一体的文教政策,政府官员是学校教师。官学中设有专职教育的官师氏,有大师、小师,择优聘请。

秦朝接受法家的思想,实施"以吏为师"、"以法为教"的文教政策,把政教合一、官师一体的体制推向了极端。

汉代中央及地方官学中有博士、祭酒、助教、直讲、典学,对这些人要求德才兼备,形成了我国严于择师及尊师重道的优良传统。

唐代以后除了祭酒、司业、博士、助教外,还有学正、学录、监丞、典簿、典籍等。这些人具有两种身份,一方面是学校的教师,另一方面是政府的官员,教职的大小又以政府所任职位的高低为标准。例如,唐代博士自正五品至九品,助教自从六品至九品等。

除官学外,春秋战国后,私学兴起。他们有的一面从政,一面教学;有的当过官学的教官;有的因为仕途不得意,辞官还乡任教;有的无心仕途,退而家居,讲学授业。

所以说,中国古代的教师大都不是以教学为主业,是"副业教师"而不是职业教师。

在西方,最早的师范教育也只存在于观察模仿之中,并无专门的机构与制度来主事,口耳相传的"艺徒式"模式在历史上沿用了相当长的时间。例如,柏拉图从苏格拉底的亲身示范中得到许多教育的理念,并以同一方式对亚里士多德产生影响。

奴隶社会,办学校的多是残疾军人或赎身奴隶,教师社会地位低,教育给人的印象停留于经验的层次,理论性严重不足,无专业性可言。

中世纪,基督教是封建社会统治阶级的精神支柱,"学在教会",因而中世纪的教育具有浓厚的宗教性、等级性和阶级性,学校完全掌握在教会手中,僧院学校、大教堂学校、教区学校均以僧侣、神父、牧师为师,教学内容多为宗教知识、宗教意识、神学等。这一时期,教学被认为是一种神圣的职业,被视为一种同牧师一样的献身行为而受到敬重。

3. 这一时期的教师职业特点

(1)尊师重道、"教师圣职论"。
(2)学而优则仕,教师岗位具有极强的流动性。
(3)教学还没有被视为一种专门化的职业,没有给予专业化的教师教育训练。
(4)没有培养教师的专门机构。
(5)教育科学尚未产生。

(三)教师专业化的发端与进展

1. 始建

文艺复兴及其以后欧洲一些国家先后开始了人类历史上以蒸汽机的发明与使用为标志的第一次工业革命。工业生产的迅速发展、科学技术的日益进步,要求教育不但要培养大量有文化的体力劳动者,而且要培养一大批科学家、工程师、管理人员。于是开始了脑力劳动与体力劳动第二次分离,受教育者开始包括社会的各阶层和各阶层的子女,教育普及被提上日程。

夸美纽斯提出班级授课制,并具体规划了包括设置普及、义务的初等学校在内的新学制。实施义务教育的两个基本条件:一是经费,二是要有受过专门职业训练的师资。伴随着大量初等学校、国民学校、初级中学设置的同时,许多国家也开始设置师范教育机构,以培养专职教师。

1681年,法国"基督教兄弟会"神甫拉萨尔于兰斯创立了第一所师资培训学校;1695年,德国弗兰克于哈勒创设教员养成所;奥地利设立"师范学校";德国设立"教师进修班";

这些大都是非独立性机构,因有教学法课程被称作"师范学校",是师范教育的雏形。

18世纪中下叶,涌现了卢梭、裴斯泰洛齐、康德、赫尔巴特、斯宾塞、第斯多惠等著名教育理论家和实践家,他们大力推进"教育科学化"和"教育心理学化"的进程,现代教学法渐成体系。

这一时期教师职业的特点如下:
(1)师范性与学术性的严重对立与分离。
(2)教育的科学性、学术性不强。
(3)教师的培训主要采用艺徒制的方法。
(4)教师职业专业化,在世界教育史上具有划时代的意义。

2. 初步专业化

19世纪末,发生了人类历史上以电气化为标志的第二次工业革命,对劳动者的素质提出了更高的要求,实施普及义务教育已不能满足生产力发展的需要了。许多国家把义务教育年限延长到初中教育阶段,对于中学教师的需求量大幅度增加。由于初等教育水平的提高,要求初等学校教师也要有高等学校的学历。原来以中等师范学校为主体、以单一培养初等学校教师为目标的师范教育就发生了变革。人们逐渐意识到教学也是一项专业化的工作,仅有专业知识还不够,还必须有职业的专业训练。随着大学教育系的增设和扩充,在教育学和有关的社会科学方面,也蓬勃地开展研究工作和理论工作。中等师范学校或者被撤销、兼并,或者升格为高等师范学校,高等教育迅速发展起来。

这一时期教师职业的特点如下:
(1)师范教育与学术教育开始从分离走向整合。
(2)教育学科的学术地位已经树立,但势单力薄。
(3)教师职业的专业化向中等教育发展,但是教师的专业化水平依然不高。
(4)对教师的在职培训缺乏足够的认识。

3. 教师专业步入高学历化、证书化、终身化

第二次世界大战以来,在全球范围内兴起的以计算机应用与开发为标志的第三次技术革命对教育领域产生了挑战性、紧迫性的影响,教育和科学在国家发展中越来越受重视,"教育兴国"的观念深入人心。原来未实施普及义务教育的发展中国家普遍实施义务教育,早已实施义务教育的发达国家则普遍延长义务教育年限;高等教育大众化在一些发达国家已经实现并向"普及化"迈进。所以对小学、初中、高中的教师都要求有广博的科学文化知识和接受教育专业的训练。表2-3所示为1965—1990年世界教学人员增长情况(按1965年基数为100计算)。

表2-3 1965—1990年世界教学人员增长情况(按1965年基数为100计算)

年份	全球			发达国家			发展中国家		
	初等	中等	高等	初等	中等	高等	初等	中等	高等
1965	100	100	100	100	100	100	100	100	100
1975	179	221	209	102	173	177	285	309	327
1985	217	299	287	104	192	206	358	500	582
1990	241	341	332	118	204	245	397	595	728

这一时期教师职业的特点如下：

(1)师资人才高学历化，教师专业发展制度已经成为大学教育制度的一个重要组成部分。

教师培养制度的发展经历了一个从分级分层培养到最终在大学确立教师教育地位的过程，中小学教师的学历层次得到提高。最初建立的是培养小学教师的中等师范教育，其后出现培养中学教师的高等师范教育，再后高等师范教育在培养中学教师的同时又取代了中等师范教育培养小学教师。大学在教师专业发展中所起的作用越来越大，中小学教师的学历都提高到大学毕业以上程度，具有学士及以上学位。

(2)师资培养培训模式多样化，教师专业的学术性与师范性逐步找到了良性整合的空间。

学术性与师范性不是彼此对立，而是教师专业教育的一个问题的两个方面，是相互依存、相互渗透、相互促进、相得益彰的关系。一个合格的教师不仅要具有广博的知识和精深的专业理论基础，体现出较高的学术水平，而且还必须要求他们掌握教育科学，懂得教育规律，具备较高的教育教学能力，从而体现较强的师范性。学术性与师范性的辩证统一正是教师职业专业性的要求和表现。

(3)师资培养体系一体化，教师专业成长越来越受重视。

当今世界各国，除了努力延长中小学教师职前教育专业学习与训练的年限外，都在大力推广教师在职进修工作。

(4)师资任用证书化，教师专业工作者的社会形象日益凸显。

从历史和发展的角度看，由于教师专业化水平不高，相当长的历史时期内，教师教育就一直包含在一般学历教育中。随着社会发展和教师职业专业性越来越突出，教师的教育和培养已逐渐从一般的学历教育中分化出来了。一些国家为保证教师的专业发展和教学工作的专业水平，普遍实行教师证书制度。教师资格证书与学历证书并行，互不替代。欲从事教学工作的人，除了具备相应的学历证书外，还要取得教师资格证书。教师资格证书主要保证从事教学工作的人具有相关的教育教学知识、技能、态度和方法。美国霍姆斯协会把教师专业证书划分为初任教师、专业教师、终身专业教师三种。

(5)教师教育机构和课程的认定，教师教育专业化为教师专业化保驾护航。

二战后，为谋求提高教师教育的专业标准，美国全国教育协会（National Education Association）于1946年创立了全国教师教育和专业标准委员会（National Commission on Teacher Education and Professional Standards，NCTEPS）。委员会由9个专业教学组织组成，其主要活动是加强教师教育，倡导未来教师都须接受高等教育并经过教育专业的专门训练，训练和选拔新教师。

1952年，美国全国教师教育和专业标准委员会又建立了全国教师教育认可委员会（National Council for the Accreditation of Teacher Education，NCATE），这是美国唯一获国家承认的认可教师教育的全国性机构，成员由全国教师教育和专业标准委员会已经认可的教师教育机构以及在全国有影响力的教育学术团体推选的教育界有名望的专家组成。其宗旨是制定全国统一的教师教育认可标准，检查教师教育的课程和教学计划，认可和鉴定教师教育机构；改进教师教育教学计划，提高教师教育机构的专业化水平；传递信息，促进教师各州之间的交流；鼓励学校之间的竞争。

1966年,联合国教科文组织发布《关于教师地位的建议》,强调教师的专业性质,认为"教育工作应被视为一种专门专业,这种职业要求教师经过严格的、持续不断的研究,才能获得并保持专门的知识与技能";1975年,联合国教科文组织第35届国际教育会议通过决议,强调教师职前培养和在职进修相统一的必要性。此后,"师范教育"逐渐延伸为考虑教师一生专业发展的"教师教育",出现了"教师教育培养一体化"的概念。这为教师专业化的进一步发展创造了条件。1996年联合国教科文组织举行第45届国际教育大会,主题为"加强变化着的世界中的教师作用",提出"在提高教师地位的整体策略中,专业化是最有前途的中长期策略"。这次大会被看作国际教师教育发展的一个里程碑。1998年,在中国北京召开了"面向21世纪师范教育国际研讨会",进一步明确"当前师范教育改革的核心是教师专业化问题"。这样,教师专业化运动在20世纪结束之际,终于达成世界性的共识,即培养具有专业化水准的教师是21世纪国际教师教育改革的目标。

第二节 教师专业发展的内容

一、教师专业发展内容结构的几种说法

教师专业发展过程是教师专业成长的过程,教师专业成长的内容到底有哪些?学者对教师专业发展的内容结构提出了不同的观点,有代表性的观点(见表2-4)。

表2-4 教师专业发展内容结构

研究者	教师专业发展内容结构
叶澜	专业理念;知识结构;能力结构
艾伦	学科知识;行为技能;人格技能
林瑞钦	所教学科的知识(能教);教育专业知能(会教);教育专业精神(愿教)
曾荣光	专业知识;服务理想
李瑾瑜	专业知能;专业道德;专业精神
林崇德	职业理想;知识水平;教育观念;教学监控能力;教学行为

综合以上内容,我们认为教师专业发展的内容应包括专业理念、专业道德、专业能力、专业知识。

二、我国教师的专业发展内容构成

(一)专业理念

专业理念是指教师自己选择、认可并确信的教育观念或教育理念。专业理念,从宏观上包括教育观、学生观、教育活动观;从微观上包括教育的信念、教学的信念、学习的信念、学科的信念、自我发展的信念等。

教师的专业理念反映教师对教育、对学生、对自身的看法,它指导着教师的教育教学行为,统摄着教师专业发展结构的其他方面。教师专业理念的形成与发展是教师专业发展的基础和动力。叶澜教授特别强调专业理念对教师专业发展的作用,她强调教师应在

对教育工作本质理解基础上形成关于教育的观念和理性信念,即形成专业理念。而专业理念的形成为教师专业行为提供了理性支点,使得教师成为专业人员而与非专业人员区别开来。

教师专业理念包括教师的教育观、学生观和教师观,详细内容见本书第三章。

(二)专业知识

教师专业知识,是教师从事教师职业的知识前提,也是在教育教学过程中所形成的属于自己的特有知识结构。

那么教师到底应该具有什么样的专业知识呢？19世纪之前,人们认为教师所需要的知识就是他们所要教授的知识,即学科内容方面的知识。但是从19世纪早期开始,人们开始同意这样一个原则,即教师应当不仅知道他们所要教授的科目的知识,也要知道他们进行教学的艺术。换句话说,教师不仅要知道教什么,还要知道如何教。而随着人们对教师专业化的不断关注,20世纪80年代开始,教师专业知识已成为教师教育研究的一个焦点问题,不少学者对此进行了研究(见表2-5)。

表2-5 教师知识分类

研究者	教师知识分类
舒尔曼	教材内容知识;学科教学法知识;课程知识;一般教学法知识;有关学习者的知识;情境的知识;其他课程的知识
伯利纳	学科内容知识;学科教学法知识;一般教学法知识
格罗斯曼	学科内容知识;学习者和学习的知识;一般教学法知识;课程知识;情境的知识;自我的知识
博科和帕特南	一般教学法知识;教材内容知识;学科教学法知识
考尔德黑德	学科知识;机智性知识;个人实践知识;个案知识;理论性知识;隐喻和映象
林崇德	本体性知识;条件性知识;实践性知识;文化知识
谢维和	学生的知识;课程的知识;教学实践的知识和技术
刘捷	广博的科学文化知识;系统的学科专业知识;扎实的教育专业知识

综合以上学者的观点,我们认为教师的专业知识应包括三个方面:广博的文化知识、系统的学科知识和扎实的教育知识。

1. 广博的文化知识

广博的普通文化知识是教师广阔知识视野的前提,主要指当代科学和人文两方面的基本知识。

广博的文化知识是教师教学的基础。教师广博的文化知识包括历史知识、文学知识、艺术知识、科学技术知识、传统文化知识。关于教师广博的文化知识的详细内容见本书第六章。

2. 系统的学科知识

系统的学科知识是教师胜任教学工作必须具备的学科知识,包括内容知识、实质知识、章法知识、学科信念,是教师的本体知识。

教师的教学工作最终都落实到特定的学科之中。因此,教师要完成教学任务,必须具备与自己任教学科相对应的知识。教师只有完整、系统、精深地掌握学科专业知识,才能在科学体系中把握自己任教的学科,才能在教学中通观全局地处理教材,使知识在教学中不只是以符号形式存在,才能展示知识本身发展的无限性和生命力,才能根据不同的教育对象选择有效的教学方法进行教学。

系统的学科知识详细内容见教师资格证考试的第三门考试"学科知识与教学能力"。

3. 扎实的教育知识

教师的教育知识是教师所教之法的知识,就是教师怎么教的知识。教师的教育知识是教师专业和其他专业的根本区别所在。

教师的教育知识包括一般性的教育知识(条件性知识)和教学实施过程中的教育知识(实践性知识)。

一般性的教育知识即条件性知识是指教育学、心理学和教学法等相关的教育心理方面的知识,它的范围较广泛,包括教育基本理论、心理学基本理论、德育学、教学论、教育史、教育社会学、教育心理学、教育管理学、教育法学、比较教育学等等方面的知识。教师只有全面系统地掌握这些知识,才能确立先进的教育观念,选择适当的教育教学方法。

教学实施过程中的知识即实践性知识是指教师在具体的教育教学实践情境中,通过自主的体验、思考、领悟等,来发现和洞察其在教学过程的意蕴,并融合自身的生活经验以及个人所赋予的经验意义,逐渐积累而成的教育教学实践中的知识。它是教师头脑中潜意识存在的难以用文字清晰表达出来的非文本性知识,是教师内心真正信奉的、在日常教育教学工作中"实际应用的理论"。它实际上主导着教师的思想和行为,体现在教师的教育教学实际行动中。它体现了教师的实践智慧。

教师的教育知识详细内容见教师资格证考试的第二门考试"教育知识与能力"。

(三)专业能力

教师的专业能力是教师从事专业性教育教学活动所必须具备的基本能力。教师的专业能力不仅是教师自身专业发展水平高低的表现,更是关系教师教学效果的关键要素。随着教师专业发展研究的深入,关于教师专业能力结构的研究也十分丰富,表 2-6 是一些具有代表性的观点。

表 2-6 教师能力结构

研究者	教师能力结构
邵瑞珍	思维条理性、逻辑性;口头表达能力;组织教学能力
曾庆捷	信息的组织与转化能力;信息的传递能力;运用多种教学手段的能力;接受信息的能力
陈顺理	对教学对象的调节、控制和改造的能力(了解学生、因材施教、启发引导、管理学生等);对教学影响的调节、控制和改造能力(处理教材、选择教法、言语表达、教学评价等);教师自我调节控制能力
孟育群	认识能力;设计能力;传播能力;组织能力;交往能力
罗树华 李洪珍	基础能力(智慧力、表达力、审美力);职业能力(教育能力、班级管理、教学能力);自我完善能力;自我能力(扩展能力、处理人际关系能力)
林崇德	自我监控能力;应用现代教育技术能力;心理健康教育能力

根据以上观点,我们可以得出教师的专业能力既包括教师的基本能力,也包括教育教

学的技能。

教师的基本能力包括信息能力、逻辑思维能力、阅读能力、写作能力、创新能力、交往能力。

教师的教育教学技能包括教师的教学设计技能(教学设计、教案编写),授课技能(导入、讲解、示范、口令、语言、结课、板书),说课技能,教师的教学智慧等方面。

教师的专业能力的详细内容见本书第七章和第八章。

(四)专业道德

教师专业道德是指教师在从事教育过程中形成的比较稳定的道德观念、行为规范和道德品质。

教师是知识和文化的传播者,不仅需要专门的知识和技能,更需要高尚的专业道德作为基石。卢梭说:"有些职业是这样的高尚,以至于一个人如果是为了金钱而从事这些职业的话,就不能不说他是不配这些职业的;军人所从事的就是这样的职业;教师所从事的,就是这样的职业。"可见,教师职业是崇高的、圣洁的,是不以追求金钱为目的的。此外,教师是塑造人的工作,是"灵魂的工程师"。因此,教师需要对教育具有天然的使命感、责任感,教师要注意专业道德的形成,要注重专业认同、专业责任、专业追求、专业创新和专业合作,要遵守职业道德规范,做到"爱国守法、爱岗敬业、关爱学生、教书育人、为人师表、终身学习"。教师专业道德的详细内容见本书第四章。

第三节 教师专业发展的途径和方法

一、教师专业发展阶段理论

教师专业化是一种动态的发展过程,教师专业发展有其阶段性的存在,研究教师专业化的基本理论,主要指教师专业化的发展阶段理论。

20世纪60年代末,美国学者富勒以其编制的《教师关注问卷》揭开了教师发展理论研究的序幕。此后各路学者纷纷关注这一主题,表2-7是国外教师专业发展阶段的一些研究。

表2-7 教师专业发展阶段

研究者	教师专业发展阶段
富勒	任教前关注;早期生存关注;教学情境关注;学生关注
卡茨	生存阶段;巩固阶段;更新阶段;成熟阶段
伯顿	生存阶段;适应阶段;成熟阶段
费斯勒	职前教育;入职引导;能力建立;热心和成长;职业受挫;稳定和停滞;职业低落;退出职业
司德菲	预备阶段;专家阶段;退缩阶段;更新阶段;退出阶段
休伯曼	入职期;稳定期;实验和重估期;平静保守期;退出教职期

续表

研究者	教师专业发展阶段
叶澜 白益民	非关注阶段;虚拟关注阶段;生存关注阶段;任务关注阶段;自我更新关注阶段
王秋绒	师范生的专业社会化;实习教师的专业社会化;合格教师的社会化

(一)富勒的关注阶段论

有关教师专业发展阶段研究大都植根于美国学者富勒的教师职前的关注阶段的研究,富勒通过对教师关注问题的研究,提出了教师专业化过程中的四个阶段。

(1)任教前关注阶段。此阶段是师资养成时期,师范生仍然扮演学生角色,对于教师角色仅仅处于想象,没有教学经验,只关注自己;不仅如此,对于给他们上课的教师的观察,常常是不表同情的,甚至是敌意的。

(2)早期求生存阶段。此阶段是初次实际接触教学工作,所关注的是作为教师自己的生存问题,所以,他们关注班级管理、教学内容以及指导者的评价。故在此阶段,他们都具有相当大的压力。

(3)关注教学情境阶段。此阶段所关注的是教学情境的限制和挫折,以及对他们各种不同的教学要求。所以在此阶段,较重视自己的教学,所关注的是自己的教学表现,而不是学生的学习。

(4)关注学生阶段。虽然许多教师在职前教育阶段表达了对学生学习、社会和情绪需求的关注,但是却没有实际的行动。直到他们亲身体验到必须面对和克服较繁重的工作时,才开始把学生作为关注的中心。

(二)卡茨的教师发展阶段论

美国学者卡茨在20世纪70年代,采用访谈和问卷调查的形式,以学前教师为研究对象,得出教师专业发展可能经历如下四个阶段。

(1)求生存阶段。这主要是对初任教师者而言的,在任教的第1~2年里,由于教学与实际想象中的情况有差距,所以他们会关心自己在陌生的环境中能否生存下来。

(2)巩固阶段。经过1~2年的教学实践,这些教师此时已经具备了基本的教育教学知识,并开始巩固所获得的教学经验和关注个别学生以及思考如何来帮助学生。但是应变技巧和随机性有待加强。

(3)更新阶段。在任教的3~4年之后,教师们有可能对平日繁杂而又规律、刻板的工作感到厌倦,想要寻找创新的事物。因此,在这一时期,必须鼓励教师参加各种培训进修班、交流会,学习并交换新的理念、经验、技巧和方法。

(4)成熟阶段。任教5年及5年之后,进步较快的教师已达到成熟阶段,有的教师可能会需要相对更长一些的时间。到了成熟时期的教师,自己已有足够的能力来探讨一些较为抽象和深入的问题;同时,这一时期的教师已由适应到习惯、能够胜任教师的角色。

(三)伯顿的教师生涯发展理论

在20世纪七八十年代,伯顿等学者归纳、提出了教师专业发展的三个阶段。

(1)生存阶段,指教学的第一年。在此阶段的教师,刚踏入一个新环境,加上没有实际教学经验,对教学活动及环境只有非常有限的知识,所以,对所面对的各种事物都在适应之中。此时教师所关心的是班级管理经验、学科教学、改进教学技巧、教具的使用,以及尽快地了解所教的内容,做好课程与单元计划及组织好教学材料,做好教学工作等。

(2)适应阶段,指教学的第2~4年。这时,教师知识较前丰富,他们开始了解到儿童的复杂性,并寻求新的技能以满足教学的各种需求。对待孩子更加开放和真诚,感到更有能力满足学生的需要,逐渐有了信心。

(3)成熟阶段,指教学的第五年或五年以上。这时教师对教学活动驾轻就熟,对教学环境了如指掌,他们觉得能很从容地处理教学工作,并不断地尝试新教学方法。他们以学生为中心,充满自信和安全感,而且已经有了自己的专业见解,能够处理好可能出现的新问题。

(四)费斯勒的教师生涯循环论

20世纪80年代,美国约翰霍普金斯大学的费斯勒从生命的自然老化过程和周期的角度研究教师专业发展的过程,对处在不同生涯发展阶段的教师进行观察、访谈和调查,结合成人发展和人类生命发展阶段等方面的研究文献的分析,认为教师专业发展要经历以下八个阶段。

(1)职前阶段。这一阶段是教师角色的准备期,包括教师接受角色或工作时的再培训。

(2)入职阶段。在最初任职的几年里,教师会努力适应日常教学工作,努力寻求领导、同事、学生和家长的认可。

(3)能力形成阶段。这个阶段的教师积极寻找新的资料、方法和策略,渴望建立一套富有个人风格的教学体系,愿意接受与吸收新的观念,学习欲望强。

(4)热心和成长阶段。这个阶段的教师已经具备较高的教学水平,热爱工作,不断寻求进步,不断创新、改进、丰富自己的教学方式和手段,有较高的职业满意度和自豪感。

(5)职业生涯挫折阶段。这个阶段通常出现在教师职业生涯中期,教师在工作上遭遇挫折,工作满意度下降,面对日复一日的教学工作,开始出现厌烦情绪,甚至怀疑自己是否适合教师职业。

(6)稳定和停滞阶段。这一阶段的教师只求无过,不求有功,专业发展的动力消失,缺乏进取心,常常是"做一天和尚撞一天钟"。这时的教师对待工作和学生以应付为主,主动性减弱。

(7)生涯低落阶段。在此阶段,有些教师因为曾经有过辉煌的教学成绩和美好回忆而心情愉悦;有些教师则以苦涩的心情离开教师岗位。

(8)生涯退出阶段。这是教师离开教师岗位后的时期。

(五)司德菲的教师发展阶段论

司德菲依据人文心理学派自我实现的理论,建立了教师生涯模式,他将教师生涯分为以下五个阶段。

(1)预备生涯阶段。此一阶段主要为新任教师,或者是重新任职的教师,前者通常需要3年的时间,才会进展到下一个阶段;而后者则很快地越过此一阶段。在此阶段的教育具有下列特征:理想主义、有活力、富有创意、接纳新概念、积极进取、努力向上等。

(2)专家生涯阶段。此一阶段的教师具有任教科目的多方面能力、知识和态度,同时拥有多方面的信息;知道进行有效的班级管理和时间管理,并对学生具有高度期望,也能在自己工作中,激发自我潜能,达成自我实现。

(3)退缩生涯阶段。此一阶段,又可分为三个小阶段:初期的退缩、持续的退缩和深度的退缩。初期退缩阶段,教师的表现不是最好,也不是最坏,在学校中可说是最多,也是最被忽视的,他们很少致力于班级革新,所用的教材内容年复一年。教师所持的信念较为固执、不知变通。故此阶段的教师,大多沉默寡言、跟随别人、消极行事,对其需要给予适时、适当的支持和鼓励。持续退缩阶段,教师表现出倦怠感,经常批评学校、家长、学生,甚至教育行政机关;有时对于一些表现良好的教师,也会予以批评。此外,他们也会抗拒变革,对于行政措施不作任何反应,这些行为都将妨碍学校的发展。在此阶段的教师,也会出现一些心理-社会上的问题,有些教师是独来独往者,有些是行为极端者,有些是喋喋不休者,人际关系不和谐。在此时期,很多教师都期望寻求协助。深度退缩阶段,教师表现在教学上的无能力,甚至伤害学生,但是这些教师并不认为自己有这种缺点,具有很强烈的自我保护心理。

(4)更新生涯阶段。此阶段的教师开始出现厌烦的征兆,他会采取较为积极的回应方式,如参加研习、选修课程,或加入专业组织。所以此阶段的教师,又可以看到预备生涯阶段所具有的特征——有活力、愿吸收新知识。唯一不同之处是:在预备生涯阶段的教师,对于教师工作感到振奋新奇;而在更新生涯阶段,则致力于追求专业成长、吸纳新的教学知识。

(5)退出生涯阶段。由于已到退休的年龄,教师必须离开教学岗位。一些教师开始安度晚年,而一些教师则会继续追求职业生涯的第二春。

(六)休伯曼的教师职业生命周期论

休伯曼等人通过对教师职业生命周期的研究,把教师职业生涯过程归纳为以下五个时期。

(1)入职期。时间在教学的第1~3年,可将这一时期概括为求生和发现期。新任教师一方面对复杂的课堂教学感到无所适从,产生理想与现实的失落感,急切希望获得实用的教学技能;另一方面,他们也因初为人师,有属于自己的班级、学生和教学方案,又表现出积极、热情的一面。

(2)稳定期。时间在工作后的第4~6年。这一时期教师逐渐适应了课堂教学,并可根据实际教学情境以及自己的个性特征探索自己的教学风格。此时的教师对教师职业较为投入,由关注自己转向关注教学活动,不断改进教学基本技能,情绪较为稳定。

(3)实验和重估期。时间在工作后的第7~25年。随着教育知识的积累和巩固,教师们开始不满于现状,并重新审视自己所从事的职业。他们试图增加对课堂的影响,在教学材料、评价方法等方面大胆进行教改实验,批评学校组织管理中的弊端,不断对职业和自我进行挑战。也有的因年复一年单调、乏味的课堂生活或者连续不断的改革后令人失望的结果而引发危机,甚至重新估价和怀疑自己是否要一辈子执掌教鞭,表现为职业生涯中的一场"危机"。

(4)平静和保守期。时间在工作后的第26~33年。长期的教育工作使之成为资深教师,许多教师在经历怀疑和危机之后开始平静下来,他们所拥有的教育经验和技巧使之对教师工作充满自信,同时也失去专业发展的热情和精力,志向水平开始下降,对专业投入也减少,教师变得较为保守。

(5)退出教职期。时间在工作后的第34~40年前后。即教师职业生涯的逐步终结阶段。

(七)叶澜、白益民等人的"自我更新"取向阶段论

叶澜、白益民以"教师自我专业发展意识"为指标,对教师专业发展阶段作出明确界定,采用思辨的研究方法,把教师专业发展过程划分为以下五个阶段。

(1)非关注阶段。这是指进入正式教育之前的阶段,可一直追溯到教师的孩提时代。在此阶段,立志从教者在对教师专业发展"非关注"的状态下,在无意识中以非教师职业定向的形式形成了较为稳固的教育信念,具备了一些"直接式"的"前科学"知识。

(2)虚拟关注阶段。这是指教师在职前的师范教育阶段,包括教育实习期。此时,师范生的专业意识和自我发展意识比较淡薄。

(3)生存关注阶段。这是指初任教师的专业发展阶段,教师面临着来自生活和专业两个方面的压力,需要实现由师范生到正式教师角色的转换,需要克服对于教学实践的不适应。

(4)任务关注阶段。这是持续、稳定发展的时期,由关注自我的生存转换到关注教学任务和专业发展上来。这个阶段的教师,基本掌握了教育教学的知识和技能。

(5)自我更新关注阶段。这一阶段的教师关注自己的专业发展问题,有较为明确的专业发展意识,具有主动性、能动性和创造性。

(八)王秋绒的教师专业发展阶段划分

我国台湾学者王秋绒在探讨教师专业社会化的过程与内涵时,把教师发展分为三个阶段,每一个阶段又分成三个时期。

1. 职前师资培育阶段

第一阶段为探索适应时期:大一。这时从教者熟悉学校设施,适应学习环境,增强学习效果。他们学习选择并试探性地参与各种社团、班级团体和联谊活动,在正式课程中奠定广博的学识基础。他们从中接受熏陶,奠定未来学习专业及专门知识的基础。

第二阶段为稳定成长期:大二到大三。正式课程中逐渐加重教育专业知识与专门学科知识。通过各种社团活动、班级团体活动、联谊活动、宿舍生活,培养人际关系和组织领导、主动负责等能力。他们与同学、教师、行政人员的社会关系维持、稳定地发展,较能表现出适宜的社会角色。

第三阶段为成熟发展期:大四。正式课程的重点在于教材教法研究、教学实习、外埠参观。获得初步的任教经验,且受这些经验的影响很大。在对待学生的态度或教师角色的观念上有逐渐从理想的专业认知转为适应实际情境的倾向。

2. 实习教师阶段

第一阶段,蜜月期。实习教师满怀初为人师的信心和快乐,专注地投入教学行列,热切地希望能满足所有学生的需要。他们努力根据所学,一心一意地成为一个好教师。

第二阶段,危机期。此时教师逐渐感到力不从心,在实际教学过程中,发生很多不能有效解决的事。对如何维持教室秩序、了解学生、获得尊重等问题,感到非常棘手。

第三阶段,动荡期。教师此时重新评估理想的教师角色与现实环境的期望,会发现一

个教师不可能完全满足所有学生的需要,也不可能表现出完美无缺的教学行为。他们逐渐采取较为实际的观点,衡量教室、学校的状况,考虑本身的知识和能力,调整对学生和对自己的期望,逐渐从实际的教学环境来决定其需要及教学行为。有些教师无法顺利了解到许多现实环境的局限性,认为现实充满疑惑、不可理喻、无可救药,于是对教育工作失去信心,内心产生很大的挫败感,只想从此逃离教学环境。

3. 合格教师阶段

第一阶段,新生期(任教2~3年)。此时教师已较能适应现实环境,自身处理问题的能力也增加了。对于教育工作他们又充满信心与希望,重新致力于教材、教法的改进及学生问题的解决。希望能为同事所接受,从同事那里习得专业知识与能力,希望被学生尊重、敬爱、赞赏。

第二阶段,平淡期。此时教师对于学校政策及教材教法都已熟悉,具有稳定的人际关系。对于学生的问题与教学,已能量力解决,不再期望太高。觉得工作环境已不再有太大的挑战性,只要依例行事就可以了。

第三阶段,厌倦期。有些教师在经历多年教学生涯后,产生一种内在化价值,而以教书为终生的事业。多数教师因为对教材已滚瓜烂熟或因校长等领导非专业化、学生表现太差、工作负荷太多、教学设备太差等,开始厌倦教学。有些教师因为社会变迁、教材改变,很多新知识非资深教学所能胜任,因此产生不胜负荷的倦怠感。

关于教师专业发展阶段的国内外研究观点很多,这里只选取一些有代表性的观点进行了介绍。这些观点尽管各有不同,但从中我们也可以发现一些启示,比如教师的发展是具有阶段性的,教师专业发展的每一阶段面临的问题和发展的主题是不同的。

二、教师专业发展阶段

借鉴国内外研究者的研究成果,我们认为可以把教师专业发展阶段分为新手阶段、胜任阶段、熟练阶段和专家阶段。

(一)新手阶段:专业发展的萌芽期(1~3年)

青年教师的成长规律表明,刚从大专院校毕业的年轻教师们视野宽广,思想活跃,易接受新思想、新事物。他们有强烈的建功立业的愿望,想把自己多年来学到的知识应用于实践、奉献给学生,渴望成为教育人才。然而他们在思想认识、言行举止、工作方法等方面离教师的职业规范还有很大差距。新手教师总是急于快速成为经验丰富的优秀教师,渴望从前辈教师那里获得立竿见影的经验。但教学中大量的实践智慧是书本上没有的,也无法用言语传递。经验的个人性特征,要求教师必须进行自我的体验、感悟、反思、综合和总结得来。

新手教师工作热情高涨,为了尽快融入教育教学环境,他们会主动向前辈教师请教,表现出很大的主动性。但这种主动性还不是真正的专业自主,真正的专业自主表现为极强的自信心和独立意识,而新手教师专业自主发展意识还比较薄弱,自主独立性不强。因此需要增强教师的自我发展意识。

(二)胜任阶段:专业发展的入门期(3~5年)

教师从教3~5年后,基本上可以胜任自己的工作,能够达到教师的岗位要求。所以通常把这个阶段的教师称为"胜任型教师"。这个阶段的教师习惯从全面和提高自己的教育教学技能、技巧入手,继续第一阶段的转变进程,成为教学基本功日渐扎实与娴熟、教学经验日渐丰富、教学实效日渐提高的合格教师。此阶段的教师在心理上有一种优越感,比起适应期的教师,他们掌握了较多的教育教学技能,并能在教育教学改革中形成自己的观点和见解。因此,他们的教学行为有明确的目的性,能够区分出教学情境中的重要信息,并选择有效的方法或手段达到教学目标。他们对自己的行为结果表现出更多的责任心,对于成功和失败表现出强烈的情绪与情感反应。但此时教师的教学行为还没有达到快捷、流畅、灵活的程度。

这个时期,教师为了使自己能尽快变成熟练型教师,会自觉、自主地参加各种培训,表现出对自身专业发展的极大关注和渴望,专业自主意识被唤醒和激发。

(三)熟练阶段:专业发展成熟期

熟练阶段的教师多为学校的中青年骨干教师,他们在理论知识方面以追求延展性知识为主。所谓延展性知识,主要是强调理论与实践的相互糅合,体现出前沿性、创造性、研修性和高素质、高水平、高起点等特点。

相较于前两个阶段的教师,熟练阶段的教师在专业发展上表现出很大的优越感,对自己的专业发展富有自信,具有极大的专业自主性。他们可以根据自己多年的教学经验,有选择性地进行教学活动和专业创新。熟练阶段的教师积累了丰富的教育教学经验,对教育教学活动也有了深入的认识,能够在教材、学者、教法三者之间进行灵活的切换和有机的组合;会自觉运用教育理论观点去分析、研究教育教学中的各类现象,善于发现其中的问题,努力探究其原因并找寻解决方案。熟练阶段的教师还具备了一定的科研能力和科研思维。通过学习,能够使自己树立起科学的教育观和教育发展观,具备一定的专业创新精神和改革意识,具备主动吸纳、处理信息和促进自我发展、自我完善的能力,具备将现代信息技术自主地应用于学科教学的能力,初步形成具有个性特征的教学风格。

(四)专家阶段:专业发展的巩固期

专家阶段的教师们既充分体验着教师职业的艰辛,也深刻体验着教师职业带给他们的快乐,所谓累并快乐着。他们更加热爱教师工作,具有更强烈的事业心和责任感。他们还具备了良好的心理素质,同时还具有较强的经验方法和深厚的教学功底,形成了较为稳固的教育教学特色。

专家阶段的教师在学科教学、教研、教改方面有丰富的成功经验,而且具有权威性、知名度。他们应该而且完全有能力成为教育教学的研究者和积极反思者,可以与人分享自己的研究成果,从而成为一个真正的教育者、教育家。从教师专业发展的角度来看,教师个体拥有大量的实践性知识就已经达到了目的,但作为专家型教师,他们的要求还不止于此。他们需要进一步扩大自己实践性知识的影响力,发挥自身知识体系的价值。专家阶段的教师需要自主地对教育教学经验或案例加以总结和提升,把自己在专业发展中所形成的经验与知识加以升华、提炼,形成知识系统,能给别人以借鉴与思考。要实现这一目标,专家型教师必须自觉地从多方面、多渠道来充实自己,自发而有意识地选择、安排学习机会和学习方式。通过这种有意义的、自我觉醒式的生涯管理方法,促使自己不断进修,最终成为自己职业发展的设计者和实施者,成为终身学习者和自我教育者。同时,在培训中把学习到的格式化、系统化的教育理论和方法内化为自己的心理结构,升华为自己的知识素养,并通过进一步的学习、反思和实践,促进隐性知识显性化,从而实现教师专业自主的成长。

总之,教师的专业发展是一个连续不断、循序渐进的过程。

三、教师专业发展的途径

（一）正规的专业教育

正规的专业教育,是指在专门的教师教育机构中进行的、全日制的、系统的教育。通过专业教育,教师可以获得相应的学历、学位。教师职前要经历一段正规的专业教育。

（二）非正规的专业教育

非正规的专业教育是指不以获得学历、学位为目的,而是以追求教师专业发展为目的,由各种社会教育组织提供的教育,如定期培训等。非正规的专业教育在教师职后教育中更加常见,教师在职进修、培训、访问学习等都是非正规的专业教育。

（三）校本专业发展

校本专业发展就是通过教师任教的学校组织的各种教育活动促进教师的专业发展。

四、教师专业发展的方法

促进教师专业发展的途径和方法有很多,其中包括终身学习、教学反思、同伴互助、教育行动研究、网络远程研修、教师成长档案袋等。

（一）终身学习

知识迅猛更新客观上要求教师学会学习,养成学习的习惯,教师必须不断更新自己的知识结构,使自己课堂常教常新;要树立较强的教育科研意识,认真学习和掌握教育研究的基本方法和相关的理论知识,自觉地在研究中应用;还要在教书育人的实践中学习、学习、再学习。要做教学实践中的"有心人",在实践中不断地探究,积极探索,锲而不舍,勇于革故鼎新。我们的社会正从"学历化社会"走向"学习化社会",终身学习是教师不断超越自我,提升自身教书育人水平的必要保证。

（二）教育行动研究

教育行动研究是指教师在实际教育中,基于学校,针对教学实际中出现的问题,制订计划、系统地收集资料、分析问题、提出改进方案、付诸实施、检验和反思成果,把学习与培训、学习与行动结合起来的一种研究方式。行动研究的成果可以直接用于学校教学实践的改进,提升教学质量。而在行动研究的过程中,教师自身的教学实践能力也得以提升。所以行动研究是教师的学习发展与教学实践相统一的过程。近来,行动研究已经成为教师专业成长、课程改革的重要手段之一。

教师通过行动研究,可以转变传统的教育思想,树立现代的教育发展观、人才观、教育教学观,构建新的教育理念,这是教育改革发展的先导和动力。

（三）教学反思

教学反思指教师借助行动研究,不断探讨与解决教学目的、教学工具和自身方面的问题,不断提升教学实践的合理性,使自己成为专家型教师。

教学反思是教师对教学各方面的情况进行的一种回顾、分析和总结。教学反思在教师的专业发展和成长中具有极其重要的作用：反思和革新能够推动教师在职业发展的不同时期成长，从一个时期发展到另一个时期；反思的教师，不仅在头脑中经常重温教学时的事件，而且还持续地观察学生，以便了解教学实践对学生产生的影响；反思帮助教师了解自己的长处，找出自己的问题，确定自我改进的领域，明确自己成长的方向，制定自己的行动计划。

总之，教学反思为教师提供了再创造的沃土和新型的学习方式，进一步激发教师终身学习的自觉冲动，激活教师的教学智慧，探索教材内容的崭新表达方式，构建良好的师生互动机制及学习新方式，使自己的教学艺术永葆青春，为教师的成长提供有效途径，适应新课程改革的要求。

（四）同伴互助

同伴互助是教师专业成长的有效方法。同伴互助的方式有磨课、沙龙、新老结对等多种形式。

1. 磨课

"磨课"是对课堂教学研究的一种形象化说法，往往由集体开展的"备课—上课、听课—评课"三个环节组成。"磨课"的过程，是一个完整的教学管理过程，从目标的制定到具体实施，再到最后的总结评价，正好构成了一个完整的流程。在"磨课"的每一个环节中，都是集体参与讨论、策划、修订和完善，它反映了集体的意志和智慧，充满了民主和谐的氛围，自动构成了一个能动的"磁场"，带动每一个成员自主地参与并自如地运行。

在"磨课"中，有两种方法值得推广：第一种是"一课多人上"，即同一堂课由几位教师同时执教，而且执教者的地域跨度越大，往往执教风格和思路差异越大，研究探讨的价值也就越大，这样的"磨课"，往往能让执教者之间更好地取长补短、借鉴改进、优化整合，有利于教改的不断深入；第二种是"一课一人多上"，即一堂课由一位执教者上几次，每上完一次，都有一个集体探讨和修改教学方案的过程，然后重新执教，纵向对比成败得失，并进一步修改完善，不断优化，不断超越。这两种"磨课"方法，都采用了"比较法"的研究策略。不管是横向比较还是纵向比较，都有利于将教学研究推向深入。

2. 沙龙

"沙龙"原意是指文学、艺术等方面的高雅人士的小型聚会。本文指教育工作者或教育研究者之间主题性的小型教育研讨活动。这样的研讨活动有以下几个特点：一是要有一个合适的主题；二是要有一定数量的教师或专家；三是要有一个主持人能起到穿针引线的作用；四是要围绕主题开展深刻的对话，参与者之间没有绝对的权威，大家各抒己见，时常有思想交流、智慧碰撞、观点交锋；五是最终应形成对讨论主题的阶段性的看法或认同，这是众人观点和智慧的有机整合。

学校的教育"沙龙"有很多形式，假如按"沙龙"的途径可分成"场景式沙龙"和"网络式沙龙"。其中的场景式沙龙是在一个现实的场景当中开展的沙龙，它的优点是氛围好，互动频繁，信息传输快；而网络式沙龙是指参与者在网上同一个论坛或聊天室中开展的沙龙，它的优点是不受空间限制，文本形成迅速，传播范围广。假如按照沙龙的内容可分成"读书沙龙"、"教学沙龙"、"德育沙龙"、"课题沙龙"、"管理沙龙"。沙龙如果定期开展有效的活动，就能充分激发教师们的潜能和智慧，促进教师的共同发展。

此外,同伴互助方式可不拘一格,除了"磨课"、"沙龙"等形式,还可以建立教师的网上备课平台、互动平台,或者新老教师结对等,通过同伴互助,防止和克服教师各自为政的现象,让教师在开放互动的环境里学习。

（五）网络远程研修

网络远程研修,是近年来随着信息技术的高度发展形成的一种教师专业发展的新平台。网络远程研修,是在网络环境下,以现代教育思想和学习理论为指导,充分发挥网络的各种教育功能和丰富的网络教育资源优势,向参与学习者提供一种网络研究和进修的环境,使学习者在视频收看、文本学习、作业与交流相结合、简报阅读等的过程中促进教师专业发展。

培训中,教师要学会并掌握培训平台的网上操作、个人博客的建设、利用邮箱或QQ交流等网络技术手段,并运用这些手段同本地乃至全国的教师交流沟通。学员在网上提交作业,大家通过评论的形式进行互动交流。在这个过程中,教师将自己的学习、反思成果展示在大家面前,作为研究素材供大家评阅,教师回过头来参考大家的评论,并对这个问题进行再思考,这会大大提高教师的专业认识水平。课程团队的专家、指导教师或班主任还分专题组织网上研讨,使教师间的互动越来越深入。正如一位教师在研修评论中所写:"网络平台实现了及时、便捷和无限的对话和互动,成为展示魅力的舞台,交流经验的擂台。"特殊的互动方式促进了教师间的群体同伴互助,使教师尽享交流和沟通的快乐。

网络远程研修是一种跨学校、跨地区的教师群体研修。培训中网络支持,学员、指导教师、专家互动,形成了一个立体交流网。在这个平台上,新思想、新观点不断生成。

（六）教师成长档案袋

教师成长档案袋就是"根据教育教学目标,有意识地将教师的相关作品及其他有关资料收集起来,通过合理的分析与解释,反映教师在教学、学习与发展过程中的优势与不足,反映教师在达到目标过程中付出的努力与进步,并通过教师的自我反思,激励教师取得更高的成就"。

教师成长档案袋的主要内容包含以下几个方面。

(1)个人简介,包括姓名、性别、学历、职称、所教科目、个人兴趣爱好的相关资料。

(2)理论学习,包括听讲座记录、读书文摘、制作教育名言卡片——可作分类。

(3)听课记录,指校内外科研观摩课。

(4)科研公开课专题,个人承担的课题,还有教案、专家和同行评课、反思等。

(5)研究课题,包括课题来源、学校课题、学科组子课题、个人研究方向等。

(6)文字成果,包括论文、教育叙事文章、课堂实录、调查报告、调查问卷、指导学生发表文章等。

(7)获奖记录,包括自己的、集体的、指导学生的获奖记录。

(8)班主任有班级管理栏目、科组长有科组管理栏。

使用教师成长档案袋可以使教师不断回想取得成绩的过程和方法,从中找到成功的经验和失败的教训,学会自我反省。在阅览其他教师的成长档案袋的同时,发现别人的长处,找出自己的优势,同时找到与别人的差距,正确评价自我,帮助教师顺利找到自己的最近发展区。

教师成长档案袋要体现多元主体性,使更多的人参与评价,加强自评、互评,使评价成为教师、管理者、学生、家长共同积极参与的活动。特别是使评价对象自身也成为评价主体,重视评价对象自我反馈、自我调控、自我完善、自我认识的作用。虽然成长档案袋的建设工作量很大,还有种种缺陷,但只要形成习惯,按部就班地去做,认识每一项具体内容的意义,避免走过场,教师成长档案袋就会在教师专业发展的过程中起到很好的作用,产生良好的效应。

五、教师自主专业发展的策略

1. 树立终身学习的意识和观念——学习型教师

终身学习是教师专业发展的不竭动力。终身学习是时代发展的要求,也是教师职业特点所决定的。

2. 培养和发展自身的反思能力——反思型教师

教育反思就是教育者把自己已有的教育实践作为思考的对象,对已有的教育实践成败进行探究,从而提升自我的教育能力的活动。

3. 强化自身的创新精神和创新能力——创新型教师

4. 开展教育研究,成为教育的研究者——研究型教师

教师要成为教育的行动研究者。

5. 成为课程的开发者——主体型教师

在新课程中,具有专业精神的教师应该成为课程的开发者。

教师可根据具体情况开动自己的大脑,创造性地进行教学工作,充分发挥自己的才能和奇思妙想,创造出富有个性的课程。

练习题

1. 专业具有哪些特征?
2. 什么是教师专业化?
3. 什么是教师专业发展?
4. 教师专业发展的内容包括哪几个方面?
5. 教师专业发展要经过哪几个阶段?
6. 教师专业发展有哪些途径?
7. 教师专业发展的方法有哪些?

练习题答案

1. 专业的特征包括:
(1)具有不可或缺的社会功能。
(2)具有完善的专业理论和成熟的专业技能。
(3)具有服务的理念和典型的伦理规范。
(4)具有高度的专业自主权和权威性的专业组织。
(5)要经过长期的培养和训练,并不断地继续学习与发展。

2. 教师专业化是指教师职业群体逐渐符合专业标准,成为专门职业并获得专业地位的过程。

3. 教师专业发展是指教师个体作为专业人员,在专业思想、专业知识、专业能力等方面不断发展和完善的过程,即从专业新手到专家型教师的过程。

4. 教师专业发展的内容构成包括专业理念、专业道德、专业能力、专业知识。

5. 教师专业发展阶段包括新手阶段、胜任阶段、熟练阶段和专家阶段。

6. 教师专业发展途径包括正规的专业教育、非正规的专业教育、校本专业发展。

7. 教师专业发展的方法有终身学习、教育行动研究、教学反思、同伴互助、网络远程研修、教师成长档案袋等。

本章参考文献

[1] 张瑞璠,王承绪. 中外教育比较史纲(近代卷)[M]. 济南:山东教育出版社,1997.

[2] 杨天平,申屠江平. 教师专业发展概论[M]. 重庆:重庆大学出版社,2012.

[3] 饶从满,等. 教师专业发展[M]. 长春:东北师范大学出版社,2005.

[4] 陈永明,等. 教师教育学[M]. 北京:北京大学出版社,2012.

[5] 傅道春. 教师的成长与发展[M]. 北京:教育科学出版社,2001.

第三章 教师职业理念

 考试内容与要求

1. 教育观
➢理解国家实施素质教育的基本要求。
➢掌握在学校教育中开展素质教育的途径和方法。
➢依据国家实施素质教育的基本要求,分析和评判教育现象。

2. 学生观
➢理解"人的全面发展"的思想。
➢理解"以人为本"的含义,在教育教学活动中做到以学生的全面发展为本。
➢运用"以人为本"的学生观,在教育教学活动中公正地对待每一个学生,不因性别、民族、地域、经济状况、家庭背景和身心缺陷等歧视学生。
➢设计或选择丰富多样、适当的教育教学活动方式,因材施教,以促进学生的个性发展。

3. 教师观
➢了解教师专业发展的要求。
➢具备终身学习的意识。
➢在教育教学过程中运用多种方式和手段促进自身的专业发展。
➢理解教师职业的责任与价值,具有从事教育工作的热情与决心。

 知识框架

教育观	素质教育	含义:素质教育是以提高国民素质为根本宗旨的教育 特征:主体性、全体性、全面性、个体性、创新和实践 产生与发展:1999年6月颁布《关于深化教育改革全面推进素质教育的决定》,标志着素质教育观已经形成系统的思想,并成为国家推进教育改革的主导思想
	素质教育与应试教育的对比	教育目的;教育对象;教育内容;教育方法;教育评价;教育结果
学生观	历史上的学生观	西方:苏格拉底;柏拉图;亚里士多德;昆体良 中国:孔子;孟子;荀子;董仲舒
	近现代学生观	人文与自然主义:洛克;夸美纽斯;卢梭 理性主义:赫尔巴特 儿童中心论:杜威
	素质教育中的学生观	全面发展:学生是具有生命意义的人;学生是发展中的人 以人为本:学生是独特的人;学生是教育活动的主体

续表

教师观	教师劳动的特点	复杂性;创造性;示范性;长期性
	教师的角色	传道者;授业解惑者;示范者;管理者;朋友;研究者
	教师职业职责	学生全面发展的培养者;民主师生关系的建立者;教育教学的研究者;学生心理健康的培育者
	教师职业价值	人类文化的传递者;社会文明发展的促进者;人类智慧的开启者;人类崇高道德品质的塑造者;桃李满天下的个人价值

考题举例

下列对素质教育的理解,存在片面性的是( )。

A. 促进学生专业发展　　　　B. 尊重学生个性发展

C. 教育面向全体学生　　　　D. 引导学生协调发展

【答案】A

职业理念是指由职业人员形成和共有的观念和价值体系,是一种职业意识形态。教师职业理念是指教师共有的观念和价值体系。教师的职业理念包括教育观、学生观和教师观。本章从这三个部分讲述教师需要具备的职业理念。

第一节　教师的教育观

教育观是人们对教育所持有的看法和观点,它受到环境、制度和教育要素的制约。具体来说,教育观就是人们对教育者、受教育者、教育内容、教育方法等教育要素及其属性和相互关系的认识。

教育观的核心是"教育为了什么",即教育的目的是什么。由于教育目的不同,教育者实施的教育活动也不同,从而产生的教育效果也会不同。

树立正确的教育观,需要正确认识教育的发展规律,正确认识教育活动过程中的各种内部关系。违背教育发展规律或不能完全认识教育内部的各种关系,都会导致错误的教育观,进而导致错误的教育结果。

一、素质教育观概论

(一)素质教育观的含义

素质教育观之"素质",指人的全面素质。既包括先天的生理素质,又包括后天环境和教育影响下形成发展起来的心理素质和社会文化素质。

素质教育是以提高国民素质为根本宗旨的教育,是依据人的发展和社会发展的实际需要,以全面提高全体学生的基本素质为根本目的,以尊重学生个性、注重开发人的身心潜能、注重形成人的健全个性为根本特征的教育。素质教育观认为,教育活动应当指向人的整体的、全面的素质发展,使得人的整体素质得到全面提升。

(二)素质教育观的特征

1. 素质教育是充分弘扬个体主体性的教育

素质教育是充分弘扬人的主体性、注重开发人的智慧潜能、注重形成人的精神力量的教育。作为对应试教育的直接反驳,素质教育正是要唤醒学生的主体意识,发展学生的主动精神,形成学生的精神力量,培养学生的独立人格和认知思维。需要强调的是,作为主体性教育的素质教育,并不是单纯重视人的发展需要,而忽视社会发展的需要。应试教育既不遵循人的发展规律,也不适应社会发展的需要,由此我们提出了对应试教育的理性批判。而素质教育,不仅重视人的发展需要,而且重视社会的发展需要,素质教育将人的发展和社会发展统一起来。

2. 素质教育是面向全体学生的教育

素质教育的全体性是指每个学生都有平等受教育的机会,学校为所有适龄儿童提供平等教育,学校使每个学生得到健康发展。全体性是素质教育最本质的规定和最根本的要求。素质教育的全体性要求必须使每个学生在原有的基础之上得到应有的发展,必须使每个学生在社会所要求的基本素质方面达到规定的合格标准。

3. 素质教育是促进学生全面发展的教育

素质教育的全面性是素质教育既要实现功能性的目标,又要体现形成性的要求,通过实现全面发展的教育,促进学生个体的最优发展。全面发展,是党的教育方针的核心部分。实施素质教育就是通过德育、智育、体育、美育等的有机结合,来实现学生的德、智、体、美、综合实践的全面发展。素质教育的全面性一方面要求必须使每个学生在思想道德素质、科学文化素质、身心素质、审美素质等方面得到应有的发展;另一方面要求必须使每个学生的素质结构得到协调发展和整体优化。

4. 素质教育是促进学生个体发展的教育

人与人之间基本素质大体相同,但由于每个人先天禀赋、环境影响、接受教育的内化过程等方面存在诸多差异,存在多样的个性,我们把人的个性看作人性在个体上的反映,是共同性与差异性的统一。因此,教育在重视人的全面发展以外,也应当促进学生的个性发展。这两者是相互依存、互为表里的关系。素质教育是立足于人的个性的教育。它是在承认人与人在个性上存在差异的基础上,从差异出发,以人的个性发展为目标,实质上是一种个性发展的教育,在教育中遵循因材施教的原则。

5. 素质教育是以培养学生的创新精神和实践能力为重点的教育

创新能力是一个民族进步的灵魂,是国家兴旺发达的不竭动力。培养具有创新精神和创新能力的新一代人才,是素质教育的时代特征。创新教育是素质教育的核心,是教育对知识经济和人才培养提出的挑战的回应。

二、素质教育观的产生与发展

素质教育作为一种教育价值观念,它的产生是时代的呼唤。21世纪面临着科学技术的急剧变革,"素质教育"正是新技术革命浪潮冲击下世界教育改革的必然趋势。探讨素质教育的发展历程有助于人们进一步正确地理解素质教育概念本身和实施素质教育的意义。

从相关政策研究的角度把素质教育的发展阶段可以归纳为三个阶段:酝酿尝试阶段

(1988年11月—1993年1月)，实施推广阶段(1993年2月—1997年8月)，全面实施阶段(1999年6月至今)。

党的十一届三中全会以后，随着改革开放的深入，邓小平同志在1985年全国教育工作会议上就明确指出要提高劳动者素质。随后中央颁布了《中共中央关于教育体制改革的决定》，在《决定》中明确指出：教育体制改革的根本目的就是提高全民族的素质。以1988年第一篇出现"素质教育"一词的文章为标志，其后陆续在教育界引发了有关素质教育的讨论。至此，"素质教育"正式进入教育理论界。1993年2月中共中央、国务院颁布的《中国教育改革和发展纲要》，强调"基础教育是提高民族素质的奠基工程"，"中小学要由应试教育转向提高国民素质的轨道，面向全体学生，全面提高学生的思想道德、文化科学、劳动技能和身体心理素质，促进学生生动活泼地发展"，这可视为"素质教育观"作为国家意志的正式表述。1999年6月，在国家召开的第三次全国教育工作会议上，中共中央、国务院作出《关于深化教育改革全面推进素质教育的决定》（以下简称《决定》）。《决定》的产生，标志着素质教育观已形成系统的思想，并成为国家推进教育改革的主导思想。2006年6月29日，第十届全国人民代表大会常务委员会第二十二次会议修订的《中华人民共和国义务教育法》明确规定："义务教育必须贯彻国家的教育方针，实施素质教育。"这表明"素质教育"以法律的形式被确定为国家意志。

三、应试教育观概论

(一)应试教育概述

应试教育顾名思义就是以应付升学考试，取得高分数、高升学率为目的的教育思想和教育行为，它脱离社会发展需要，违背人的发展规律，是教育工作所存在弊端的集中表现。应试教育下的基础教育出现畸形发展现象，高等教育接纳的生源综合素质偏低，存在重智育、轻素质的倾向。其主要特征是把片面追求升学率作为狭隘的教育目的，忽视思想政治教育，不注重人格素质、精神素质等非智力因素的培养。

(二)应试教育的特点与弊端

从教育对象来看，"应试教育"重视高分学生，忽视大多数学生和差生。违背了义务教育的宗旨，违背了"教育机会人人均等"的原则；从教育内容来看，"应试教育"紧紧围绕考试和升学需要，考什么就教什么，所实施的是片面内容的知识教学，只教应试内容，忽视非应试能力的培养；从教育方法来看，"应试教育"采取急功近利的做法，大搞题海战术、猜题押题、加班加点、死记硬背、"填鸭式"教学等，不仅加重了学生的课业负担，也使学生的能力得不到全面的培养；从教育评价来看，"应试教育"要求学校的一切工作都围绕着备考这个中心而展开，要求学生积累与考试有关的知识与应试技能考取高分，要求老师将分数作为教学的唯一追求，以分数作为衡量学生和老师水平的唯一尺度；从教育结果来看，在"应试教育"下，多数学生受到忽视，产生厌学情绪，片面发展，个性受到压抑，缺乏继续发展的能力。

上述一系列应试教育的弊端将会导致我国教育事业的诸多问题。例如：智育目标狭隘化，片面化发展；阻碍教学方法的改革；阻碍学生的个性发展，扼杀创造力；学生负担过重，严重影响青少年身心发展；导致学生的两极分化；加重教师负担；酿成严重的考试弊端

(作弊)等。

四、素质教育与应试教育的关系

(一)素质教育与应试教育的根本区别

不少教育学者对应试教育和素质教育的区别已经作了不少的研究和论述,对人们确立素质教育观念起了较大作用。这两者之间的区别到底是什么,具体的表现形式又有哪些,尚需进一步加以研究。

1. 办学指导思想的区别

应试教育是适应统一考试特别是升学考试和选拔考试的需要而产生的,其办学指导思想或教育目的在于帮助学生在考试中取得高分数,从而获得尽可能高的升学率或中选率。但这并非教育的真正目的,而是一种间接的、功利性的目的。一旦这种目的被强化,真正的教育目的就会被淡化,从而有可能偏离正确的办学方向。应试教育将教育视为人才选拔或人与人之间分等排序的工具,忽视了全面育人的根本目的。

素质教育是适应个人和社会全面发展的教育,它是针对应试教育存在的弊端而提出的。素质教育的办学指导思想或教育目的在于充分利用各种积极因素,使学生在德、智、体等方面实现协调发展,从而促进国民素质的全面提高和社会的全面进步。也就是说,素质教育充分重视教育的发展功能,将促进学生全面发展视为教育的终极目的。它不否认教育的选拔功能,仅将选拔视为促进学生全面发展的手段之一。

素质教育区别于应试教育的核心在于是否重视创新。创新是一个民族进步的灵魂,是国家兴旺发达的不竭动力。所谓创新,不仅表现为对知识的获取和运用,更表现为一种发现问题、积极探索、积极创造的心理取向,一种健康向上的人格特征,一种全面发展的综合素质。长期以来,我们在批评应试教育的弊端时,更多的关注点放在表象层面。实际上,应试教育的最大弊端恰恰是忽视甚至扼杀创新。素质教育应当将创新视为新式教育观念的起点,作为教育的核心和灵魂。要创设良好的条件与环境,促进学生创新意识、创新精神、创新能力的养成。一言以蔽之,是否充分重视学生的全面发展特别是创新素质的养成,是素质教育与应试教育的分水岭。

2. 教育实践的区别

指导思想和教育目的属于教育观念的范畴,应试教育与素质教育之间教育观念的不同势必会导致教育实践的差异。

第一,素质教育与应试教育对学生的态度不同。应试教育为追求高分数和高升学率,往往特别重视学习好的学生,忽略大部分中等生和后进生。这使得学生两极分化现象日益严重,成绩好的学生越来越好,成绩差的学生越来越差。素质教育面向全体学生,对每一个教育对象都给予适当的关心,使他们都能得到最大限度的发展,从而促进国民素质的全面提高。

第二,素质教育与应试教育的教育内容体系不同。应试教育在教育内容体系安排上,一般以"升学"为轴心设置课程,安排教育内容,重智育,轻德育、体育、美育以及实践能力。即使在智育之中,一般也只重视要考的内容,而忽视不在考试范围的内容。素质教育依据学生素质全面发展的要求来合理设置课程、安排教育内容、组织各种教育活动,使各门课程和相关内容构成一个有机的、完整的体系,从而有利于学生的全面发展。

第三,素质教育与应试教育的教育方法不同。应试教育虽然也利用各种教育方法,但往往把学生当作接受知识的容器,忽视学生的主体性和创造性,习惯于满堂灌、填鸭式、题海战术、死记硬背等一系列灌输式的教育方法。素质教育特别强调学生的主体性、创造性,把教育过程视为学生独立探索、主动获取知识的过程。素质教育注重启发诱导和因材施教,引导学生学会学习、学会创新,激发学生强烈的创新欲望,培养学生浓厚的创新意识,组织学生的创新性活动,鼓励学生依靠自己的努力,以自己的方式去发现问题,找出解决问题的方法与途径。

第四,素质教育与应试教育的评价标准不同。应试教育的评价观是静态的、功利性的,它把完整的教育评价体系简化为单一的"终结性评价",进而简化为简便易行的纸笔测验。它的评价是面向"昨天"的,只是从学生已经掌握知识和技能的多少去寻找差异,分等排序。因此,它的评价标准单一而刻板,难以科学地检测学生的智慧和才能,素质教育的评价观是面向未来的、发展的、动态的。它把教育评价体系作为一个统一的整体来加以运用,其中特别重视"诊断性评价"和"形成性评价",注重学生个体过去和现在的比较,不是简单地分等排序。它承认人与人之间的发展存在差异,但只是从这些差异的分析中去发掘适合个人发展的教育方法,从而激发学生的学习热情、求知欲望,促进学生健康全面的发展。

简言之,应试教育与素质教育存在重要的、根本性的区别,是两种不同的教育观念和教育模式(见表3-1)。

表3-1 素质教育与应试教育的区别

		应试教育	素质教育
教育目的		应付考试,追求升学率	提高全民素质,德智体美劳全面发展
教育对象		尖子生	全体学生
教育内容		以应试和升学为中心设置课程,重智育	以完整的素质结构为核心设置课程,德智体美全面发展
教育方法		授之以鱼(讲授)	授之以渔(启发诱导)
教育评价	学生	考分	综合素质:生理素质、心理素质、科学文化素质、思想道德素质
	教师	考分、升学率	教书育人整体效果(师生关系、学生发展)
教育结果		少数学生成功,大多数学生成为失败者	不求个个升学,但愿人人成功,及格加特长

(二)应试教育与素质教育的联系

1. 应试教育与素质教育之间具有必然的联系

唯物辩证法告诉我们:世界的物质统一是无限多样的统一。不同的物质形态、物质现象包括社会现象和过程,既相互区别,又相互联系、相互作用。这种联系既是客观的、普遍的,又是复杂的、多样的。用唯物辩证的观点看待应试教育和素质教育一样适用。第一,如果没有应试教育的存在,也不会特别强调素质教育;相反,如果不是因为要检测学生,也不会有应试教育。第二,素质教育的发展有赖于对应试教育的改革,而应试教育要克服其弊端,也有赖于素质教育的推行。第三,素质教育是在现行的应试教育的土壤中孕育而来的,它不可能完全抛弃应试教育的所有因素而从头开始。应试教育虽然存在一定的弊端,但也促进了教育质量或学生素质发展水平的提升。这说明,应试教育对提高学生素质具有一定的作用。由于二者有这种联系,对于应试教育我们应当进行改革而非全盘否定。

2. 应试教育可以向素质教育转轨

世界上任何事物都是变化发展的,处在不断的运动变化中,应试教育也是可变的,而且可以发展为素质教育的有机组成部分。之所以存在这种可能性,是由于统一考试的招生制度是可变的,教育教学也有可能随之发生变化。如果通过改革,使招生制度从指导思想到考核的内容、方式、要求、评价均有利于而不是有碍于学生素质的提高,那么受到其影响而革除现存弊端的教育从形式上看是应试教育,但其实质却是素质教育的有机组成部分。如果再从办学指导思想、办学条件、办学措施等方面按素质教育的要求来加以保证和支持,则更有可能使应试教育向素质教育转轨。

3. 素质教育应当继承应试教育的合理因素

实施素质教育并不是否定或排斥考试与应试,并不是否定或排斥原有的教学规范,并不是否定或排斥常规教学方式。事实上,应试教育在长期发展的历史中,也积累了许多有助于教育发展和学生素质提高的要素。如机会均等、公平竞争的思想,考试的各种规范,教学工作管理常规,各个学科的教学艺术与技术,学习的方法等,都有许多可供素质教育借鉴或继承的东西。简言之,在发展素质教育的过程中我们辩证地看待应试教育,既要看到两者之间的区别,也要实事求是地承认两者之间的内在联系。取其精华、去其糟粕,有选择地保留。克服应试教育的短处,发扬应试教育的长处,在此基础上加以创新,从而使应试教育上升为纯正的素质教育。

五、实施素质教育观的意义

(一)素质教育是我国落实科教兴国战略的需要

当前,以信息科学与技术为主要标志的世界科技革命正在形成新的高潮,"知识经济"日益深入,科技进步成为经济发展的决定性因素,科学技术竞争日益成为国际竞争的制高点。面对我国经济和社会发展中的突出问题,我们必须从社会主义事业兴旺发达和民族振兴的高度,充分认识实施科教兴国战略的重要性和紧迫性。在科学技术是第一生产力思想的指导下,坚持教育为本,把科技和教育摆在经济、社会发展的重要位置,增强国家的科技实力和科学技术向现实生产力转化的能力,提高科技对经济的贡献率,提高全民族的科学文化素质,把经济建设转移到依靠科技进步和提高劳动者素质的轨道上来,加速实现国家的繁荣昌盛。素质教育是以提高国民素质为宗旨的教育,既符合我国社会主义建设的需要,也符合人的自身发展的需要,有助于提高全民族素质。

(二)素质教育是我国当前基础教育改革与发展的需要

素质教育的特性是基础教育的应有要求,用"素质教育"来概括我国义务教育的宗旨是合适的。提倡素质教育,有利于遏制目前基础教育中存在着的"应试教育"和片面追求升学率的倾向。"应试教育"在教育对象上的局限性,在教育内容中的片面性,在教育过程中的表面性,在教育效果上的虚假性,对基础教育危害甚深。素质教育与"应试教育"是对立的。"应试教育"有特定的含义,即指那种脱离人的发展和社会发展的实际需要,单纯为迎合考试争取高分和片面追求升学率的教育。否定"应试教育",并不等于要全面否定我们过去的基础教育。应试教育不是对我国现行教育的概括,而是对我国目前存在的单纯以应考为目的而产生的教育弊端的概括。由"应试教育"向素质教育转轨,既是基础教育改革的必然趋势,也是基础教育改革的主要内容和目标。

(三)素质教育是世界教育改革的大趋势

深入研究教育与发展的关系,重视基础,重视能力培养,不仅重视认知因素而且重视非认知因素,由智能中心转向个性的全面发展,这些都是世界教育改革中共性的东西。从教育面向现代化、面向世界和面向未来的要求看,素质教育势在必行。

第二节 教师的学生观

一、历史上的学生观

(一)古代学生观溯源

1. 西方古代的人学思想与学生观

古希腊哲学以自然哲学为主,旨在探索宇宙万物的奥秘。但是正如卡西尔所言:"在对宇宙的最早的神话学解释中,我们总是可以发现一个原始的人类学与一个原始的宇宙学比肩而立,世界的起源问题与人的起源问题难分难解地交织在一起。"也就是说,对人本身这一问题的认识,即人的自我认识是哲学探究的最高目标,因为人类认识自然的目标就是认识自己。

1) 苏格拉底的学生观

苏格拉底认为德性就是知识,而知识必须从它的反面开始,即"我自知我无知"。苏格拉底的思想和方法对学生观具有重大贡献。首先,"我自知我无知"表明我有求知的必要,也就是说每个学生都有受教育的必要性,每个人都应该通过受教育获取知识,而知识的获得又意味着走向另一个"无知"。因此,教师对学生不是简单地传授知识,而是要激发学生的求知欲望和探索知识的兴趣。其次,苏格拉底方法表明,真理的获得以及对人类本性的认识需要人与人之间的交往和对话,就像柏拉图所说:"往一个人的灵魂中灌输真理就像给一个天生的瞎子以视力一样是不可能的,真理就其本性而言就是辩证的思想的产物。"因为只有我们在人类的直接交往中,我们才能洞察人的特性。要理解人,就必须在实际中面对人,必须面对面地与人交往;只有依靠对话式的辩证思想活动,我们才能达到对人类本性的认识。因此,教师要以一种平等的身份启发引导学生,与学生进行思想上的交流对话。在教学过程中要引导学生自行思考,自己得出结论,正如苏格拉底自己所说,他虽无知却能帮助别人获取知识,就像他母亲是一个接生婆,自己虽年老不能生育却能帮助他人接生一样。苏格拉底的这种"学习不是单纯教授知识、材料,而是学生在教师引导下共同求真的过程"的思想导致了西方启发式教学的形成。启发式教学至今仍然广泛用于东西方的教学活动中,并且依然是很多研究者研究的内容。这证实了苏格拉底所倡导的平等的学生观所特有的永恒魅力。

2)柏拉图的学生观

柏拉图认为人是神的"创造物中最好的",人由肉体和灵魂构成,"人的灵魂在取得人形以前,早就在肉体以外存在着",但灵魂出生时,由于受肉体的污染,遗忘了一切。既然灵魂原来就有知识,那它当然可以回忆起来。因此,"所有的研究,所有的学习都不过只是回忆而已"。柏拉图认为,人生下来之前已经由理念世界得到知识,这就是天赋的知识。而人灵魂的低劣部分干扰了人对理念世界的认识,人要获得有关普遍的知识,必须不断通过教育剔除情欲的困惑,使人的心理得到"净化",达到善的世界。在这一认识论的基础上,柏拉图主张儿童自出生就应该接受教育。并且提出奴隶制国家公民的子女为国家所有,由国家选择最优秀的公民进行教育,并按照其天赋的差异在不同的年龄阶段接受相应的教育,为国家培养人才。按照柏拉图的学生观,不论是培养哲学家,还是训练军人,教育的目的只有一个:为了国家的稳定和强大。

3)亚里士多德的学生观

亚里士多德宣称求知是人类的本性,由此他把人规定为理性的动物,把理性尊为人的决定性的形式。他认为人有理智,人的生活是有理智的生活。儿童的身体在未出生前就已在形成和发育中,儿童的本能、情感在出世以后才表现出来,至于思维、理解、判断力要到很晚才出现。据此他提出,教育要与人的自然发展及人的心理活动特点相适应,并提出要对儿童实施体、智、美全面和谐发展的教育。因此,教育的目的、要求,教育的内容、方法、步骤等都应该根据学生的不同阶段作出安排。亚里士多德提倡自由教育,但是能够享有这种自由教育的人必须具备两个条件:闲暇和自由。他认为只有当人无需为生计奔波操劳,才能专心从事真正的、崇高的沉思活动,自由地选择学科。自由教育的根本目的不是进行职业准备,而是促进人的各种高级能力和理性的发展,从而使人从愚昧和精神的束缚中解放出来。从亚里士多德的这些教育思想中,我们不难看出他主张对儿童应进行有计划的、符合其身心发展的教育。而且儿童在学习过程中应更多地关注理性的形成和精神的享受,使其灵魂得以和谐地发展,而学习对将来的实际工作和职业准备的意义是被轻视和忽略的。

4)昆体良的学生观

古罗马教育家昆体良主张教育者必先热爱儿童,注重他们的个体差异,耐心地教导儿童;反对体罚,建议用竞赛、适度的奖惩和关怀爱护等方法引导儿童学习。他十分重视儿童的智慧和发展的潜力,他说:"鸟能飞翔,马能奔跑,这些都是自然赋予他们的特性;而智力活动和理解能力,就是自然赋予人的特性。""愚钝和低能像一切反常的现象一样,是比较稀少的。"由此可见,昆体良的学生观是比较积极而宽容的,他极其珍视儿童的天赋能力,坚信每个儿童都有巨大的培养前途,任何人只要学习就不会一无所得。依据在丰富的教学经验中形成的学生观,他对教师的素质提出了很高的要求,主张教师的教学要尊重儿童的身心特点,使每个人的独特才能都得到充分的体现;教师的讲解应明白易懂,使学生易于接受。

2. 中国古代的人性论与学生观

与西方哲学重视本体论不同,中国哲学不是独立地研究人,而是主张"天人合一"、"中庸之道"、"道法自然",在天人之际追寻人之为人的根据,寻求人与天的关系,所以中国哲学更重视人性论问题和道德问题。在教育领域里的学生观也是以此为基础的。

1)孔子的学生观

孔子的核心思想是仁,仁是一个关于为人之本和理想人格的概念。所谓"仁者人也",教育的目的就是培养德才兼备的君子。孔子在历史上首次提出"性相近也,习相远也",指出人的天赋素质是相近的,在后天的教育和环境影响下,才造成了人的发展的重大差别。因此,他打破了奴隶主贵族比平民天赋高贵、优越的思想,充分肯定了人的天赋的平等性和接受教育获得发展的可能性。在此基础上,孔子进一步就教育对象表达了"有教无类"的学生观,并将其作为自己的办学原则,体现了孔子的人人平等享有受教育权利的民主教育观。在教育方法上,也体现出孔子的学生观思想。诸如,孔子主张启发诱导方法,反对机械灌输,提倡启发式教育,提出"不愤不启,不悱不发。举一隅不以三隅反,则不复也",充分体现了孔子重视学生的主体性的观念。孔子也重视人的个性差别,主张因材施教,从个人的实际情况出发,根据个性特点和具体要求进行教育,这充分体现了孔子的个性化的学生观。另外,孔子主张教师要爱护学生,关心每个学生的发展。"后生可畏,焉知来者之不如今也。"要对学生充满信心,对他们的发展抱有比较乐观的态度。孔子对学生的认识给后世的教育奠定了坚实的基础,此后的许多学生观都是对他的继承和发展。

2)孟子的学生观

孟子全面继承和发展了孔子的教育思想,提出了著名的"性善论"。在孟子的眼里,学生是非常重要的。他主张尊重学生,与学生平等地相处,他对学生的态度是"往者不追,来者不拒",愿得天下英才而教之。提出教师要"以其昭昭,使人昭昭",而不可"以其昏昏,使人昭昭"。你想教导别人,必先使自己明白,然后才能教别人明白;如果自己还糊里糊涂,怎样使别人明白呢?这是一种十分深刻的学生观,告诫为人师者一定要尊重学生,为学生负责。孟子还注重学生主观能动性的发挥,要求学生积极主动,开动脑筋,教师不能急于向学生展示答案或下结论。他有句名言"尽信《书》,则不如无《书》",提倡学生应有存疑精神,不能迷信教师、迷信权威。孟子同时也主张"教亦多术",指出根据学生不同的情况,所传授的内容、所采取的方式以及所确定的发展目标也应有所不同,一切应因人而异。

3)荀子的学生观

与孟子性善论思想相反,荀子认为人性是恶的,"人之性恶,其善者伪也"。人之所以能改恶从善是由于后天环境和教育影响的结果。他认为一个人只要努力向善,"涂之人也可以为禹",因为仁义礼法是可以被认识、被掌握之"理"。在这一点上,荀子与孟子的"人皆可以为尧舜"有异曲同工之妙,表现了在人性与教育问题认识上的平等观念。与孟子主张内省不同,荀子从其人性论观点出发,特别重视改造和外铄,即重视环境和教育的影响作用。荀子把教师提到与天地祖宗并列的地位,片面强调学生对教师的服从,主张"师云亦云",学生要无条件地尊重教师,"言而不称师,谓之畔;教而不称师,为之倍(背)",凡背叛教师的人,人人都应唾弃他。荀子的尊师思想对以后中国封建社会的"师道尊严"产生了很大影响。

4）董仲舒的学生观

汉代的董仲舒（公元前179—公元前104年）在儒家思想基础上，把人性问题进一步发展。董仲舒提出了性三品说，把人分为三等："圣人之性"，是不教而善；"斗筲之性"，是教也不善；"中民之性"，可以为善，也可以为恶。教育只能在中民之性上下工夫。在他看来，人的善质和善端是人性的主导方面，也正因如此，教化而致善是人性的继续和发展，而不是像荀子所说的是人性的逆转（即由恶变善）。这种将教化视为人的发展的观点更接近现代的教育理论，是人类自我认识的一种深化。董仲舒承认人有善端和善质，但反复强调人性并非就是善。他将人性比喻为禾、为卵、为茧、为璞等，指出："禾虽出米，而禾未可谓米也。性虽出善，而性未可谓善也。""卵待覆而为雏，茧待繅而为丝。性待教而为善。""玉出于璞，而璞不可谓玉。善出于性，而性不可谓善。"这是董仲舒注重教育的作用，强调发展潜力的学生观。从另一方面来讲，董仲舒在继承孔孟思想的基础上，把信与仁义礼智加在一起，成为"仁义礼智信"，称为"五常"；又从"五伦"即"父子有亲、君臣有义、夫妇有别、长幼有序、朋友有信"中提出君臣、父子、夫妇三种伦常，成为"三纲"，即"君为臣纲、父为子纲、夫为妻纲"。这三纲五常后来成为封建社会道德伦理规范的基本模式，反映到教育领域，便是"师为生纲"，"师贵生轻"，学生必须听从教师的权威。可见，董仲舒的思想对中国封建社会的学生观、师生关系观都有着里程碑式的意义。

二、近现代学生观的演进

（一）人文与自然主义的学生观

1. 洛克的学生观

洛克是一位唯物主义经验论者，他坚信人之初生，心灵犹如"一张白纸，上面没有任何记号，没有任何观念"。这一哲学观点在教育上的意义在于，儿童的天性可以喻为没有任何痕迹的白板或柔软的蜡纸，可以任人随心所欲地涂写或塑造。这就是我们常听有的教育工作者说的那句人人皆知的话："儿童是一张白纸，可以在上面画最美的画。"这意味着，学生的后天发展与遗传因素无关，学生的差异取决于教育，取决于能够画最美图画的老师。这一观点曾长期乃至现在仍然被某些教育工作者视为真理。

2. 夸美纽斯的学生观

夸美纽斯认为，世界及人都是按机械的原则安排的，就像一座时钟一样。"人属于自然物体，人是世界这架大机器中的精巧的小机器；人和钟表一样，心脏是发条，神经是游丝，关节是齿轮，这些零件一个推动一个，造成人的生命运动。"教学和人都是自然的一部分，必然也是如此。他认为，人之所以能够完成巨大的工作，就是人的肢体及其他组成的各个部分的和谐排列的缘故。由此出发，夸美纽斯把儿童分为六类：第一类是伶俐、渴望求知、容易接受教育的人；第二类是伶俐但有懒惰倾向的人；第三类是伶俐、渴望求知，但却很倔强而难以驾驭的人；第四类是性情温柔、渴望求知，但迂缓迟钝的人；第五类是心智低弱，同时又很怠惰的人；第六类是那种智力低下而性情又很倔强的人。他认为，儿童性情的差别只是由于自然的和谐里面多出了或缺少了某些因素所致。比如，所谓才智伶俐岂不只是脑子里的生气敏锐、运动迅速，能以高速度通过感觉并迅速理解外物吗？所谓愚蠢又岂不是由于脑液胶粘，非经常加以触动不会运动吗……人与人之间的差别是自然天赋使然。夸美纽斯还提出儿童的发展具有阶段性，教师必须尊重这一自然发展的顺序和特点,"教师是自然的仆人,不是自然的主宰",教师开展工作理应顺应儿童天生倾向,针对其不同年龄特征和个体差异采取灵活多样的教学方法。但是,人的先天禀赋只是发展的一种可能性,事实上,人的发展是外铄与内发、外因与内因共同作用的结果。夸美纽斯的学生观受当时的风俗习惯影响,过于注重先天的自然条件对儿童的影响,而忽视儿童身心发展规律中的主观能动性,这不能不说是一个缺憾。

3. 卢梭的学生观

卢梭系统地论述了自然教育理论。与夸美纽斯的客观自然论相比,卢梭的"自然主义"更强调教育过程由适应外部自然的要求向适应人的内在自然发展的转变。卢梭的儿童观集中体现在"自然人"的培养上,他理想中的"自然人"既是完全为自己而生活,又是与社会相统一的,在自然中成长并非远离世事,不受社会的习染,也是社会的成员。只不过卢梭所说的"社会成员"有一层新的含义,他要培养的绝不是专制社会的卫道士,而是新社会的代言人。他认为,人性本善,所以自然人的培养必须存其天性,扩其天性,而不是阻碍压抑天性的自然发展。他还进一步指出,虽然人性本善,但社会为恶,根据人的身心发展规律,在发展的前期阶段,儿童身心都较柔弱,为防止受到伤害,所以对他们的教育和培养要远离社会的污染与侵害。这样,儿童的天性才能充分发展,个人潜能才能得以充分实现,最终成长为一个身体健康、感官敏锐、富于理智、品德高尚、能独立谋生的新人。通过对这种人的培养,则可以改造罪恶、虚假的社会。在自然人的培养过程中,卢梭强调对儿童的教育必须遵循自然的要求,顺应人的自然本性,反对成人不顾儿童的特点,按照传统与偏见强制儿童接受违反自然的所谓教育;教育要尊重儿童的自由,让儿童有充分自由活动的可能与条件,把儿童培养成自由的人,教育者要热爱儿童,追随儿童的本性,让他们在劳动和生活中进行学习等。这些观点对以后的泛爱主义教育、进步主义教育以及教育心理学化思想都有直接的影响。

(二)理性主义的学生观

受康德哲学思想的影响,赫尔巴特也主张不变的、普遍的道德原则。由于他认为人有不驯服的种子和天性,在教育上就应特别重视对儿童的管理,竭力防止儿童独立自主意识的发展,压制儿童的创造性,使他们绝对服从成人的权威。赫尔巴特认为,对儿童进行管理是教学的基本条件,管理并非要在儿童心灵中达到任何目的,而仅仅是要创造一种秩序。他认为:"教育如不注意儿童不守秩序的行为,则儿童本身也不认为是教育。"在他看来,儿童年龄比较小,自己不能形成良好的判断,有的只是处处都会表现出来不服从的烈性,如果不用力克服,不仅教学工作无法进行,而且会随着时间的推移而日益增长,以致形成一种反社会倾向。管理则是教育的一根缓绳,教育必须抓住它,才能约束儿童身上的"不驯服的烈性"、"盲目冲动的种子"以及"率直的欲望"。他还提出一套管理儿童的方法,如威胁、监督、命令、服从和惩罚。更为显著的是,赫尔巴特认为在教育过程中学生必须对教师保持一种被动状态,强调教师在教育中的中心地位,强调教师的权威,忽视学生的积极性、主动性,把学生看作教育的客体,无视学生在学习和发展中应有的地位。赫尔巴特的教育思想对后世产生了深远的影响,影响至今仍然广泛存在。

由此可见,"理性论"学生观强调教师的权威、教师的中心地位,强调人理性的重要性和规则的权威性,强调管制学生的合法性,强调普遍存在着一个永恒的人性和人的最高价值理想,即"善良意志"。这一学生观对中外教育影响深远,直至今日这种学生观仍然具有一定的市场。日益增多的知识与传统,几千年来都是由教师传给学生的,在这种情况下便产生了严格的、权威性的、学院式的纪律,反映了社会本身就是建立在严格的权威原则之上的。这就树立了具有权威性的师生关系的典范,而这种典范仍在全世界大多数学校里流行着。

(三)杜威与"儿童中心论"

由于以赫尔巴特为代表的"传统教育"过分强调教师的地位,使得教育形式主义化,压制了学生的主动性和积极性。在教师的控制下,儿童的个性也受到一定的压制。因此,杜威对赫尔巴特的教育思想进行了批判,并在实用主义哲学基础上,创立了实用主义教育思想,成为"现代教育"的主要代表。杜威认为"教育即生活","生活就是发展,而不断发展,不断生长,即是生活"。在他看来,教育过程是一个经验不断改组、不断改造和不断转化的过程,教育就是儿童现在生活的过程,而不是将来生活的准备。教育要适应儿童自身的生长要求,彻底改造学校环境,以适应儿童自由生长。因此,杜威反对"传统教育"中的"课堂中心和教师中心",主张"生活中心、活动中心和儿童中心"。在他看来,新型师生关系应以儿童为中心,主张师生平等合作,学生探究发现式地学习。杜威将儿童置于教育的中心地位,强调儿童成为学习过程的主动参与者,鼓励合作而不是竞争的学生观实际上是进步主义时代反对旧个人主义,提倡合作互助的新个人主义的反映。这也反映了资本主义经济高速发展时期,工业化大生产对人才的要求。

三、素质教育中的学生观

教育活动是促进学生成长的自觉实践。学生观即人们对学生的基本认识和根本态度,是直接影响教育活动的目的、方式和效果的重要因素。当前,我们正处在教育现代化的历史进程中,存在着各种各样的学生观,其中不少是陈旧的,不符合教学现代化要求的。为迎接21世纪的挑战,为更好地培养高素质的现代公民,需要认真研究学生观的问题,努力确立现代学生观。也只有在正确的学生观的指导下,找准教育与知识经济的结合点,全面实施素质教育,才能最大限度地开发学生的潜能。有一位教师感到困惑:

去年暑假的一天,我突然接到一个陌生的电话:"田老师,我们想来看您。""你们是……""我们是您以前的学生,我是牛立。"啊,那个调皮的,他的妈妈老来向我告状作业不认真的小男孩。原来是八年前毕业的那班学生。"欢迎啊,只是我这周要学习,下次吧。""好,就定在下周的星期三吧。我们都安排好了,您千万别作什么准备。"我愉快地答应了。这帮小鬼,还怕麻烦我,"都安排好了"什么呢?八年后相见,好难得,他们都成什么样了?我还认得出、叫得出名吗?我在心里揣摩着。

星期三,牛立他们提着大包、小包的礼物真的来看我了。开始我还以为就是那几个"好学生",出乎意料的是一大群,十几个,还有几个据说是临时有事来不了。我连忙招呼他们别脱鞋进屋。好多学生我已与名字对不上号,有的连姓什么都想不起来,只好拿出毕业照来一一辨认,并让他们把自己的姓名、单位、电话写给我。原来他们都已读大二了。看着照片上那些曾让我操碎了心的小不点,转眼间一个个竟都成了风华正茂的大学生,我感慨不已。你看:滔滔不绝、口若悬河的吴皋不正是昔日的胆小鬼吗?而当时班上最矮小、依赖性最强的"毛毛虫"任林已是一名武汉军校英俊潇洒的国防生。就连当时学习成绩最让我着急、天天我得找他补课、每周都要去他家家访的朱宁也已是一名湖南大学的高才生。在与同学们的交谈中还了解到:当时最不爱学习,只爱漂亮没少挨我批评的李琛、姚思两个女孩,一个上了艺术院校,一个成了歌手……学生的变化真大啊。曾经,我为他们不爱学习、成绩不好费过多少心,着过多少急,又想过多少办法?现在他们终于长大了,成才了,也懂事了。我要切西瓜招待他们,马上有人起身帮忙:"我们来!我们来!"离开时,还记得要把弄脏了的地板拖干净。吃饭前硬让我坐"上座";吃完饭后又抢着"买单"……在与学生的交谈中,对我触动最大的是,他们当时最怕的就是开家长会。特别是中学,考试成绩不好的话,根本不敢让家长去,怎么办?"请摩的司机去。""到劳务市场去请。""开始是10元,后来涨到20元。"望着这一群可爱的大学生依依离去的身影,我不禁思绪万千:在新课程的背景下,我们是否还在只关注学生学习成绩的好坏呢?长大后,决定学生未来的只有学业成绩吗?而我九六届学生的成长又说明了什么呢?

开学后,我调到了文昌阁学校担任教导主任。这所基础薄弱学校由于学生中百分之六十多都是农民工子弟,学生的基础不好,老师们(主要是语、数老师)非常着急,在学校狠抓教学质量的氛围中,老师们采取了很多措施,都费尽了心血,希望能提高学生的学习成绩。有一天第三节课时,我在低年级办公室发现一名学生没去上课。我就问他不去上课的原因,这节课是什么课。他小声回答:"体育课。""我的数学家庭作业没做。老师让我补。"这可是学校纪律不允许的,老师不能剥夺学生上课的权利,而且各门学科都很重要呀。我又问:"那你想上体育课吗?""想!"学生的眼眶红了,显得很委屈。"那你先去上体育课,课后再补好作业。"学生答应一声,飞快地跑了。可办公室里却"炸开了锅",不仅这个学生的数学老师感到不被理解:"我这是对他负责。他老是不做作业,成绩又不好,怎么能合格?"其他老师也有意见:"又要抓教学质量,又没有时间给学生补课,成绩怎么能提高?""我今天的数学课还排在第四节,教学效果怎么会好?"看来老师们还是一种传统的学生观:学生就要学习好,主要还是语、数的成绩要好,小学各门学科中语、数才是最重要的。那么,新课程背景下,什么样的学生才是好学生?老师们了解新的学生观吗?怎样树立新的学生观呢?我们在思索着。

(一)全面发展的学生观

学生是发展的人。如何看待学生的身心发展问题,是学生观的重要内容。涉及对学生天性和潜能的估计,也涉及对学生身心变化过程的认识。坚持什么样的发展观念,对教育目的的确定以及教育行为的选择都有直接的导向作用。

1. 学生是具有生命意义的人

在漫长的封建社会里,教育为封建专制特权服务,在封建君主眼中,学生是他们驯服的奴仆。到了资本主义社会,学生则成了资本家的后备机器和赚钱工具。传统的教育思想把学生当成可以利用的工具和容纳知识的容器,学校教育普遍实行灌输式的教学模式,把正常的师生关系即人与人的关系扭曲为人与机器的关系。因此,出现了教育领域里见物不见人的怪现象。校园,一个本应充满生机与活力的系统整体,成了一个无视生命存在的物质空间。

历史发展到今天,作为教育工作者,每一个有良知与人性的教育工作者,都没有任何理由再加重学生的书包重量和近视程度,没有理由再剥夺学生的欢乐和志趣,没有理由不把学生从学习机器、考试工具的桎梏中解放出来,没有理由不归还学生应有的生存自由和正常的生命角色。应该看到,学生时代是人一生中最富生命活力,生命色彩最为丰富斑澜,生命成长最为迅速、最为重要的一段时间。从这个角度看,我们说学校应该是一个直面生命、焕发学生生命活力的神圣殿堂,学校教育是努力为学生的生命健康成长服务、提高学生生命价值的有意义的活动。作为学生生命成长中的重要支柱、学校教育的主导者——老师,不仅要传播给学生以知识和能力,更重要的是要传递给学生以人的情感和生命的脉动。把自己的生命与心血融入学生学校生活的每一个阶段和每一个角落,使之富有生机,充满希望。

学生是人,是富有生命意义的人。这是一种最基本质朴的学生观,也是第一位的学生观,把学生当人来看待,还给其作为活生生的人应有的时间和空间,真正赋予学生"人"的含义,这是历史的进步和人类文明的标志,更是知识经济时代对教育的深切呼唤。

现今应该如何看待学生的天性呢?从教育发展的历史实践看,无论人们是坚持性善论还是性恶论,最后都能通过一定的教育措施促使学生朝积极的方向发展,区别主要在于各自的教育方式和教育重点不同。性善论注重主体的自觉和内在力量的挖掘,性恶论注重外在规范的约束和行为矫正。当前,我们国家一些人坚持的是性恶论,不少家长和教师都自觉或不自觉地从性恶论角度来看待学生,认为学生天性是破坏性的、与教育要求对立的,不严厉管教就难以成人。于是,在教育上,多采取强制、管制、灌输、矫正的方式来教育学生,以期培养社会所需要的品质。这种教育方式存在着各种心理的和伦理的缺陷,也和时代的主体精神相违背。因而,必须反对性恶论,提倡用积极的乐观的眼光和态度来看待学生的天性。应树立一种乐观的人性观,善意地评估学生的天性和行为表现,多关注学生身上所具有的那种自我提高和完善的内在需要和倾向。乐观评估学生的天性,也就是要坚信每个学生都是可以积极成长的,是可以造就的,是追求进步和不断完善的,因而对教育好每个学生应充满信心。

2. 用发展的观点认识学生

人们经常用僵化的眼光而不是用发展的观点来看待学生,这是历史上和现实中都客观存在的问题。现代科学研究的成果与教育的价值追求,要求人们摒弃僵化的观点,要用发展的观点来认识和对待学生。用发展的观点来认识和对待学生,包含以下几个相互关联的方面。

第一,学生身心发展是有规律的。有关生理学、心理学、哲学和教育学的研究表明:人的身心发展,既是自然的客观过程,又是社会历史文化过程,是自然性与社会性的统一。遗传、环境和教育是决定个人身心发展的基本要素,各种因素作为个体发展的条件,通过个体的活动而发挥作用。人的身心发展,是一个连续的过程,同时又有阶段性。不同的年龄阶段,有不同的年龄特征,一定阶段的年龄特征,具有相对稳定性,也有一定的可变性。这些研究成果集中地反映了人身心发展的一般规律。学生尤其是接受基础教育的学生的身心发展,不仅遵循这些规律,而且最典型地体现出人身心发展的特征与规律。认识到学生身心发展的规律性是客观地理解学生的基础。学生身心发展的规律客观上要求人们应努力学习、领会有关人身心发展的理论,熟悉不同年龄阶段学生身心发展的特点,并依据学生身心发展的规律和特点开展教育活动,从而有效促进学生身心健康发展。

第二,学生具有巨大的发展潜能。关于学生的发展潜能,在理论上和实践中历来存在着认识上的分歧。在实际工作中,许多人往往从学生的现实表现推断学生有没有出息,有没有潜力。不少人坚持僵化的潜能观,认为学生的智能水平是先天决定的,教育对此是无能为力的。其实学生具有巨大的发展潜能,这已为科学研究所证实。裂脑研究、左右脑功能的研究、潜意识的研究,都为此提供了科学证据。而国内外关于智力开发的探索,则为此提供了大量的事实经验。不论是国外学者德·波诺(E. d. Bono)的横向思维训练、费厄斯坦的工具性强化训练,还是国内学者吴天敏的动脑筋练习、林崇德的思维开发教育,都得出人脑通过专门训练,智力水平可以明显提高的结论。作为教育工作者,应该相信学生的确潜藏着巨大发展能量,坚信每个学生都是可以获得成功的。在教育实践中,有不少探索正是基于每个学生都有获得学习成功的潜能的信念,取得全面提高学生学业成绩的良好效果,如布卢姆的掌握学习、卢扎洛夫的暗示教学、阿莫纳什维利等的"合作教育学"、国内的成功教育等。相信学生的潜力,是把学生作为发展的人来认识的重要要求。

第三,学生是处于发展过程中的人。作为发展的人,也就意味着学生还是一个不成熟的人,是一个正在成长的人。在实践中,人们往往忽视学生正在成长的特点,而要求学生十全十美,对学生求全责备。这是和发展观点相对立的。其实作为发展的人,学生的不完美是正常的,而十全十美则是不符合实际的。发展作为一个进步的过程,总是与克服原有的不足和解决原有的矛盾联系在一起的。没有缺陷、没有矛盾,就没有发展的动力和方向。把学生作为一个发展的人来对待,就要理解学生身上存在的不足,就要允许学生犯错误。当然,更重要的是,帮助学生解决问题、改正错误,从而不断促进学生的进步和发展,这也是坚持用发展的观点认识学生的重要要求。

第四,学生的发展是全面的发展。学生的发展,从人性的角度,它要包括人的自然属性、社会属性和精神属性的发展;从个体身心方面,既包括个体活动的生理调节机制方面的变化,也包括个体心理调节机制的变化;从个体和社会的关系,还应该包括社会认知、社会技能、社会适应性等方面的发展;从发展的目的来看,除了为社会服务,为个人谋生之外,同时还要特别关注自身的不断完善。因而就学生的发展,强调的是人的基本素质的每一个方面都获得一定的发展,强调的是以一个人特点为基础的独创性的发展,更关注个性的全面发展和全面发展的个性,以及这两者的高度统一。

(二)以人为本的学生观

素质教育本身就是以人为本的教育,素质教育的顺利实施对教育者和受教育者两方面都有具体而明确的要求,必须调动这两个方面的积极性,依靠双方密切的配合,以人作为出发点和归宿点。

罗森塔尔效应:满怀期望的激励

美国心理学家罗森塔尔考察某校,随意从每班抽3名学生共18人的名字写在一张表格上,交给校长,极为认真地说:"这18名学生经过科学测定全都是智商型人才。"事过半年,罗森又来到该校,发现这18名学生的确超过一般人,长进很大,再后来这18人全都在不同的岗位上干出了非凡的成绩。这一效应就是期望心理中的共鸣现象。

树立以人为本的学生观,就必须把学生当成完整的个体,坚信每个学生都是拥有巨大潜力的,学生本身才是真正的学习主体。从"缺陷观"走向"整体观",由"功利观"迈向"发展观",从"模式观"走向"多元观",尊重每一个学生,切实把素质教育的各项目标落到实处。

1. 学生是独特的人

在历史上和现实中,人们要么把学生视为没有思想和内在感受的白板,要么视为和成人没有什么区别的小大人。这些忽视学生独特性的观点是不正确的。事实上,学生有着自己独特的内心世界、精神生活和内在感受。有着不同于成人的观察、思考和解决问题的方式。也就是说,学生有着独特的个性。因此,在对待学生的认识上,应确立学生是独特的人这一基本命题。该命题包含以下几个基本观点。

第一,学生是个完整的人。在现实生活中,人们往往把学生仅仅作为受教育的对象或学习者来对待,忽视学生身心的整体性,这是不恰当的。其实,学生并不是单纯的抽象的学习者,而是有着丰富个性的完整的人。正如合作教育学所指出的:儿童每天来到学校,并不是以纯粹的学生的面貌出现的,他们是以形形色色的个性展现在我们面前的。每一个儿童来到学校的时候,除了怀有获得知识的愿望外,还带来了他自己的情感和感受的世界。在教育活动中,作为完整的人而存在的学生,不仅具备全部的智慧力量和人格力量,而且体验着全部的教育生活。也就是说,学习过程并不是单纯的知识接受或技能训练,而是伴随着交往、创造、追求、选择、意志努力、喜怒哀乐等的综合过程,是学生整个内心世界的全面参与。如果不从人的整体性上来理解和对待学生,那么教育措施就容易脱离学生的实际,教育活动也难以取得预期的效果。要把学生作为完整的人来看待,就必须反对那种割裂人的完整性的做法,还学生完整的生活世界,丰富学生的精神生活,给予学生全面展现个性力量的时间和空间。

第二,每个学生都有自身的独特性。这种独特性,是人的个性形成和完善的内在资源,也是教育努力的重要目标。这就提出了一个问题:学生的独特性和教育的统一性如何协调?对此,既有片面强调教育统一要求的,又有单纯强调学生独特性和兴趣的,但这都不是令人满意的答案。珍视学生的独特性和培养具有独立个性的人,应成为我们对待学生的基本态度。

第三,学生与成人之间存在巨大的差异。人们往往把学生看成是小大人,认为他们能够认同、仿效成人的思想和行为,并基于这种认识对学生进行教育和评价。但是,越来越多的事实表明,学生和成人之间是存在很大差别的,学生的观察、思考、选择和体验,都和成人有明显不同。由于受影视信息广泛传播的影响,现在的学生视野开阔,思想开放,讲究情趣,重视表现,对外界事物反应迅速而敏感,追求新意和时髦。在某种意义上说,现在的学生已走在时代的前列,比许多成人更具时代气息。再用上一代的观念和行为来约束学生,很难取得预期的效果。只有摒弃传统的小大人观念,承认并正视现代学生的群体特征,认真研究现代学生的特点,采取积极引导措施,教育者才能有效地和学生沟通,得到他们的认同和配合,从而达到教育并影响他们的目的。

简言之,每个学生都是完整的具有独特个性的人,学生群体同样具有内在的独特性,这是不可否认的事实。我们应立足于这一事实,在思想上真正尊重学生的独特性,在实践中发展和完善学生个性,从而培养出个性独立的新人。

2. 学生是教育活动的主体

关于学生是否是教育活动的主体,这在教学论上是研究得比较多的,争论也比较激烈。不过,随着时间的推移,学生是教学认识活动主体的命题日益得到广大教育工作者的支持。教师主体对学生客体的教育与改造,只是学生发展的外部条件和外因,学生的主体活动才是学生获得发展的内在机制和内因。当前,人们在观念上并不一概地反对学生是主体,但在具体教育实践中,却往往不把学生作为真正主体来对待。因而,如何落实学生在教育活动中的主体地位,需要进一步探索。

第一,学生是学习活动的主体。这里既揭示学生是学习活动的主体,又说明了学习活动是学生的主体活动。对学生的学习活动,应做广义的认识和理解。它既包括各学科知识和技能的学习,学科能力和运用学科知识解决问题的能力的学习,也包括各学科知识之外的人文和科学等综合知识的学习,做人和做事方面知识的学习;既包括知识、思想、观念等方面的学习,也包括态度、品质、行为等方面的学习;既包括习得和强化的一面,又包括矫正和消除的一面;既包括观察学习和模仿学习,也包括解决问题式的学习和创造性学习;既包括上述各个方面和各种形式的学习,也包括这些学习过程和学习机制的学习。学生作为这些学习活动的主体,他要加工学习对象,改造学习对象,占有学习对象,以建构自我、发展自我、完善自我,从而实现主体客体化。

第二,学生是具有一定主体性的人。学生作为各种学习活动的发起者、行动者、作用者,其前提是他首先要有一定的主体性,这是他作为主体的基本条件。事实上,随着青少年学生自我意识的形成和不断增强,他自身就有一种自尊自信和追求真理的自觉性,在许多活动中表现出渴望独立,渴望自主选择,渴望自我判断。在教育活动中,学生发挥自身主体性的形式是多种多样的,既表现为学习意向上的自觉性和主动性,又表现为学习过程中的接受、探索、训练、创新等具体行为。在不同的任务中,在不同的条件下,主体性的表现形式也各有差异。落实学生的主体地位,关键是根据具体的教育要求,调动学生的主动性,为学生构建广阔的活动空间。

第三,教学的目的在于建构学生主体。学生虽然具有一定的主体性,但就其程度而言比较低,就其范围而言比较狭窄。尤其在教学中,学生主体相对于教师主体来说,诸多方面的力量都显得十分微弱。因此教师的主体作用,一方面表现为努力提高学生主体性水平,使其由片面到全面、由弱到强,使学生客体主体化,同时要充分注意到主体的另一面,诸如受动性、适应性、手段性,虽然它总是在阻碍、抑制、影响着能动性、自主性、自为性的有效发挥,但要充分认识到它的积极作用和积极意义。事实上,在一定程度上,人的主体性是能动性与受动性、自主性与适应性、自为性与手段性的辩证统一。

第四,应进一步探索学生主体活动问题。学生主体活动是学生主体性的典型表现,也是教育促进学生发展的基本机制。有关研究认为,教学中学生主体活动主要有4种类型:学生主体外部活动、学生主体内部活动、学生主体外部活动的内化和学生主体内部活动的外化。那么,在其他教育活动中,学生的主体活动又有哪些类型?各种主体活动的特点和功能是什么?如何有效建构这些主体活动?这些问题涉及在具体教育活动中落实学生主体地位的原理和策略,需要深入探讨。

案例一:节选自《湖南教育》2003年第4期柴杏花《"多元智能"让他笑了》

我们班有个男生姓许,性格孤僻,不愿与人交流。五年级时,患了严重的皮肌炎,走路不便,又因长期靠激素维持,身体比例失调,更加自卑、沉默。六年级时,作为班主任的我,多么希望他能开开心心毕业啊!平时,我给予他更多的关爱,耐心指导他的学习和生活,可由于他有意封闭自己,收效甚微。怎么办?

2001年12月,我们校长从北京学习回来,带来了美国哈佛大学加德纳的专著《多元智能》。我认真阅读了此书,启发很大。于是,我重新制定了计划,对许同学的智能进行了观察、分析,初步认定:他的空间智能、数理逻辑智能强,音乐智能、语言智能中的书面文字智能较强,人际交往、身体运动、自我反省智能、语言智能中的口头表达能力则是弱项。我为他建立了个人成长档案,收集整理了一些他在学习和生活中的资料。

首先,积极创造条件,让他尽情施展强项,树立信心。以前在每次班会课前,宣传委员总主动地在黑板上写好活动主题,并进行美化。为了能让许同学有展示强项的机会,我与宣传委员商量,让许同学来协助做好这项工作。当同学们每次看到许同学写得漂亮的美术字,简单而有新意的美化时,总会发出赞叹。为了进一步树立他的自信心,班级宣传组还请他参与班级每月的墙报设计和编排,使他成为班级宣传部委员之一。渐渐地,我从他的脸上,看到了成功的快乐。

然后,发挥强项功能,促进弱项发展。许同学的空间智能、数理逻辑智能很强,在数学上显示出超乎寻常的才能,每次作业速度快、质量高,可惜他从不发表意见。为了发展他的语言智能和人际交往智能,我必须创造条件,让他主动回答问题。一次数学兴趣课上,我出了一道"鸡兔同笼"的题让同学们做。同学们感到有点困难。这时我就有意识地引导许同学根据题意,运用空间智能在黑板上画简图,部分同学看了还是不懂,我又请他结合图给同学们分析、讲解。许同学终于红着脸答应了。虽然,他的讲解疙疙瘩瘩,但他已经迈出了成功的第一步。就这样一次一次的给他创造机会,一次一次的锻炼,渐渐地他在数学课上愿意发言了。后来,其他的任课老师反映,在他们的课上,他有时也举手发言,与同学交流意见。语文老师说他的作文水平也提高了。

慢慢地,我发现有同学和他主动接触,他也不再那么冷漠,他的个人成长档案袋越来越鼓了。在毕业典礼上,他笑了,笑得那么灿烂。

案例二:节选自《知识窗》2004年10月廖钧《欣赏使人变美》

19世纪末,美国西部的密苏里有一个"坏"孩子,他偷偷用石头砸烂邻居家的窗户,还把死兔装进桶里,放到学校的火炉里烧烤,弄得到处臭气熏天。9岁那年,他父亲娶了继母,并告诉她:"亲爱的,你要好好注意他,他是最坏的孩子,让我头痛死了,说不定会在明天以前就向你扔石头,或者干出什么别的坏事来,让你防不胜防。"继母不以为然。当她对孩子有了了解后对其父亲说:"你错了,他不是全郡最坏的孩子,而是最聪明的,只是还没有找到发挥他聪明才智的地方。"继母很欣赏他,在她的引导下,他的聪明才智找到了发挥的地方。后来他成了美国著名的企业家、思想家。他就是戴尔·卡耐基。

台湾著名作家林清玄有一天去一家羊肉馆吃饭。热情的老板对他说:"您还认得我吗?"林清玄摇摇头。老板拿来一张20年前的旧报纸,那里有林清玄的一篇文章,是一篇关于小偷的报道。小偷手法高超,作案上千次,最后栽在一个反扒高手手上。林清玄在文章中感叹道:"心思如此细密,手法如此灵活,风格如此独特的小偷,做其他任何一件事一定都会成功!"林清玄看了这些有点不解。老板激动地说:"我,就是那个小偷,是您的这段话引导我走上正路。谢谢!"如今他已开了几家羊肉馆,成了那里颇有名气的大老板。

第三节 教师的教师观

一、教师劳动的特点

(一)复杂性

教师劳动的复杂性,首先是由教育对象的复杂性决定的。教育对象是人,是正在成长中的青少年。人的成长因素是多方面的,它包括遗传、环境、教育与人的自觉能动性等因素,哪一方面被忽视,都可能给青少年成长带来损失。人的不同成长历程还会形成不同的个性特征,它也成为影响教育的因素。教师劳动的复杂性也是由教育任务的复杂性决定的。教育目的和任务是使青少年在德、智、体、美等方面都得到发展,它们是互相制约、互相促进的。从智育目标和任务来说,不但要向学生传授知识和技能,而且要发展他们的智力和能力,特别是分析问题和解决问题的能力、实际操作能力、创新能力和创业能力。德育、体育、美育的结构比例和任务也很复杂。教师劳动的复杂性也是由教育过程、教育方法和教育手段的复杂性决定的。教育过程是一个系统工程,它要在有限的时间里,通过多种因素相互作用,完成一个复杂的综合性的任务目标,即塑造人。这个过程必然是复杂的。不同的教育目标会有不同的教学方式、结构或模式。

(二)创造性

教师劳动的创造性首先是由于教育对象的特殊性。每个教育对象都有主观能动性和自身的独特性,而且每个人都处于一种成长变化的状态。其次是教育情景的复杂性决定了教师劳动的创造性。教育不是工业化生产,没有固定的程序和模式,它是心灵的撞击,是情感的交融和呼应。教师必须具有教育机智,即对突发性教育情景作出迅速、恰当处理的随机应变的能力。同时新课程改革对教师劳动的创造性提出了更高的要求。新课程改革中,教师不再是专家编写的教科书的忠实执行者,而是与专家、校长、学生及其家长、社会人士等一起共同构建校本课程的合作者;教师不再是一种只知"教书"的匠人,而是一批拥有教育观念、懂得反思、善于合作的探索者。这为教师创造性的发挥提供了更大的空间。

(三)示范性

教师劳动与其他劳动的一个最大的不同点,就在于教师主要是用自己的思想、学识和言行,通过示范的方式去直接影响劳动对象。教师劳动的示范性首先是由教育内容、方法和手段的主体化及其与教育结果的一致性决定的。教育过程是教师通过传授知识去培养人。教师首先通过自己的理解把教育内容融会贯通,把其中包含的知识、技能、世界观和思想感情转化为自己的东西,并在了解学生知识水平和心理状况的基础上进行加工,并借助一定的教学手段通过自己的言传身教让学生掌握。这里,教育内容、方法和手段都经历了一个主体化的过程。教育结果即学生获得的知识、技能、能力、世界观和思想感情等,也都包含在教师主体及其活动中,二者具有一致性。所以,与其说教师是用教材、教学方法和教学手段教学生,不如说是用自己的知识、技能、能力、世界观和思想感情去教学生,是用教师的人格去教学生。教师劳动的示范性也是由人的认识过程和心理过程的特点决定的。人对知识的掌握和心理的发展都是以感性活动为基础的,具体的现实事物最容易在心里引起反应。教师以自己的语言、形象、活动和激情表现知识内涵,能帮助学生达到对知识内涵的把握,并留下深刻印象。教师劳动的示范性也是由青少年心理特征决定的。青少年儿童富于模仿性和易受暗示,他们都把教师看作知识的化身、高尚人格的代表,是天然的模仿对象。教师的思想行为、求知精神、科学态度、思维方式都对学生起着模范作用。

(四)长期性

教师劳动培养人才具有周期长。一个人入小学获得读写算的能力需要6年,入中学掌握各门学科基础知识和基本能力也需要6年,入大学成为某个领域专门人才需要4~5年,读研究生成为高级专门人才也需要3~6年。正如中国古代思想家管仲所说:"一年之计,莫如树谷;十年之计,莫如树木;终身之计,莫如树人。"不仅人成长的各个阶段需要很长时间,一个基本观点的形成或某种思想品德的提高也需要很长时间,并且往往需要多次反复才能趋于成熟。教师劳动的长期性的一个重要表现,就是劳动的效果需要很长时间才能得到检验。一个人在每个阶段成长也能使教育效果得到某种检验,但人才成长和教育效果最终要在参加独立的社会实践后才能得到检验。这种劳动社会效果的长期性,既表现为后效性,又表现为长效性,即人才成长和教育效果在人的一生中都将发挥作用。

二、教师的角色

(一)教师角色的特点

韩愈在《师说》中写道:"师者,所以传道受业解惑也。"教师是教育活动中的一个角色。教师职业角色不只是向学生传授课本上的学科知识,而是要根据学生的发展实际以及教育目标和要求,在特定的教学环境中采用特定的教学方法,通过特定的途径来促进学生的成长,教师这一角色是一种性质复杂的职业角色。教师职业的最大特点在于职业角色的多样化,一般说来,教师的职业角色主要有以下几种。

1. 传道者的角色

教师肩负着传递社会道德、价值观念的使命,"道之所存,师之所存也"。在现代社会,虽然道德观、价值观呈现出多元化的特点,但教育、教师的道德观、价值观总是代表着占据社会主导地位的道德观、价值观,并用这种观念引导学生。除了社会一般道德、价值观外,教师对学生的"做人之道"、"为业之道"、"治学之道"等也有引导和示范的责任。

2. 授业解惑者的角色

教师是社会各行各业建设人才的培养者,他们在掌握人类经过长期的社会实践活动所获得的知识经验、实操技能的基础之上,对其进行精雕细琢的加工整理,然后以特定的方式传授给年青一代,并帮助他们解答学习中的困惑,启发他们的智慧,形成一定的知识结构和技能技巧,成为社会有用的建设者。

3. 示范者的角色

教师的教育始终具有示范性,教师的一言一行、一举一动都会对学生产生潜移默化的影响,甚至可以影响学生的一生。从这一点上说,教师的道德水准决定了学生的道德水准。只有教师注重身教，才能用自己的行动为学生树立前进的旗帜，指明前进的方向，点燃心中的火种。俄国民主主义者车尔尼雪夫斯基认为："教师把学生造就成一种什么人，自己就应当是这种人。"

4. 管理者的角色

教师是学校教育教学活动的组织者和管理者，需要肩负起教育教学管理的职责，包括确定目标、建立班集体、制定和贯彻规章制度、维持班级纪律、组织班级活动、协调人际关系等，并对教育教学活动进行控制、检查和评价。

5. 朋友的角色

师生之间的平等交流是双方成为朋友的前提条件之一，在某种程度上，学生更愿意和教师成为朋友，希望得到教师在学习、生活、人生等多方面的指导，能够一起分享忧伤和欢乐。

6. 研究者的角色

教师工作的对象是充满生命力、千差万别的个体，传授的内容是不断发展变化的人文、科学知识，这就决定了教师要以一种变化发展的态度来对待自己工作的对象、工作内容，要不断学习、不断反思、不断创新。

(二)终身学习

1. 为什么要终身学习

1) 新课程要求教师必须终身学习

新课程改变了学生的学习生活，也改变了教师的教学方式。新课程对教师角色的期望有所改变。新课堂对教师提出师德高品位、专业高学识、能力多方位三个方面的挑战。因此，教师要走终身学习之路，成为学习型的教师。

2) 教师自我实现必须终身学习

新课程改革要求教师一切为了学生的发展。教师在促进学生发展的同时，自身也应该有最大限度的发展。为了能够达到这种要求，应将自我的角色定位在"终身学习者"。只有通过不断地学习，教师才可以重新塑造自我、认知世界。

3) 提升教学水平须坚持终身学习

现代教育以人为本。教师的责任已不仅仅是"教书"，完成教学任务，更要促进学生心智的发展和能力的培养。教育标准的提升要求教师必须从单一的学科教学能力向多元知识储备、多种教育手段相结合的方向发展。

一是掌握较为丰富的教育学和心理学知识。除了学习并掌握基本的理论知识外，还要求教师走近学生，了解学生，认识学生的年龄特征和心理需求，掌握学生的情绪变化，研究学生的群体特点和个性气质，加强对学生的个案研究，因材施教，关注学生的道德发展和心理构建。

二是具有专业的学科知识素养。没有对专业学科知识的全面学习和深刻理解，就不可能在学科教学中取得理想的效果。一方面，教师要全面地掌握本专业的理论知识；另一方面，教师要深入了解本学科的教学发展动态及最新理论成果。

三是拥有广博的知识视野。完善的专业学科知识结构可以帮助教师胜任本学科教学，而多元知识储备又可为教师的教学和自身发展提供丰富的教学资源。现代学校教育中，学校之间的交叉渗透，促使教师加强对其他相关学科的了解，扩大对边缘学科的把握，提升校本研究过程与方法的驾驭能力,重视对综合实践活动开展指导作用。博观而约取,厚积而薄发。

4)提高教育创新精神须终身学习

教师的终身发展有四个层次。第一层次是较低层次,教师能胜任教学,满足学生基本学习需求;第二层次是合格层次,教师能驾驭教学,能够较好地因材施教,成为教学中的骨干;第三层次是较高层次,教师能研究教学,追求教师在教学工作中的个人价值的实现,在学生的成长中求得自我发展;第四层次是最高层次,教师追求自我超越,致力于终身学习,博采众家之长,创造自己的教学成绩和构建理论研究特色,成为"学者型"教师。胜任教学是基本功夫,驾驭教学是自我提高,研究教学是能力发展,终身学习创造特色则应当是教师矢志以求的成长目标。

5)终身学习是教师的职业责任

职业责任意识是从事职业活动时遵循道德规范和工作规则所表现出的修养与品德,良好的职业责任意识是教师专业精神的核心。教师的职业责任是传承文明,教书育人。教师站在三尺讲台,放眼大千世界:对学生培养立足于知识学习的三五年,放眼于人生成长的三五十年。教师的道德引领和文化传播作用是任何其他行业的职业者所不具备的,因此社会对教师寄予厚望,对教师工作的评判和教师形象的塑造也就有着近乎完美的苛刻标准,这也给教师的人格塑造和心理世界的构建带来极大的影响。

6)教材改革要求教师必须终身学习

在教材更新异常迅速的今天,如果只满足于现有的知识,那是行不通的,迟早会被社会淘汰,只有不断地充实自己,拓展自己的知识领域,加强对教材的驾驭能力,教师才能因材施教。百年大计,教育为本;教育大计,教师为本。教育是全社会的大事,但重任主要落在教师身上。时代在变,人也在变,教师必须认清终身学习对自身成长和发展的重要性,自觉树立终身学习的理念,不断提高自身的素质,以适应现代教育的需要。

2. 教师终身学习的可行性

1)教师学习的内容

一是学会学习。在当今社会,学会获取知识的方法比获取知识本身更为重要。学会学习,养成良好的学习习惯,使学习成为自己的一种生活方式将是每个人未来生活幸福和愉快的保证。

二是通晓自己所教的学科,成为学科专家。人们越来越清楚地认识到,教师只有接受严格的、高层次的学科教育,才有可能在教学过程中得心应手。仅仅接受中等教育和最低层次的高等教育是不可能完全掌握一门学科的。一名合格的教师应全面学习一门学科,包括学科历史、学科结构体系、学科基础理论、学科知识应用以及跨学科知识等。

三是学习有关教育的学问。未来的教师必须是一个教育专家,必须在学习专业学科的同时掌握其他有关教育的学问,如心理学、教育哲学、教育技术、管理学等。

四是学习信息技术。教育信息化主要强调将现代信息技术转化为现代教学手段。它包括两大类:一类是视听技术,如广播、电影、影视、录像等;另一类指信息处理技术,主要是计算机的操作技术。

2)教师终身学习的途径

教师终身学习可以通过两条途径来进行,一是系统教学,二是自学。因为任何一个教育体系,都不可能替代学习者的所有学习,特别是自学。因此,只有学习者把教育系统中的学习与自学有机地结合起来、协调起来,并在其一生中交替进行,终身学习才能最终实现。

3) 教师终身学习的方法

教师通过学习提高自己教学水平的方法种类繁多,在此处仅介绍以下几种,供大家参考。

一是参加系统的终身学习。我国很重视教师的继续教育问题,全国各地都实施继续教育的系统工程。教育部明确要求,幼儿园、中小学教师要定期轮训。教师通过脱产进修、函授、自学考试或网络教育提高学历是适应职业发展的需要。所以未来教师的日常工作不再完全是教学生,定期接受继续教育将是其工作的重要内容,教师要把每一个阶段的学习作为"加油站",养成终身学习的良好习惯。

二是参加校本学习。通过校本培训把知识转化为解决问题的技能、技巧,不断提高自己的教学技能和技巧。

三是参加各类成人教育,如函授学习、电大学习、各类自学考试等。

四是借助多媒体学习。可通过光盘、磁带、电视、上网查询等方式学习外地先进的教学经验,提升自己的教学能力。

3. 教师终身学习在教学中的作用

教师职业的定律,一言以蔽之,就是你一旦停止成长,明日你必将停止教学。所谓"学高为师,身正为范",作为教师,不但要有崇高的师德,还要有深厚而扎实的专业知识。"给人一杯水,自己要有一桶水,一缸水是不够的,必须是活水源头。"在知识更新异常迅速的今天,如果只满足于目前的知识,早晚会被社会所淘汰。只有树立终身学习的理念,不断充实自己,拓宽知识视野,才能在学生心目中树立起较高的威望。只有自己不断地研究,加强对教材的驾驭能力,才能提升自己的教学方法。

1) 提高课堂教学效率

社会在发展,知识领域在扩展和更新,教材也在更新改革,学生的认识水平也具有更高的起点。在这种情况下,教师只有不断地学习来提高自己的专业和教学方法,对自己所教的科目有十足的信心,才能提高课堂教学的效率。

2) 教学发展的需要

尽管教师在教学过程中能够积极主动地获取新知识,但由于受年龄、时间、精力等因素的限制,再加上新知识的产生速度大于人们学习和掌握它的速度,因此,随着时间的推移,教师原有的学科知识特别是所教学科以外的知识,因不常用便被逐渐遗忘。这些客观因素导致教师在知识和能力上逐渐欠缺。因此,终身学习是教师补偿知识和能力的有效手段,这既是教师专业发展的需要,又是搞好现代教育教学的需要。

3) 带动学生树立终身学习的理念

在这个"计划赶不上变化"的时代,教师不仅要转变传统的知识传授者的角色,成为学生学习的促进者和协助者,而且其自身的学习不应该是一次性的学习,而是持续性的学习,以扩展知识领域,学习要贯穿自己整个教育生涯。因为对自己的教学生涯来说,仅靠最初的专业知识无论如何都是不够的。教师务必使知识和教学法的提高保持同步。"活到老,学到老"是我国的一句古训。这句话说明,积累和提高专业知识是为了帮助和促进学生成为终身学习者,教师要以自身的行为和态度来感化学生,成为学习的示范者。

三、教师职业的责任

所谓教师职业责任,就是教师必须承担的职责和任务。在社会主义条件下,人民教师的根本职责,是培养社会主义新人,换句话说,人民教师的职责,是培养社会主义现代化事业的建设者和接班人。教师的职业责任是随着社会的发展而不断变化更新的。总的趋势是:社会发展程度越高,教师职业的劳动越复杂,所负担的责任就越大,在社会发展和经济建设中发挥的作用就越大。

现代教师应该是学生学习的合作者,是学生发展的引导者,是教育教学的研究者,是学生行为的示范者,是班级的管理者,是学校教育教学活动的组织和管理者,是学生的心理保健医生,是他们的朋友。总之,教师的职责不再是单一的,而是综合的;不是静止的,而是发展的;不是阶段的,而是连续的。

(一)教师是学生全面发展的培养者

面对21世纪国际经济与科技的激烈竞争,人们深刻认识到,具有较高文化素质、科学素质、道德素质的全面人才是国家与民族生存的希望。因此,实施素质教育,依据社会与人发展的需要,去开发学生的智慧潜能,促进学生健康成长是教师的首要职责。

教师要处处从人的成长与发展的角度去关注学生,通过教育使学生形成良好的个人品质,掌握基础知识、基本能力与基本技能,为他们将来进入社会生活,服务社会政治、经济、文化,奠定良好的素质基础。为此,教师在工作中除了要培养学生的智育之外,还要五育并举,让德、智、体、美、劳相互渗透,相互交织,一定要把全面发展的教育与素质教育结合起来,把提高学生的全面素质、培养全面发展的人作为教育的根本任务,使教育呈现一个统一的、完整的过程。

教师要为学生的全面发展打好三个方面的基础:一是打好学习技能的基础,作为学生学习的合作者和发展的引导者,教师要为学生在学生时代脑力和体力的发展创造有利的条件;二是打好终身学习的基础,使他们进入社会以后能够不断地依靠自己去获取知识;三是为他们走向社会打好基础,使他们从小就有一种社会责任感,使他们了解社会、了解他人、了解自己在社会生活中的地位和责任。

(二)教师是民主师生关系的建立者

在教育工作中,教师的工作水平不仅取决于教师完成工作角色的任务水平,更取决于教师对教育事业和学生的热爱,取决于教师和学生关系的质量和水平。教师对学生真挚的热爱,学生对教师的喜爱和依恋是教育成功的重要因素。

教师作为教育的主导力量,要赢得学生的信任与热爱,与学生建立平等民主的朋友关系是教师的重要职责,也是教师做好工作的基本保证。为此,教师要有良好的职业道德,把学生当作具有独立人格的人来看待。通过教师对学生的爱与关怀,感化学生的心灵,为塑造学生健康的人格,树立正确的人生观、价值观奠定基础。教师还必须对待学生一视同仁,学生对教师的第一要求是公正。教师在工作中常常把评价学生作为一种教育的手段,教师的评价里所产生的刺激,会使学生产生一种学好或学坏的倾向。所以,教师的评价必须客观公平,要通过评价激发学生努力上进的情感,使他们产生更高的理想与期望,教师决不能把评价作为惩罚。同时,教师还必须把权威建立在长期与学生平等的交往中,要尊重学生,信任学生,主动关心学生,满足学生的求知欲。只有这样,教师才能真正成为可亲、可敬、可信任的知心人,才能真正建立民主平等的师生关系,达到教育的预期目的。

(三)教师是教育教学的研究者

教师不仅是教育理论的执行者,也应当成为教育教学的研究者。教师是教育教学的研究者,要求教师在教学过程中要以研究者的心态置身于教学情境之中,以研究者的眼光审视和分析教学理论与教学实践中的各种问题,对自身的行为进行反思,对出现的问题进行探究,对积累的经验进行总结,使其形成规律性的认识。把教学与研究有机地融为一体,是教师持续进步的基础,是提高教学水平的关键,是创造性实施新课程的保证。在传统教学中,教学与课程是彼此分离的。教师的任务只是教学,是按照教科书、教学参考资料、考试试卷和标准答案去教,课程游离于教学之外;教学内容和教学进度是由国家的教学大纲和教学计划规定的,教学参考资料和考试试卷是由专家或教研部门编写和提供的,教师成为教育行政部门各项规定的机械执行者,成为各种教学参考资料的简单照搬者。新课程倡导民主、开放、科学的课程理念,同时确立了国家课程、地方课程、校本课程三级课程管理政策,这就要求课程必须与教学相整合,这就要求教师必须是课程的建设者和开发者。教师不能只成为课程实施中的执行者,教师更应成为课程的建设者和开发者。为此,教师要形成强烈的课程意识和参与意识,改变以往学科本位论的观念和消极被动执行的做法;教师要了解和掌握各个层次的课程知识;教师要增强课程建设能力,使国家课程和地方课程在学校、在课堂实施中不断增值、不断丰富、不断完善;教师要锻炼并形成课程开发的能力,新课程越来越需要教师具有开发本土化、乡土化、校本化的课程的能力;教师要培养课程评价的能力,学会对各种教材进行评鉴,对课程实施的状况进行分析,对学生学习的过程和结果进行评定。

(四)教师是学生心理健康的培育者

人的生命是由一个一个的心理活动所组成的,生命的本质表现在心理上。一个人的价值也是由他的心理活动基础上形成的精神力量和精神深度决定的。苏霍姆林斯基说:"人就是一种精神力量。"从现代健康观来说,具有健全心理的人,才是真正健康的人。

学生正处在身体发展和心理发展的重要时期,教师必须重视学生的心理健康,重视学生良好心理素质的培养。教师必须随时帮助学生,开展心育,有针对性地对学生进行心理咨询和心理健康指导。帮助学生客观地认识自己,鼓励学生进行自我教育、自我提高、自我控制,培养学生健康的心理。这是使学生走向现代化、走向世界、走向未来建功立业的重要条件。因此,培育学生健康的心理素质是教师的重要职责。

四、教师职业的价值

(一)教师职业价值概述

教师职业的价值体现在这一职业可以满足作为教师的个体自我生存和发展的需要,是教师获取主要生活来源的社会活动。我们的社会应该形成尊师重教的良好氛围,切实提高教师的经济地位、社会地位和政治地位,为他们更好地奉献社会和服务社会准备充分的条件。教师职业的价值体现在这一职业对他人、集体、国家、社会和人类的作用与意义上,体现在教师职业为社会的进步和发展提供精神财富、培养合格的建设者和接班人等方面。在教师职业的这两方面内容中,教师职业对社会的责任和贡献应该是主要方面,居于首要地位,因为这方面更能反映教师独特的职业价值。

(二)教师职业价值的内容

1. 教师是人类文化的传递者

从历史发展的进程看,教师实现文化传递这一职能价值越来越明显。"文化"包含着人类创造的所有物质文明和精神文明成果,即生产技术、政治制度、生活方式、风俗习惯、价值观念和宗教信仰等广泛内容,这些内容既是人类创造的辉煌成果,又是人类进步和延续的前提条件。年青一代要获取人类历史发展进程中所形成的文化,并根据新时代的需要,进一步深化和发展,向更新一代传递,所有这些活动都离不开教师独特的职业劳动。

2. 教师是社会文明发展的促进者

教师以培养生产力中的主要因素——劳动者——的方式,有力地作用于物质生产过程,从而为社会的延续创造条件。教师的劳动是经济发展和社会发展的强大推动力量,随着现代化大生产的发展和科学技术的进步,其作用将会越来越大。在现代社会中,生产力的竞争就是科技的竞争,科技的竞争就是人才的竞争;今天的教育就是明天的科技,就是后天的生产力,就是当前人们的普遍共识。社会物质财富的多寡与科学技术的发展快慢成正比,劳动生产率同劳动者的受教育程度成正比,而科学技术的发展、劳动者受教育程度的提高都直接与教师劳动相关。通过教师的劳动,能为社会培养出一支支具有科学技术知识和创新意识的科技专家队伍,为社会源源不断地输送各行各业的合格劳动者,为社会造就一批批具有现代科学知识的经济管理人员和社会管理人员,提高经济管理水平和社会管理水平,从而实现社会的延续和进步。

3. 教师是人类智慧的开启者

所谓对人类智慧的开启,就是对人类个体蕴藏的极为丰富的精神力量的挖掘,对个体获取知识、创新知识能力的开发和培养,即对人类认识客观事物并运用知识解决实际问题能力的培养和提高。教师在对人类智慧的开启和创造能力培养方面的作用,是其他任何职业的人员都无法比拟的。

(1)教师不仅可以向学生系统地传播科学文化知识,更重要的是传授凝结在某一具体学科中的思维方法,即教师在传播知识的过程中,着眼点不仅在于知识的记忆和继承,而且在于通过传播知识,促进知识的发展和运用。这是培养学生创造性思维能力的最基本方式。教师在对学生进行系统知识教育的同时,也开启了人类的智慧,培养了创新精神。

(2)教师不仅在传播知识的过程中发展学生的观察力、记忆力、注意力、思维能力和想象能力等智力因素,而且还可以通过更为广泛的教育手段,激发学生学习的动机和探寻未来的兴趣,培养他们科学理性精神和追求真理的坚强意志,以及健康的心理品质和良好的性格等非智力因素,最大限度地挖掘学生的潜能。

(3)教师对学生智慧和各种能力等方面的培养起着重要的引导和组织作用。

4. 教师是人类崇高道德品质的塑造者

教师对提高新一代及全体社会成员的思想道德素质起着重大作用。教师不仅把人类的知识传递给新一代,更重要的是对学生正确思维方式的构建和崇高道德品质的塑造。

让年青一代具有正确的世界观、价值观和人生观,形成为社会发展、人类进步而努力学习和工作的使命感与责任感。因此,教师不仅要教书,还要育人,教会学生做人的道理。教师渊博的知识和科学的思维方法固然会使学生受益匪浅,教师的言行举止、道德风貌、精神品质也会被学生模仿学习,潜移默化地影响着他们的行为和态度。

5. 桃李满天下的个人价值

对教师个人来说,重视学生的情感体验,不断满足学生情感发展的需要,达到一种语言情感、心灵情感的沟通,被学生理解为"善解人意"也是一种价值体现。学生乐意与教师交流,乐于接受教师的教导,达到"听"教师的教诲,才能使教师的"教"有对象,"学"有接受的对象,让教师觉得有"用武之地",尽管吃苦、受累,也乐在其中,有一种极大的满足感。这样培养了教师的情感,使之更加热爱学生,热爱教育工作,最大限度地发挥教师自身内在的潜能并创造性地开展工作,体现了教师的师德、师爱,满足了社会对教师的社会价值的需要,同时也发展了教师个人价值中情感的需要。当桃李满天下时,教师的个人价值也就体现出来了。

练习题

一、单项选择题

1. 教师的主导作用的前提是( )。
   A. 教学环境　　　　　　　B. 教师自身的条件
   C. 学习的内容　　　　　　D. 学生的能动性

2. 为发扬教育改革的精神,某学校决定开设校本课程,下列做法正确的是( )。
   A. 为培养学生的兴趣和爱好,某教师在班上定期举行"音乐鉴赏"活动
   B. 根据当地教育局的要求,利用戏剧文化资源开展"××剧欣赏"课程
   C. 根据学校办学理念和优势,发扬学校传统开设"我爱阅读"课程
   D. 根据当地教育局的要求,利用旅游资源开展"小小导游"活动

3. 林老师为了赢得学生的喜爱,把大量的时间花在与学生搞好关系上。从教师职业成长看,林老师的做法表明他着重关注的是( )。
   A. 职业发展　　B. 职业生存　　C. 教学效果　　D. 教学氛围

4. 王老师对教学勤勤恳恳,每次上课都不辞辛苦地从上课讲到下课,可是教学效果一直不理想。王老师最应该反思的是( )。
   A. 教学态度　　B. 教学方式　　C. 教学手段　　D. 教学组织形式

二、材料分析题

一天,一位老师给学生上科学课,主题是"寻找有生命的物体"。老师安排学生去校园里甚至校外的大自然里寻找有生命的物体,并做记录。走出课堂的孩子们显得很兴奋,不久一位同学跑过来说:"老师,我捉到一只蚂蚱。"其他同学也围过来看,突然,一位同学说:"这是只公的。"围观的同学哄堂大笑。老师问道:"你怎么知道的?"我观察的,公蚂蚱有劲,跳得高,他自信地说。这是孩子最直接的推理,确实难能可贵的!老师及时表扬道:"你真是个小生物学家,科学就是提出问题、研究问题、解决问题,希望你能认真研究一番。"孩子认真地点点头,就在这时,一位同学跑过来告状:"一个同学把蚂蚱踩死了。"老师

很快意识到这是一个绝好的教育机会。他走过去,几个同学正在气呼呼地责备那个同学。这位老师说:"一个蚂蚱也是一个有生命的物体。我们应该爱护每一个有生命的物体。我相信,这位同学一定是无意踩死的。这样吧,老师有一个提议,不如挖一个坑,把它安葬了吧!"于是,在学校的草地上,举行了一个特殊的"葬礼"。可以说在这潜移默化中,学生加深对生命的理解,更加珍惜生命,会比多少遍说教都来得有效!

问题:试从教师职业理念的角度,评析老师的教学行为。

练习题答案

一、单项选择题

1. 参考答案:B

参考解析:发挥教师主导作用的前提条件包括:(1)教师主导作用的实现有赖于教师自身的条件,即具备应有的知识和能力素质,品德及人格;(2)教师主导作用的发挥还必须具备各种客观条件,如教师在教育过程中的地位是否得到应有的肯定,教师工作的条件能否得到基本的保证。

2. 参考答案:C

参考解析:校本课程,是学校在确保国家课程和地方课程有效实施的前提下,针对学生的兴趣和需要,结合学校的传统和优势以及办学理念,充分利用学校和社区的课程资源,自主开发或选用的课程。C项符合校本课程的要求,A项属于课外活动,B、D项属于地方课程。

3. 参考答案:B

参考解析:处于关注生存阶段的一般是新教师,他们会把大量的时间都花在如何与学生搞好个人关系上,想方设法控制学生,而不是更多地考虑如何让学生获得学习上的进步。

4. 参考答案:B

参考解析:王老师不辞辛苦地从上课讲到下课,属于典型的讲授法,不能引起学生的学习兴趣,因此教学效果不理想,他应改变自己的教学方式,激发学生的学习兴趣。

二、材料分析题

【答案要点】

答:这是一堂非常成功的科学课。从教师职业理念的角度,该老师的教学行为体现了素质教育的教育观、学生观和教师观。

(1)该老师的教学行为体现了素质教育的教育观。素质教育观认为,教育活动应当指向人的整体的、全面的素质发展,使人的整体品质、整体素质得到提升。素质教育要以培养学生的创新精神和实践能力为重点。材料中的老师给学生上科学课,安排学生走出课堂,到大自然里寻找有生命的物体,这正是对他们实践能力的锻炼。

(2)该老师的教学行为体现了素质教育的学生观。全面发展的学生观,是把学生看作有主体需求、能够主动发展的个体;把学生作为一个整体;把学生看作有差异、有个性的人。该老师做到了以上几点,鼓励学生主动地去寻找物体,体现了以学生为主体,把学生当作一个完整的人来看待。当学生给出解答时,该老师及时表扬学生,并对他提出更高的期望,可见老师把学生当作有发展潜力的人。当有学生踩死蚂蚱的时候,该老师并没有批评学生,而是安慰学生,进而让学生领悟到生命的可贵。

(3)该老师的教学行为体现了素质教育的教师观。教师的角色不只是向学生传授某方面的课本知识,还要根据学生的发展实际以及教育目标、要求,在特定的环境中采用特定的教学方法,通过特定途径来促进学生的成长,教师角色的性质就在于帮助学生成长。材料中该老师的角色正是学生学习的促进者和引导者。在教学活动中,以学生为主体,引导学生表达自己的观点,最后启发学生对生命的理解和珍惜。

第四章 教师职业道德

 考试内容与要求

1. 教师职业道德

▷ 了解《中小学教师职业道德规范》(2008年修订),掌握教师职业道德规范的主要内容,尊重法律及社会认可的行为准则。

▷ 理解《中小学班主任工作条例》文件精神。

▷ 分析评价教育教学实践中教师的道德规范问题。

2. 教师职业行为

▷ 了解教师职业行为规范的要求。

▷ 理解教师职业行为规范的主要内容,在教育活动中运用行为规范恰当地处理与学生、学生家长、同事以及教育管理者的关系。

▷ 在教育教学活动中,依据教师职业行为规范,爱国守法、爱岗敬业、关爱学生、教书育人、为人师表、终身学习。

 知识框架

教师职业道德概说	道德	道德是由一定社会关系、特别是经济关系所决定,依靠社会舆论、传统习惯和内心信念来维系,以区分善恶、正邪、荣辱等为内容的思想意识、行为规范和实践活动的总称
	职业道德	职业道德是指人们在职业生活中应遵循的基本道德,即一般社会道德在职业生活中的具体体现,是职业品德、职业纪律、专业胜任能力及职业责任等的总称
	教师职业道德概念	教师职业道德,简称师德,是指教师在从事教育劳动过程中形成的比较稳定的道德观念、行为规范和道德品质的总称
教师职业道德规范	中小学教师职业道德规范	爱国守法:教师职业的基本要求 爱岗敬业:教师职业的本质要求 关爱学生:师德的灵魂 教书育人:教师的天职 为人师表:教师职业的内在要求 终身学习:教师专业发展不竭的动力
班主任职业道德规范	班主任职业道德规范内容	依法执教、爱岗敬业、热爱学生、严谨治学、团结协作、尊重家长、廉洁从教、为人师表

续表

教师职业行为规范	教师职业行为规范的概念	教师职业行为规范是教师在职业活动过程中,为了实现教育目标、履行教师职责、严守职业道德,从思想认识到日常行为应遵循的基本准则
	教师职业行为规范的特征	严肃性、特定性、层次性、强制性
	教师职业行为规范的主要内容	1. 教师的思想行为规范 2. 教师的教学行为规范 3. 教师的人际行为规范 4. 教师的仪表行为规范 5. 日常活动行为规范

考题举例

《中小学教师职业道德行为规范》提出,教师在处理与家长的关系时,要与家长沟通。关于教师与家长的沟通,下列说法正确的是(　　)。

A. 情节严重时,教师可以任意责备家长管教无方

B. 重大处分时,教师应事先与家长做好沟通

C. 在不违反法律的情况下,教师可以要求家长为其办一些私事

D. 对经济贫困的学生,教师要尽可能地避免家访

【答案】B

参考解析:A项错误是因为教师要尊重家长,并承担起教育学生的义务,学生犯错误,教师不能一味地寻找家庭原因而责备家长管教无方。C项错误是因为教师无论什么时候都不能利用自己的职务之便谋取私利。D项错误是因为教师要公平地对待每一个学生,不能因为学生的学习成绩或家庭经济状况而对学生区别对待。

第一节　教师职业道德概说

一、道德

在西方古代文化中,"道德"(morality)一词起源于拉丁语的"mores",意为风俗和习惯。在汉语中可追溯到先秦思想家老子所著的《道德经》一书。老子说:"道生之,德畜之,物形之,势成之。是以万物莫不尊道而贵德。道之尊,德之贵,夫莫之命而常自然。"其中的"道"指自然运行与人世共通的真理;而"德"是指人世的德性、品行、王道。"而好犯上者,鲜矣;不好犯上,而好作乱者,未之有也。君子务本,本立而道生。"

马克思主义伦理学认为,道德是由一定的社会经济关系所决定的特殊意识形态,是以善恶为评价标准,依靠社会舆论、传统习惯和内心信念维系的,调整人与人之间以及个人与社会之间关系的行为规范的总和。作为一种价值体系,道德旨在按照"善"的规则去创造性地完善社会和人自身的存在。

总体来说,道德是由一定社会关系、特别是经济关系所决定,依靠社会舆论、传统习惯和内心信念来维系,以区分善恶、正邪、荣辱等为内容的思想意识、行为规范和实践活动的总称。

二、职业道德

(一)定义

职业道德是指人们在职业生活中应遵循的基本道德,即一般社会道德在职业生活中的具体体现,是职业品德、职业纪律、专业胜任能力及职业责任等的总称,属于自律范围,它通过公约、守则等对职业生活中的某些方面加以规范。职业道德既是本行业人员在职业活动中的行为规范,又是行业对社会所担负的道德责任和义务。

(二)特点

职业道德具有以下特点:

1.职业道德具有适用范围的有限性

每种职业都担负着一种特定的职业责任和职业义务。由于各种职业的职业责任和义务不同,从而形成各自特定的职业道德的具体规范。

2.职业道德具有发展的历史继承性

由于职业具有不断发展和世代延续的特征,不仅其技术世代延续,其管理员工的方法、与服务对象打交道的方法,也有一定的历史继承性,如"有教无类"、"学而不厌,诲人不倦",从古至今始终是教师的职业道德。

3.职业道德表达形式的多种多样性

由于各种职业道德的要求都较为具体、细致,因此其表达形式多种多样。

4.职业道德兼有强烈的纪律性

纪律也是一种行为规范,但它是介于法律和道德之间的一种特殊的规范。它既要求人们能自觉遵守,又带有一定的强制性。就前者而言,它具有道德色彩;就后者而言,又带有一定的法律色彩。就是说,一方面遵守纪律是一种美德,另一方面遵守纪律又带有强制性,具有法令的要求。例如,工人必须执行操作规程和安全规定;军人要有严明的纪律等等。因此,职业道德有时又以制度、章程、条例的形式表达,具有纪律的规范性。

道德贯穿人类生活的方方面面,凡是有人群和社会生活的地方就有道德。我们一般把人类社会生活划分为三大领域:家庭生活、职业生活和公共生活。与这三大领域相适应,就产生了爱情婚姻家庭道德、职业道德和社会公德。所以,职业道德是整个社会道德体系的重要组成部分。它是与人的职业角色和职业行为相联系的一种高度社会化的角色道德。① 不同的职业有不同的职业道德,恰如恩格斯所言:"实际上,每一个阶级,甚至每一个行业,都各有各的道德。"② 我们现在生活在一个普遍职业化分工的时代,职业群体从各方面主导着现实生活,职业道德业已成为全社会的主导道德。职业道德的优劣直接关系到人们的切身利益,关系到整个社会道德风尚的好坏和道德水平的高低。

---

① 李德顺.论职业道德[J].新华文摘,1996(2).
② 中共中央马克思恩格斯列宁斯大林著作编译局.马克思恩格斯选集(第4卷)[M].北京:人民出版社,1974.

三、教师职业道德

教师职业道德,简称师德,是指教师在从事教育劳动过程中形成的比较稳定的道德观念、行为规范和道德品质的总称。

教师职业道德是职业道德的一种表现形式,它是在教师职业劳动产生之后才逐渐形成的。从一般意义上讲,教师职业道德是指教师在从事教育劳动过程中形成的,用以调节教师与他人、教师与社会、教师与集体等相互关系时所必须遵守的基本道德规范和行为准则,以及在此基础上所表现出来的道德观念、情操和品质。教师职业道德以具体适用于教师职业活动的形式,体现出全社会对教师行为的基本道德要求。它具体表现为教师职业理想、教师职业责任、教师职业态度、教师职业规律、教师职业技能、教师职业良心、教师职业作风和教师职业荣誉等。一个教师能否成为"让人民满意的教师",能否成为让学生尊敬和信赖的人,能否将自己毕生的精力献给培养人才的教育事业,都与他的职业道德水平有着密切的关系。

教师职业道德对教师行为的规范、约束和指导主要是通过建立道德规范体系来实施的。从学科理论体系来看,教师职业道德体系是由教师职业道德基本原则、教师职业道德规范和教师职业道德范畴三个基本要素构成的。

教师职业道德基本原则,是教师在教育职业活动中正确处理各种利益关系所必须遵循的最根本的行为准则,是教师职业道德与其他职业道德相区别的基本特征。在教师职业道德规范体系中,教师职业道德基本原则处于核心和首要的地位,是整个教师职业道德规范体系的总纲。教师职业道德的其他诸多道德规范,都是由教师职业道德基本原则派生而来的。因此,教师职业道德基本原则对教师的行为具有普遍约束力。教师在教育职业活动中,遵循教师职业道德的基本原则是第一位的。

齐玉民,是辽宁省绥中县前卫镇背阴嶂小学的一名普通教师。30年来,他撑着一条小船,顶风冒雨,在通往学校的水路上无偿摆渡学生,平均每天站立划船100多分钟。

1976年,齐玉民来到背阴嶂小学,成为一名民办教师。从此,他每天都要带着学生在树丛里穿行,往返40多里山路。夏天,齐玉民用塑料袋把孩子们的书包包在一起替他们背着,到了学校,被露水淋得像从水里捞出来一样,衣服都得拧干后才能上课;冬天冰雪覆盖,陡坡路需要用锹镐才能通过。特别是有20多米长的砬盖子是必经之路,既陡又滑,下面是深水,稍有不慎,后果不堪设想,他就脚蹬手扳一个一个把学生背过来背过去。

当时,齐玉民的3个孩子也在小学读书,看到这么多孩子上学路上的艰辛,齐玉民突然冒出了一个想法,那就是想办法弄一条船,直接走水路。当时,就是买一只二手的小渔船也需要400元钱,400元钱对一个生活在大山里的人来说,简直就是天文数字,齐玉民每月的工资是56元,他要用这些钱来赡养年迈的父亲,供养3个上学的孩子,还要为患有气管炎的妻子治病,六口人家庭生活的拮据程度可想而知。

妻子听了他的想法很是惊讶,但还是毫不犹豫地从箱子里拿出省吃俭用积攒下来的180元,接下来,齐玉民求亲戚、找朋友,终于在1980年买了一条旧木船。

有了船是省时省力,但危险也随之而来。风天、雨天、大雾天是最艰难的。记得1988年秋季有一次放学,当船行至河心,突然间刮起大西北风,水面顿时掀起巨浪,把小船摔打得像荡秋千一样,一会儿推上浪尖,一会儿又抛入谷底,船里溅入半船水,14个学生吓得乱作一团。

齐玉民一面安慰孩子们要平衡坐好,一面让年龄大的同学掏水,自己则拼命划船。晚上九点多钟,齐玉民终于把船靠上了岸,此时,家长已经焦急地等在岸边。看着家长们一个个领走自己的孩子,齐玉民才感觉到,自己的双腿就像灌了铅一样,再也迈不动一步,他一屁股坐在岸边,想起刚才的情景不免好一阵后怕!

这条船使用几年就不能用了。1989年,齐玉民自己又筹集了1100元钱焊了一只新铁船,使用了十年又坏了。2005年,省、市、县关工委老干部来学校,看到这条船又漏水了,有关领导现场资助2000元,并嘱咐齐玉民注意安全。

冬天,水库上结了冰,船用不上了,齐玉民和孩子们只好从冰上走过去,但冰层有的地方厚有的地方薄,稍不注意就有掉下去的危险。一次从冰上走时,刘怀义同学突然掉进了冰窟窿,齐玉民应声跑去,身后的冰一片片往下陷,他一看站着不行,就滚着往前接近孩子,费了九牛二虎之力才把孩子拉上了岸。

齐玉民也曾两次掉进冰窟窿里,是学生把他扯了上来。有一次齐玉民回家换衣服时,全家人看见他衣服上的冰块儿,都吓呆了,等齐玉民把衣服在炕上温化了,换了衣服再要上班时,年迈的父亲堵着门说:"这个班咱不上了。"女儿也抱着大腿喊爸爸,妻子默默地流下了眼泪。

"我不是好好的吗,我当老师不能把班上的三十几个学生扔下不管吧!"齐玉民看着一家人,心里好一阵酸楚。最终,还是妻子拉起了小女儿,扯着父亲的衣服说:"爹,让他去吧!"看着老人家默许了,妻子又叮嘱他说:"玉民啊!可要小心呀……"

为了避免再次发生危险,从冰上走时,齐玉民和孩子们每个人都准备了一根2米多长的木棍,准备万一掉下去时用它去扯。

初冬和早春是齐玉民和孩子们最难熬的季节,冰层脆弱,说冻还没冻结实,说化还没化彻底,而往返40多里山路也同样危险,齐玉民便只好和大家吃住在学校,一年一个冬春,经常要待上30~50天,就这样,齐玉民白天上课教书当老师,晚上做饭洗衣当妈妈,看病、喂药、请医生更是常事,有时上厕所都要陪着。

齐玉民很少能从这份"义务船夫"的兼职中找到快乐。31年来,家长实际上每天都将儿女的性命托付于他,这是一份沉甸甸的责任,它让齐玉民丝毫不敢怠慢。

每天早上7点,齐玉民和3个学生从居住的三山沟出发,划船绕过水库中心地带的一片浅水区,抵达娄子沟,11个学生在此处上船,最后划至学校。每天下午,相同的行程再走一次。让齐玉民最放心的保障,是船舱前后部的两个密封舱。即使船完全沉没,船体的浮力也完全可以浮起3个成年人相当于10多个小学生的体重。31年,他总结出的划船经验是"顺风好划,逆风难划",以及"玩命向前划"。

认识齐玉民的人都说,他的伟大之处在于,在外界将他"挖掘"出来之前,他甚至根本没有意识到自己的伟大。

由于受到交通以及其他限制,前卫镇政府以及绥中县教育部门,在一个来访者偶然造访后到外界一路宣传之前,大家并"不知道有这么一个老师"。

2001年,学校结束了没有厕所的历史,也不再漏雨。这是齐玉民正式转为公办教师之外的另外一个惊喜。在他得到"全国优秀教师"称号之后,绥中县政府相关领导询问他工作中存在的困难,他立即提出了修缮校舍的请求,得到了14万元的资助。在翻建校舍的近一年时间里,齐玉民吃、住在学校,监督工程队的质量,暑假没休息一天,家里的粮田都长满了蒿草。工程竣工那天,他撒了一次谎,称"我的船坏了",从葫芦岛市政府争取了1万元。这笔钱实际上为学校盖了围墙——他再不用担心上体育课时学生从山坡上滚到水里。

30年的风雨兼程换来的是背阴嶂村儿童与其他地区的孩子们一样,能够正常享受校园生活。近10年来,背阴嶂村适龄儿童入学率达到100%,村小学毕业合格率达100%,文化课平均成绩也长期居于全镇前列。为了激发学生兴趣、培养学生能力,齐玉民还在学校组织了乐器小组、乒乓球小组、武术队等兴趣小组,有的小组在镇里、县里举办的比赛中还多次获奖。而从教至今,已经有近30名学生经齐玉民教学,考取中专、大学,走出了偏僻的小山村。

齐玉民常说,干一行爱一行,当老师就是要照顾好自己的学生,自己再苦再累也责无旁贷。如今,齐玉民已年近六旬,但是他庆幸自己的身体还很硬朗,"我即使退休了,也要继续当好学生的船夫,一直干到干不动为止。"

职业道德是整个社会道德的主要内容,如果人人都像齐玉民老师一样热爱自己的职业,具备优良的职业道德,那么整个社会的道德水平都将大大提高。

第二节 中小学教师职业道德规范

当前,我国教育事业已经进入一个新的发展阶段。在新的历史起点上,实现我国从人力资源大国向人力资源强国的根本性转变。在教育事业飞速发展的基础上,人民群众不仅要求"有学上、有书读",而且进一步要求"上好学、读好书"。提高教育质量,关键在教师。没有高水平的教师队伍,就没有高质量的教育。建设人力资源强国,提高教育质量和水平,对教师队伍师德和业务素质提出了新的更高要求。师德是教师最重要的素质,师德水平也是人民群众对教育工作满意与否的一个重要标尺,更是教育改革发展的内在需要。

因此,根据坚持"以人为本"、坚持继承与创新相结合、坚持广泛性与先进性相结合、倡导性要求与禁行性规定相结合、他律与自律相结合的五项基本原则,国家于1985年、1991年、1997年先后三次颁布和修订了《中小学教师职业道德规范》,以下简称《规范》。

新修订的中小学教师职业道德规范主要内容如下。

一、爱国守法

热爱祖国,热爱人民,拥护中国共产党领导,拥护社会主义。全面贯彻国家教育方针,自觉遵守教育法律法规,依法履行教师职责权利。不得有违背党和国家方针政策的言行。

爱国主义是中华民族的传统美德,也是中国特色社会主义核心价值体系的一个重要方面。"守法"是保证我国现代化建设健康稳定发展的内在要求。随着我国法律制度的健全和完善,我国的法制化水平逐步提高,法治进程进一步向前发展,公民的自觉守法显得越来越重要。爱国和守法是全社会人员都应该遵守的道德规范,教师当然也不例外。不过,中小学教师的爱国守法又具有自己的特殊要求。教师要做到将爱国守法统一于整个教育活动中,除了自己模范地爱国守法外,更重要的是教会学生在这方面能够分辨是非。

近二十年来,我国在教育法制化方面取得了巨大进展。1986年颁布《中华人民共和国义务教育法》,1994年1月开始实施《中华人民共和国教师法》,1995年9月颁布《中华人民共和国教育法》,以及一系列配套法规。其中《中华人民共和国教师法》对教师的资格、权利和义务做了详细的规定。教师应自觉遵守《中华人民共和国教师法》等法律法规,在教育教学中同党和国家的方针政策保持一致,学习和宣传建设有中国特色的社会主义理论,全面贯彻国家教育方针,不得出现违背党和国家方针、政策的言行。

教师要做到依法执教。首先,必须做一个遵纪守法的公民,遵守社会秩序,恪守社会公德;其次,教师必须认真学习和领会有关教育、教师和未成年人的法律法规,把依法执教这一教师职业道德规范与其他相关法律法规联系起来,深刻理解依法执教的全部内涵。我们认为,在新时期从事教育工作,应该了解两个最基本的法律,即《中华人民共和国教师法》和《中华人民共和国未成年人保护法》。

二、爱岗敬业

教师要忠诚于人民教育事业,志存高远,勤恳敬业,甘为人梯,乐于奉献,对工作高度负责,认真备课上课,认真批改作业,认真辅导学生,不得敷衍塞责。

教师爱岗敬业就是要把教书育人作为终身职业,把自己的理想、信念、青春、才智毫不保留地献给学生和教育事业,做好本职工作,把一点一滴的小事做好,把一分一秒的时间抓牢。具体要求如下:

第一,教师要忠诚于人民的教育事业,志存高远。志存高远就是追求远大的理想,追求卓越,获得教师职业上的成功。教师职业上的成功包括两个方面:一是成就学生,让学生成人,让学生成才;二是成就自己,在成就学生的过程中,提高自己的教育教学水平,著书立说,成名成家。

第二,教师要甘为人梯,乐于奉献。胡锦涛同志《在全国优秀教师代表座谈会上的讲话》中,向广大教师提出要"不断加强师德修养……树立高尚的道德情操和精神追求,甘为人梯,乐于奉献,静下心来教书,潜下心来育人,努力做受学生爱戴、让人民满意的教师"。甘为人梯,前提是一个"甘"字,就是要愿意;关键是一个"为"字,就是要做;落脚是一个"梯"字,就是铺路。甘为人梯,呼唤一种"配角"意识。中小学教育是一项事业,需要有人在台前,有人在幕后,有人在前方,有人在后方,有人当主角,有人当配角。不可能人人都往显处站,不可能人人都担当主角。不要总说自己的工作重要,别人的工作不重要;不要总说自己的工作难,别人的工作容易;不要总认为少了自己不行,少了别人可以;不要总感到自己吃了亏,别人占了便宜。

第三,教师对待工作要勤勤恳恳,高度负责。俗话说:业精于勤,荒于嬉,行成于思,毁于随。在工农业生产中,一时的失误只会影响一批产品,而教师教学上的失误则会影响一代人,因此教育无小事。备课既要突出教学的重难点,也要注意认真对待自己的教学对象——学生,强调学生的主体性,注意教学的科学性、艺术性,注重教学评价中的课课清、日日清、周周清;批改作业要全收全改,细心认真地关注每一个学生的每一个题目,精心选题,在作业本中能体现教师对学生的爱;辅导学生不仅要重视优生的锦上添花,更要对学困生雪中送炭,认真对待日常教育教学中的每一环节,必须对自己的本职工作抱有高度的责任感,一丝不苟,尽职尽责。

第四,教师不能敷衍塞责。教师的敷衍塞责将对整个教育事业和学生的终身发展造成巨大的损失,有的损失甚至是无法弥补的。教师的敷衍塞责有两个方面:一是教学上的敷衍塞责,比如有的教师出工不出力,备课的时候只备教材,不备学生,没有尊重学生的主体性,不能体现新课改精神,对学生的作业主要看他答案的对与错,追求答案的标准性,忽视学生作业中出现的创新观念,还有的教师一本教案用几十年。二是育人上的敷衍塞责,具体表现就是事不关己高高挂起,多一事不如少一事,认为管理学生就是班主任、政教处的事情,与自己无关。

三、关爱学生

教师要关心爱护全体学生,尊重学生人格,平等公正对待学生;对学生严慈相济,做学生的良师益友;保护学生安全,关心学生健康,维护学生权益;不讽刺、挖苦、歧视学生,不体罚或变相体罚学生。

所谓关爱学生,就是关心爱护学生,这是教师职业道德规范的基本要求之一,也是身为人师的基本素质之一。关爱学生有利于培养学生的自信心,关爱学生有利于培养学生的仁爱心,关爱学生有利于增强教师的感召力。教师如何做到关爱学生?

第一,平等公正地爱学生。

在21世纪的今天,师生之间已不再是过去那种"一日为师,终身为父"的关系,建立一种新型的平等的师生关系已经成为时代的要求。"教师必须蹲下来看学生",教师是"平等者中的首席",这些新课程改革中反复强调的理念时时在提醒教师们,必须以平等的心态看待学生。有些教师在关爱学生方面存在误区,觉得给学生一点关怀,学生就应该马上感激涕零,拿出立竿见影的实际行动来回报老师。

要公正对待不同学习成绩的学生。在以学生成绩考核教师的教育体制下,很多教师的心容易偏向学习成绩优秀的学生。虽然嘴上不说,但心里早已把学生分成了三六九等。对待成绩优秀的学生宠爱有加:学习上有疑问,大开小灶;班干部选举,优先考虑;评优评先,重点推荐。对待成绩落后的学生厌弃冷漠:学习上有困难,不闻不问;班干部选举,不予考虑;评优评先,基本靠边。这样的教师只关爱部分成绩优秀的学生,是有失公正的。每一个学生都是独立的人,都是平等的教育主体,享有同等的权利,也理应受到教师同样的关爱。因此,以公正之心关爱全体学生,无论其成绩优劣,是教师必须具备的职业道德。

同等对待不同家庭出身的学生。学生来自不同的家庭,有的学生家庭条件优越,父母有钱有势;有的学生家庭条件不好,父母无钱无权。于是乎,个别教师对家庭条件优越的学生特别热情,重点关爱,嘘寒问暖,无微不至;对家庭条件不好的学生比较冷淡,缺少关爱,个中原因,不言自明。这样的教师不仅毫无公正可言,甚至人品都有问题,有没有资格做教师都值得怀疑。

第二,关爱的同时要严慈相济。

教师对学生的关爱不是一味纵容,宠爱溺爱,而是爱中有严,严中有爱,严慈相济。教师要善于把多关爱和严要求结合起来,这样的关爱才是完整的爱,适度的爱,有利于学生健康成长的爱。

俗话说得好:"严是爱,松是害。"可见"严"与"爱"是不矛盾的。没有严格的要求就没有理想的教育效果。学生高尚品德的形成,优异成绩的取得,强健体魄的拥有,无一不是严格要求的成果,所以古人才说"严师出高徒"。对学生的严格要求,乃是一种特殊的关爱,甚至可以说是一种更高层次的关爱。当然教师对学生的严格要求也要把握分寸,要严得合理。所谓合理,就是指教师对学生提出的要求要符合学生的年龄特点、身心特点。如果教师对学生提出的要求不符合学生实际,不利于学生的健康成长,那这样的严格要求就是不合理的。

关爱学生就要做到以慈母般的胸怀体谅学生,宽容学生。

宽容学生的错误。学生处于成长之中,难免会犯下各种各样的错误。教师要提醒自己:犯错误是学生的权利。一个人的成长史不就是一部不断犯错改错,最终走向成熟的历史吗?要留给学生足够的时间去反思问题,改正错误,引导学生自己认识到问题所在,而不要动辄毫不留情地批评或惩罚。

宽容学生的不足。全面发展的学生固然讨人喜爱,但毕竟是少数,多数学生还是存在这样那样的不足。关爱学生就要宽容学生的不足,那如何才能做到这一点呢?答案是看进步,看长处,看优点。上海高中生韩寒文学天赋过人,却学不好数理化,以致于最终退学。但他退学后发表的小说《三重门》等却受到广大中学生的喜爱。多找找学生的优点,多看看学生的进步,自然就能发自内心地去关爱那些有种种不足的学生。

第三,关爱的体现是为学生着想。关爱学生就要处处为学生着想,想学生之所想,急学生之所急,这样的关爱才算是落到了实处。

保护学生安全。作为教师,如果看到学生有危险却不肯施以援手,那也就谈不上关爱学生了。保护学生安全是全体教师义不容辞的责任,也是对教师关爱之心是否真诚的一次考验。汶川灾区的教师们经受住了考验,他们用鲜血和生命做出了光辉的榜样,赢得了全国人民的尊敬。当灾难来临时,每一个真心关爱学生的教师绝不会抛弃孩子独自逃生;没有灾难的时候,真心关爱学生的教师看到孩子有危险,也不会袖手旁观。教师们要本着关爱之心,时时处处提醒学生,教育学生,做到预防为主,防患于未然。如果遇到火灾、洪水、地震等紧急情况,首先要疏散学生,自觉做到学生利益优先。

关心学生健康。健康是一辈子的事,马虎不得。尤其是广大中小学生正处在长身体的关键时期,教师要格外关注。关心学生健康包括关注学生心理健康和身体健康,提高教育教学水平,切实减轻学生课业负担。

维护学生权益。在学校,教师是学生的知心人,是学生的依靠,主动自觉地维护学生权益也是关爱学生的具体体现。中小学生拥有的最重要也是最基本的权利是受教育权,未成年人有依法接受规定年限义务教育的权利。

第四,关爱的大忌是体罚心罚。

"体罚"是指通过对人身体的责罚,特别是造成疼痛,来进行惩罚或教育的行为。"心罚"通常指教师用不适当的语言或行为对学生施行的心灵惩罚,如讽刺、挖苦和歧视学生等。这两种行为都是不允许的,都是无视学生人格和尊严的典型表现,也是教师自身素质低劣的反映。

四、教书育人

教师应遵循教育规律,实施素质教育;循循善诱,诲人不倦,因材施教,培养学生良好品行,激发学生创新精神,促进学生全面发展,不以分数作为评价学生的唯一标准。

教书育人的核心是育人。教书是手段,育人才是目的。教书育人指的是学校教师在组织教学活动过程中,以教育内容为载体,强健学生的体质,传授给学生系统的科学文化知识,培养学生正确的审美观和健康向上的人格。具体内容如下:

第一,遵循教育规律,实施素质教育,以培养学生良好的品行,促进学生的良好发展。在教育教学中只有遵循教育规律,尤其是遵循教育要适应年青一代身心发展的这一规律,才能实现我们的教育目的。教育要适应年青一代身心发展的顺序,循序渐进地促进学生身心的发展。教育也要适应年青一代身心发展的不同阶段,对不同年龄阶段的学生,在教育内容和方法上应有所不同。社会进步对教育内容提出了新的要求。素质教育正是顺应了社会和教育发展规律的要求。21世纪信息传递的迅捷让学生获得知识的途径更加广泛,因此知识的传授只是一个平台,而其中教给学生准确获取知识的方法和能力才是教育的关键。素质教育不能是一句空口号,而应落到实处,应加大步伐落实新课程改革,加大力度进行校本课程的研究与开发,让学生乐学、善学,学以致用。

素质教育不仅是指学生的知识与能力方面的培养,学生良好品行和全面发展也是素质教育的重要内容。良好的思想品德为学生的发展指明了正确的方向,好的行为习惯为学生的发展提供了保障。当今的学生视野开阔,思维敏捷,善于接受新信息和新知识。如果学生们没有养成良好的思想品德和行为习惯,那么他们就容易误入歧途,迷失方向。例如,现在随着计算机网络的迅猛发展,青少年很快接受了这一新技术,但是由于部分学生缺乏自制能力和辨别是非的能力,他们终日沉迷于虚拟的网络中,学业荒废,性格也变得扭曲,甚至走上犯罪的道路,实在让人感到痛心。

第二,因材施教,促进每个学生的发展。世界上没有两片相同的树叶,也没有两个完全相同的人。如果教师用千篇一律的教学方法、教学内容来教育学生,会扼杀许多人才。我们的教育不仅要培养社会精英,更应该强调培养社会有用人才。教育家朱熹曾说过:"圣贤施教,各因其材,小以小成,大以大成,无弃人也。"要做到这点,教师首先要敢于承认和面对学生的个体差异,从思想观念上把学生看成是平等的有区别的主体,而不是待加工的"零部件"。其次,"教师要尊重每个学生,又要向他们提出一定的要求"。教师应尊重学生的兴趣、爱好、意志、性格等方面的不同特点,充分发挥学生的个性;并且从每个学生的实际出发,对他们提出相应的要求和制定相应的发展目标。再次,组织教育活动中采用多种教学方法,努力让每个学生都参与到其中,成为课堂教学活动的积极主体,以实现每个学生潜力挖掘的最大化。

第三,培养学生的创新精神。有创新才有发展,有创新才有进步。要培养出有创新精神的学生,其前提是有会创新的特别是具有科学精神和追求真理的教师。这就要求教师能突破旧的思维方法,不断探索新的教育教学规律,不断尝试新的教学方法与风格,以改进自己的工作。在新的时代背景下,能重新审视大家认为理所当然的事情,并进行新的解释和说明。在培养学生的创新精神时,教师要注意给学生创设一个平等和宽松、民主的环境,营造创新氛围,允许他们挑战权威。教师要尊重学生的观点,对新观点的提出要加以鼓励,还要进行探索方法上的指导。教师要保护学生的兴趣和好奇心,激发他们的求知欲。兴趣是学生最好的老师,好奇心强的人对新奇事物总是主动探索,而求知欲旺盛的人,对所面临的问题不满足于现成的答案或已有的结论,相反他会更加积极地思考和探索,试图发现新问题,作出新解释。兴趣、好奇心和求知欲与创新精神是紧密相关的,是培养创新精神的关键。教师要鼓励学生的独创性行为。新事物的出现起初多不为人所接受,多会受到他人的嘲讽、打击,会让创新者产生怀疑,感到不安。而独创性是创新精神最本质的内容。教师要允许学生按照自己的猜想去探索问题,鼓励他们用超出书本的知识去创造性地解决问题,按照自己的设想去进行实验。

第四,不以分数作为评价学生的唯一标准。教育要培养社会所需的合格人才,就需在正确的人才观的指导下,用正确的评价方式来引导教育教学活动。社会对人才的需求不仅体现在学生试卷上的分数,更体现在许多方面,比如良好的人际关系,吃苦耐劳的精神,敏锐的观察力等。教师应多维度评价学生,以合格及特长的标准对学生进行评价。这样的评价方法能有效地对教育进行引导,全面促进素质教育的实施。

五、为人师表

教师应坚守高尚情操,知荣明耻,严于律己,以身作则;衣着得体,语言规范,举止文明;关心集体,团结协作,尊重同事,尊重家长;作风正派,廉洁奉公;自觉抵制有偿家教,不利用职务之便谋取私利。

在我国,第一次使用"师表"二字的是汉代的司马迁,他在《史记·太史公自序》中说:"国有贤相良将,民之师表也。"意思是国家的贤明相臣和优秀将领,是黎民百姓学习的榜样,所谓"师表"就是学习的榜样。为人师表常被作为对教师的道德要求,指的是教师的言谈举止、仪表风度应成为学生学习的榜样,所谓"师者,人之模范也"。

一名教师要做到为人师表应从哪些方面去努力呢?

第一,内在品质上做一个高尚的人。一个品格高尚的人,首先应是一个情操高尚、知荣明耻的人。改革开放30多年以来,我们国家取得了巨大的进步,但拜金主义、享乐主义、极端个人主义的思想滋长蔓延,也对社会造成了不小的负面影响,其最突出的表现就是一些人见义不为、见死不救、为富不仁,有的人重金钱重实惠而轻名誉轻人格,假冒伪劣等社会丑恶现象泛滥。作为肩负着教书育人神圣使命的教师,作为社会的一分子,有责任、有义务率先高举"知荣明耻"的大旗,从自己做起,从小事做起,加强自身修养,处处为人师表,使自己成为一名情操高尚的人,为宣传"八荣八耻",弘扬社会新风,促进社会道德发展尽一份力。

一个品格高尚的人,还应是一个严于律己、以身作则的人。凡是要求学生做到的,教师首先应该做到。以身作则就是以自己的行动作出榜样。所以作为一名教师,要时时注意严于律己、以身作则,牢记"身教重于言教"的道理。

第二,行为举止上做一个文明的人。一个文明的人,首先要做到衣着得体,其次要做到语言规范。教师要不讲脏话、粗话、荤话、黑话。现在社会上有种不良风气,个别人以讲脏话、粗话、荤话、黑话为荣,尤其爱讲黄段子,以为这样说话很有"味",完全是一副"我是流氓我怕谁"的样子。提倡日常生活中讲普通话,用文明语。普通话无疑是教师的职业语言。然而现实中,有一些教师的普通话并不标准,甚至还有个别年龄较大的教师用方言授课,这都是不合规范的。教师文明的举止可以充分展现教师高雅的气质、翩翩的风度,赢得学生的尊敬甚至崇拜。

第三,正确处理各方面的关系。首先是要正确处理个人与集体的关系。现代社会需要的是创新型复合型人才,培养这样的人才不是哪一个教师、哪一个班主任个人能力所能及的,它是教师集体团结协作的成果。因此,教师个人的工作与集体的合作是分不开的。同时,教师个人的成长也离不开集体,因此教师要自觉地把自己的发展与集体的命运联系在一起,依靠集体的发展来带动自己的进步。正因为如此,作为一名教师,要牢固树立大局意识,自觉维护集体的利益,关心集体的发展,树立校荣我荣、校耻我耻的观念,把自己融入集体之中,与集体共同成长。

其次是要正确处理与同事的关系。在大力发展市场经济的今天,各行各业都展开了激烈的竞争,教育领域也不例外。在教师中提倡竞争,能促使教师们振奋精神,发奋图强,在自己的教学岗位上作出更大的成绩。但是个别教师不能以良好的心态看待竞争,视自己的竞争对手为冤家对头,互相拆台,互相贬低,破坏了教师之间应有的合作关系。这些教师只看到教师之间竞争的一面,没有看到教师之间更多的是合作的关系。当代社会倡导的就是双赢、互利,教师之间也不例外。大家互相学习,共同提高,一起进步,何乐而不为?

再次是要正确处理与家长的关系。教师一定要尊重家长,切忌趾高气扬,随意指责训斥家长。在学校办公室里,偶尔可以看到这样一幕:班主任坐在靠背椅上,怒容满面,家长则陪着犯错的孩子,恭恭敬敬地肃立在一旁,接受班主任的训斥,何其委屈,何其难堪。学生犯了错,请家长到校配合教育本是情理之中的事,但不能伤害家长的自尊心,更不允许训斥家长,这是不符合教师为人师表的要求的。

第四,拒绝谋取不正当利益。有些教师充分利用自己当班主任、当任课教师的权利,千方百计地为自己谋取不正当利益。每当教师节快要来临时,个别教师就会采取各种方式提醒学生——教师节快到了,给老师准备点什么礼物呢?有的教师会在班上隐晦地暗示学生;有的教师会吩咐班干部发动同学给老师买礼物,种种方式,不一而足。除了收受礼物之外,个别教师还盯上了学生家长手中的权力,利用家长为自己办私事,谋私利。在各种教师利用职务之便为自己谋取私利的行为中,社会指责最多、反响最大的当属有偿家教。有些教师热衷于此,乐此不疲,上班时马马虎虎,敷衍了事,下班后生龙活虎、干劲十足。学生、家长苦不堪言:不去老师那儿补课吧,怕学生掉队,跟不上;去老师那儿补课吧,确实有些负担不起,真是两难。试问这样的教师如何对得起"为人师表"这四个字。

社会在进步,观念在变化,但为人师表作为教师的职业操守,永远具有存在的现实意义,作为一名教师,处处为人师表,应是自己永恒的自觉的追求。

六、终身学习

教师应崇尚科学精神,树立终身学习观念,拓宽知识视野,更新知识结构;潜心钻研业务,勇于探索创新,不断提高专业素养和教育教学水平。

当今世界,科技突飞猛进,信息与日俱增,社会各个领域的知识不断由单一走向多元,不断向更深更广的层面发展。处于现代社会中的人,学习是不可能一次性完成的,企图通过接受一次性的教育,就能获得胜任教师岗位所需要的所有知识的观念已经过时。终身学习是一个终生的过程,贯穿于整个人生,是人自发的、主动的、持续的教育过程,突破时间、空间的限制,涉及人的思想、知识、个性等方面。每位教师都必须具备自我发展、自我完善的能力,不断地提升自我素质,不断地接受新知识和新技术,不断地更新自己的教育观念、专业知识和能力结构,以使自己的教育观念、知识体系和教学方法等跟上时代的变化,深化对教育和学科最新发展的认识。新课程标准要求教师不再是一个教死书的教书匠,而应该成为一个教育教学的研究者。作为一名教师,更应坚持终身学习,不断丰富自己的知识储备,以适应基础教育改革的要求。

中小学教师坚持终身学习,就要崇尚科学精神,拓宽知识面,更新知识结构;就要潜心钻研业务,勇于探索创新,不断提高专业素养和教育教学水平。在教育实践中,教师终身学习有以下三条可行的路径。

第一,反思——从自己的教学中学习。教师的反思,简单地说,是指教师在教学过程中,将自我和自己的整个教学活动作为意识的对象,不断地对自我及教学进行积极、主动的计划、检查、评价、反馈、控制和调节的过程。教师的反思能促使教师经验量的积累,反思性实践对教师经验质的提高也有帮助。传统观念认为,一个教师任教20年后都能随着经验的积累而成为"专家型"教师。而在反思型教师教育观看来,一个教师是否能发展成为专家型教师和学者型教师,与其教龄不存在必然联系。如果不进行反思,教20年的书与教2年书或教2个月书没有什么根本区别。反思性实践被认为是造就学者型教师的重要手段。反思性实践不仅帮助教师实现了追求教学合理化目的,而且也重新塑造了教师角色形象,提升了教师专业地位,扩大了教师专业自主权。

第二,合作——在与同事的对话中成长。合作对于个人的学习非常重要。如果我们不与人交往,我们能学到的东西是有限的。合作能力不论在小范围还是大范围内,在现代社会是必需的能力。当今教师的学习与专业发展已经逐步从教师个体发展转向教师群体发展,权力的下放使学校有权决定自身的需要,也改变了教师学习与专业发展中的个体需要与整个学校目标之间的冲突。因此,必须更新传统的教师学习与专业发展模式。学习不只是教师的个人行为和能力,更是一种组织的目标或功能。与其他教师沟通、交流既是一种学习的能力,又是一种学习的重要途径,更是提高教师及教师群体学习成效的重要手段。为此,向其他教师学习的能力与协助、指导其他教师学习的能力及意愿,都将成为教师学习和专业发展的重要内容。从国际视野来看,合作也是近年来西方发达国家极力倡导的教师专业发展途径之一。构建教师合作文化也是新课程改革向广大教师提出的要求之一。教师要实现专业的深入发展,必须突破教师彼此孤立与封闭的现象,学会与他人进行合作。

第三,共生——在与学生的互动过程中实现教学相长。这里所说的"共生"不只是"共同生存"的意思,还包含"共同成长、共同发展"的内涵,是指教师与学生的共同成长与发展,是指教师发展与学生发展的有机整合。如果用中国传统的、人们耳熟能详的术语来代替的话,就是"教学相长"。学生的成长与发展可以为教师发展提供契机。从理论上讲,学生的多样性、发展性、不确定性总是不断地给教师提出需要解决的问题,激发教师问题意识的产生,而问题意识正是学习和发展的契机。因此,我们可以说成长发展中的学生通过激发教师问题意识的产生从而为其发展提供契机,成为教师发展中不可或缺的催化剂。同时,学生的成长与发展可以成为教师发展的动力源之一,学生的健康发展使教师从自己的劳动中获得一种自我实现感。正是这种自我实现感激发教师一如既往地投身于教书育人工作。

现在,越来越多的教育工作者认识到,学校教育的主要任务是教学生学会学习,以便自我发展、终身学习,从而可持续发展;还要教学生学会思考、学会做人和做事的本领。现代学校追求的"学",需要教师与学生共同学。

《规范》的基本内容是在继承传统优秀师德的基础上,根据教师职业特定的责任与义务做出的,充分反映新形势下经济、社会和教育发展对中小学教师应具有的道德品质和职业行为的最基本要求。《规范》对教师的职业道德起指导作用,是调节教师与学生、教师与教师、教师与学校、教师与国家、教师与社会相互关系的基本行为准则。

《规范》的许多内容是《教师法》等法律法规相关条文的具体化。但《规范》不是强制性的法律,而是教师行业性的纪律,是倡导性的要求,但同时具有广泛性、针对性和现实性。如新《规范》中写入"保护学生安全",这是由中小学教师职业特点所决定的。中小学教师面对的是自我保护能力弱的儿童和少年。对于未成年人群体,教师应当负有保护的必要责任。

《规范》中的"禁行规定"是针对当前教师职业行为中存在的共性问题和突出问题,也是社会反映比较强烈的问题而提出的,如"不以分数作为评价学生的唯一标准"、"自觉抵制有偿家教"等,但"禁行规定"也并非包括了教师职业行为中存在的所有问题。一个阶段提出一些阶段性的、可操作的、具体化的要求,能够使学校和教师在教育教学过程中,明确要求,有规可依,有章可循,规范教师职业行为,不断提高师德水平。

第三节 班主任职业道德规范

班主任是学校具有特殊身份的教育者,是家庭与学校、学校与班级的桥梁,是联系各科教师和其他教育者的纽带,是班级各项工作的设计者和指挥者。鉴于班主任工作性质的特殊性,班主任职业道德规范的内涵更加具体,外延更加丰富。正是这种"具体"和"丰富",使得班主任在整个学校教育过程中具有不可或缺的重要作用。

下面就教师职业道德规范及其在班主任工作中的延伸分述如下。

一、依法执教

依法执教是调整教师劳动与法律制度之间关系的教师职业道德规范,是国家和社会对教师提出的道德要求,是判断教师行为是非善恶的最根本的道德标准。

班主任工作的"桥梁"、"纽带"作用,使得班主任更能对教育过程中的非依法执教现象具有建议权和监督权,对规范教育过程具有权威性的参谋作用。所以,班主任在教育过程中不仅自身要依法执教,还要监督指导其他教师遵守这一规范。

二、爱岗敬业

爱岗敬业是调整教师与教师职业相互关系的道德规范。基本含义是热爱教育、热爱学校、尽职尽责、教书育人。它是做好教育工作和履行其他教师职业道德规范的思想前提。唯有爱岗敬业,履行教师职业道德规范才有主动性、自觉性和创造性。班主任和学生朝夕相处,"班"事缠身,更能体会教师职业的"辛苦",更能体会到教师职业的乐趣,也更能反映"人类灵魂的工程师"的神圣使命。仅因此,班主任就足以成为周围同事的榜样。所以,班主任爱岗敬业具有示范性特征。

三、热爱学生

热爱学生是班主任做好班级工作的前提,是调整教师和学生之间关系的道德规范。只有热爱祖国、热爱学生,才能教育好学生。师生关系是教师在工作中的主要人际关系,班主任应热爱学生,尊重学生的自尊心和人格,关心学生的身体、学习和生活,使其身心健康全面发展。班主任要热爱所有学生,只爱"金凤凰",不爱"丑小鸭",不是真正地爱学生。班主任应把自己的温暖和感情倾注到每一个学生的心田里,使他们沐浴在师爱之中。只有真诚的爱才具有感染力,才能引起学生思想上的"共鸣"。班主任爱学生唯一的、最终的目的,就是为了更好地教育学生,把他们培养成才。和谐、协调的师生关系是达到教学目的和效果的重要保证,托尔斯泰认为:一个教师只有把热爱教育和热爱学生相结合,他才是一个完善的教师。热爱学生是教师职业道德中的重要内容。

有一位班主任教师,他从别的教师的反映中得知,班上一名学生在教师提问时既举了手又回答不上问题,于是找这个学生了解情况,当得知这个学生是怕其他同学看不起才不懂装懂时,就和她约定:真正懂的问题举右手,否则举左手,并把约定通知了其他代课教师。后来,这个学生越来越多地举起了右手,并在期末考试乃至以后的历次考试中都取得了好成绩。试想,如果班主任只是晓之以理地批评该生不该不懂装懂,不该虚荣,也不失为热爱学生的好老师,但与艺术地处理这件事的效果会相差甚远。还有一位班主任仅仅一句"我希望你是我的孩子"抚慰了一个被离异父母抛弃的幼小心灵。由此可见,班主任不仅要热爱学生,更要善于艺术地热爱学生,才能创造性地完成教书育人的神圣使命。

四、严谨治学

严谨治学是处理教师与教学劳动之间关系的道德规范。教学是教师的主要工作,教师对教学劳动的态度直接关系到他是否具备为师从教的条件及教育质量的好坏。严谨治学是教学工作的内在需求,是教师必须具备的道德规范。

班主任与学生见面的机会最多,学生与班主任谈心的机会也最多,主动性也最强。班主任在工作中不仅要了解学生个体对所教课程的掌握和应用程度,而且还应了解学生个体对其他学科知识的掌握运用情况。同时,学生也常常喜欢向班主任请教各科疑难,所以班主任比其他教师更应有广阔的知识面,不能仅仅限于一专多能,而要多专多能,否则很难满足学生对班主任的知识要求。

五、团结协作

团结协作是调整教师与教师、教师与学校其他职工间相互关系的道德规范。

学生作为全体教师及学校领导的工作对象,是教师共同的劳动产品,每个教育者的工作都是不可或缺的,任何一个教育者的工作做不好或在某个阶段没有做好都可能使产品成为"废品"。班主任作为学校与班级、教师与学生(在某种意义上)之间的纽带,对协调和处理教育者之间的关系起着关键作用。因此,若想搞好班级工作,班主任就必须正确认识自己在班级教育中的地位和作用,认识到学生各方面的进步是全体教师共同劳动和努力的结果,所以班主任不仅要能够和其他教育者团结协作,而且更应该积极主动地和他们团结协作,共奏教书育人的和谐乐章。

教师教育综合素质教程

六、尊重家长

尊重家长是调整教师与学生家长之间关系的道德规范。

家庭是孩子的第一所学校，家长是孩子的第一任教师，就教育而言，教师和家长的根本目的是一致的。在两种不同方式的教育之间，家庭教育是学校教育的重要影响因素，教师要和家长本着团结协作的精神，主动和家长协调好关系。尊重家长是教师必备和主要的道德规范。

班主任作为家庭与学校的"桥梁"，要积极主动地与家长联系，认真听取家长的意见和建议，取得家长的配合和支持，及时向家长反馈学生在校的学习等情况。对于负反馈要讲究艺术，本着育人的宗旨进行家访，制定切实可行的联合教育措施，使两种教育形式形成合力，对孩子的未来负责，是对家长最大的尊重。

七、廉洁从教

廉洁从教是调整教师与物欲诱惑之间关系的道德规范。

教师管理学生，学生来自家庭，家庭构成社会。可以说教师的影响通过学生辐射到整个社会，为教师谋取私欲提供了可能。特别是班主任教师的特殊身份更是如此。另一方面，教师一生从教，桃李满天下，其中不乏手握重权、身居高位者，也为教师特别是班主任教师谋取私欲提供了条件。在市场经济条件和现存分配方式某些不合理现象的双重作用下，提倡廉洁从教对于教师特别是班主任更具有现实意义。

八、为人师表

为人师表是教育活动对教师个人言行提出的一条重要的教师职业道德。

教师由于其特殊的社会角色，具有人类灵魂工程师的美誉，不仅教书，更要育人，以自己的模范品行来教育和影响学生，其人格品行一直作为重要的教育因素在教育过程中潜移默化地发挥着作用，为人师表是教师必备的道德规范。

班主任由于其在教育者群体中的独特地位，他的言行不仅影响着学生，而且影响着其他教育者，可以说班主任在教育过程中不仅要为人师表，而且在履行教师职业道德过程中要"为师师表"。

全国劳动模范、潮州市六联小学特级教师丁有宽的事迹被广为传颂。他是一位非常成功的班级管理者，从事小学班主任工作40年，本着"没有爱就没有教育"和"面向全体，偏爱差生"的信念，先后将22个差班转变为先进班，而他亲自教过的近300名昔日的捣蛋鬼，后来都成长为国家的有用之才。丁老师为班上的每一位学生付出了自己的全部精力和心思，在长期的摸索下，他总结出一套十分有效的教育方法。其中，丁老师教好小黄就是一个很好的例子。

由于小黄从小寄住在亲戚家，父母疏于管教，小黄变成了一个爱撒谎、盗窃成性的小混混。父母为了挽救他，将他转到六联小学。刚到新学校，小黄就骗了同学几十元，并且在偷了从北京赶回来教育挽救他的哥哥的钱包后，逃得无影无踪。

在这种情况下，丁有宽主动提出来："让我来教育小黄。"接下来便是用10多天寻访失踪的小黄。

有人说看见小黄经常出没在韩江上,扒抢过往货船上的东西,丁有宽看到了小黄擅长游泳的一面;有人说小黄扒窃的手段多种多样,丁有宽看到了小黄比较机灵的一面;有人说小黄将盗窃的物品钱财随意送给乞丐,丁有宽看到了小黄善良的一面;有人说小黄曾在读了哥哥、姐姐来信后表示想洗手不干了,丁有宽看到了小黄悔改的一面……就这样,这个面临被学校开除的孩子身上微不足道的闪光点被丁有宽一点点"挖掘"出来。

最后,丁有宽在离校40多公里的油头车站找到了离家出走20多天的小黄,把他劝回了学校。

谁知,刚一开学,就有学生来找丁有宽,说:小黄带着几个同学在麦田里"冲冲杀杀"糟蹋了不少麦苗。这时丁有宽没有简单地批评他,而是因势利导地请组织能力强、游泳技术高的小黄组织了一次"抢渡大渡河"的军体活动。

这次活动后,小黄变得爱往丁老师那儿跑了。

一次,丁有宽与小黄谈心时,小黄的眼睛不停地瞄丁有宽挂在墙上的二胡。他就顺势问小黄:"你喜欢拉二胡吗?"话音未落,小黄已经跳上桌子,伸手取下了二胡,结果,踩碎了桌上的玻璃板,还撞碎了桌上的茶杯!

"快坐下,看看脚划破没有。"丁有宽立即安慰害怕的小黄,又给他拉《我们是新中国的小主人》《义勇军进行曲》等曲子,小黄听入了神……

渐渐地,小黄开始变了。六年级上学期,小黄被评为三好学生;毕业前,小黄获得了"优秀班长"、"优秀中队长"称号。后来,小黄如愿考进华南歌舞团,最后成为一名小有名气的电影工作者。

"我的幸福,就是一辈子当好一名农村小学教师。"

有人说,丁有宽满脑子装的是教育,是农村的孩子。正是因为他对教育无限痴迷,才谱写了教坛的奇妙乐章。

历经半个世纪的风风雨雨,丁有宽吃过很多苦。但即使受到不公待遇,身陷逆境,即使碰到挫折,坎坷不断,他都无怨无悔,一往无前,以惊人的毅力和坚定的信念,直达胜利。如今,条件好了,环境变了,年纪大了,但他仍耕耘不辍,追求不懈,努力攀登科研的高峰。他不顾年迈,深入课堂,深入学生,深入社会,调查研究,分析交流,思索总结。他发现,当前小学语文教学存在一些通病:变自主、合作、探索学习为自流、合并、空想学习;一些人陷入了新的误区,名为素质教育,实则轻视提高素质。为此,他开出了医治的"方子",并将之整理成文稿。

"我力求尽一名人民教师的职责,做了自己应该做的工作,而政府却给了我很高的荣誉。"面对诸多荣誉和成绩,丁有宽十分谦逊,他总说:"我的一切离不开党的关怀,离不开人民的支持,上靠阳光,下靠土地。我在工作上的成就不单是我个人的,也是广大教师集体智慧的结晶。因此,功劳应该归于党,归于广大教师。"

这位年近80岁的老人最近很忙很累,在广东省有关部门的支持下,他正着手筹划主编一套体现丁有宽教育思想的300万字的系列丛书。他说,他要在有生之年把自己一生的经验传递给更多的人。

问他为什么要这样做,追求什么,他用那潮州味很浓的普通话说出了一句平平常常的话:"我的幸福,就是一辈子尽力当好了一名农村小学教师。"

第四节 教师的职业行为规范

一、教师职业行为规范的概念

所谓行为规范,是指人们在日常生活和工作中的所作所为,必须符合一定的规矩,约束在一定范围之内。

教师职业行为规范是教师在职业活动过程中,为了实现教育目标、履行教师职责、严守职业道德,从思想认识到日常行为应遵循的基本准则。教师职业行为规范通过教师在教育活动中与学生、家长、同事及其领导的交往中表现出来,是校园文化建设的重要内容。

二、教师职业行为规范的特征

教师职业行为规范的特征体现在如下几方面。

1. 教师职业行为规范具有严肃性

教师职业行为规范较一般的社会规范具有严肃性和约束力。如果说一般的社会规范是一种倡导、提示和规劝,教师职业行为规范则是作为政策和纪律来执行的。它通过严格的程序产生,以规章制度的形式发布,是每一位教师都必须自觉遵守的。

2. 教师职业行为规范具有特定性

教师是从事教学工作的人员,具有区别于其他社会成员的身份。教师职业行为规范是在学校各项工作开展中用以调整和约束教师这一特殊群体的,其他社会成员不受其约束。

3. 教师职业行为规范具有层次性

一般而言,教师职业行为规范对所有教师都有约束力,但对不同岗位和不同职位的教师有不同的行为规范标准和要求。岗位越特殊,行为规范的内容越具体;职位越高,行为规范的标准也越高。

4. 教师职业行为规范具有强制性

教师职业行为规范是以维持学校的行为秩序、维护学校的声誉为基本目的的,是通过监督手段实施的。对教师来说,要求无条件执行,违反规范将视具体情况受到相应的惩处。

三、教师职业行为规范的主要内容

(一)教师的思想行为规范

(1)热爱社会主义祖国,拥护中国共产党的领导,认真学习和宣传马列主义、毛泽东思想,热爱教育事业。

(2)执行教育方针,遵循教育规律,尽职尽责,教书育人。

(3)正直诚实,作风正派,为人师表,遵纪守法。

(4)树立正确的人生观和价值观,发扬无私奉献精神,不做有损国格、人格的事。

(5)积极参加政治学习和宣传活动,做社会主义精神文明的建设者和传播者。

(二)教师的教学行为规范

(1)要有端正的教学态度,严肃认真地对待教学工作中的每一项内容。

(2)钻研业务,熟悉教材,认真备课;要善于激发学生的求知欲,组织好课堂教学,创造生动活泼的课堂气氛,尽量避免对学生进行灌输性教学。

(3)精心编排练习,认真批改作业,及时纠正错误。定时做好教学质量检查工作,及时补缺补漏。

(4)按时上课下课,不迟到、不缺课、不拖堂。

(5)上课语言文明、清晰流畅,表达准确简洁;板书整洁规范,内容简练精确。

(6)既要严格要求学生,又要尊重学生,对待学生要一视同仁。热情、耐心地回答学生提问。不能讽刺、挖苦学生。

(7)教学计划应符合教学进度的要求,不能随意删增内容、加堂或缺课,不能占用学生的自习课或复习考试时间,增加学生的学习负担。

(三)教师的人际行为规范

(1)教师与学生之间要做到:热爱学生,关心学生,尊重学生;严格要求,耐心教导,循循善诱,不偏不袒;不以师生关系谋取私利。

(2)教师之间要做到:互相尊重,切忌嫉妒;相互学习,取长补短;平等相待,不亢不卑;乐于助人,关心同事。

(3)教师与领导之间要做到:尊重领导,服从安排;顾全大局,遵守纪律;互相理解,互相支持;秉公办事,团结一致。

(4)教师与家长之间要做到:尊重家长,理解家长;经常家访,互通情况;密切配合,教育学生。

(四)教师仪表行为规范

(1)衣着整洁,朴实大方,服饰要符合职业特点,体现教师为人师表的好形象。

(2)举止稳重大方、潇洒自然、彬彬有礼。切忌轻浮粗俗、拘谨呆板。

练习题

一、单项选择题

1.中考前张老师得到一份很好的复习资料,但拒绝和其他教师分享,张老师的做法属于( )。

A.自私自利　　　　　　　B.不能诚恳待人

C.不能资源共享　　　　　D.不能团结协作

2.张老师为提高教学成绩,要求全班学生自费购买他指定的辅导用书,下列选项中,关于张老师的做法说法正确的是( )。

A.行使教学研究和学术交流的权利

B.指导学生的学习和发展的权利

C.自由选择教科书的规定

D.违反了《教师职业道德规范》中为人师表的规定

3.小林的妈妈给刘老师送来贵重礼品,请刘老师给小林调一个好座位,刘老师收到礼品后给小林调换了座位。刘老师的做法( )。
A. 体现礼尚往来的良好品德
B. 说明利用职位谋取私利
C. 表现出刘老师善解人意
D. 说明刘老师关爱学生

4. 从根本上说,教师的教育威信来自于( )。
A. 教师高尚的教育人格　　B. 社会尊师重教的传统
C. 教师的社会地位优势　　D. 学生对教师的畏惧心理

5. 有位学生将几片纸屑随意扔在走廊上,王老师路过时顺手捡起并丢进垃圾桶,该学生满脸羞愧。王老师的行为体现的职业道德是( )。
A. 廉洁奉公　B. 为人师表　C. 爱岗敬业　D. 热爱学生

6. 教师进行人格修养最好的策略是( )。
A. "取法乎下"　　　　　B. "取法乎中"
C. "取法乎上"　　　　　D. "无法即法"

7. 学校实施青年教师成长"导师制",作为导师的李老师手把手地对青年教师进行"传""帮""带",体现了李老师( )。
A. 廉洁从教,勤恳敬业　　B. 因材施教,乐于奉献
C. 团结协作,甘为人梯　　D. 治学严谨,勇于创新

8. 冯老师在家访时,坚持"四多四少"原则,即"多一点针对性,少一点随意性;多一点肯定,少一点求全责备;多一点情感交流,少一点情况汇报;多一点指导,少一点推卸责备"。下列对冯老师的做法说法正确的是( )。
A. 不可行,仅报喜不报忧,一味迎合家长
B. 不可行,虽重情感交流但回避了问题
C. 可行,体现了他注重沟通策略,尊重家长
D. 可行,体现了严格要求自己,家长至上

9. 当前教师队伍中存在着以教谋私,热衷于"有偿家教"的现象,这实际上违背了( )职业道德。
A. 关爱学生　B. 依法执教　C. 严谨治学　D. 廉洁从教

10. 教师职业道德区别于其他职业道德的显著标志是( )。
A. 为人师表　B. 清正廉洁　C. 敬业爱业　D. 团结协作

11. "智如泉源,行可以为仪表者,人之师也。"(《韩诗外传》)这句话告诉我们,教师( )。
A. 不仅要提高道德认识,还要加强道德实践
B. 不仅要有从教的学识能力,还要做到以身作则
C. 不仅要有丰富的学识,还要注重能力的提升
D. 不仅要有专业知识,还要有人文情怀

12. 忠诚于人民教育事业,志存高远,勤恳敬业,甘为人梯,乐于奉献。对工作高度负责,认真备课上课,认真批改作业,认真辅导学生,对工作不敷衍塞责。这体现了新时期教师职业道德规范内容中的( )。

A. 为人师表　　B. 热爱学生　　C. 爱岗敬业　　D. 团结协作

13. 坚守高尚情操,知荣明耻,严于律己,以身作则,关心集体,团结协作,尊重同事,尊重家长,作风正派,廉洁奉公,这体现了新时期教师职业道德规范的(　　)。

A. 身正为范　　B. 为人师表　　C. 爱岗敬业　　D. 教书育人

14. 关于"师爱",下列说法正确的是(　　)。

A. 出于私情之爱　　　　　　B. 对少数优秀学生的爱

C. 严慈相济　　　　　　　　D. 师爱不具有育人的作用

二、材料分析题

1. 某位教师曾经采用了很多教育方法,坚持不懈地帮助班上一位性格孤僻、行为散漫、对学习不感兴趣的孩子。一次偶然的机会,她看到了《捣蛋鬼日记》,认真阅读后,对儿童的身心发展有了新的理解,开始反思自己对这个孩子的教育。当她发现孩子的特长后,积极鼓励他发展绘画能力,引导他参与班级活动,在她的呵护和帮助下,孩子逐渐变得开朗起来,对学习也有了兴趣,后来成了一名小有名气的画家。

(1)简述我国中小学教师职业道德规范的基本内容。

(2)上述材料是如何体现教师践行职业道德的?

2. 赵老师是某中学的一名青年教师,现在正担任着班主任工作,他深深服膺于伟大的人民教育家陶行知先生"爱满天下"的教育格言,发誓要做一名热爱学生的优秀教师。大学毕业走上工作岗位后,他一心扑在对学生的教育教学上。为了接近学生,取得学生的信任,他与学生一起参加课外甚至校外活动,如打球、下棋、逛电子游戏厅,几乎对学生的各种要求都是有求必应。但是,一学年下来,赵老师却感到非常沮丧:不仅学校领导批评他过于放纵学生,而且班上的学生也对他的管理方式颇有微词,抱怨老师偏心。为此,赵老师非常苦恼,几乎动了辞掉班主任职务的念头。

(1)赵老师的工作主要问题出在哪里?

(2)试结合《中小学班主任工作条例》的要求,谈谈赵老师的工作应该如何改进?

3. 何老师班上的小龙,经常迟到、旷课、不完成作业,还欺负同学。在多次批评教育无效后,何老师决定到他家去一趟,向父母告状。到小龙家时,何老师惊奇地发现他正在做家务。见到何老师,小龙吃了一惊,但还是喊了一声"老师好"后跑回房里。同小龙父母交谈后,何老师了解到小龙家庭贫困,父母每天早出晚归,疏于管教,让孩子养成了一些坏习惯。但这孩子在家还挺懂事,也能帮忙干活。于是,何老师把本来告状的话收了回来。第二天,何老师在班上表扬了小龙懂礼貌,见到老师主动问好,在家能做家务,希望同学们能向小龙学习。接下来,老师安排他负责班级卫生工作,并对他的尽职尽责及时予以表扬。没过多久,小龙在课堂上认真多了,同学关系也融洽了,还成了老师的得力助手。

请从教师职业道德的角度,评析何老师的教育行为。

> 练习题答案

一、单项选择题

1. C　参考解析:根据题干的描述,张老师拒绝与其他老师分享资料的行为属于没有做到资源共享。

2. D　参考解析:《教师职业道德规范》中为人师表要求教师不能从学生那里谋取自己的利益。

3. B　参考解析:刘老师私自收取家长的礼品,属于利用职位谋取私利。

4. A

5. B

6. C　参考解析:《易经》取法乎上,仅得其中;取法乎中,仅得其下;取法乎下,无所得矣。

7. C　参考解析:李老师手把手地对青年教师进行"传…帮…带",体现了在教师专业发展过程中,老教师与新教师团结协作,帮助新教师由一个专业新手快速成长为优秀教师,体现了李老师团结协作,甘为人梯的精神。

8. C　参考解析:冯老师"四多四少"原则充分体现了教师与家长的良性沟通策略。积极主动地与家长建立联系;树立服务意识,尊重家长;耐心地与家长进行沟通,经常向家长征求意见等等。因此,冯老师的做法是可行的。

9. D　参考解析:爱岗敬业要求教师忠诚于人民教育事业,志存高远,对工作高度负责,勤勤恳恳,兢兢业业,甘为人梯,乐于奉献。而"有偿家教"的现象严重违背了廉洁从教职业道德规范。

10. A　参考解析:为人师表是教师职业道德区别于其他职业道德的显著标志。

11. B　参考解析:这句话的意思是不但要有丰富的知识,行为还要成为众人表率,才能称得上是"教师"。

12. C　参考解析:爱岗敬业要求教师要忠诚于人民教育事业,志存高远,勤恳敬业,甘为人梯,乐于奉献。对工作高度负责,认真备课上课,认真批改作业,认真辅导学生。

13. B　参考解析:为人师表要求教师坚守高尚情操,知荣明耻,严于律己,以身作则,关心集体,团结协作,尊重同事,尊重家长,作风正派,廉洁奉公。

14. C　参考解析:"师爱"不等于溺爱,更不等于偏爱,是面向全体学生的爱,是严慈相济的爱。

二、材料分析题

1.【答案要点】

(1)爱国守法、爱岗敬业、关爱学生、教书育人、为人师表、终身学习。

(2)①对于教育学生过程中遇到的难题,教师没有置之不理,体现了爱岗敬业的职业道德。

②面对行为散漫、不爱学习的学生,教师没有讽刺挖苦,而是关心爱护,努力寻求帮助学生的方法,体现了教师要关爱学生。

③根据学生的实际情况,有的放矢地发挥学生特长,促进学生全面发展,体现了教师要善于教书育人。

④教育中教师不断获得新的教育观念,更新知识结构,勇于探索创新,体现了教师要终身学习的理念。

2.【答案要点】

(1)赵老师用教育家陶行知先生"爱满天下"的教育信条来鞭策自己是正确的,但他为了取得学生的信赖,对学生的各种要求有求必应,没有分辨学生要求的合理性,没有尽到作为班主任应尽的职责和义务。

(2)《中小学班主任工作条例》明确要求班主任有"采取多种方式与学生沟通,有针对性地进行思想道德教育,促进学生德智体美全面发展"的职责。在这一方面,赵老师没有对学生进行良好的思想道德教育,而是一味地纵容学生的不合理行为。对此,赵老师应该反思自己的工作方式,提升自己的基本素养,特别是教育理论素养和教育能力素养,要懂得理论联系实际,不能片面甚至错误理解先进教育理念。同时,要在教育方法上有所创新,并在此基础上制定一套切实可行的方案,在尊重信任学生的同时也要严格要求学生。

3.【答案要点】

何老师开始向家长告状的做法是不太合理的,但是后来的做法遵循了教师职业道德规范要求,是值得学习的。

首先,教师的职业道德要求教师要关爱学生。材料中何老师对学生进行家访的过程中,了解到学生的情况以后,收回了向家长告状的话,在第二天表扬了小龙,并在之后让他负责卫生,及时表扬他,体现了何老师对小龙的关爱,促进了小龙全面、主动、健康的发展。

其次,教师的职业道德要求教师要教书育人。材料中教师从小龙的实际情况出发,抓住他的闪光点,因材施教,很快小龙学习上和品德上都有了进步,这充分体现了何老师的行为促进了小龙的全面发展,取得了良好的育人效果。

总的来看,何老师从最开始对小龙批评教育到要去向家长告状,最后在见到家长后改变初衷,并在之后对小龙进行以表扬为主的教育这样一个过程中,其中关键是教师要关爱学生。只有在全方面了解学生的基础上,才能采取合理的做法进行最有效的教育,取得良好的效果。同时,教师需要注意的是在与家长的沟通过程中,应在尊重家长的基础上与家长进行平等、恰当的沟通,而不是采取向家长告状这样的形式。

第五章 教师的法律观

 考试内容与要求

1. 有关教育的法律法规

➢ 了解国家主要的教育法律法规,如《中华人民共和国教育法》、《中华人民共和国义务教育法》、《中华人民共和国教师法》、《中华人民共和国未成年人保护法》、《中华人民共和国预防未成年人犯罪法》、《学生伤害事故处理办法》、《国家中长期教育改革和发展规划纲要(2010—2020年)》等。

➢ 了解《国家中长期教育改革和发展规划纲要(2010—2020年)》的相关内容。

2. 教师权利和义务

➢ 理解教师的权利和义务,熟悉国家有关教育法律法规所规范的教师教育行为,依法从教。

➢ 依据国家教育法律法规,分析评价教师在教育教学实践中的实际问题。

3. 学生权利保护

➢ 了解有关学生权利保护的教育法规,保护学生的合法权利。

➢ 依据国家教育法律法规,分析评价教育教学活动中的学生权利保护等实际问题。

 知识框架

法律概说	法律的含义	法律是由国家或者负责公共事务的机关制定或认可的,代表统治阶级意志的,以程序性为特征的,以权利义务为内容的,以国家强制力为保证的,具有普遍性的社会规范体系
	法律的特征	法律是调整人们行为的规范; 法律是由国家制定或认可的社会规范; 法律是规定人们的权利和义务的行为规范; 法律是由国家强制力保证实施的行为规范
	教育法的含义	教育法就其本质而言,是行政法的一个分支,它是规范教育活动、调整教育行政关系的法律规范的总称
	教育法的作用	保障教育的社会主义性质和战略地位; 保障和促进依法治教; 保障和促进教育事业的发展,提高教育工作的效率

续表

我国主要教育法律法规解读	中华人民共和国教育法 中华人民共和国义务教育法 中华人民共和国教师法 中华人民共和国未成年人保护法 中华人民共和国预防未成年人犯罪法 学生伤害事故处理办法 国家中长期教育改革和发展规划纲要(2010—2020年)	教育法律法规的颁布时间与施行时间 教育法律法规施行的主要原则 教育法律法规的立法依据 教育法律法规施行的主要内容 教育法律法规施行的主要目的 教育法律法规施行的主要意义 教育法律法规间的差异和区别
教师权利和义务	教师的六大权利	教育教学权、科学研究权、管理学生权、获取报酬待遇权、民主管理权、进修培训权
	教师的六项义务	遵守宪法、法律和职业道德,为人师表; 贯彻国家的教育方针,遵守规章制度,执行学校的教学计划,履行教师聘约完成教育教学工作任务; 对学生进行宪法所确定的基本原则的教育和爱国主义、民族团结的教育,法制教育以及思想品德、文化、科学技术教育,组织、带领学生开展有益的社会活动; 关心、爱护全体学生,尊重学生人格,促进学生在品德、智力、体质等方面全面发展; 制止有害于学生的行为或者其他侵犯学生合法权益的行为,批评和抵制有害于学生健康成长的现象; 不断提高思想政治觉悟和教师教学业务水平
学生权利保护	学生的五大权利	参加教育教学活动;按照国家有关规定获得奖学金、贷学金、助学金;获得公正评价和证书;提出申诉或依法提起诉讼;法律法规规定的其他权利
	学生的四项义务	遵守法律、法规; 养成良好品德; 努力学习; 遵守学校管理制度的义务

考题举例

国家保证贫困家庭学生完成义务教育,表明我国的九年制义务教育是(　　)。
①教育年限为九年的教育　②具有强制性的教育　③普及性教育　④公益性教育
A.①②　　　　　B.②③　　　　　C.③④　　　　　D.①③

【答案】C

教师教育综合素质教程

第一节 法律概说

一、法律的含义

俗话说,"没有规矩,无以成方圆"。对人类社会而言,规则和秩序是社会生活的本质要求和特征。人类社会作为一个整体,如果没有一定的规则,就不能形成一定的秩序,没有一定的秩序,社会生活就无法正常运行。在人类社会生活的全部规则中,法律无疑是最重要的规则之一,它和道德、宗教、风俗、习惯等规范相互联系,相互配合,共同调整着人们的社会生活。在人类社会发展的历史长河中,法律是人类社会进入到阶级社会后的产物。作为一种重要的社会生活规范,法律是体现统治阶级的意志,由国家制定或认可的,并由国家的强制力保证实施的具有普遍约束力的行为规范的总和。

因此,法律是由国家或者负责公共事务的机关制定或认可的,代表统治阶级意志的,以程序性为特征的,以权利义务为内容的,以国家强制力为保证的,具有普遍性的社会规范体系。

在社会生活中,法律具体表现为由特定的国家机关依照法定职权和程序制定和颁布的、具有不同效力的各种规范性文件,如宪法、法律、行政法规等。法律作为一种社会现象,有着不同于其他形形色色的社会现象的外部特征,这些特征包括:

1. 法律是调整人们行为的规范

规范,即规则、准则。人类社会生活中的规范是多种多样的,但概括起来,无外乎两种,一种是技术规范,一种是社会规范。技术规范用以调整人与自然之间的关系,社会规范则用以调整人与人之间的关系。法律是社会规范的一种,它同其他社会规范,比如政治规范、道德规范相互联系、相互作用,共同调整人们的行为及其相互关系。而且,法律作为一种社会规范,具有规范性、普遍性和概括性等属性,它给人们的行为提供了一种模式;它所适用的对象不是特定的人或事,而是一般的人或事;它不是仅适用一次,而是反复适用的。

2. 法律是由国家制定或认可的社会规范

由国家制定或认可,这是法律区别于其他社会规范的重要特征之一。制定即创制新的规范,认可则是承认已有的某种规范具有法律效力。在现代国家,国家制定或认可的法律,一般是通过国家机关的活动来实现的。当然,也并不是所有的国家机关都有权制定或认可法律。例如,在我国,依据宪法的规定,只有少数特定的国家机关,如全国人大及其常委会、国务院才有权制定或认可法律。凡不是出自于国家机关的行为规范,如道德规范、宗教规范等,都不是法律。

3. 法律是规定人们的权利和义务的行为规范

在社会生活中,每一种法律都是以规定人们的权利和义务为内容的,离开了权利、义务,法律就会变得空洞无物和毫无意义。也就是说,法律作为一种行为规范,明确规定了人们可以做什么、应该做什么、不应该做什么,为人们的行为提供了一个模式和标准。法律也正是通过设定人们的权利和义务,来规范人们的行为、调整人与人之间的相互关系的。

4. 法律是由国家强制力保证实施的行为规范

任何一种社会规范都有某种程度的强制性,即都有各种保证其实施的社会力量。然而,不同种类的社会规范其强制性是各不相同的。法律是以国家强制力为其实施后盾的。即任何法律要发挥其作用,最后都必须由国家对违法行为实施法律制裁作为保障。这是法律区别于其他社会规范的又一重要特征。

最后有必要指出的是,法律这一概念有广义和狭义之分。广义的法律是指一切有权机关依照法定权限和程序制定和颁布的规范性文件的总称,它包括作为根本大法的宪法、全国人大及其常委会制定的法律文件,如《中华人民共和国教育法》《中华人民共和国义务教育法》等。在实际生活中,我们一般是从广义上来使用"法律"这一概念。

二、什么是教育法

教育法是国家法律的一个重要组成部分,它体现了国家对教育的干预和管理。在我国,国家对教育的干预和管理,通常情况下是通过教育行政机关的行政行为来实现的。

因此,教育法就其本质而言,是行政法的一个分支,它是规范教育活动、调整教育行政关系的法律规范的总称。

教育法以规定国家教育行政机关的组织、职权职责、活动原则、教育管理制度、工作程序为主要内容,通过调整在教育管理活动中发生的国家行政机关之间,国家行政机关同其他国家机关、各级各类教育机构、企事业单位、社会团体和公民之间的种种教育行政关系,来保障和促进教育事业的发展。理解教育法的定义,我们应把握以下几层意思。

1. 教育法是国家干预和管理教育的法

教育法进入法律调整领域,这是现代社会与现代教育发展的必然要求。在现代社会,教育已逐步发展成为一项大规模的社会性事业,对社会发展起着举足轻重的作用。这就客观上要求扩大国家直接干预和管理教育的职能,以便更有效地发挥国家管理教育事业的作用。然而,如果没有具有强制作用的法律的维持,要实现国家对教育的管理几乎是不可能的。因此,凭借法律来实现国家对教育的管理就成了各国管理教育的一个惯例,依法治教成为各国教育发展的共同趋势。

2. 教育法是规定教育管理过程中的不同主体及其权利与义务的法律

教育法调整广泛的社会关系,如中央政府与地方政府的教育管理权限分工关系、政府与学校的关系、学校与社会的关系、学校与教职员工的关系、学校与学生的关系等。这些关系涉及众多的主体,每一主体在教育管理过程中享有哪些权利、承担哪些义务,教育法都作了明确、具体的规定。

3. 教育法是由各种教育法律、法规、规章构成的整体

在我国,随着教育立法的广泛开展,教育法律、法规的数量越来越多,如《中华人民共和国教育法》《中华人民共和国教师法》《中华人民共和国义务教育法》《教师资格条例》等,这些法律、法规渗透到了教育领域的各个层面,对各种教育活动和教育关系起着积极的调整作用。此外,为了有效地实施上述法律、法规,一些地方国家权力机关和行政机关还制定颁布了一些关于教育的地方性法律和规章。我们所讲的教育法就是由上述法律、法规和规章等具有不同效力的规范性文件所组成的一个整体。我们不能把教育法仅仅理解为《中华人民共和国教育法》。

三、教育法的地位和作用

（一）教育法的地位

教育法在法律体系中的地位可以概括为：教育法是行政法的一个分支，教育法是宪法的实施法。

1. 教育法是行政法的一个分支

法律体系是一国各个部门法所组成的有机整体。各个法律部门相互配合，共同维持一个国家的法律秩序，缺少任何一方面的法律都难以建立完整且有效的法律秩序。在我国，人们通常把国家法律划分为宪法、行政法、民法、商法、刑法、经济法、环保法、劳动与社会保障法、诉讼法及军事法等十大法律部门。而每个法律部门都是以法律的调整对象和调整方法为标准加以划分的。如行政法调整国家行政机关在行使其行政职权过程中发生的各种社会关系，即行政关系。民法则调整平等主体之间的财产关系和人身关系。前面我们已经讲到，教育法是国家管理教育的法，而教育管理权只是国家行政权的一个组成部分，教育法所调整的正是国家教育行政机关在行使教育管理权过程中所发生的各种社会关系，即教育行政关系。因此，在法学理论上，我们一般认为教育法只是行政法的一个分支，而不认为它是一个独立的法律部门。当然，行政法除了包括教育法或称教育行政法这个分支外，还包括公安行政法、体育行政法、卫生行政法等分支，教育法只是其中一个组成部分。

在这里还有必要指出的是，我国教育法所调整的社会关系尽管以教育行政关系为主，但实际上也调整着一些具有明显教育特征的民事关系。在我国，这类关系伴随着教育体制改革的深入而日益突出。例如，由于扩大了学校的办学自主权，学校在执行国家政策、计划的前提下，有权招收自费生和捐资生，学校相互之间或者学校和其他主体可以联合办学。这类关系的调整仅有民法是不够的，必须由教育法和民法共同完成这一任务。也就是说，从发展的眼光看，随着教育体制改革的深入、教育行政机关职能的转变，或者会产生一些新的社会关系，或者教育领域原先的社会关系发生分化和改组，相当大的一部分行政关系将发生性质上的变化，成为具有民事性质的关系，从而使得教育法的调整对象呈现出复杂性、特殊性的特点。这一点是我们在研究教育法时必须予以注意和重视的。

2. 教育法是宪法的实施法

宪法是一国法律体系中最重要、地位最高的法律，它规定国家的基本制度和公民的基本权利和义务。但宪法在许多方面的规定是抽象和原则性的，不可能十分具体，这就需要其他形式的法律使之具体化。所以，我们可以说行政法、民法、刑法等都是宪法的实施法。教育法作为行政法的一个分支，无疑也具有这方面的作用。例如，我国宪法规定了我国的基本教育制度、规定了公民在教育方面的权利和义务，假如没有教育法将这些规定具体化，那么国家的基本教育制度和公民的教育权利、义务就无法落实，宪法也就难以实施。从这个意义上看，教育法不仅是国家管理教育的法，而且也是完善宪法规定、维护宪法尊严、保证宪法实施的重要法律。

（二）教育法的作用

教育法是依法治教的依据，教育法的贯彻实施对于促进社会主义教育事业的发展，提高全民族的素质,培养社会主义现代化建设的合格人才,具有重要的意义。具体而言,教育法的作用体现在以下三方面。

1. 保障教育的社会主义性质和战略地位

国运兴衰,系于教育,而教育的发展离不开法律的保障。所以,教育法的作用首先体现在以立法的形式确立了我国教育的社会主义性质和优先发展的战略地位。如《中华人民共和国教育法》第三条规定:"国家坚持以马克思列宁主义、毛泽东思想和建设中国特色社会主义理论为指导,遵守宪法确定的基本原则,发展社会主义的教育事业。"《中华人民共和国教育法》第四条规定:"教育是社会主义现代化建设的基础,国家保障教育事业优先发展。"

2. 保障和促进依法治教

教育法的目的在于依法治教。依法治教不仅要求行政机关必须依照法定的职权和程序管理教育,依法办事,同时还要求其他主体的教育活动要符合法律,任何人和组织的违法行为都要受到法律的追究。我国教育法对各类教育法律关系主体的法律地位、权利、义务等作了明确规定,并对违反教育法的法律责任、处罚形式也作了具体规定。这些规定为依法治教提供了基本的法律依据,从而有利于保障和促进依法治教目的的实现。

3. 保障和促进教育事业的发展,提高教育工作的效率

教育法对教育的地位、基本制度、管理体制、师资、教育投入与条件保障等都作出了明确规定,并通过自身的强制作用为教育事业的发展创造一个良好的外部环境,因而对教育事业的发展有着巨大的保障和促进作用。同时,教育法对教育活动的组织和实施都有明确规定,学校和各级教育行政部门按照教育法进行管理,可以避免工作中的随意性和盲目性,有利于提高教育工作的效率。

总之,在现代社会,教育早已不是私人事务,而是关系国家、全社会发展的重要事业。所以,发挥法律在教育中的作用、依法治教,已成为现代教育改革和发展的必然要求。

案例 1

小学校长挪用教育经费,造成校舍倒塌师生死亡

某地一所农村小学,学校的房舍由于年久失修,房舍损坏严重,上级主管部门为其专门拨出经费 2 万。让他们完善整修校舍,而校长张某却把此款用来为其亲属修建房屋。在一个阴雨天,校舍倒塌,致使三个学生和当堂教师死亡,10 人受伤。案发后,引起了上级有关部门的高度重视,对其立案审判。地方高级人民法院从重判处他有期徒刑 20 年,没收一切非法所得。

分析:案例中张校长的行为兼有侵占教育经费与玩忽职守的性质,且情节严重,已构成贪污罪与玩忽职守罪两项罪名。

案例 2

女儿被留家观察父亲扰乱学校教学秩序被拘留

2003 年 5 月,西安市阎良区关山镇孙家村村民郑某,在各方全力防治非典的紧要关头,滋事扰乱当地学校的正常教学秩序,被西安市公安局阎良分局关山派出所治安拘留。

孙家村郑某的儿子从疫区返乡,因与在孙家村小学上学的妹妹有接触史,校方依照通知规定,在例行对学生的身体检查中,要求女儿留家观察 14 天。其父对此不满,5 月 6 日一大早就到学校问缘由。校方作出解释后,郑某仍然不理睬,在学校内拨通关山镇教育组

的电话,破口大骂教育组工作人员,还当场撕毁了区教育局文件,连续吵闹1个多小时。

分析:案例中郑某在校方作出解释后,仍然不理睬,并在学校内拨通关山镇教育组的电话,破口大骂教育组工作人员,还当场撕毁了区教育局文件,连续吵闹1个多小时,扰乱了学校及其他教育机构教育教学秩序。关山派出所依照《教育法》第七十二条第一款规定,将郑某传唤至派出所,并对其治安拘留14天处罚。治安管理处罚的种类主要有:警告、罚款、拘留等。

第二节 我国主要教育法律法规解读

一、《中华人民共和国教育法》

《中华人民共和国教育法》(以下简称《教育法》),于1995年3月18日由第八届全国人民代表大会第三次会议通过,1995年9月1日起施行。这是我国教育史上具有里程碑意义的大事。它的施行标志着我国进入全国依法治教的新时期,对我国教育事业的改革和发展以及物质文明、精神文明建设,将产生巨大而深远的影响。

(一)《教育法》的重要地位

《教育法》是教育的根本大法。在我国法律体系和教育法规体系中占有重要的地位。《教育法》是我国最高权力机关——全国人民代表大会审议通过的基本法。《宪法》是国家的根本大法,《教育法》是《宪法》之下的国家关于教育的基本法律。《宪法》是制定《教育法》的依据,《宪法》中有关教育的条款具有最高的法律效力,《教育法》不能与其抵触。《教育法》又是一个独立的法律部门,它以教育关系作为调整对象,有着特有的法律关系主体和法律基本原则,并运用相应的处理方式。

《教育法》是国家全面调整各类教育关系,规范我国教育工作的基本法律,在我国教育法规体系中处于"母法"地位,具有最高的法律权威。其他单行教育法规都只是调整和规范某一方面的教育关系,或某一项教育工作的,都是"子法"。这些单行教育法规的制定和实施,都要以《教育法》为依据,不得与《教育法》确立的原则和规范相违背。

(二)《教育法》的基本内容

《教育法》涉及面广,内容丰富。有关教育的全局性重大问题,如:我国教育的性质和方针、教育基本制度、各类教育关系主体的法律地位和权利义务、教育与社会的关系、教育投入、对外教育与合作、法律责任等,都作了全面的规定。全文共10章84条。

1. 我国教育的性质与方针

《教育法》确立了我国教育的社会主义性质。为什么说我国教育是社会主义性质的教育?其一,我国发展教育的指导思想是马列主义、毛泽东思想和建设有中国特色社会主义理论。这是我国教育社会主义性质的根本保证。其二,我国教育遵循《宪法》的基本原则,坚持中国共产党对教育工作的领导。这是我国教育社会主义性质的重要保证。其三,我国的教育事业立足于社会主义的经济基础,发展教育的目的是为社会主义现代化建设培养人才。这些都表明我国教育的社会主义性质。

从我国教育的社会主义性质出发,《教育法》规定了我国的教育方针是:"教育必须为社会主义现代化建设服务,必须与生产劳动相结合,培养德、智、体等方面全面发展的社会主义事业的建设者和接班人。"

2. 我国教育体系的改革与发展

1) 建立与完善终身教育体系

终身教育思想已成为国际教育改革的重要指导方针,建立与完善终身教育体系业已成为国际教育体系改革与发展的共同目标。终身教育体系既包括学校教育体系又包括社会教育体系,是对受教育者一生各个阶段分别进行不同种类和形式的教育。我国教育体系的改革与发展的目标法定为建立与完善终身教育体系,反映了我国教育"面向现代化、面向世界、面向未来"的需要。

2) 积极推进教育改革

为建立与完善终身教育体系,《教育法》明确规定,国家需要积极推进教育改革,并使改革适应社会主义市场经济发展和社会进步需要。国家教育改革涉及教育领域的方方面面,主要有:加快办学体制改革,理顺中等教育、高等教育体制,推进高等学校和中等专业学校招生制度与就业制度改革,深化教学改革等等。教育改革不仅要适应社会主义市场经济发展,同时要有利于积极推进市场经济的发展,推动社会全面进步。

3) 国家促进各级各类教育协调发展

建立与完善终身教育体系,需要通过积极推进教育改革,从而促进各级各类教育协调发展。我国现行教育总体上分为基础教育、高等教育、职业教育、成人教育等四大类别,而在每一大类教育中,又可以细分为不同层次、不同形式的教育。各种类别教育的相互衔接与组合,便形成我国现行的教育结构。合理调整教育结构和布局,使各级各类教育各有侧重、优势互补。共同发展,这是教育改革需要着力的方面,也是建立与完善终身教育体系的现实要求。《教育法》对这种要求作出明确的法律规定,显然对改革我国现阶段的教育结构,促进各级各类教育协调发展具有十分重要的意义。

3. 教育管理体制

《教育法》涉及我国教育工作的领导和管理,明确规定由国务院和地方各级人民政府根据分级管理、分工负责的原则进行。这一规定,首要的意义在于明确了国务院和地方各级人民政府对于教育工作具有义不容辞的法律责任。

《教育法》第十四、十五、十六条对我国现阶段教育工作的分级管理、分工负责体制作了如下具体划分:一是中等及中等以下教育在国务院领导下,由地方人民政府管理;二是高等教育由国务院和省、自治区、直辖市人民政府管理;三是全国教育工作由国务院教育行政部门,即教育部主管,并对全国教育事业实行统筹规划和协调管理。

4. 教育基本制度

1) 学校教育制度

学校教育制度简称学制。它规定各级各类学校的性质、任务、入学条件、修业年限以及它们之间的衔接和关系。我国现行学制分为学前教育、初等教育、中等教育、高等教育四个等级。我国已初步建立起普通教育和职业教育两种教育,全日制学校、半工半读学校和业余学校三类学校,政府、企事业组织、社会团体、个人多种形式办学的学制系统。现在国家正在采取切实措施改革教育体制,建立更为完善的学制系统。

2) 义务教育制度

新中国成立以来,我国中小学教育有了很大发展,但是,总体来看,我国基础教育还远远不能适应社会主义现代化建设的需要,因此要大力发展。1986年,国家颁行了《义务教育法》,再一次对义务教育制度给予确定。《义务教育法》第十八条规定:国家实行九年制义务教育制度;适龄儿童、少年有接受义务教育的权利,各级政府应当予以保障。适龄儿童、少年的父母或者其他监护人以及有关社会组织和个人,必须履行法定义务,使适龄儿童、少年接受并完成规定年限的义务教育。义务教育制度的实施,必然大大促进我国基础教育的发展,使全民素质有一个较大的提高,为各民族专门人才的培养奠定良好的基础,为"两个文明"建设创造前提条件。

3) 职业教育和成人教育制度

职业教育是给学生从事某种职业或生产劳动所需要的知识和技能的教育。它包括职业学校教育、职业培训和职业预备教育。职业教育要求就业的公民必须接受培训。职业教育的培训包括转业培训、学徒培训、在岗培训、转岗培训以及其他培训等。

成人教育是社会主义教育的重要组成部分。其主要形式有:扫盲识字班、职工学校、农民学校、夜校、广播电视教育、函授教育、各种短期培训班、各种知识和技术讲座、自学等,构成从扫盲到高等教育的完整体系。

4) 国家教育考试制度

考试是教育的重要环节。《教育法》第二十一条规定:"国家实行国家教育考试制度。"国家教育考试制度是由国家授权或批准的,由实施教育考试机构承办的一种考试制度。目前,我国设立的国家教育考试主要有:普通高等学校和成人高校的招生考试,研究生入学考试,中等、高等教育自学考试,中国汉语水平考试,全国外国语水平考试,计算机等级考试,对社会力量举办的高等教育进行的国家学历文凭考试以及教师资格证书考核等等。对各种考试,教育部制定了相应的考试规则或条例。

5) 学业证书制度和学位制度

《教育法》第二十二、二十三条规定,国家实行学业证书制度和学位制度。学业证书,是指学校及其他教育机构颁发的,证明学生完成学业情况的凭证。它是用人单位衡量持有者知识水平和能力的依据。学位制度是国家或高等学校以学术水平为衡量标准,通过授予一定称号来表明专门人才知识能力等级的制度。学位是评价学术水平的一种尺度。学位的授予建立在严格的科学训练和考核的基础上。

6) 扫除文盲制度

扫除文盲是一项群众性的工作,党和政府动员各方面力量参与这项工作。《教育法》第二十四条设定了三类法律义务主体:一是各级人民政府;二是基层群众性自治组织;三是企事业单位。扫除文盲是全社会的一项重要任务,是提高全民族素质的一个方面,直接影响着国家的社会主义现代化建设。

7) 教育督导制度和评估制度

《教育法》第二十五条规定:国家实行教育督导制度和教育评估制度。教育督导制度是县以上各级人民政府,授权给所属的教育部门,对下级人民政府及其教育部门的教育工作进行监督、指导的制度。通过监督、检查、评估、指导等活动,保证国家教育方针、政策法规的贯彻执行和教育目标的实现。

教育评估制度是依据一定的教育目标和标准,对学校的办学水平和教育质量等方面进行评价和估量,以保证办学基本质量的一项制度。评估是一个价值判断的过程,也是完整的科学管理过程的一个重要环节。

8)教育经费筹措体制

《教育法》第七章对筹措教育经费体制作出了法律规定,建立了我国筹措教育经费新体制的基本框架,即要逐步实行"以财政拨款为主、其他多种渠道筹措教育经费为辅的体制"。在这一框架中,教育经费筹措的渠道主要包括以下七个方面:①国家财政性教育经费支出;②城乡教育费附加;③校办产业和社会服务等收入;④社会力量捐资助学和集资办学;⑤运用金融和信贷手段融资;⑥设立教育专项资金;⑦收取学杂费。

二、《中华人民共和国义务教育法》

1986年4月12日第六届全国人民代表大会第四次会议审议通过的《中华人民共和国义务教育法》(以下简称《义务教育法》),首次以法律的形式确定了我国的义务教育制度。2006年6月29日第十届全国人民代表大会常务委员会第二十二次会议表决通过了新修订后的《义务教育法》。新修订的《义务教育法》回应了教育投入、教育均衡、免收学杂费、教育乱收费等热点问题,并于2006年9月1日起正式实施。2015年4月24日第十二届全国人民代表大会常务委员会第十四次会议又对该法进行了修改。

新修订的《义务教育法》是对旧《义务教育法》的全面修订和更新,与旧《义务教育法》有着本质的区别,在许多方面有重大的突破,将在相当长时间内对我国义务教育发展起到规范保障和保驾护航的作用,主要表现在如下几个方面:

(一)新修订的《义务教育法》把保障受教育者的权利作为立法的根本出发点

受教育权是现代人的基本权利之一,必须予以保障。1948年《世界人权宣言》第二十六条第一款规定:"人人都有受教育的权利,教育应当免费,至少在初级和基本阶段应当如此。"《中华人民共和国宪法》第四十六条规定:"中华人民共和国公民有受教育的权利和义务。"

2006年新修订的《义务教育法》第一条明确规定:"为了保障适龄儿童、少年接受义务教育的权利,保证义务教育的实施,提高全民族素质,根据宪法和教育法,制定本法。"这一规定非常明确地提出了义务教育法的立法目的是为了保障适龄儿童、少年受教育的权利,保障义务教育的实施,提高全民族的素质。立法依据是宪法、教育法。这一规定反映了义务教育法立法的本质。

相较而言,1986年《义务教育法》第一条提出的立法目的是"为了发展基础教育,促进社会主义物质文明和精神文明建设",就显得宽泛而不明确。所以,新法体现了《义务教育法》的立法本质。

(二)新修订的《义务教育法》明确了义务教育的强制性、义务性、免费性、公益性、平等性

1. 强制性

强制性是义务教育的最典型特征。这种强制,既是对学生而言,也是对国家而言。非义务教育则不是强迫的,而是选择性的、自愿的。2006年新修订的《义务教育法》特别突

出了这种强制性。

2006年新修订的《义务教育法》第二条第二款："义务教育是国家统一实施的所有适龄儿童、少年必须接受的教育，是国家必须予以保障的公益性事业。"这里特别突出了义务教育是所有儿童、少年"必须"接受的，国家"必须"予以保障的教育，具有强制性。这是1986年的《义务教育法》所没有的。

2. 义务性

义务性表现为实施义务教育是国家对公民的义务，是学生及其监护人对国家、社会的义务，是学校的义务，是社会的义务。

义务教育是国家的义务。2006年新修订的《义务教育法》第二条第一款规定："国家实行九年义务教育制度。"义务教育是国家统一实施的并予以保障的教育。国家的责任由政府来履行，义务教育的开展是政府行为。1986年的《义务教育法》也提到义务教育是国家的责任，但把义务教育的责任都交给了地方政府，第八条规定："义务教育事业，在国务院领导下，实行地方负责，分级管理。"

义务教育是家长或法定监护人的义务。新修订的《义务教育法》第二条规定，义务教育是所有适龄儿童、少年"必须接受"的教育。第五条第二款规定："适龄儿童、少年的父母或者其他法定监护人应当依法保证其按时入学接受并完成义务教育。"第十一条规定："凡年满六周岁的儿童，其父母或者其他法定监护人应当送其入学接受并完成义务教育；条件不具备的地区的儿童，可以推迟到七周岁。适龄儿童、少年因身体状况需要延缓入学或者休学的，其父母或者其他法定监护人应当提出申请，由当地乡镇人民政府或者县级人民政府教育行政部门批准。"接受义务教育既是权利，也是义务。只要是中华人民共和国的公民，必须接受义务教育，没有其他选择。

义务教育是学校的义务。新法对学校的责任也强化了，设专章对学校的责任和权利进行规范。新法第五条第三款规定："依法实施义务教育学校应当按照规定标准完成教育教学任务，保证教育教学质量。"

义务教育是社会的义务。新法第五条第四款规定："社会组织和个人应当为适龄儿童、少年接受义务教育创造良好的环境。"第十三条第二款规定："居民委员会和村民委员会协助政府做好工作，督促适龄儿童、少年入学。"第十四条规定："禁止用人单位招用应当接受义务教育的适龄儿童、少年。根据国家有关规定经批准招收适龄儿童、少年进行文艺、体育等专业训练的社会组织，应当保证所招收的适龄儿童、少年接受义务教育；自行实施义务教育的，应当经县级人民政府教育行政部门批准。"

3. 免费性

免费性是义务教育的重要特点。目前世界大多数国家实施的义务教育都是免费的。1986年的《义务教育法》第十条规定："国家对接受义务教育的学生免收学费。"第十一条规定："父母或其他监护人必须使适龄的子女或者被监护人按时入学，接受规定年限的义务教育。"这里的免费是免学费。实际上，国家对义务教育经费的投入本身不足，许多地方要向学生收取费用来提高教师的待遇以及改善学校条件。所以，2006年新修订的《义务教育法》第二条第三款作出了明确规定："实施义务教育，不收学费、杂费。"第四款规定："国家建立义务教育经费保障机制，保证义务教育制度实施。"其实，在本法修订之前，我国已经开始推行两免一补的政策，现在则是以法律的形式把义务教育定位为免费教育，从而完成了我国由准义务教育到真正意义的义务教育的转变。

4. 公益性

教育是公益性事业,这是教育的本质决定的。教育是促进学生德、智、体、美、劳全面发展的过程。人的发展既是个人的事情,但也是社会、民族、国家的事情,所以,古往今来,办教育可以使办教育者生存和发展,但办教育不是办企业,不应追求盈利。

5. 平等性

义务教育是对所有公民的教育,是一种平等的、公平的、均衡发展的教育。2006年新修订的《义务教育法》第四条规定:"凡具有中华人民共和国国籍的适龄儿童、少年,不分性别、民族、种族、家庭财产状况、宗教信仰等,依法享有平等接受义务教育的权利,并履行接受义务教育的义务。"

平等性体现在起点平等、过程平等。平等性或公平性体现在义务教育的均衡发展方面。新修订的《义务教育法》第六条规定:"国务院和县级以上人民政府应当合理配置教育资源,促进义务教育均衡发展,改善薄弱学校的办学条件,并采取措施,保障农村地区、民族地区实施义务教育,保障家庭经济困难的和残疾的适龄儿童、少年接受义务教育。国家组织和鼓励经济发达地区支援经济欠发达地区实施义务教育。"

(三)新修订的《义务教育法》完善了义务教育的管理体制和规范学校建设与管理

1. 义务教育管理体制决定了各级政府对义务教育管理权限的划分以及相互之间的关系

1986年《义务教育法》第八条规定:"义务教育事业,在国务院领导下,实行地方负责,分级管理。"这种体制在实践中遇到了许多难题。所以,2006年新修订的《义务教育法》第七条规定:"义务教育实行国务院领导,省、自治区、直辖市人民政府统筹规划实施,县级人民政府为主管理的体制。县级以上人民政府教育行政部门具体负责义务教育实施工作;县级以上人民政府其他有关部门在各自的职责范围内负责义务教育实施工作。"明确了中央、省级、县级政府的教育权责。

义务教育管理体制包括建立健全教育督导制度和教育问责以及奖惩制度。

2006年新修订的《义务教育法》第八条规定:"人民政府教育督导机构对义务教育工作执行法律法规情况、教育教学质量以及义务教育均衡发展状况等进行督导,督导报告向社会公布。"

第九条规定:"任何社会组织或者个人有权对违反本法的行为向有关国家机关提出检举或者控告。发生违反本法的重大事件,妨碍义务教育实施,造成重大社会影响的,负有领导责任的人民政府或者人民政府教育行政部门负责人应当引咎辞职。"

2. 规范学校建设与管理

学校是对学生开展教育教学的专门场所,规范学校建设,加强学校管理,是实施义务教育的重要保障。

在学校建设方面,新修订的《义务教育法》第十五条、第十六条规定了政府按照国家规定的办学标准设置和建设学校。第十七条规定政府根据需要设置寄宿制学校。第十八条规定中央政府和省级政府根据需要在发达地区设置接收少数民族学生的学校(班)。第十九条规定政府根据需要设置特殊学校(班),普通学校应当接受特殊学生,随班就读,并为其学习、康复提供帮助。第二十条规定对未完成义务教育的未成年犯和被采取强制性教育措施的未成年人应当进行义务教育,设置少年学校。

在学校管理方面,新修订的《义务教育法》第二十二条规定人民政府及教育行政部门不得分重点学校和非重点学校,学校不得分重点班和非重点班,不得改变公办学校的性质。第二十三条规定各级人民政府及教育行政部门依法维护学校周边秩序,保障学校安全。第二十四条规定建立应急机制,加强安全教育和管理,及时消除隐患,预防发生事故。第二十五条规定学校不得违反国家规定乱收费,变相推销商品、服务等方式谋取利益。第二十六条规定学校实行校长负责制。校长由教育行政部门依法聘任。第二十七条规定接受义务教育的学生违反学校管理制度的,学校应当予以批评教育,不得开除。

(四)素质教育写进法律,体现了国家意志和实施的长远性

素质教育经过20年的发展,分为3个阶段。从1985年至1993年,是素质教育的酝酿和讨论阶段。1993年,素质教育被写进中国教育改革与发展纲要,写进了经国务院批准的政府文件。1999年第三次全教会,国务院决定会议的主题是"深化教育改革,全面推进素质教育",素质教育的推进迎来新的机遇。1999年到现在是素质教育全面推进的阶段。

2006年新《义务教育法》把素质教育写进法律,纳入了国家重要的法律体系。这就把素质教育由一种政府倡导行为转变为国家意志,这种法律行为体现了国家意志,代表了一个国家一个民族长远的根本利益。从政府、教育部门倡导实施到法律保障实施,这是一次非常大的转变。

新修订的《义务教育法》不仅第一次在法律文件上使用了"素质教育"的概念,而且通篇都体现着素质教育的基本要求,对素质教育的实施作出了一系列法律规定。这标志着素质教育将进入依法实施的阶段,这会对新时期实施素质教育起到不可估量的推动作用。

素质教育写进法律,首先表明素质教育不再仅仅是理论上的探索和教育观念的转变,经过多年的实践已经为全社会普遍接受,上升为人民的普遍意愿和国家意志,成为社会各方面和教育工作者必须践行的法定义务。

其次,推进素质教育,也不再是工作层面的要求,而具有了法律的强制性和约束力。任何部门和个人不得违反法律规定向学校提出与素质教育不符的要求;学校和教师也不得有违反素质教育的办学行为。

最后,素质教育也不再仅仅是教育部门的工作,而成为全社会必须遵守的法律准则。因为《义务教育法》不仅规范学校的教育教学行为,而且规范全社会的教育行为。

要提高依法推进素质教育的思想意识,就要进一步学习、了解、宣传和自觉遵守法律有关规定,提高依法治教、依法行政的自觉意识,制定和完善相关法律法规和政策措施,清理与之不符的各种政策规定,把整个教育工作纳入依法推进素质教育、依法保障素质教育、依法规范素质教育的轨道,把每个学生全面发展的目标落到实处。

新《义务教育法》第一条,开宗明义,把提高全民族素质作为制定法律的重要宗旨之一。

第三条里面,明确规定实施素质教育。第三条不仅把素质教育作为教育的组成部分,而且把它作为教育方针的重要内容,作为提高教育质量的重要保证加以规定。教育方针是国家对教育培养目的、教育政策、教育方式方法等重大问题总的规定。不同时期,教育方针有不同的内容、要求,有不同的特点。新修订的《义务教育法》表明,素质教育应该是

21世纪初的教育方针。素质教育的概念是针对20世纪末21世纪初中国教育发展的实际提出的,是这个时代的特殊要求。法律的规定体现了时代精神。

第三十四条,对实施素质教育的具体要求作了法律规定,明确了教育教学工作应当符合教育规律和学生身心发展特点,强调了要面向全体学生,教书育人等一系列要求,而片面应试的做法则是违反这些要求的。

第三十五条,对如何保障素质教育实施作出了法律规定。改革考试制度、改进高级中等学校招生办法,这是推进素质教育重要的保障措施。

第三十六条,针对应试倾向、忽视德育的问题,专门强调,要加强德育。

第三十七条,从保障学生课外活动的角度强调加强体育、美育活动,实现全面发展。

新修订的《义务教育法》里面很多条款都体现素质教育的精神或要求。从第三十八条到第四十一条,对教科书作了规定,在一定程度上体现了素质教育减轻学生负担的要求。不允许设置重点学校、非重点学校的规定,既体现了教育均衡发展的思想,又体现了素质教育面向全体学生的要求。

新修订的《义务教育法》强调面向全体学生的素质教育理念。主要体现在三个方面:一是新法为确保每一个适龄儿童公平入学的权利和义务提供了一系列法律保障。二是新法强调了义务教育的均衡发展,不得将学校分为重点学校和非重点学校。学校不得分设重点班和非重点班。保障学生入学后也要享有相对公平的公共教育资源和待遇。三是规定教师在教育教学中应当平等对待学生,关注学生的个体差异,因材施教,促进学生的充分发展。

(五)健全义务教育经费保障机制

为保障义务教育的有效实施,2006年新修订的《义务教育法》把义务教育经费全面纳入国家财政预算,由国务院和地方各级人民政府依法保障,这就从根本上解决了长期以来义务教育经费不足的问题。这标志着我国现代的义务教育投入制度正式建立。

国务院和地方各级人民政府按照标准把义务教育经费纳入财政预算并足额拨付,保障教育经费的"三个增长"落到实处。新法第四十二条规定:"国家将义务教育全面纳入财政保障范围,义务教育经费由国务院和地方各级人民政府依照本法规定予以保障。国务院和地方各级人民政府将义务教育经费纳入财政预算,按照教职工编制标准、工资标准和学校建设标准、学生人均公用经费标准等,及时足额拨付义务教育经费,确保学校的正常运转和校舍安全,确保教职工工资按照规定发放。"

本条第二款重申了1986年提出的教育经费的"三个增长",义务教育财政拨款的增长比例应当高于当地财政经常性收入的增长比例;在校学生人均义务教育经费逐步增长;保证教职工工资和学生人均公用经费逐步增长。国家制定学生人均教育经费标准,省级政府在此基础上制定本地区的标准,并根据社会经济发展而调整,既保持国家的最低标准,又体现了地方政府的主动性。第四十三条规定,学生人均公用经费基本标准由国务院财政部门会同教育行政部门以满足教育教学基本需要的原则制定,根据经济和社会发展状况适时调整;还规定:"省、自治区、直辖市人民政府可以根据本行政区域的实际情况,制定不低于国家标准的学校学生人均公用经费标准。"还特别提到了特殊学校学生人均公用经费标准应当高于普通学校学生人均公用经费标准,体现了对特殊教育的重视。

建立国务院和地方各级政府共同分担教育经费,省级政府统筹落实的体制。第四十四条对此作了规定,同时规定对农村义务教育的投入由"各级人民政府根据国务院的规定分项目,按比例分担"。"对家庭经济困难的适龄儿童、少年免费提供教科书并补助寄宿生生活费。"在机制上保证所有适龄儿童、少年完成义务教育。

建立义务教育经费在教育财政预算单列制度,县级政府预算向农村地区学校和薄弱学校倾斜。这就需要对薄弱学校进行认定。建立健全国务院和省级政府财政转移支付制度,并确保政府的义务教育转移资金按照规定用于义务教育。

各级政府根据需要设立专项资金制度,扶持农村地区、民族地区实施义务教育,鼓励捐资助学,设立义务教育基金。以上制度的建立,将保障我国义务教育经费足额到位,保证我国义务教育均衡、有效发展。

(六)建立健全义务教育法律责任制度

法律责任是由法律关系主体的违法行为引起的,应当由其依法承担的惩罚性法律后果。依法追究违法主体的法律责任是《义务教育法》实施的重要保证。所以,必须坚持"违法必究"。2006年新修订的《义务教育法》设"法律责任"专章对法律责任作了比较明确的规定。

对违反教育经费拨付制度的各级政府必须限期改正,情节严重的,对直接负责的主管人员和其他直接责任人员依法给予行政处分。

对违反规定调整学校设置规划的,办学标准的,未定期检查学校校舍安全的,不按照规定均衡安排教育经费的,轻者限期改正,重者依法给予行政处分。对政府把学校分为重点学校和非重点学校,改变公办学校性质的,未采取措施防止学生辍学的,侵占、挪用教育经费的,向学校非法摊派费用的,限期改正,通报批评,严重者,对直接责任人和其他直接责任人员依法给予行政处分。学校违反义务教育法,必须承担法律责任:违反规定向学生收费,向学生推销商品谋利;拒绝接受具有普通教育能力的残疾适龄儿童、少年随班就读;分设重点班和非重点班;违反规定开除学生;选用未经过审定的教科书。对这些违法行为,轻者限期改正,通报批评;重者对直接负责人和直接责任人予以依法处罚。

适龄儿童、少年的父母或其他法定监护人的法律责任:不按照新修订的《义务教育法》对规定送适龄儿童、少年接受义务教育的家长或其他法定监护人,给予批评教育和责令限期改正。

社会的法律责任:胁迫或者诱骗应当接受义务教育的适龄儿童、少年失学、辍学的;非法招用应当接受义务教育的适龄儿童、少年的;出版未经依法审定的教科书的;构成犯罪的,依法追究刑事责任。

2006年修订的《义务教育法》具有系统性、现代性、规范性、可操作性,是对1986年的《义务教育法》的全面改进和提升,其实施将对我国义务教育的健康发展起到十分重要的保障作用。

三、《中华人民共和国教师法》

1993年10月31日第八届人大常委会第四次会议审议通过的《中华人民共和国教师法》(以下简称《教师法》)是我国教育史上第一部专门为教师制定的法律,于1994年1月1日起施行。它的颁布和实施,第一次以法律的形式确认了教师的地位和作用,明确了教师的权利和义务,确立了教师资格制度,对教师的培养、考核、待遇等方面作了明确的规定,对我国建设一支数量充足、质量优良的教师队伍,对保障教师的合法权益、发展社会主义教育事业都具有十分重要的意义。

(一)教师法的含义和特点

教师法是以教师为对象立法的,通常是指有关教师工作的法律规范的总和,有广义和狭义之分。广义的教师法,是指国家机关在各自的职权范围内制定的调整有关教师各方面关系的法律、法规、规章及其他规范性法律文件的总和,包括宪法中有关条款,教育基本法,教育专门法及其他法律、法规中有关教师的规定,同时也包括教育部门规章、地方性教育规章以及其他的规范性法律文件中有关教师的规定,还包括有关教师的国际条约、国际公约和国际惯例等。狭义的教师法是指以教师为对象的专门法律,在我国,仅指《中华人民共和国教师法》。《教师法》是一部集教师的行政管理和教师的权益保护为一体的综合性的专门法律,也是我国教育史上第一部有关教师的法律,是加强教师队伍建设、保障人民教师合法权益的重要法律。

《教师法》具有以下几个方面的特点。

1. 系统性

教师法全面系统地总结了新中国60多年来特别是改革开放以来教师队伍建设的基本经验,对教师队伍建设作了比较系统全面的规定,并使教师管理的各项制度互相配套和互相衔接,形成一个有机整体,为我国教师队伍的建设和教育事业的改革和发展,为实现依法治教提供了法律保障。

2. 针对性

教师法针对教师工作中的一些问题作出了规定,如对教师工作水平、任职、医疗、退休金、民办教师,特别是拖欠教师工资等问题作出了有针对性的规定。这不仅使教师法具有长远的作用,而且在解决现实的热点、焦点、难点问题上,也收到良好的效果,从而得到广大教师和社会各界的支持和拥护,为尊师重教奠定了良好的法律基础。

3. 导向性

随着我国经济体制向社会主义市场经济的转变,教育改革有待进一步深化。教师法肯定了改革所取得的成果,同时又为改革的进一步发展提供了保障和导向。

(二)《教师法》的重大意义

1. 从法律上确认了教师的社会地位和作用

《教师法》的首要意义是从法律上确认了教师的社会地位和作用。《教师法》第三条明确提出:"教师是履行教育教学职责的专业人员,承担教书育人,培养社会主义事业建设者和接班人,提高民族素质的使命。"这对于教师的作用给予了极大的肯定,在教师的身上,肩负着提高整个民族素质的历史重任。国家的发展,民族的振兴,都取决于整个民族素质的提高,而民族素质的提高,则必须依靠广大教师的辛勤劳动。对教师作用的肯定,为提高教师社会地位提供了依据。自党的十一届三中全会以来,尽管党和政府一直在提倡"尊师重教",并采取了一系列的政策和措施,如1985年第六届全国人大常务委员会第九次会议决定每年9月10日为教师节,但由于历史原因以及其他原因,教师职业还没有成为最受人尊敬的职业,也还没有成为最令人羡慕的职业,教师的社会地位和经济待遇还有待提高。所以制定《教师法》,通过法律形式来提高教师的社会地位,就显得尤为重要。《教师法》不仅要求各级政府采取措施,提高教师的社会地位,而且《教师法》还规定:"全社会都应当尊重教师。"要在整个社会形成良好的尊重教师、尊重知识、尊重人才的社会风气。

2. 为保障教师合法权益提供了法律依据

《教师法》的实施,为保障教师合法权益提供了法律依据。要提高广大教师的社会地位,形成尊师重教的社会风气,一个重要的前提是保障广大教师的合法权益。保障教师的合法权益,一方面是要保障教师与其职业相联系的特定的权利,如教师的教学权、研究权和评价学生的权利等;另一方面是要保障教师作为一般公民的权利,如教师的人身自由权。《教师法》的制定与实行,第一次以法律的形式明确规定了教师应有的权利和应享受的待遇,并规定了各级政府要采取措施保障教师的合法权益。《教师法》还明确规定,侵犯教师的合法权益,要根据情节的轻重,依法承担不同的法律责任。总之,《教师法》的制定与实施,为广大教师维护自己的权利、保障自己的合法权益提供了强大的法律武器。

3. 运用法律形式来加强教师队伍的管理

《教师法》以法律的形式加强教师队伍规范化的管理。我国教师队伍的人数庞大,他们在各自的岗位上从事着十分复杂的人才培养的工作,要促进我国教育事业的健康发展,就必须加强对教师队伍的规范化管理。加强教师队伍的管理,一方面是为了最大限度地发挥广大教师的积极性,另一方面也是为了提高教师队伍的素质。在相当长的时间内,我国教师队伍的管理十分混乱,在教师的资格和任用上,缺乏应有的制度和法规。《教师法》的颁布与施行,加强了我国教师队伍的规范化管理。《教师法》明确规定了教师资格制度、教师任用制度、教师职务制度和教师聘用制度,这些制度的执行为我国教师队伍管理的法制化、规范化奠定了基础。《教师法》还对教师的培养和培训、教师的考核、教师的奖励以及教师违反法律和教育法规必须承担的法律责任都作了规定,使我国教师队伍的管理能真正做到有法可依。

4. 为建设高水平高素质教师队伍提供法律保障

《教师法》是建设一支数量充足、质量优良的教师队伍的法律保障。"振兴民族的希望在教育,振兴教育的希望在教师",《中国教育改革与发展纲要》中的这两句话,十分精辟地阐明了教师队伍的重要性。《教师法》首次以法律形式确认了教师的历史使命和承担的义务,增强了广大教师的使命感,激发了广大教师献身教育事业的热情,促进了教师队伍思想素质的提高。在《教师法》中,对提高教师的社会地位、改善教师的经济待遇、保障教师的合法权益都作了具体的规定。通过《教师法》的贯彻实施,教师职业会逐步成为受人尊敬、令人羡慕的职业,这将有利于吸引社会中的优秀人才来充实教师队伍。《教师法》明确规定国家实行教师资格制度,并对各级各类学校教师必须具备的学历也提出了比较具体的规定,提高了进入教师行业的门槛,这对教师队伍整体素质的提高有着非常重要的意义。教师的职前培养和职后培训是提高素质的重要条件,《教师法》对教师的培养和培训也作了规定,为教师培养和培训的制度化和规范化提供了法律基础。自《教师法》颁布之后,我国教师队伍的整体素质在不断提高,实践证明,《教师法》的确是建设高素质、高水平教师队伍的有力法律保障。

四、《中华人民共和国未成年人保护法》

《中华人民共和国未成年人保护法》(以下简称《未成年人保护法》),是在1991年9月

4日第七届全国人民代表大会常务委员会第二十一次会议通过,于1992年1月1日起施行。2006年12月29日第十届全国人民代表大会常务委员会第二十五次会议第一次修订通过,并于2007年6月1日开始实施。2012年10月26日第十一届全国人民代表大会常务委员会第二十九次会议第二次修订通过,自2013年1月1日起开始施行。

《未成年人保护法》规定,凡年龄不满18周岁的我国公民,都属于未成年人。未成年人正在学知识、长身体,处在人生观和世界观逐步形成的时期,自我保护能力比较差。教育工作者对《未成年人保护法》的理解和执行,直接影响着未成年人的教育和发展。学习并掌握《未成年人保护法》,对教育工作者有着重大的实践意义。

(一)《未成年人保护法》的内涵

《未成年人保护法》有广义和狭义之分,广义的《未成年人保护法》是指国家机关制定的保护未成年人的法律规范的总称。狭义的《未成年人保护法》是指最高国家权力机关制定的保护未成年人的专门法律,即《中华人民共和国未成年人保护法》。

(二)《未成年人保护法》的主要内容与特色

1.《未成年人保护法》的主要内容

首先是六大权利:生存权、发展权、受保护权、参与权、受教育权、平等权。其次是三大原则:尊重未成年人的人格尊严;适应未成年人身心发展、品德、智力、体质的规律和特点;教育与保护相结合。再次是四大保护:家庭保护、学校保护、社会保护、司法保护,其中社会保护内容条款最多(共计23条),也印证了影响未成年人心理发展的社会因素的复杂性、重要性。

2.《未成年人保护法》的主要特色

(1)明确规定了未成年人享有的各种权利,既符合国际公约又体现中国国情。修订后的《未成年人保护法》第三条第一款规定:"未成年人享有生存权、发展权、受保护权、参与权等权利。"这是对《儿童权利公约》有关规定的概括。新法突出保障未成年人受教育权,学校不得违法开除未成年学生,不得歧视未成年学生。未成年人受教育权是一项最基本的权利,应着重强调,这主要与国情有关。如何解决外来务工人员子女就学,保障农民工子女平等接受义务教育,已进入立法者的视野,并把保障未成年人受教育权写入法律。

(2)着力解决未成年人保护工作中的突出问题,既注重普遍问题又注重特殊问题。未成年人保护工作面临的问题是多方面的,不可能通过修改一次法律就可以解决所有问题。抓主要矛盾、解决突出问题,是《未成年人保护法》修订的重点,如未成年人沉迷网络问题。互联网等新兴媒体的快速发展,给未成年人学习和娱乐开辟了新的渠道。为了既发挥网络对未成年人成长的积极作用,又尽可能避免网络对未成年人的消极影响,修订后的未成年人保护法从"堵"和"疏"两个方面作出规定:"国家采取措施,预防未成年人沉迷网络。""国家鼓励研究开发有利于未成年人健康成长的网络产品,推广用于阻止未成年人沉迷网络的新技术。"

(3)明确规定对未成年人特殊、优先保护,既强化了"四大保护",又体现了政府保护为主。中国政法大学教授、青少年犯罪与少年司法研究中心主任皮艺军,在2008年4月1日开幕的"社会变迁中的未成年人保护制度建设研讨会"上认为,新法最大的进步就是把《儿童权利公约》的三大原则之一——儿童优先保护原则纳入到了自身的司法原则之中。

保护未成年人是全社会的共同责任,各级政府责任尤为重大。修订后的未成年人保护法第六条规定有利于形成政府主导、司法保障、家庭学校社会三位一体,全社会齐抓共管的工作格局。

(4)全方位司法保护给未成年人以司法人文关怀。本着对未成年人犯罪实行"教育、感化、挽救"的方针,修订案规定的司法保护处处体现了对未成年人的人文关怀。修订案规定:公安机关、人民检察院、人民法院办理未成年人犯罪案件和涉及未成年人权益保护案件,应当照顾未成年人身心发展特点,尊重他们的人格尊严,保障他们的合法权益,并可以根据需要设立专门机构或者指定专人办理。修订案明确规定,政府有责任和义务救助流浪乞讨儿童。

典型案例

某校有位初中女生平时性格内向、自尊心强,有写日记的习惯。一次课间偶然的机会,一女同学无意中发现其书包里的日记,好奇地翻看,并将日记中记录爱情心理活动的一段文字摘抄下来,汇报给了班主任。第二天,班主任将日记中的有关内容在全班学生面前朗读出来,并斥责其考试在即却不好好学习,作为女生不知检点等。当该生失声痛哭时,老师将此视为对自己的不尊重,说学生"要哭就出去哭,知道要面子就别写那样的日记"。消息传开,学校中到处有人对该生指指点点,说三道四。该生觉得再也无脸见人,前途无望,回家后服毒自杀。

(案例来源:曾智昌.论《未成年人保护法》对学校教育原则的规约[J].教学与管理,2010(7):42.)

分析:这位教师的教育方式是非常错误的,她违背了教育要根据学生年龄特征进行施教的原则。初中生处于青春发育期,身体发育处于第二次生长高峰,性的萌发与渐熟引起心理和行为方式上的一系列变化,表现出对异性的关心、接近以及对性的欲求等青春期所特有的生理、心理现象。初中生在日记中记录爱情心理活动的内容是她们的生理和心理发展变化的反映,教师对这个问题不要大惊小怪,而要客观冷静地对待。首先要维护学生的自尊心,注意保守"秘密",不应该在全班学生面前朗读出来,这样很容易在学生心灵上留下创伤。教师应进行正确的引导,要做学生的知心人,晓之以理,动之以情,切忌简单粗暴。

五、《中华人民共和国预防未成年人犯罪法》

《中华人民共和国预防未成年人犯罪法》(以下简称《预防未成年人犯罪法》),已由中华人民共和国第九届全国人民代表大会常务委员会第十次会议于1999年6月28日通过,自1999年11月1日起施行。这部法律的颁布和实施对于保障未成年人身心健康,培养未成年人良好的品行,有效预防和减少未成年人犯罪,具有重要意义。

(一)《预防未成年人犯罪法》的性质与地位

《预防未成年人犯罪法》同《未成年人保护法》关系密切,两者实质上都着眼于未成年人的保护,两者是相互联系、相互补充的关系。《预防未成年人犯罪法》旨在预防未成年人犯罪,其责任主体涉及学校、家庭、社会和司法部门。

(二)《预防未成年人犯罪法》的基本结构与内容

1. 基本结构

《预防未成年人犯罪法》共有八章,57条。包括预防未成年人犯罪教育、对未成年人不良行为的预防、对未成年人严重不良行为的矫正、未成年人对犯罪的自我防范、对未成年人重新犯罪的预防和法律责任。

2. 主体内容

(1)关于总则。规定了预防未成年人犯罪,立足于教育和保护,从小抓起,对未成年人的不良行为及时进行预防和矫治的基本指导思想。预防未成年人犯罪,在各级人民政府组织领导下,实行综合治理。有关部门、组织及社会各方面共同参与,各负其责,并具体规定了各级政府在预防未成年人犯罪方面的职责。

(2)关于预防未成年人犯罪的教育。预防未成年人犯罪,应当在对未成年人进行思想品德教育的基础上,加强对未成年人的预防犯罪的教育。教育的目的,是使未成年人懂得违法和犯罪行为对个人、家庭、社会造成的危害,违法和犯罪行为应当承担的法律责任。教育行政部门和学校则应当将预防未成年人犯罪的教育纳入学校教育教学计划之中,进行有针对性的教育;规定司法行政部门、教育行政部门、城市居民委员会、农村村民委员会以及一些未成年人活动场所应当开展多种形式的预防未成年人犯罪的法制宣传活动;此外,规定学校应当将教育计划及时与未成年人的父母沟通,以利于针对具体情况施教;职业教育培训机构、用人单位录用已满16周岁不满18周岁准备就业的未成年人时,应当将法律知识和预防犯罪教育纳入职业培训的内容等。

(3)关于对未成年人不良行为的预防,分别从横向和纵向进行了规定。在纵向上,首先具体列举了什么是不良行为,如何预防不良行为的产生,以及如果产生了不良行为应当如何帮教等内容,并在规定了九种不良行为的基础上,规定了如何针对未成年人不同时期的生理、心理特点,介绍良好的教育方法,指导教师、家长有效地防止、矫治未成年人的不良行为,又规定了对擅自外出、夜不归宿的未成年人,应当及时查找,收留夜不归宿的未成年人的,应当在二十四小时内及时通知其父母或者其他监护人、向所在学校或者向公安机关报告,发现未成年人组织、参与实施不良行为团伙的,以及发现有人教唆、胁迫、引诱未成年人违法犯罪的,应当向公安机关报告等内容。在对已经产生不良行为的未成年人如何进行帮教方面,规定了对于有不良行为的未成年人,其父母不得放任不管,不得迫使其离家出走;学校对有不良行为的未成年人应当加强教育、管理,不得歧视等内容。在横向上,分别从学校、家庭、社会分层次地进行了规定,如在规定学校的职责方面,除不得歧视有不良行为的未成年人以外,对不适合从事教育教学的教职员工,应当予以解聘或者辞退;在家庭方面,规定对于父母离异的,双方对子女都有教育的义务;继父母、养父母对受其抚养教育的未成年继子女、养子女,也应当履行预防犯罪方面的教育职责;在社会管理方面规定了一系列措施,如禁止在中小学校附近开办营业性歌舞厅、营业性电子游戏场所以及其他未成年人不适宜进入的场所。营业性歌舞厅以及其他不适宜未成年人进入的场所应当设置明显的未成年人禁入标志;以未成年人为对象的出版物不得含有诱发未成年人违法犯罪的内容;广播、电影、电视、戏剧节目以及出版物不得有渲染暴力、色情、赌博、恐怖活动等危害未成年人身心健康的内容;公安机关应当加强中小学校周围环境的治安管理等。此外,还对流动人口中有不良行为未成年人的管理问题进行了规定。

（4）关于对未成年人严重不良行为的矫治。首先列举规定了什么是严重不良行为。其次规定了对有严重不良行为的未成年人应当采取的矫治措施。在矫治措施中，主要规定了工读教育、治安处罚和收容教养等。关于工读学校，规定了报送程序，应当由未成年人的父母或者其他监护人，或者所在学校提出申请，经教育行政部门批准；课程设置及内容，除按照义务教育法的要求，在课程设置上与普通学校相同外，应当加强法制教育的内容，以及应当关心爱护在工读学校就读的未成年人，尊重他们的人格尊严，不得体罚、虐待和歧视等。对于构成违反治安管理的，规定了由公安机关依法予以治安处罚，对不满14周岁或者情节特别轻微免予处罚的，规定了可以予以训诫。另外，规定了对因不满16周岁不予刑事处罚的，可以由政府收容教养。未成年人在被收容教养期间，执行机关应当保证其继续接受文化知识、法律知识或者职业技术教育，对没有完成义务教育的未成年人，执行机关应当保证其继续接受义务教育；对解除收容教养、劳动教养的未成年人，不得歧视等。

（5）关于未成年人对犯罪的自我防范。除了对未成年人应当遵守法律、法规及社会公共道德规范，树立自尊、自律、自强意识的规定外，主要规定了被遗弃、虐待的未成年人有权向有关部门、组织请求保护，未成年人发现任何人对自己或者其他未成年人实施法律规定不得实施的行为及犯罪行为时，可以通过所在学校、其父母或者其他监护人向公安机关或者政府有关主管部门报告，也可以自己向上述机关报告等内容。另外，还规定了对同犯罪行为作斗争以及举报犯罪行为的未成年人，司法机关、学校、社会应当加强保护，保障其不受打击报复等内容。

（6）关于对未成年人重新犯罪的预防。首先规定了对犯罪的未成年人实行教育、感化、挽救的方针，坚持教育为主，惩罚为辅的原则。并规定了司法机关办理未成年人刑事案件，应当充分保障其应有的诉讼权利，应当根据未成年人的生理、心理特点和犯罪的情况，有针对性地进行法制教育；规定了人民法院在审理未成年人刑事案件时，应当遵守的一些规定，如对被采取强制措施的未成年学生，在人民法院的判决生效以前，不得取消其学籍。审理未成年人犯罪案件，对于已满14周岁不满16周岁的，一律不公开审理；对于已满16周岁不满18周岁的，一般也不公开审理。不得披露犯罪的未成年人的资料等。拘留、逮捕未成年的犯罪嫌疑人和对未成年犯执行刑罚，应当与成年人分别关押、分别管理、分别教育，对未成年犯应当保证对其继续进行义务教育；对刑满释放或者未判处监禁刑的未成年犯要落实帮教措施，不得歧视等。

六、《学生伤害事故处理办法》

2002年3月26日，教育部经部务会议讨论通过《学生伤害事故处理办法》（以下简称《办法》），对学生在校期间所发生的人身伤害事故的预防与处理作出了具体规定。《办法》共分为总则、事故与责任、事故处理程序、事故损害的赔偿、事故责任者的处理以及附则等六章四十条。该《办法》自2002年9月1日起施行。主要目的是指导和帮助教育行政部门、各级各类学校加强学校安全工作，积极预防并妥善处理学生伤害事故，其根本目的在于维护学生及学校双方的合法权益。

（一）《办法》的立法依据、目的及适用范围

（1）立法依据：《办法》是依据《中华人民共和国教育法》、《中华人民共和国未成年人保

护法》及其他相关法律、行政法规及有关规定而制定的。

(2)目的：主要目的是指导和帮助教育行政部门、各级各类学校加强学校安全工作，积极预防并妥善处理学生伤害事故，其根本目的在于维护学生及学校双方的合法权益。

(3)适用范围：《办法》适用于国家或者社会力量举办的全日制中小学（含特殊教育学校）、各类中等职业学校、高等学校（幼儿园发生的幼儿伤害事故，应当根据幼儿为完全无行为能力人的特点，参照本办法处理）。从伤害事故的范围来看，《办法》适用于在学校实施的教育活动或者学校组织的校外活动中，以及在学校负有管理责任的校舍、场地、其他教育教学设施、生活设施内发生的，造成在校学生人身损害后果的事故的处理。

(二)学生伤害事故的含义、特点、构成和分类

1. 含义

学生伤害事故是指在学校实施的教育教学活动或者学校组织的校外活动中，以及在学校负有管理责任的校舍、场地、其他教育教学设施、生活设施内发生的，造成在校学生人身损害后果的事故。

2. 特点

学生伤害事故的加害人或受害者至少有一方为学生，而且涉及多方利益。

3. 构成

从法律角度分析，学生伤害事故受害方必须是学生，必须有伤害结果发生。这里是指身体的直接创伤或死亡，不包括仅仅是精神上的伤害；必须有导致学生伤害事故的行为；主观方面绝大多数是过失，某些也可以是故意；伤害行为和损害结果必须有一项发生在学校对学生负有法定职责的期间和地域范围内，并且有因果关系。

4. 分类

从责任主体角度，可将造成学生伤害的事故分为以下三种。第一，学校责任事故，即由于学校过错未尽到相应的教育管理职责而造成的学生伤害事故。表现为学校、教师在履行职责过程中的作为和不作为，这是划分事故责任的标准。第二，第三方责任事故，包括校外活动中场地、设施提供方违反规定导致学生伤害事故及学生和监护人的责任等。第三，意外事故，包括由于自然因素及不可抗力造成的学生伤害事故，学生特异体质、疾病，学校和学生自身不了解或难以了解而引发的事故等。

(三)学校的责任范围

《办法》具体规定了学校应当承担相应责任的十二种情形：①学校的校舍、场地、其他公共设施，以及学校提供给学生使用的学具、教育教学和生活设施、设备不符合国家规定的标准，或者有明显不安全因素的；②学校的安全保卫、消防、设施设备管理等安全管理制度有明显疏漏，或者管理混乱，存在重大安全隐患，而未及时采取措施的；③学校向学生提供的药品、食品、饮用水等不符合国家或者行业的有关标准、要求的；④学校组织学生参加教育教学活动或者校外活动，未对学生进行相应的安全教育，并未在可预见的范围内采取必要的安全措施的；⑤学校知道教师或者其他工作人员患有不适宜担任教育教学工作的疾病，但未采取必要措施的；⑥学校违反有关规定，组织或者安排未成年学生从事不宜未成年人参加的劳动、体育运动或者其他活动的；⑦学生有特异体质或者特定疾病，不宜参加某种教育教学活动，学校知道或者应当知道，但未予必要的注意的；⑧学生在校期间

突发疾病或者受到伤害,学校发现,但未根据实际情况及时采取相应措施,导致不良后果加重的;⑨学校教师或者其他工作人员体罚或者变相体罚学生,或者在履行职责过程中违反工作要求、操作规程、职业道德或者其他有关规定的;⑩学校教师或者其他工作人员在负有组织、管理未成年学生的职责期间,发现学生行为具有危险性,但未进行必要的管理、告诫或者制止的;⑪对未成年学生擅自离校等与学生人身安全直接相关的信息,学校发现或者知道,但未及时告知未成年学生的监护人,导致未成年学生因脱离监护人的保护而发生伤害的;⑫学校有未依法履行职责的其他情形的。

七、《国家中长期教育改革和发展规划纲要(2010—2020年)》

2010年7月8日,中共中央、国务院印发《国家中长期教育改革和发展规划纲要(2010—2020年)》(以下简称《教育规划纲要》),从我国现代化建设的总体战略出发,规划描绘了我国未来10年教育改革发展的宏伟蓝图,科学确定了到2020年我国教育改革发展的战略目标、工作方针、总体任务、改革思路和重大举措。

(一)教育规划纲要的十大亮点

1. 亮点之一:学前教育纳入规划

"基本普及学前教育","把发展学前教育纳入城镇、社会主义新农村建设规划","大力发展公办幼儿园,积极扶持民办幼儿园","制定学前教育办园标准","重点发展农村学前教育",到2020年全面普及学前一年教育,将基本普及学前两年教育,有条件的地区普及学前三年教育。

2. 亮点之二:缩小校际差距,解决择校难题

"推进义务教育均衡发展","切实缩小校际差距,着力解决择校问题","实行县(区)域内教师、校长交流制度","发展民办教育,提供选择机会",义务教育阶段不得设置重点学校和重点班。加快薄弱学校改造,着力提高师资水平。实行优质普通高中和优质中等职业学校招生名额合理分配到区域内初中的办法。在保证适龄儿童少年就近进入公办学校的前提下,发展民办教育,提供选择机会。

3. 亮点之三:进城务工人员随迁子女,在当地参加升学考试

"切实解决进城务工人员子女平等接受义务教育问题",制定进城务工人员随迁子女义务教育后在当地参加升学考试的办法。到2020年,全面提高普及水平,全面提高教育质量,基本实现区域内均衡发展,确保适龄儿童、少年接受良好义务教育。适应城乡发展需要,合理规划学校布局,办好必要的教学点,方便学生就近入学。继续坚持"两为主"原则。

4. 亮点之四:减轻中小学生课业负担

"减轻中小学生课业负担",改革考试评价制度和学校考核办法。规范办学行为,建立学生课业负担监测和公告制度。不得以升学率对地区和学校进行排名,不得下达升学指标,"严格执行课程方案,不得增加课时和提高难度",把减负落实到中小学教育全过程,率先实现小学生减负。要把减负落实到教育教学各个环节,给学生留下了解社会、深入思考、动手实践、健身娱乐的时间。提高教师业务素质,改进教学方法,增强课堂教学效果,减少作业量和考试次数。培养学生学习兴趣和爱好。丰富学生课外及校外活动。各种考级和竞赛成绩不得作为义务教育阶段入学与升学的依据。

5. 亮点之五：逐步实行中等职业教育免费制度

"增强职业教育吸引力"，"逐步实行中等职业教育免费制度，完善家庭经济困难学生资助政策"，"完善职业学校毕业生直接升学制度，拓宽毕业生继续学习渠道"，"提高技能型人才的社会地位和待遇"，完善职业教育支持政策。建立健全政府主导、行业指导、企业参与的办学机制，形成行行出状元的良好社会氛围。

6. 亮点之六：推进政校分开，管办分离

"推进政校分开，管办分离"，"探索建立符合学校特点的管理制度和配套政策，克服行政化倾向，取消实际存在的行政级别和行政化管理模式"，"落实和扩大学校办学自主权"，政府及其部门要树立服务意识，改进管理方式，完善监管机制，减少和规范对学校的行政审批事项，依法保障学校充分行使办学自主权和承担相应责任。

7. 亮点之七：高校分类入学考试

"逐步实施高等学校分类入学考试。普通高等学校本科入学考试由全国统一组织；高等职业教育入学考试由各省、自治区、直辖市组织。"探索实行高水平大学联考。完善招生录取办法，建立健全有利于专门人才、创新人才选拔的多元录取机制。克服"一考定终身"的弊端，推进素质教育实施和创新人才培养。未来十年，我国高招本科将建立健全五套录取机制：普通高考录取、自主招生录取、推荐录取、定向培养录取、社会特殊人才录取。

8. 亮点之八：教师工资不低于公务员

"提高教师地位待遇。""依法保证教师平均工资水平不低于或者高于国家公务员的平均工资水平，并逐步提高。""对长期在农村基层和艰苦边远地区工作的教师，在工资、职务（职称）等方面实行倾斜政策，完善津贴补贴标准。"改善工作和生活条件。制定教师住房优惠政策。

9. 亮点之九：在中小学设置正高级职务（职称），激发教师积极性

"健全教师管理制度。"国家制定教师资格标准，明确教师任职学历标准和品行要求。"建立统一的中小学教师职务（职称）系列，在中小学设置正高级教师职务（职称）。探索在职业院校设置正高级教师职务（职称）。"

10. 亮点之十：纠正对民办学校歧视

"大力支持民办教育。""清理并纠正对民办学校的各类歧视政策。"开展对营利性和非营利性民办学校分类管理试点，健全公共财政对民办教育的扶持政策。依法明确民办学校变更、退出机制，民办学校的法人财产权依法得到国家保护，民办学校出资人可以依法退出。国家认可出资人的合法权利，尊重出资人的权益，吸引更多的社会资金投入民办教育领域，促进民办学校更好更快发展。

（二）教育规划纲要的特点

1. 特点之一：规划时间长

2. 特点之二：《规划纲要》质量要求

（1）人民群众满意。

（2）符合中国国情。

（3）要满足时代的需求。

最为突出的是——体现了把满足人民群众愿望与遵循教育规律相结合，把立足国情与借鉴国际先进理念经验相结合，把广纳群言与专家咨询相结合，把听取教育系统意见与听取社会各方面建议相结合,把充分讨论与凝聚共识相结合,把教育发展与经济社会发展相结合,把总结历史经验、把握现状与面向未来相结合。

3. 特点之三:原则鲜明

教育规划纲要在研究制定过程中始终坚持把握七条原则:一是坚持把中国特色社会主义理论体系特别是十六大以来党的理论创新成果作为思想基础,加强和改善党对教育工作的领导,坚定不移地走中国特色社会主义教育发展道路。二是坚持全面贯彻党的教育方针,深入推进素质教育,紧紧抓住培养什么人、怎样培养人这一根本问题,牢牢掌握学校意识形态工作的主导权,有力抵制西方不良思潮的侵袭和国内各种错误思想的影响,努力培养德智体美全面发展的社会主义事业合格建设者和可靠接班人。三是坚持面向现代化、面向世界、面向未来,深入总结新中国成立60年特别是改革开放30年来我国教育取得的成就和经验,借鉴世界各国的有益做法,努力把握教育规律、教学规律和人才成长规律,整体考虑、超前部署,全面推动教育事业科学发展。四是坚持以人为本,顺应人民群众对接受更多更好教育的新期盼,把促进人的全面发展、办好人民满意的教育作为教育规划纲要的落脚点,着力解决群众最关切、反映最强烈的问题,体现雪中送炭。五是坚持立足基本国情,深刻认识我国发展的阶段性特征,紧密结合经济社会发展对各级各类人才和劳动者素质的全面需要,充分考虑人均收入水平低、城乡差别大、发展不平衡的现实,尽力而为、量力而行。六是坚持解放思想、实事求是、与时俱进,突出改革创新,尊重基层和群众首创精神,支持和鼓励各地各校进行探索和试验,努力冲破传统观念和体制机制的束缚。七是坚持依法治教,体现教育法律法规的原则和精神,注意与科技、人才等中长期规划纲要相协调,保持政策的连续性、系统性。

4. 特点之四:确定了新的教育工作方针

1) 优先发展

把教育摆在优先发展的战略地位。教育优先发展是党和国家提出并长期坚持的一项重大方针。各级党委和政府要把优先发展教育作为贯彻落实科学发展观的一项基本要求,切实保证经济社会发展规划优先安排教育发展,财政资金优先保障教育投入,公共资源优先满足教育和人力资源开发需要。充分调动全社会关心支持教育的积极性,共同担负起培育下一代的责任,为青少年健康成长创造良好环境。完善体制和政策,鼓励社会力量兴办教育,不断扩大社会资源对教育的投入。

2) 育人为本

把育人为本作为教育工作的根本要求。人力资源是我国经济社会发展的第一资源,教育是开发人力资源的主要途径。要以学生为主体,以教师为主导,充分发挥学生的主动性,把促进学生健康成长作为学校一切工作的出发点和落脚点。关心每个学生,促进每个学生主动地、生动活泼地发展,尊重教育规律和学生身心发展规律,为每个学生提供适合的教育。努力培养造就数以亿计的高素质劳动者、数以千万计的专门人才和一大批拔尖创新人才。

3) 改革创新

把改革创新作为教育发展的强大动力。教育要发展,根本靠改革。要以体制机制改革为重点,鼓励地方和学校大胆探索和试验,加快重要领域和关键环节改革步伐。创新人才培养体制、办学体制、教育管理体制,改革质量评价和考试招生制度,改革教学内容、方法、手段，建立现代学校制度。加快解决经济社会发展对高质量多样化人才需要与教育培养能力不足的矛盾、人民群众期盼良好教育与资源相对短缺的矛盾、增强教育活力与体制机制约束的矛盾，为教育事业持续健康发展提供强大动力。

4）促进公平

把促进公平作为国家基本教育政策。教育公平是社会公平的重要基础。教育公平的关键是机会公平，基本要求是保障公民依法享有受教育的权利，重点是促进义务教育均衡发展和扶持困难群体，根本措施是合理配置教育资源，向农村地区、边远贫困地区和民族地区倾斜，加快缩小教育差距。教育公平的主要责任在政府，全社会要共同促进教育公平。

5）提高质量

把提高质量作为教育改革发展的核心任务。树立科学的质量观，把促进人的全面发展、适应社会需要作为衡量教育质量的根本标准。树立以提高质量为核心的教育发展观，注重教育内涵发展，鼓励学校办出特色、办出水平，出名师，育英才。建立以提高教育质量为导向的管理制度和工作机制，把教育资源配置和学校工作重点集中到强化教学环节、提高教育质量上来。制定教育质量国家标准，建立健全教育质量保障体系。加强教师队伍建设，提高教师整体素质。

第三节 教师的权利与义务

一、教师的权利

（一）教师权利的含义

教师在法律上的权利分为两部分，一是教师作为一般公民所享有的权利，二是教师作为教育者的权利。作为普通公民，教师享有《宪法》所规定的公民的基本权利，如公民的政治权利、宗教信仰自由、社会经济权利、文化教育权利等。作为专业人员，教师在从事教育活动中有其特殊的权利，这是一种职业特定的法律权利。而我们这里所谈的教师权利就是针对教师的职业权利而言的。

教师权利，是指教师在教育教学活动中享有的权益，是国家对教师能够做出或不做出一定行为，以及要求他人相应做出或不做出一定行为的许可和保障。法律上的教师权利包括教师实施某种行为的权利以及要求义务人履行义务的权利。当教师的权利受到侵害时，有权诉诸法律，要求确认和保护其权利。

（二）教师的基本权利

依据《教师法》的规定，我国教师享有以下基本权利。

1. 教育教学权

教师享有进行教育教学活动，开展教育教学改革和实验的权利，简称教育教学权。这是教师为履行教育教学职责而必须具备的最基本的权利。作为教师，有权依据其所在学校的教学计划、教学工作量等具体要求，结合自身教学特点自主地组织课堂教学；有权依照教学大纲的要求确定其教学内容、进度,不断完善教学内容;有权针对不同的教育教学对象,在教育教学的形式、方法、具体内容等方面进行改革和实验。任何人不得非法剥夺在聘教师行使这一基本权利。同时不具备教师资格的人不得享有这项权利。虽已取得教师资格,但尚未受聘或已被解聘的人员,对此项权利的行使处于停顿状态,待任用时方能行使这一权利。学校和其他教育机构依法解聘教师的,不属于侵犯教师权利的行为,不承担侵犯教师权利的责任。

2. 科学研究权

教师享有从事科学研究、学术交流,参加专业的学术团体,在学术活动中充分发表意见的权利,简称科学研究权。这是教师作为专业技术人员所享有的一项基本权利。教师在完成规定的教育教学任务的前提下,有权进行科学研究、技术开发、撰写学术论文、著书立说;有权参加有关的学术交流活动,参加依法成立的学术团体并在其中兼任工作;有权在学术研究中发表自己的学术观点,开展学术争鸣。教师从事这些工作,既有利于提高自身的政治、业务素质,又有利于教学水平的提高和人才的培养,同时也是将宪法中规定的公民基本权利根据教师的职业特点加以具体化。

教师业务水平的提高,主要包括知识、能力和素质的提高。特别是教师的知识,它不是单一的、不变的,需要不断地加以更新。在现代社会中,教师的科研权利显得尤其重要。

知识窗

学 术 自 由

"学术自由"根源于"思想自由",是一种古老而富有生命力的大学精神。大学在西方首创之时,便以学术自由著称于世,及至今天仍是世界各国大学矢志不渝的理想追求。从某种意义上说,一部世界大学发展史就是一部大学力争学术自由的历史。在西方大学发展史上,"学术自由"与"大学自治"是一对孪生概念。从学术自身发展的规律看,学术自由是繁荣学术、发展科学、探求真理的基本条件。就其本原含义而言,学术自由包括两个层次的含义:一是指思想自由、言论自由或曰研究自由;二是指教育过程中的教学自由,包括"教的自由"和"学的自由"两个方面。概言之,所谓学术自由,是指在学术研究的过程中,不受外界的压力和干扰,从而客观、自主、潜心地进行创造性思考、研究和交流。这里的"学术",是广义的,包括有关教学、科研及一切探索真理的活动。这里的"自由",又是相对的,是学术权利和社会责任的有机统一。学术自由与学术责任犹如一个硬币的两面,学术自由在彰显无畏的开放意识、自由的探究精神的同时,又蕴涵着一份社会的责任、规范、自律和义务。

学术自由,又是大学最高准则之一。没有学术自由,就不会有对高深学问的执着探究,大学也就失去了其存在的价值。正如布鲁贝克所言:"大概没有比打击或压制学术自由更直接指向高等教育的要害了,我们必须不惜一切代价防止这种威胁,学术自由是学术界的要塞,永远不能放弃。"

(资料来源:http://rec.snnu.edu.cn/Article—Show.aspArticleID=432&ArticlePage=2)

3. 管理学生权

教师享有指导学生的学习和发展,评定学生的品行和学业成绩的权利,简称管理学生权。这是与教师在教育教学过程中的主导地位相适应的一项基本权利。作为教师,有权根据教育规律和学生的性格和特长因材施教,有针对性地指导学生的学习,并在学生的升学、就业等方面给予指导；有权对学生的思想品德、学习、文体活动、劳动等方面给予客观公正的评价；有权运用正确的指导思想和科学的方式方法，使学生的个性和能力得到充分发展。教师在行使管理学生权时，要注意加强对学生的各方面管理，将关心爱护学生与严格要求相结合，促进学生德、智、体等方面全面发展，任何组织和个人不得非法干涉教师行使这一占主导地位的基本权利。

4. 获取报酬待遇权

教师享有按时获取工资报酬，享受国家规定的福利待遇以及寒暑假期的带薪休假的权利，简称获取报酬待遇权。这是教师的基本物质保障权利。"按时获取工资报酬"，就是教师有权要求所在单位及其主管部门根据教师聘任合同规定，按时、足额地支付工资报酬。"工资报酬"通常包括国家规定的教师基础工资、职务工资以及课时报酬、奖金、教龄津贴、班主任津贴和其他各种津贴、政府政策性补贴等在内的工资性收入。"享受国家规定的福利待遇"，主要包括在医疗保健、住房、退休等方面依照教师法及国家其他有关规定享受的各种福利待遇和优惠措施以及寒暑假的带薪休假。教师法规定这一权利，是从教师的劳动性质出发，对宪法规定的公民享有劳动的权利和劳动者有休息的权利的具体化。教师的劳动是专业性、社会公益性较强的劳动，而非简单劳动，也非营利性劳动，其得到相应的工资报酬和各种福利待遇也是稳定的、规范的。教师这项基本权利的行使，是教师维持个人家庭生活和其体能的基本保障。因此，各级人民政府、有关部门应当采取有力措施，依法保障教师工资、福利及带薪休假等权利的落实。教师也可以借助国家强制机关保障自己权利的实现。

5. 民主管理权

教师享有对学校教育教学、管理工作和教育行政部门的工作提出意见和建议，通过教职工代表大会或者其他形式，参与学校的民主管理的权利，简称民主管理权。这是教师参与教育管理的民主权利，是宪法中所规定的"公民对任何国家机关和工作人员，有提出批评和建议的权利"的具体表现，有利于调动教师参政议政的自觉性和积极性，发挥教师的主人翁作用，加强对学校和教育行政部门工作的监督。教师有权通过教职工代表大会、工会等组织形式以及其他适当方式，参与学校民主管理，讨论学校改革、发展等方面的重大事项，保障自身的民主权利和切身利益，推进学校的民主建设。以教职工代表大会形式为例，教师的参与管理权体现在以下方面：听取校长的工作报告，讨论学校年度工作计划、发展计划、改革方案、教职工队伍建设等重大问题；讨论职工奖惩办法以及其他有关教职工的一些福利事项；监督学校管理工作。教师在行使民主管理权时，应注意遵循民主集中制的原则，并充分发挥自己对学校、教育行政部门工作的监督作用。

6. 进修培训权

教师享有参加进修或者其他方式的培训的权利，简称进修培训权。这是教师享有的接受继续教育的权利。现代社会和科技的飞速发展，要求教师及时更新知识，不断提高自身素质。教师有权参加进修或其他多种形式的培训，以提高思想政治觉悟和业务水平。教育行政部门、学校以及其他教育机构，应采取多种形式，开辟多种渠道，努力为教师的进修培训创造有利条件，切实保障教师权利的实现。这一权利的基本含义包括：①教师有权参加进修或接受其他形式的培训，不断更新知识，调整知识结构，逐渐完善终身学习体制，从而保障教育教学质量；②教育行政部门和学校其他教育机构应当采取多种形式，开辟多种渠道,保证教师进修培训权的行使,如运用现代远程教育网络,为教师提供继续教育、终身学习的机会。教师行使这一权利,必须保证完成本职工作,有组织、有安排地进行,不得影响学校正常的教育教学工作。

教师的权利所包括的内容是十分丰富的,反映了现阶段我国政治、经济、文化发展的总体水平所给予教师的特定权利。教师法第一次把教师享有的基本权利集中起来加以法定化,为教师的教书育人行为确立了一个基本尺度,具有重大意义。国家、社会应当采取有效措施,包括提供物质条件、给予精神鼓励、搞好服务,同时还应指定各种配套法规、规章等来保障教师享有的权利。对于教师来说,既要认识这些权利自身的意义,并努力通过合法的形式去行使这些权利,又要注意不得滥用这些权利,不得违背教师职业道德和社会公德。

二、教师的义务

(一)教师义务的含义

如同教师的权利一样,教师的义务也分为两部分:一是教师作为公民应承担的义务,二是教师作为教育者应承担的义务。这两部分义务既有联系又有区别。一方面,教师作为公民应承担的一部分义务体现在教师的特定义务之中;另一方面,教师特定义务中的一部分又是公民义务的具体化和职业化,还有一部分内容是相互独立的。在此我们是针对教师特定义务而言的。

所谓教师的义务,是指依照法律规定教师从事教育教学工作必须履行的责任,表现为必须作出或不作出的一定行为。依据不同的标准可以进行多种划分:①积极义务和消极义务。积极义务是必须作出一定行为的义务,消极义务是不能作出一定行为的义务。②绝对义务和相对义务。绝对义务是一般人承担的义务,相对义务则指特定人承担的义务。③第一义务和第二义务。第一义务是指不侵害他人的义务,第二义务则指由于侵害他人的权利而发生的义务。①

(二)教师的基本义务

我国《教育法》第二章第八条专门对教师义务作出了具体规定。依照《教师法》的规定,我国教师应当履行下列义务。

1. 遵守宪法、法律和职业道德,为人师表

宪法和法律是国家、社会组织和公民活动的基本行为准则。任何组织和公民都必须遵守。教师要教书育人,就应模范地遵守宪法和法律。教师职业是一种专门化的职业,有着自身的职业道德准则,教师应当自觉遵守职业道德,做到爱岗敬业,热爱学生,诲人不倦,博学多才,关心集体,团结奋进。国家教委和全国教育公会于1991年发布了《中小学教师职业道德规范》,明确规定了中小学教师应当遵守的职业道德准则,中小学教师应严格遵守。教师是人类灵魂的工程师,担负着培养下一代的任务,他们在传授科学文化知识的同时,对学生的思想品德、个性形成有着重要影响,所以教师要注意言传身教,做到为人师表。

---

① 劳凯声.教育法导读[M].北京:北京师范大学出版社,1996.

关于教师的职业道德,国家教委、全国教育工会早在 1991 年 8 月 13 日曾颁布了《中小学教师职业道德规范》。经过多年的实行,1997 年国家教委和全国教育工会重新修订颁布了《中小学教师职业道德规范》,其内容如下。

(1) 依法执教。学习和宣传马列主义、毛泽东思想和邓小平同志建设有中国特色社会主义理论,拥护党的基本路线,全面贯彻国家教育方针,自觉遵守《教师法》等法律法规,在教育教学中同党和国家的方针政策保持一致,不得有违背党和国家方针、政策的言行。

(2) 爱岗敬业。热爱教育、热爱学校,尽职尽责,教书育人,注意培养学生具有良好的思想品德。认真备课上课,认真批改作业,不敷衍塞责,不传播有害学生身心健康的思想。

(3) 热爱学生。关心爱护全体学生,尊重学生的人格,平等、公正对待学生。对学生严格要求,耐心教导,不讽刺、挖苦、歧视学生,不体罚或变相体罚学生,保护学生合法权益,促进学生全面、主动、健康发展。

(4) 严谨治学。树立优良学风,刻苦钻研业务,不断学习新知识,探索教育教学规律,改进教育教学方法,提高教育、教学和科研水平。

(5) 团结协作。谦虚谨慎、尊重同志,相互学习、相互帮助,维护其他教师在学校中的威信。关心集体,维护学校荣誉,共创文明校风。

(6) 尊重家长。主动与学生家长联系,认真听取意见和建议,取得支持和配合。积极宣传科学的教育思想和方法,不训斥、指责学生家长。

(7) 廉洁从教。坚守高尚情操,发扬奉献精神,自觉抵制社会不良风气影响。不利用职责之便谋求私利。

(8) 为人师表。模范遵守社会公德,衣着整洁得体,语言规范健康,举止文明礼貌,严于律己,作风正派,以身作则,注重身教。

2. 贯彻国家的教育方针,遵守规章制度,执行学校的教学计划,履行教师聘约,完成教育教学工作任务

这项义务可称为教育教学义务。其基本内容包括:

(1) 教师在教育教学活动中,应当全面贯彻国家关于"教育必须为社会主义现代化建设服务,必须与生产劳动相结合,培养德、智、体等方面全面发展的社会主义事业的建设者和接班人"的教育方针,全面推进素质教育。

(2) 遵守教育行政部门和学校制定的教育教学管理的各项规章制度,执行学校依据国家规定的课程计划、教学大纲或教学基本要求而制定的具体教学计划。

(3) 履行教师聘任合同中约定的教育教学职责,完成职责范围内的各项教育教学工作,保证教育教学质量。

必须指出,教师的主要任务就是做好教育教学工作。为了保证教师履行教育教学义务,1989 年国务院批准的由国家教委、人事部联合制定的《关于进一步发展中小学勤工俭学若干问题的意见》中明确规定:"中小学教师的主要任务是搞好教学工作,除抽调出来从事勤工俭学工作的以外,不提倡教师个人从事第二职业,并严禁教师、学生个人经商。"

3. 对学生进行宪法所确定的基本原则的教育和爱国主义、民族团结的教育,法制教育以及思想品德、文化、科学技术教育,组织、带领学生开展有益的社会活动

这项义务可简称为全面教育义务。具体内容包括:

(1) 教师应当对学生进行四项基本原则的教育和爱国主义、民族团结的教育,坚定学生的共产主义信念,培养学生爱祖国、爱人民的思想。

(2)教师应当对学生进行法制教育及思想品德、文化、科学技术的教育,增强学生的法制观念,引导学生树立科学的世界观、人生观、价值观,并使学生掌握现代文化科学技术知识,把学生培养成为有理想、有道德、有文化、有纪律的合格公民。

(3)教师应当根据学生能力培养和健康成长的需要,组织学生开展有益的社会活动,使学生在活动中长知识,长才干,培养学生的社会责任感。

4. 关心、爱护全体学生,尊重学生人格,促进学生在品德、智力、体质等方面全面发展

这项义务可称为爱护尊重学生的义务。其基本内容包括:

(1)教师应当关心、爱护学生。关心、爱护学生是教师的天职,也是教师做好教育工作的前提条件。教师关心、爱护学生,不能只是关心、爱护一部分学生,而是应当关心、爱护全体学生,对缺点较多的后进生,教师应当给予更多的关心、爱护。教师关心、爱护学生,有利于学生的健康成长。

(2)教师应当尊重学生人格。人格尊严是宪法赋予公民的一项基本权利。尽管在教育教学活动中教师处于主导地位,学生处于受教育者的地位,但二者在人格上是平等的。一个称职的教师,不仅懂得关心、爱护学生,更应当懂得尊重学生人格,否则,将会造成不良后果。在现实生活中,教师体罚学生导致学生身体伤害,教师私自拆看学生信件、泄漏学生隐私造成学生自杀现象屡有发生,究其原因,与教师缺乏相关的法律意识不无关系。因此,教师应提高这方面的法律意识,确保学生人格尊严不受侵犯,促进学生身心的健康成长。

5. 制止有害于学生的行为或者其他侵犯学生合法权益的行为,批评和抵制有害于学生健康成长的现象

这项义务可称为保护学生的义务。这一义务包括两方面的内容:

(1)教师在教育教学活动中有义务制止有害于学生的行为或其他侵犯学生合法权益的行为。保护学生的合法权益和身心健康发展是全社会的共同责任,教师更是责无旁贷。对于来自各方面的不利于学生健康成长的行为或者侵犯学生合法权益的行为,如社会上的无业青年恐吓学生、索要学生财物等,教师有义务加以劝说、制止,必要时向有关机关举报。

(2)教师有义务对社会上出现的有害于学生健康成长的不良现象进行批评和抵制。在社会生活中存在种种有害于学生健康成长的现象,如腐败现象、唯利是图现象、文娱场所对色情和暴力的渲染以及文化传媒对学生的不当引导等,对此,教师有义务通过各种方式加以批评和抵制,以维护学生的健康成长。

6. 不断提高思想政治觉悟和教师教学业务水平

这项义务可称为提高思想业务水平的义务。古人云,学高为师,身正为范。教育教学工作是一项培养人才且专业性很强的工作,这就要求教师应具有较高的思想道德和业务水平。特别是在当今社会,科学技术发展迅速,知识更新速度不断加快,而且社会生活日趋复杂化,各种道德、价值观念鱼龙混杂。为了适应新形势下教育教学工作的需要,教师应不断学习,更新知识,加强思想道德修养。只有这样,才能真正担负起提高民族素质的历史使命。

第四节 学生的权利与义务

学生兼有多种身份，决定了学生在一般社会关系中享有普通公民应有的权利，履行普通公民应尽的义务；同时在教育法律关系中，学生作为受教育者又区别于其他教育主体，享有特定的权利，履行特定的义务。此处讨论学生作为受教育者的权利和义务。

一、学生的权利

《教育法》第四十三条规定了受教育者应当享有的权利包括：参加教育教学计划安排的各项活动，使用教育教学设施、设备、图书资料；按照国家有关规定获得奖学金、贷学金、助学金；在学业成绩和品行上获得公正评价，完成规定的学业后获得相应的学业证书、学位证书；对学校给予的处分不服向有关部门提出申诉，对学校、教师侵犯其人身权、财产权等合法权益，提出申诉或者依法提起诉讼；法律、法规规定的其他权利。

1. 参加教育教学活动

参加教育教学活动是学生享有宪法赋予其受教育权的集中体现。学生参加教学计划安排的各种活动，如课堂活动、讲座、课堂讨论、观摩、实验、见习、实习、测验和考试等，使用教育教学设施、设备、图书资料，是接受教育和获得知识的基本途径。任何组织和个人都不得以任何借口非法剥夺学生参加教育教学活动，使用各种必要的教育教学设施、设备以及图书资料的权利。为了保障学生充分行使参加教育教学活动的权利，学校及其他教育机构应当按照规定提供符合卫生安全标准的教育教学设施、设备，必要的图书资料以及其他相应的教学用品，保证各类学生顺利完成学习任务。

2. 按照国家有关规定获得奖学金、贷学金、助学金

获得奖学金、贷学金、助学金是学生获得国家各种经济资助的权利。奖学金是为奖励品学兼优的学生和报考国家重点保证的、特殊的、条件艰苦的专业的学生而设立的经济资助制度。奖学金制度在国家有关部门及各级各类学校，特别是高等学校均有设立。目前国家设立的高校奖学金主要包括：①本、专科生奖学金，分为优秀学生奖学金、专业奖学金、定向奖学金；②研究生奖学金，主要分为研究生普通奖学金和研究生优秀奖学金。贷学金是指为向家庭经济困难的学生提供帮助而设立的经济资助制度。普通高等学校学生，家庭经济确有困难的，无力解决在校期间的生活费用，可以根据国家有关规定申请贷学金。国家向学生提供一定数量的无息贷款，但在一定期限内必须归还。助学金，即勤工助学金，是指为使学生特别是家庭经济困难的学生通过参加劳动获得报酬，自主完成学业的经济资助制度。国家在初级中等学校和部分小学实行助学金制度，主要用于少数民族地区、贫困地区以及需要寄宿就读的困难学生，帮助贫困学生解决部分生活费用。除国家助学金以外，学校应当设立勤工助学金，学生经济确有困难，可以通过勤工俭学活动，获得相应的报酬，以保证完成学业。凡是符合规定的学生都有权参加勤工俭学活动，并获得一定的劳动报酬，任何单位和个人不得克扣或拖欠学生的助学金。

3. 获得公正评价和证书

学生在学业成绩和品行上获得公正评价是指学生有权在德、智、体等方面获得按照国家统一标准的一视同仁的客观评价。学校教师应按照《中小学生守则》《小学生日常行为规范(修订)》《中学生日常行为规范(修订)》《高等学校学生行为准则》以及《普通高等学校学生管理规定》等法律法规对学生品行等方面的规定实事求是地评价学生,对学生的优缺点进行恰当的分析。

学生除在学业成绩和品行上有获得公正评价的权利外,还具有在完成规定的学业后获得相应的学业证书、学位证书的权利。学位证书是学校或者其他教育机构依法颁发给学生,证明学生完成学业情况的凭证。学业证书一般分为以下三种:毕业证书、结业证书和肄业证书。国家实行教育考试制度,经国家批准或认可的学校及其他教育机构可以依照国家的有关规定,对学完教育教学计划规定的全部课程、考试、考核及格或者修满学分,或者是达到一定学术、专业技术水平的学生颁发相应的学历证书、学位证书和其他学业证书。高等学校学生有权依照《中华人民共和国学位条例》中的相关规定获得自己应当获得的学位证书。

4. 提出申诉或依法提起诉讼

学校是教育机构,同时也担负着管理学生的职责。当学生的行为违反了学校的校纪校规时,学校有权对学生给予处分,以维护正常的教育教学秩序。但为了保证学校所给予的处分客观、公正,当学生对学校给予的处分不服,如认为不应受处分或者处分过重的,有权向学校的上级主管部门提出申诉,要求上级主管部门作出处理并及时予以答复。

同时,在我国,学生的人身权、财产权等合法权益受法律保护,学校和教师均不得加以侵犯。当学生的合法权益受到学校、教师的侵犯时,学生有权向有关部门提出申诉,可以向人民法院提起民事诉讼,以维护自己的合法权益。在学校和教师工作中,侵犯学生合法权益的情况主要有:①学校侵犯学生的人身权,如学校因处分学生不当导致对学生名誉权的侵害;②学校侵犯学生的财产权,如学校违反《义务教育法实施细则》和有关地方性法规规定的乱收费;③教师侵犯学生的人身权,如教师体罚或变相体罚学生,扣押、私拆学生信件;④教师侵犯学生的财产权,如教师强迫学生购买与教学无关的用品;⑤学校或教师侵犯学生的知识产权,如学校强行将学生的发明、创造占为己有,教师将学生撰写的文章以自己的名义发表。对上述侵权行为,学生有权提出申诉或者依法提起诉讼。

5. 法律法规规定的其他权利

这项权利是指学生除享有《教育法》所规定的权利外,还享有其他法律、法规所规定的权利。这里所说的其他法律、法规既包括教育法律、法规,也包括教育法律、法规以外的法律、法规。例如,《未成年人保护法》规定学校不得使未成年学生在危及人身安全、健康的校舍和其他教育教学设施中活动。又如,《普通高等学校学生管理规定》规定学生有权参加校内合法的学生社团。再如,《义务教育法》中规定流动人口子女特别是进城务工的农民工子女享有平等的接受义务教育的权利等。

典型案例

齐齐哈尔医学院两名学生状告学校重获受教育权

齐齐哈尔医学院本科2002级眼耳医学专业和临床医学专业的两名学生,分别在2005年12月24日的大学英语六级和四级考试中用手机传递答案,被监考老师发现,后被学校开除。

学校的处分决定作出后,两名作弊学生觉得处罚过重,于2006年8月将学校告上法庭。庭审中,齐齐哈尔医学院有关负责人认为,考试作弊是有失诚信和不道德的行为,对于这种不良风气学校绝对不能姑息。学校对这两名作弊学生给予开除处分是符合有关行政规定的,请求法院维持学校作出的处分决定。

齐齐哈尔市富拉尔基区人民法院审理认为,学校对两名学生作出的开除学籍处分书并未送达两原告,根据《普通高等学校学生管理规定》第五十八条的规定属程序违法。同时根据《中华人民共和国行政诉讼法》的规定,在行政诉讼中,被告对其作出的具体行政行为承担举证责任,而齐齐哈尔医学院并没有向法庭提供相应证据,即两学生作弊时所用通讯设备,缺乏事实依据,因而宣布撤销对两名学生的处分决定。

(案例来源:梁冬《齐齐哈尔医学院两名学生状告学校重获受教育权》,http://www.jyb.com.cn/fz/fzsx/t20070417_78161.htm,2007-04-17)

分析:《教育法》第四十三条规定受教育者享有"在学业成绩和品行上获得公正评价,完成规定的学业后获得相应的学业证书、学位证书;对学校给予的处分不服向有关部门提出申诉,对学校、教师侵犯其人身权、财产权等合法权益,提出申诉或者依法提起诉讼"的权利。因此,两名学生可以依法对学校提起诉讼。

二、学生的义务

一定权利的享有对应着一定义务的履行。学生是教育法律关系中的重要主体,享有法律规定的权利,同时为了保证正常的社会秩序和教育教学活动的顺利进行,提高教育教学质量,学生也必须履行相应的义务。《教育法》第四十四条规定了学生应当履行的义务包括:遵守法律、法规;遵守学生行为规范,尊敬师长,养成良好的思想品德和行为习惯;努力学习,完成规定的学习任务;遵守所在学校或者其他教育机构的管理制度。

1. 遵守法律、法规

遵守法律、法规既是每个公民应当履行的基本义务,也是每个学生应当履行的义务。《宪法》规定了公民必须遵守宪法和法律的义务。国家的法律、法规是国家、社会组织、家庭和每一个公民的活动准则,任何组织和公民都必须遵守,学生亦不例外。遵守国家的法律、法规也包括遵守教育的法律、法规。例如,《义务教育法》第十一条第一款规定:"凡年满六周岁的儿童,其父母或者其他法定监护人应当送其入学接受并完成义务教育。"这表明,适龄儿童按时入学接受义务教育是其必须遵守的法律规范,也是其必须履行的义务。

2. 养成良好品德

遵守学生行为规范,尊敬师长,养成良好的思想品德和行为习惯是学生必须履行的义务。学生履行这方面的义务在不同的年龄阶段有不同的要求。《中小学生守则》、《小学生日常行为规范(修订)》、《中学生日常行为规范(修订)》、《中小学德育工作规程》、《高等学校学生行为准则》和《普通高等学校学生管理规定》对不同层次和类型学校的学生的品德养成有具体的规定。例如,《中小学生守则》规定中小学生要孝敬父母、尊敬师长、礼貌待人、热爱集体、团结同学、互相帮助、关心他人等。这既是对中小学生在品德上提出的要求,也是每个中小学生必须履行的义务。《小学生日常行为规范(修订)》、《中学生日常行为规范(修订)》对中小学生在日常生活中如何养成良好的思想道德作出了详细的规定。如对小学生要求尊敬国旗、国徽,会唱国歌,升降国旗、奏唱国歌时肃立、脱帽、行注目礼,少先队员行队礼;待人有礼貌,说话文明,讲普通话,会用礼貌用语,不骂人,不打架。对中学生则要求自尊自爱,注重仪表;诚实守信,礼貌待人;遵规守纪,勤奋学习;勤劳俭朴,孝敬父母;严于律己,遵守公德。大学生大部分已经是成年人,世界观、价值观、人生观趋于成熟,具有明辨是非的能力。《高等学校学生行为准则》要求高等学校学生应"遵纪守法,弘扬正气。遵守宪法、法律法规,遵守校纪校规;正确行使权利,依法履行义务;敬廉崇洁,公道正派;敢于并善于同各种违法违纪行为作斗争"。

3. 努力学习

努力学习,完成规定的学习任务是每个学生应当履行的义务。这是学生区别于其他公民的一项特殊义务。学生的首要任务是要学习科学文化知识、完成学业,成为德、智、体、美等方面全面发展的合格的社会公民。因此,学生在学习期间应当按照相应的教学计划、教学大纲和教师的安排完成规定的学习任务。具体做到:明确学习目的,端正学习态度,刻苦认真学习;遵守课堂纪律,按时到校,不迟到,不早退,不无故缺课;上课专心听讲,勇于提出问题,敢于发表自己的见解,积极回答教师的提问;课后认真复习,按时独立、保质保量地完成各科作业;遵守考试纪律,考试不作弊;完成各个阶段的必修课程,广泛阅读各方面的书籍,开阔视野,努力取得优良成绩等。不同层次和不同类型学校的学生,其学习任务有所不同。

4. 遵守学校管理制度

学生应当履行遵守所在学校或其他教育机构的管理制度的义务。学校为了保证教育教学工作的顺利进行,必须制定有关的管理制度。学生作为教学活动中的主体,有义务遵守所在学校的各项管理制度;遵守学校的学籍管理制度;遵守学校体育、卫生、图书仪器、校园管理的制度等。学生遵守这些管理制度,与遵守国家法律、法规是一致的。从根本上来说,学校的管理制度是国家法律、法规的具体化。学生如果违反其所在学校的管理制度,会受到批评教育或相应的处分。例如,《普通高等学校学生管理规定》第十六条规定:"学生严重违反考核纪律或者作弊的,该课程考核成绩记为无效,并由学校视其违纪或者作弊情节,给予批评教育和相应的纪律处分。给予警告、严重警告、记过及留校察看处分的,经教育表现较好,在毕业前对该课程可以给予补考或者重修机会。"对学生进行处分是对学生不良思想行为进行否定,帮助学生克服缺点、改正错误、分清是非、明确方向,督促学生自觉地遵守其所在学校的各种管理制度。例如,学生应爱护校园公共设施,维护校园正常秩序;讲究文明礼貌,公共卫生;出入校门遵守学校门卫制度,主动接受门卫管理;遵守学生宿舍管理制度,等等。

练习题

一、单项选择题

1.《中华人民共和国教育法》于(　　)通过。
　A. 1985 年　　　B. 1993 年　　　C. 1995 年　　　D. 1999 年

2. 学校不履行法律法规规定的义务,情节严重或者造成严重后果,根据有关法律规定(　　)要承担相应的法律责任。
　A. 校长　　　　　　　　　　B. 学校负责人
　C. 有关直接负责人　　　　　D. 学校负责人和有关直接负责人

3. 我国《未成年人保护法》规定,学校应当根据未成年学生身心发展的特点,对他们进行社会生活指导、( )和青春期教育。

A. 职业辅导　　　B. 安全辅导　　　C. 心理健康辅导　　　D. 特长辅导

二、材料分析题

杨某的父母平时白天经商,晚上打牌,对杨某缺少管教,致使杨某染有不良行为,初二期末考试成绩位列年级最后一名,其父母认为杨某没出息,更加不管,不让杨某回家,杨某父母的做法合法吗?为什么?

练习题答案

一、1. C　2. D　3. C

二、不合法。《中华人民共和国未成年人保护法》第二章家庭保护中明确指出:父母或者其他监护人应当创造良好、和睦的家庭环境,依法履行对未成年人的监护职责和抚养义务。

第六章 教师的文化素养

 考试内容与要求

1. 教师的历史素养
➢ 了解中外历史上的重大事件。

2. 教师的文学素养
➢ 了解中外文学史上重要的作家作品。

3. 教师的艺术素养
➢ 了解一定的艺术鉴赏知识。
➢ 了解艺术鉴赏的一般规律,并能有效地运用于教育教学活动。

4. 教师的科学技术素养
➢ 了解中外科技发展史上的代表人物及其主要成就。
➢ 了解一定的科学常识,熟悉常见的科普读物,具有一定的科学素养。

5. 教师的传统文化素养
➢ 了解重要的中国传统文化知识。

 知识框架

教师的历史素养	中国历史上的重大事件
	世界历史上的重大事件
教师的文学素养	中国文学名家及作品
	外国文学名家及作品
教师的艺术素养	艺术鉴赏知识概述
	艺术鉴赏的一般规律及其在教育教学活动中的运用
教师的科学技术素养	中外科技名人及主要成就
	科学常识
	中外常见科普读物
教师的传统文化素养	天文历法
	古代称谓
	风俗礼仪
	古代地理
	科举制度

考题举例

下列成语中,源于赵匡胤陈桥兵变的故事的是( )。

A.黄袍加身　　　B.祸起萧墙　　　C.破釜沉舟　　　D.闻鸡起舞

【答案】A

第一节　教师的历史素养

一、中国历史上的重大事件

(一)原始社会

中国的原始社会经历了100多万年,按生产力和考古学的划分,分为旧石器和新石器两个时代。

1.旧石器时代文明(打制石器)

四种著名的原始人类。

元谋人:距今170万年,发现于云南元谋县,是中国境内最早的原始人类。

蓝田人:距今115万年,发现于陕西蓝田县。

北京人:距今70万—20万年,发现于北京周口店。

山顶洞人:距今2.7万年至3.4万年左右,发现于北京周口店。

2.新石器时代文明(磨制石器)

母系社会:母系氏族是以母系血缘计算世系血统和继承财产,包括黄河流域、西安半坡文化(种植粟,即小米);长江流域、浙江河姆渡文化(种植水稻)。

父系社会:最有代表性的是龙山文化遗址和大汶口文化遗址。

原始社会的瓦解。

三皇五帝:三皇为伏羲、神农、轩辕;五帝为颛顼、帝喾、尧、舜、禹。

(二)奴隶社会

1.夏朝(公元前2070—约公元前1600年)

约公元前21世纪,禹去世后,其子启继承王位,建立了我国历史上第一个奴隶制国家——夏朝。从此,世袭制代替了禅让制。

2.商朝(公元前1600—公元前1046年)

约公元前1046年,商汤战胜夏桀,夏朝灭亡,商朝建立,建都于亳(今河南商丘)。商朝是我国奴隶制的鼎盛时期,公元前11世纪中期,武王伐纣,商纣王自焚而亡,商朝灭亡。

3.西周(公元前1046—公元前771年)

武王伐纣,建立周朝(史称西周),定都镐京。西周是中国奴隶社会的鼎盛时期,西周时期编制的礼乐制度和建立的完备的宗法制度,对后世产生了极为深远的影响。

4.春秋(公元前770—公元前476年)

公元前770年,周平王迁都洛邑(今河南洛阳),开始了春秋时期。春秋时期的社会特点是周王室逐渐衰落,大国诸侯先后称霸,出现了"春秋五霸",分别为齐桓公、晋文公、秦穆公、宋襄公和楚庄王。

5. 战国（公元前 475—公元前 221 年）

这段时期秦灭六国，是中国历史上的战国时期。

战国七雄，分别指的是齐、楚、燕、韩、赵、魏、秦七个大国。

商鞅变法：公元前 356 年，秦孝公任用商鞅变法。其内容主要有：废井田，开阡陌，承认土地私有；奖励军功，按功授爵；建立县制；奖励耕织，禁止弃农经商。商鞅变法为秦统一六国奠定了基础。

百家争鸣：春秋战国时期，社会急剧变化，许多问题亟待解决，各学派纷纷著书立说，发表意见，并相互辩论，形成了百家争鸣的繁荣景象。

（三）封建社会

1. 秦朝（公元前 221—公元前 206 年）

统一的封建专制和多民族国家形成。

公元前 221 年秦王嬴政灭六国实现统一，建立秦朝，定都咸阳。秦朝建立封建专制中央集权制度，统一度量衡、货币和文字，是我国历史上第一个统一的多民族的封建国家。

2. 陈胜吴广起义

公元前 209 年，陈胜、吴广在大泽乡起义，提出"王侯将相宁有种乎"的口号，建立张楚政权。

3. 汉朝（公元前 206—公元 220 年）

1) 西汉（公元前 206—公元 24 年）

楚汉之争后，刘邦建立汉朝（史称西汉），先定都洛阳，后迁往长安（今西安）。汉初，在政治上推行"无为而治"，在经济上采取"休养生息"政策：兵士复员归农，流亡山泽的人士各归本土，以饥饿自卖为奴的人一律免为庶人，抑制商人等。后期出现了"文景之治"的社会安定局面。

公元前 141 年，汉武帝刘彻继位，其在位期间，不断加强中央集权制度，把汉帝国推向了强盛顶点。汉武帝颁布"推恩令"，准许诸侯王将自己封地再分给其子孙建立侯国，以此削弱了诸侯王的势力，解除诸侯国对中央的威胁；接受董仲舒"罢黜百家，独尊儒术"的主张，实行了思想的统一等。

2) 东汉（公元 25—公元 220 年）

公元 25 年，刘秀即皇帝位，沿用汉国号，后定都洛阳，史称东汉。刘秀称帝后，用武力统一全国，加强封建专制，大力恢复生产，精兵简政，释放奴婢，减租屯粮，安抚流民，全国出现了较为安定的局面，史称"光武中兴"。

道教产生于东汉，与神仙方术和各种先秦思想有关，奉老子为教主。此外，佛教从印度传入，东汉明帝建立洛阳白马寺。

4. 三国两晋南北朝（公元 220—公元 589 年）

(1) 官渡之战：东汉末年"三大战役"之一，也是中国历史上著名的以弱胜强的战役之一。200 年，袁绍和曹操在官渡会战，曹操以少胜多，全歼袁军主力，奠定了统一中原的基础。

(2) 赤壁之战：208 年，曹操率 20 多万大军南下，与孙权、刘备 5 万联军在赤壁决战，孙刘联军火烧连营，曹操大败退守北方，这一战役史称"赤壁之战"，为三国鼎立局面的形成奠定了基础。

(3)三国鼎立:220年,曹操的儿子曹丕自立为帝,定都洛阳,建立魏国。221年,刘备在成都称帝,建立蜀国。222年,孙权建立吴国,定都建业(今南京),三国鼎立局面形成。

(4)西晋的短期统一:三国后期,魏国力量逐渐强大,而吴、蜀日趋衰落。263年,魏灭蜀。265年,魏权臣司马炎发动政变夺取魏政权,建立晋朝,定都洛阳,史称西晋。280年,西晋发兵灭吴,重新统一南北。363年,匈奴兵攻占长安,西晋亡。

(5)东晋与十六国:西晋灭亡后,汉族在江东建立东晋政权。公元317年,镇守建康(今南京)的晋宗室司马睿在江南重建晋室,史称东晋。东晋偏安而治,共享国103年。

十六国即五胡十六国,该时期自304年刘渊及李雄分别建立汉赵(后称前赵)及成汉起至439年北魏拓跋焘灭北凉为止。以匈奴、羯、鲜卑、羌及氐为主,范围大致上涵盖华北、蜀地、辽东。

(6)南北朝的兴替:公元420年,东晋大将刘裕自立为帝,国号"宋",结束了东晋的统治。此后,南方经历了四个王朝:宋、齐、梁、陈,总称"南朝"。

公元534年,北魏分裂,权臣高欢在邺城拥立元善见为帝,即为东魏。同年底,宇文泰在长安立元宝炬为皇帝,即为西魏。550年,东魏被高欢的儿子高洋建立北齐而取代;557年,西魏被宇文泰的儿子宇文觉建立北周而取代。北魏和后来的四个王朝东魏、西魏、北齐、北周统称为"北朝"。

5. 隋唐时期

1)隋朝的建立及统一全国

公元581年,杨坚废北周帝周静自立,改国号为隋,定都长安,年号开皇,是为隋文帝。隋文帝在位期间加强了中央集权,发展了社会经济,实现了南北的统一,史称"开皇之治"。

(1)科举制的诞生:隋炀帝时正式设置进士科,按照考试成绩选拔人才,我国科举制度正式诞生。

(2)开通大运河:隋炀帝开凿贯通南北的大运河,以洛阳为中心,北达涿郡,南至余杭,是古代世界最长的运河。

(3)三省六部制的建立:三省指中书省、门下省、尚书省,六部指尚书省下属的吏部、户部、礼部、兵部、刑部、工部。它是西汉以后长期发展形成,至隋朝正式确立,唐朝进一步完善的政治制度,是隋唐至宋的中央最高政府机构。

2)唐朝的兴盛与发展

(1)玄武门之变与贞观之治:公元618年,李渊篡隋称帝,定国号为唐。626年,李渊次子李世民发动玄武门之变,夺得帝位,是为唐太宗。唐太宗励精图治,政治清明,社会安定,开创了唐代繁荣昌盛的局面,因而被誉为"贞观之治",号称封建治世。

(2)政启开元,治宏贞观——女皇武则天:武则天是我国历史上唯一的女皇帝。她本是唐高宗的皇后,后逐渐掌握实权,晚年称帝,改国号为周。人称她的统治"政启开元,治宏贞观"。

(3)开元盛世:唐玄宗开元年间,政治稳定,经济繁荣,文化昌盛,国力强盛,史称"开元盛世"。

(4)黄巢起义:唐朝名存实亡,首次提出了平均思想。

6. 五代辽宋夏金元

1) 五代十国

从907年节度使朱温废唐建立后梁,到960年北宋建立,人民过着游牧、渔猎生活,后迁至长城以北开始建造城郭和进行农耕。

2) 契丹的兴起与辽国的建立

契丹是我国北方一个古老的少数民族,原先居住在辽河一带。10世纪初,耶律阿保机统一契丹各部,并于916年称帝,建契丹国。耶律阿保机任用汉族知识分子制定典章制度,创制契丹文字,他就是辽太祖。947年,契丹改国号为辽。

3) 陈桥兵变与北宋统一

960年,后周大将赵匡胤在东京(河南开封)东北的陈桥发动兵变,黄袍加身,取代后周,建立宋朝,定都东京,史称北宋。赵匡胤就是宋太祖。

北宋建立后,宋太祖在巩固原后周境内的统治后,开始了统一南北的事业。979年,宋太宗赵光义亲率大军攻陷北汉,十国中的最后一国终被征服,唐末五代以来军阀割据的局面结束,全国重归统一。

4) 元昊建立西夏

西夏是党项族建立的政权,党项族居住在宁夏、甘肃和陕西西北一带,过着游牧生活。1038年,元昊称大夏国皇帝。西夏政权建立后,与北宋多次发生战争。

5) 女真的兴起与北宋的灭亡

女真是我国东北的古老少数民族,过着渔猎生活,契丹建国后,受契丹的剥削和压迫。12世纪初,完颜阿骨打领导女真反抗辽,建立金政权。

金灭辽后,了解到北宋统治腐朽、防备空虚,于1126年大举进攻北宋。宋徽宗将皇位传给儿子宋钦宗,后钦宗将抵抗派将领李纲罢免。不久,东京被攻陷。次年,金军掳走徽宗、钦宗二帝,北宋灭亡。

6) 南宋的建立与金"绍兴和议"

1127年,宋钦宗的弟弟赵构在应天称帝,为宋高宗,后定都临安,史称南宋。1129年到1130年间,金兵大举南下,宋高宗向金兵求和。1137年,宋高宗获悉金愿意议和的消息后,立即再度启用秦桧为宰相兼枢密使。他们不顾岳飞、韩世忠、胡栓等文武大臣的反对,加紧投降活动。

1141年,南宋投降派与金签订了臭名昭著的"绍兴和议":南宋向金称臣;宋每年向金纳贡银二十五万两,绢二十五万匹;宋金疆界东以淮水中流,西以大散关为界;宋割唐(河南唐河)邓(邓县)二州及南、秦二州之半给金,至此,宋金南北对峙的局面确立。

7) 成吉思汗统一蒙古

蒙古族是我国北方草原的古老民族,大小部落过百。1189年,铁木真被推选为蒙古部落的首领,经过10余年战争,铁木真统一了蒙古。1206年,蒙古部落共推铁木真为全蒙古大汗,尊称"成吉思汗",意为强大的至高无上的君主。

8) 元朝的建立和统一

1260年,成吉思汗的孙子忽必烈在开平继承蒙古汗位。1271年,忽必烈正式定国号元,忽必烈是元世祖。1276年,元军攻占南宋都城临安,南宋亡。1279年,元军消灭了南宋残余力量,元朝统一了全国。元朝的统一,结束了中国历史上自五代以来分裂割据和南北长期对峙的局面,促进了全国统一的多民族国家的发展。

9)行省制与宣政院

元朝是我国疆域最辽阔的朝代,民族众多。为了加强对广阔疆域、各族人民的有效统治,元政府实行行省制度。在中央设置中书省,作为全国最高行政机构,管辖大都及附近地区。在其他地区设行中书省,简称"行省"或"省",由中央派官吏管理。这一制度对后世产生了深远影响。

元朝在中央设置宣政院,负责管理全国佛教和藏族地区的行政事务。元朝中央政府在西藏委派官吏,驻扎军队,清查户口,征收赋税,实行有效管辖,西藏正式成为元朝的一个行政区域。

10)科学技术

宋朝是中国古代科技史的鼎盛时期。北宋毕昇发明了活字印刷,人们创造了悬挂型指南针、水浮和支撑式的指南工具,并广泛用于航海上,火药、火器在宋朝得到了进一步的发展和应用。

7. 明清时期(公元1368—公元1840年)

1)明朝的建立

1368年初,朱元璋以应天为都城,改称南京,称皇帝,建立明朝。

2)迁都北京

靖难之役以燕王朱棣的胜利告终。朱棣称帝,即明成祖,改北平为北京,于1421年迁都北京,以加强中央对北方的控制。

3)郑和下西洋

时间:1405年(第一次出使西洋)至1433年(共七次,到达亚非三十多个国家和地区)。

意义:促进了中国和亚非各国的经济交流,加强了我国和亚非各国的友好关系。

4)清朝的建立

1616年,努尔哈赤在赫图阿拉自立为汗,国号金,史称后金。1636年,皇太极改国号为清。

5)郑成功收复台湾

时间:1661—1662年初。

结果:荷兰殖民者被迫投降,收复台湾。

6)康乾盛世

时间:起于平三藩之乱,止于川陕楚白莲教起义爆发,持续时间长达115年。

意义:我国清王朝前期统治下的盛世,中国封建社会的回光返照,也是中国古代封建王朝的最后一次盛世。

7)虎门销烟

时间:1839年6月。

人物:林则徐。

事件:将缴获的鸦片,在虎门海滩销毁。

(四)中国近代史

1. 鸦片战争

(1)第一次鸦片战争:1840年英国发动鸦片战争,占领香港岛,清政府签订了丧权辱国的中英《南京条约》,从此,中国开始从封建社会逐步沦为半殖民地半封建社会,鸦片战争是中国近代史的开端。

(2)第二次鸦片战争:1856年英法联军侵华,火烧圆明园,签订《天津条约》、《北京条约》,使我国社会半殖民地半封建社会的程度加深了。

2. 太平天国运动

1853年春,洪秀全领导太平军占领南京,改为天京,定为都城,颁布《天朝田亩制度》。资本主义侵略加剧,中国资本主义产生。

3. 洋务运动

19世纪60年代,曾国藩、李鸿章、左宗棠、张之洞等掀起以"自强"、"求富"为口号的洋务运动。它虽未使中国走上富强的道路,但是它在客观上刺激了中国资本主义的发展,对外国经济势力的扩张也起到了一定的抵制作用。

4. 中日甲午战争

1895年日军占领威海卫,北洋舰队全军覆没。之后签订《马关条约》,大大加深了中国社会半殖民地半封建化的程度。

5. 戊戌变法

1898年,在康有为、梁启超等的推动下,光绪帝颁布"定国是诏",宣布变法维新,史称"戊戌变法"。

6. 义和团运动和八国联军侵华战争

(1)义和团运动:1898年义和拳攻打当地教堂,揭开了义和团反帝爱国运动的序幕。

(2)八国联军侵华战争:1900年,英、俄、德、日、法、美、意、奥等八国联军进犯北京,烧杀抢掠,无所不为,迫使清政府签订《辛丑条约》,中国完全沦为半殖民地半封建社会的深渊。

7. 辛亥革命和清朝的灭亡

(1)辛亥革命。

1894年,孙中山在檀香山组织革命团体兴中会;1905年,孙中山建立起统一的革命组织中国同盟会,同盟会以"民族"、"民权"、"民生"三民主义为革命纲领。

1912年元旦,孙中山在南京就任中华民国临时大总统,宣告中华民国正式成立。辛亥革命推翻了清朝的统治,结束了我国两千多年的封建帝制。

(2)北洋军阀统治时期。

1912年,袁世凯在北京就任中华民国临时大总统,北洋军阀政权建立。

8. 新文化运动的兴起

1915年,陈独秀在上海创办《青年杂志》,是新文化运动开始的标志。新文化运动提倡民主和科学。

9. 抗日战争时期

"九一八"事变后,日军开始加快侵华脚步。"七七事变"标志着全国性抗日战争的开始。1945年8月15日,日本被迫无条件投降,标志着抗日战争的结束。

10.解放战争时期

经辽沈战役、淮海战役、平津战役之后,中国人民解放军取得胜利。

二、世界历史上的重大事件

(1)约公元前3500—公元前3000年,苏美尔人的城邦国家建立。

(2)约公元前3000年,埃及形成统一的国家。

(3)公元前1792年,古巴比伦王国国王汉谟拉比颁布《汉谟拉比法典》,是世界历史上第一部比较完备的成文法典。

(4)公元前6世纪,乔达摩·悉达多在北印度创立佛教,著《大藏经》。

(5)公元前451—公元前450年,罗马《十二铜表法》颁布,这是古代罗马第一部成文法典。

(6)1世纪上半叶,基督教形成,是耶稣在巴勒斯坦地区建立,经典代表作为《圣经》。

(7)7世纪初,穆罕默德在阿拉伯半岛著《古兰经》,创立伊斯兰教。

(8)1492年,哥伦布到达美洲(开辟欧美航线)。

(9)1497年,达伽马到达印度(开辟欧亚海上航线)。

(10)1519年,麦哲伦环球航行,证明地圆学说。

(11)14—16世纪,欧洲文艺复兴运动,代表人物有但丁、达·芬奇、米开朗琪罗、马基雅维利。

(12)1668年英国发生资产阶级革命;1689年颁布《权利法案》。

(13)1766年,美国独立战争后颁布《独立宣言》,美国独立。

(14)17—18世纪,欧洲启蒙运动。

(15)1782年,瓦特发明万能蒸汽机,推动工业革命步伐。

(16)1789年法国革命开始,直至1815年结束。

(17)1848年《共产党宣言》在伦敦发表,标志着科学社会主义的诞生。

(18)1861年美国南北战争开始,期间林肯总统颁布《解放黑人奴隶宣言》《宅地法》。1865年,以联邦政府的胜利结束。

(19)1914年,奥匈帝国向塞尔维亚宣战,第一次世界大战爆发。1918年,一战以同盟国失败告终,德意志、奥匈、奥斯曼、俄国四大帝国崩溃。

(20)1917年11月17日,俄国十月革命。

(21)1939年德国突袭波兰,第二次世界大战爆发。1942年,世界反法西斯联盟成立。中途岛海战,美军大败日本,掌握太平洋战场主动权;斯大林格勒战役胜利,改变苏德乃至世界反法西斯战争局势;英军在北非取得阿拉曼战役的胜利。

(22)1945年2月,美、英、苏举行雅尔塔会议,雅尔塔体系形成。

(23)1947年,"杜鲁门主义"提出,遏制苏联共产主义,美苏冷战开始。

(24)1960年,众多非洲国家独立,这一年被称为"非洲独立年"。

(25)1991年,苏联解体,冷战结束,世界两极格局向多极转变。

(26)1995年,世界贸易组织(WTO)开始运作,总部设在日内瓦。

(27)2005年是世界反法西斯战争胜利60周年。中国、韩国等许多亚太地区国家举办各种活动,纪念抗日战争胜利暨世界反法西斯战争胜利60周年。

第二节 教师的文学素养

一、中国文学名家及作品

(一)中国古代重要作家及作品

1. 先秦作家及作品

(1)老子:姓李名耳,字伯阳,又称老聃,代表作《老子》。

(2)孔子:字仲尼,春秋时期鲁国人。编纂了我国第一部编年体史书《春秋》。《论语》记录了他和弟子的言行,是儒家一部重要的经典,今存 20 篇。

(3)墨子:名翟,鲁国人,代表作《墨子》。

(4)荀子:名况,战国末期赵国人。代表作《荀子》属于说理文,逻辑严密,论题集中。

(5)孟子:名轲,字子舆,战国时期鲁国人。代表作《孟子》以典型事例、比喻和寓言说理,气势丰沛,逻辑雄辩。

(6)庄子:先秦时期伟大的思想家、哲学家和文学家,代表作《庄子》中的名篇《逍遥游》、《齐物论》等。

(7)韩非:战国时期韩国公子,代表作《韩非子》是一部政治哲学文集,词锋犀利,风格峻峭。

(8)吕不韦:战国末期韩国大商人,曾为秦国的丞相。他集合门客编写了《吕氏春秋》。

(9)屈原:战国末期楚国人,伟大诗人。他创作了我国第一首长篇政治抒情诗《离骚》,代表作还有《九歌》、《九章》、《天问》等。

2. 汉代作家及作品

(1)贾谊:西汉政治家、文学家,代表作《吊屈原赋》、《过秦论》。

(2)刘安:西汉思想家、文学家,集体编著《淮南子》。

(3)司马迁:西汉史学家、文学家。其撰写的《史记》是我国第一部纪传体史书,被鲁迅誉为"史家之绝唱,无韵之离骚"。

3. 魏晋南北朝作家及作品

(1)曹操:三国时代,著有《观沧海》、《龟虽寿》、《蒿里行》等抒情诗。

(2)曹丕:曹操次子,魏文帝。代表作为《燕歌行》,他的《典论·论文》是我国第一部文学批评专著。

(3)曹植:曹丕的弟弟,代表作有《洛神赋》、《白马篇》、《七哀诗》等。

(4)陶渊明:东晋诗人,著有散文《桃花源记》、《五柳先生传》,诗歌《归园田居》、《饮酒》,是我国第一位田园诗人。

4. 唐代作家及作品

(1)王勃:代表作为抒情诗《送杜少府之任蜀州》、名篇《滕王阁序》。

(2)骆宾王:代表作《在狱咏蝉》、《讨武氏檄》、《临海集》。

(3)贺知章:代表作《回乡偶书》为传世经典。

(4)孟浩然:山水田园诗人,代表作《春晓》、《过故人庄》等。

(5)王昌龄:擅长七绝,代表作《从军行》、《芙蓉楼送辛渐》、《出塞》。
(6)王维:著名的山水田园诗人,名作有《鸟鸣涧》、《送元二使安西》、《观猎》。
(7)李白:诗仙,名篇有《静夜思》、《秋浦歌》、《望天门山》、《送友人》、《梦游天姥吟留别》、《行路难》等,著有《李太白全集》。
(8)杜甫:字子美,现实主义诗人,被后人称为"诗圣",著有《杜工部诗集》,代表作有《自京赴奉先县咏怀五百字》,组诗"三吏"、"三别"。
(9)李贺:被称为"诗鬼",代表作《雁门太守行》、《梦天》、《金铜仙人辞汉歌》、《李凭箜篌引》、《苏小小墓》、《老夫采玉歌》等。
(10)岑参:边塞诗人,代表作《白雪歌送武判官归京》。
(11)韩愈:"唐宋八大家"之首,著有《昌黎先生文集》。
(12)刘禹锡:文学家、哲学家,著有《刘梦得文集》。
(13)白居易:倡导新乐府运动,著有《秦中吟》、《新乐府》,长篇叙事诗《长恨歌》、《琵琶行》,还有《卖炭翁》、《钱塘湖春行》等。
(14)柳宗元:倡导古文运动,著有《天说》、《封建论》、《柳河东集》等。
(15)杜牧:善用绝句形式讽咏时事,如《赤壁》、《过华清宫绝句》等。
(16)李商隐:诗人,代表作《夜雨寄北》、《无题》、《贾生》,著有《李义山诗集》、《樊南文集》。

5. 宋代作家及作品
(1)柳永:著有《乐章集》,北宋第一位专业词人。
(2)范仲淹:北宋政治家、军事家、文学家。著有《范文正公文集》,名作有《渔家傲》、《岳阳楼记》。
(3)欧阳修:北宋文学家、史学家,开创"诗话"新体裁,著有《欧阳文忠公文集》。
(4)苏洵:与其子苏轼、苏辙合称"三苏",散文家,著有《嘉祐集》。
(5)王安石:北宋政治家、散文家,《伤仲永》选自《王文公文集》。
(6)苏轼:著有《苏东坡全集》、《东坡乐府》等。
(7)李清照:南宋女词人,我国第一位女词人,著有《李清照集》,代表作《如梦令》选自《漱玉词》。
(8)陆游:南宋爱国诗人,代表诗作有《关山月》、《书愤》、《农家叹》、《示儿》等,代表词作有《钗头凤》、《诉衷情》等,著有《剑南诗稿》、《渭南文集》。
(9)辛弃疾:南宋爱国词人,与苏轼共为豪放派的代表,著有《稼轩长短句》。
(10)文天祥:南宋爱国政治家、文学家,著有《文山先生全集》,《正气歌》、《指南录》、《酹江月》皆为后人传诵。

6. 元明清作家及作品
(1)关汉卿:元代杂剧(戏曲)作家,代表作《窦娥冤》、《救风尘》、《望江亭》、《单刀会》等。
(2)王实甫:元代杂剧(戏曲)作家,代表作《西厢记》。
(3)马致远:元代戏曲家、散曲家,代表作《汉宫秋》、《天净沙·秋思》。
(4)施耐庵:元末明初小说家,代表作《水浒传》。
(5)罗贯中:元末明初小说家,代表作《三国演义》是我国文学史上第一部章回小说,全书120回。

(6)吴承恩:明代小说家,《西游记》是我国第一部神话长篇小说,其艺术性标志着我国浪漫主义文学达到一个新高峰。

(7)汤显祖:明代戏曲家,代表作《牡丹亭》。

(8)蒲松龄:清代文学家,其代表作是文言短篇小说《聊斋志异》。

(9)吴敬梓:清代小说家,所著《儒林外史》是我国第一部长篇讽刺小说,共55回。

(10)曹雪芹:清代小说家,所著《红楼梦》(共120回,后40回为高鹗所续),是我国古代小说中最伟大的现实主义作品。

(11)龚自珍:清代思想家、文学家,代表诗作《己亥杂诗》。

(12)曾朴:近代小说家,著有《孽海花》。

(13)梁启超:别号饮冰室主人,政治家、文学家,代表作《少年中国说》。

(二)中国现代重要作家及作品

(1)鲁迅:原名周树人,中国现代文学的奠基者,新文化运动的主将,主要作品有:小说集《呐喊》、《彷徨》、《故事新编》,散文集《朝花夕拾》,散文诗集《野草》,杂文集《热风》、《坟》、《南腔北调集》、《花边文学》、《且介亭杂文》等。

(2)郭沫若:我国现代文学家、诗人,代表作《女神》、《屈原》。

(3)茅盾:代表作《子夜》,另有小说《蚀》三部曲、《春蚕》、《秋收》、《残冬》、《腐蚀》、《林家铺子》等。

(4)叶圣陶:我国著名作家、教育家,代表作《倪焕之》、《夜》等。

(5)朱自清:著名散文家、学者、爱国主义民主战士。他的散文有《春》、《匆匆》、《背影》、《绿》、《荷塘月色》、《威尼斯》等。

(6)老舍:现代著名小说家,代表作《骆驼祥子》,另有长篇小说《四世同堂》、《老张的哲学》,剧本《茶馆》、《龙须沟》等。

(7)冰心:现代女作家,散文有《小橘灯》、《樱花赞》、《寄小读者》,诗有《繁星》、《春水》,小说有《斯人独憔悴》、《超人》等。

(8)闻一多:现代著名诗人、学者,代表作《死水》。

(9)巴金:著名作家,代表作小说《家》,主要作品有激流三部曲、爱情三部曲、人间三部曲等。

(10)戴望舒:中国现代派象征主义诗人、翻译家,代表作《雨巷》。

(11)曹禺:剧作家,代表作《雷雨》、《日出》、《北京人》、《原野》、《王昭君》等。

(12)周立波:现代作家,代表作《暴风骤雨》、《山乡巨变》、《铁水奔流》等。

(13)臧克家:诗人,著有《烙印》、《罪恶的黑手》、《有的人》等。

(14)艾青:代表作《大堰河——我的保姆》,另有名作《黎明的通知》。

(15)赵树理:现代著名小说家,代表作《李有才板话》、《小二黑结婚》、《三里湾》、《李家庄的变迁》等。

(16)孙犁:著有《荷花淀》、《风云初记》、《白洋淀纪事》。

(17)张天翼:现代著名作家,代表作《华威先生》、《鬼土日记》、《大林和小林》、《宝葫芦的秘密》等。

(18)钱锺书:当代著名作家、学者,代表作为《围城》、《人·兽·魂》、《写在人生边上》。

二、外国文学名家及作品

(一)古典文学

1. 世界文学的源头

亚洲、非洲历史悠久,是古代世界文明的摇篮,是世界文学的源头。

公元前3000—公元前2000年间,在尼罗河流域产生了古代埃及文学;在两河流域产生了古代巴比伦文学;在伊朗高原产生了古代伊朗(又称波斯)文学;在印度河、恒河流域产生了古代印度文学;在黄河、长江流域产生了古代中国文学;在巴勒斯坦产生了古代希伯来文学。

古埃及文学是世界上最古老的文学之一,它保留至今的各种诗歌文集《亡灵书》,对后世文学产生了较大的影响。古代巴比伦史诗《吉尔伽美什》是巴比伦文学的光辉代表。古代印度文学如诗集《吠陀》、史诗《摩诃婆罗多》和《罗摩衍那》、故事集《佛本生故事》、寓言集《五卷书》等,都是脍炙人口的作品。古代伊朗的《阿维斯塔》不只是一部宗教经典,也是一部珍贵的文化和文学典籍,保存了不少伊朗古老的传说、诗歌、散文等。

2. 古希腊罗马文学

古希腊罗马是欧洲文化的发祥地,古希腊罗马文学和早期基督教文学是西方文学的两个源头。古希腊文学持续了1000年左右,主要成就体现在神话、史诗、寓言和抒情诗上。

古希腊神话具有鲜明的人本色彩和命运观念,包括神的故事和英雄传说,是世界神话中保存最完整、内容最丰富的神话。寓言《伊索寓言》具有很强的哲理性。抒情诗起源于民间歌谣,诗人们在艺术上都有较高的成就,对后世欧洲抒情诗的发展有较大的影响。

古希腊文学的最高成就是荷马史诗。传说盲诗人荷马创作了《伊利亚特》、《奥德赛》。《伊利亚特》叙述了十年特洛伊战争,《奥德赛》描写特洛伊战争结束后,希腊英雄奥德赛历险回乡的故事。

在文艺理论上取得较高成就的重要作家是柏拉图和亚里士多德。柏拉图(约公元前427—公元前347年),古希腊伟大的哲学家。他和其老师苏格拉底、学生亚里士多德并称为古希腊三大哲学家。亚里士多德(公元前384—公元前322年),世界古代史上伟大的哲学家、科学家和教育家,一生勤奋治学,写下了大量的著作,对人类产生了深远的影响。他创作的《诗学》对希腊文学做了理论性的总结,为西方文艺理论史上的现实主义奠定了基础。

公元前5世纪是希腊悲剧的繁荣时期。这一时期涌现出大批悲剧诗人,上演了许多悲剧作品,流传至今的有埃斯库罗斯、索福克勒斯和欧里庇得斯三大悲剧诗人的作品。他们的创作反映了奴隶主民主发展不同阶段的社会生活,也显示出希腊悲剧在不同时期的思想和艺术特点。

埃斯库罗斯(约公元前525—公元前456年),是希腊悲剧的创始人,在悲剧史上最大的贡献是在剧中增加了第二名演员,使对话成为戏剧的主要成分,戏剧结构程式基本形成,被誉为"悲剧之父"。希腊喜剧出现于悲剧之后,它的繁荣是在雅典城邦发生危机的时代。希腊早期喜剧多为政治讽刺和社会问题剧,取材于当代的现实生活,对人们普遍关心的重大政治社会问题发表意见。因而,比之前的希腊悲剧具有更为强烈的政治性。

阿里斯托芬(约公元前446—公元前385年),被誉为"喜剧之父"。他的喜剧艺术属于现实主义,但表现手法极其夸张,喜剧的语言来自民间,朴实、自然、诙谐、生动,他的创作对后世的喜剧和小说都产生了影响。

3. 早期基督教文学

公元2世纪,产生了早期基督教文学。基督教文学是希腊和希伯来这两个上古文学融合的结晶。古希伯来文学属于西亚文化圈,古希腊文学属于欧洲文化圈,公元前4世纪末,马其顿国王亚历山大长驱直入西亚,将希腊的文化开始融入希伯来文化之中,经过30年的"希腊化"运动,终于使欧洲的基督教文化和文学产生。

早期的基督教文学作品很多,公元3世纪,出现了经典之作《新约》。《新约》既有希伯来文学的象征性和斗争性,又有希腊文学的现实性和戏剧性。

(二)中世纪文学名家及作品

中世纪文学是指欧洲封建社会早期和中期的文学,即公元5世纪至15世纪时期的欧洲文学。它的突出特征是宗教色彩、神秘色彩和民间文学色彩较浓,主要包括教会文学、骑士文学、英雄史诗、城市文学等。教会文学在中世纪是受到官方和教会扶持的正统文学,占有统治地位,创作者主要是教会的僧侣。教会文学的内容主要取材于《圣经》,赞美上帝的权威和歌颂圣徒的德行,宣扬禁欲主义和来世思想,缺乏真实性和艺术价值,因而流传下来的作品很少。

中世纪文学最著名的是出生于意大利佛罗伦萨的但丁创作的《神曲》。但丁(1265—1321),意大利诗人。《神曲》(1307—1321)是但丁在放逐期间写的一部长诗,是他呕心沥血、历经十四年之久的忧愤之作,是其代表作。《神曲》分为三部《地狱》、《炼狱》、《天堂》,诗人采用中世纪流行的梦幻文学的形式,描写了一个幻游地狱、炼狱、天堂三界的故事。《神曲》的结构巧妙而严整,全诗分为三部,三行分节,奇偶连韵,每部33篇,加上序诗共100篇。各部的诗行大致相等,看起来匀称、工整,一直为文学史家所称道。

(三)文艺复兴时期的文学名家及作品

文艺复兴是指从14世纪到17世纪初的一场资产阶级反封建反教会的思想文化运动,它最先在意大利产生,而后又发展到欧洲其他国家。它是在欧洲封建社会解体和资本主义萌芽产生的历史条件下出现的,打着复兴古代文化的旗号,所以被称为文艺复兴。

1. 意大利文学

意大利是人文主义的发祥地,彼特拉克被称为"人文主义之父",代表作《歌集》。薄伽丘以反对腐败的罗马教廷、反禁欲主义为主题,创作了《十日谈》。但丁、彼特拉克和薄伽丘被称为意大利"人文主义三杰"。

佛兰奇斯科·彼特拉克(1304—1374),学识渊博。他的抒情名作《歌集》,以十四行诗形式为主,达到了艺术上的较高成就,为后来欧洲抒情诗开辟了新的道路。

乔万尼·薄伽丘(1313—1375),是一位多产的作家,著有长篇传奇、史诗、叙事诗、十四行诗、短片故事集、论文等,代表作是短篇小说集《十日谈》。作品开端写十个青年男女,为逃避黑死病在乡间住了十天,每人每天讲1个故事,十天共讲了一百个故事。通过这些故事,作者揭露了封建贵族的罪恶,抨击了教会的腐化和教士的荒淫,否定了中世纪的宗教世界观及禁欲主义道德观。

《十日谈》文笔精炼,语言丰富,善于刻画心理,描绘自然,奠定了意大利散文的基础,并对西欧现实主义文学的发展产生了很大的影响。

2. 英国文学

英国文学是文艺复兴时期欧洲文学的顶峰。

英国人文主义文学最早的代表是杰佛利·乔叟(1340—1400),其代表作《坎特伯雷故事集》利用一群从伦敦去坎特伯雷朝圣的香客,在路上为解闷而轮流讲故事的方式,写了24个短篇故事,真实地反映了14世纪英国的社会现实。

16世纪后期,英国文艺复兴运动达到高潮,人文主义文学空前高涨。诗歌、小说、戏剧等都得到了很大发展。诗歌以斯宾塞(1552—1599)的成就最高,代表作《仙后》描写仙后格罗丽亚娜派遣12位骑士去解除灾难的冒险事迹。

莎士比亚是这个时期最伟大的剧作家和诗人,一生创作了37部剧本、2首长诗、154首十四行诗。主要作品有《仲夏夜之梦》、《威尼斯商人》、《罗密欧与朱丽叶》、《哈姆雷特》、《奥赛罗》、《李尔王》等。莎士比亚的作品情节生动丰富,人物个性鲜明,具有广阔的社会背景和丰富多彩的个性化语言,被马克思称为"人类最伟大的戏剧天才"。

3. 法国文学

法国人文主义作家的代表主要是沙龙等七人组成的七星社和拉伯雷。

沙龙(1524—1585),七星社最杰出的诗人,法国近代第一位抒情诗人。他讴歌生活,讴歌爱情,代表作《十四行·致海伦》构思新颖,想象丰富,是其爱情诗中的珍品。

佛朗索瓦·拉伯雷(1494—1553),法国文艺复兴时期重要作家。其代表作《巨人传》是欧洲文艺复兴时期的一部杰作,是法国长篇小说的发端。

该小说以神话般的人物形象,荒诞不经的故事情节,妙趣横生、有时不免流于油滑粗俗的独特风格,表现了反封建、反教会的严肃主题,歌颂了新兴资产阶级"巨人"般的力量,描绘了人文主义的乌托邦理想,具有鲜明的时代特点和丰富的思想内涵。

4. 西班牙文学

16世纪至17世纪是西班牙文学的"黄金时代",在小说、戏剧方面都取得了很大成就。

米盖尔·台·塞万提斯(1547—1616),是西班牙文艺复兴时期最杰出的现实主义小说家。他50多岁开始写作,其著名代表作为《堂吉诃德》。

长篇小说《堂吉诃德》的主人公堂吉诃德是蛰居在拉曼却的一个穷乡绅。他读骑士小说入迷,决心模仿古代骑士去周游天下,打抱不平。小说以堂吉诃德企图效仿骑士到来扫尽人间不平等的主观幻想与西班牙社会的丑恶现实之间的矛盾作为情节的基础,巧妙地把堂吉诃德荒诞离奇的游侠与16世纪末17世纪初的西班牙社会现实结合起来。

《堂吉诃德》问世以来,经受了时间的考验,堂吉诃德的名字在不同的历史年代,在不同的国家都流传着。堂吉诃德的名字已经变成了脱离实际、敢于幻想、主观主义的同义语。堂吉诃德的形象也已成为世界文学宝库中最卓越的典型人物之一。

(四)启蒙文学

启蒙文学是18世纪启蒙运动的重要组成部分,启蒙文学猛烈抨击社会制度,积极宣传革命理想,宣传自由、平等、博爱和"天赋人权"的思想,带有鲜明的哲理性和政治倾向性,在启迪人们的革命意识、推进资产阶级革命方面,发挥了积极作用。

启蒙文学家在继承传统文学创作的基础上,创造了新的文学形式,如哲理小说、书信体小说等。启蒙文学是对文艺复兴时期现实主义文学传统的继承和发展,是18世纪欧洲文学的主流。18世纪的启蒙文学主要包括法国启蒙文学和德国民族文学。

1. 法国启蒙文学

从18世纪20年代开始,启蒙文学逐渐成为当时法国文学的主流。早期的启蒙文学作家主要是孟德斯鸠和伏尔泰。卢梭作为法国启蒙运动的思想家、文学家,为法国大革命提供了理论武器。

孟德斯鸠(1689—1755),法国第一个启蒙作家,主要文学作品是书信体讽刺小说。其代表作《波斯人信札》以路易十四和奥尔良公爵摄政时期两个旅法的波斯青年与家人通信的形式,评述法国的政治、宗教、社会问题。这是一部揭露性、讽刺性很强的作品。

伏尔泰(1694—1778),18世纪法国资产阶级启蒙运动的旗手,被誉为"法兰西思想之王"。他在文学、史学、哲学、自然科学和政治等方面写了大量著作,一生热爱戏剧,主要从事戏剧创作,剧本达50多部。哲理小说是伏尔泰开创的一种新的写作体裁,他一生创作了近30部哲理小说,这是他对世界文学最重要的贡献。

让·雅克·卢梭(1712—1778),法国杰出的启蒙思想家、文学家。卢梭的《论人类不平等的起源和基础》一文引起了很大的反响。他以辩证的方法论述了人类不平等起源于私有观念的产生和私有制的出现。这篇文章表现了卢梭惊世骇俗的叛逆思想,因而震惊了欧洲,奠定了他在欧洲思想史上的崇高地位。卢梭的代表作《新爱洛伊丝》、《社会契约论》、《爱弥尔》及《忏悔录》等对后世产生了重要影响。

2. 德国民族文学

18世纪七八十年代,德国启蒙主义文学进入高潮,歌德、席勒一起把德国的古典文学推向高峰,不但为德国民族文学的发展作出了巨大的贡献,并且为欧洲文学的发展作出了巨大的贡献。

约翰·沃尔夫冈·歌德(1749—1832),18世纪末19世纪初德国伟大诗人、作家和思想家。青年时期的歌德最重要的作品是小说《少年维特之烦恼》,对当时德国的丑恶现实进行了深刻的批判,向封建的德国社会发起了公开挑战。

《浮士德》是歌德以毕生心血完成的一部杰作。它与《荷马史诗》、《神曲》等齐名,被文学史家认为是史诗般的巨著。

约翰·克里斯托佛·席勒(1759—1805),18世纪德国杰出的诗人和戏剧家,其代表作为《阴谋与爱情》、《奥尔良的姑娘》、《威廉·退尔》等。《阴谋与爱情》发表于1782年,是席勒青年时期的代表作。它直接取材于德国现实,表现了强烈的反封建精神,是德国"狂飙突进"运动的最优秀作品之一。

(五)近代文学

1. 浪漫主义文学

浪漫主义作为一种文学观念和一种文学的表现方式,在西方始于18世纪末到19世纪三四十年代。浪漫主义文学最基本的特点是以充满激情的夸张方式来表现理想与愿望,注重抒发个人的感受和体验,喜欢描写和歌颂大自然,重视中世纪民间文学。

19世纪欧洲浪漫主义文学的主要作家有拜伦、雪莱、雨果、缪塞、大仲马和小仲马、莱蒙托夫、裴多菲等。

拜伦(1788—1824),英国 19 世纪初期伟大的浪漫主义诗人。拜伦带有自传色彩的长篇叙事诗《恰尔德·哈罗德游记》,主要歌颂了欧洲民族民主解放运动。代表作为诗体小说《唐璜》,通过青年贵族唐璜的种种经历,抨击欧洲反动的封建势力,是英国第二代浪漫主义诗人。

雪莱(1792—1822),英国浪漫主义诗人。创作了《麦布女王》、《解放了的普罗米修斯》、《云雀》、《西风颂》等,名句"冬天已经来临,春天还会远吗?"广为流传。

雨果(1802—1885),法国浪漫主义文学运动的主将和领袖。他是法国文学史上最有才华的作家之一。他的创作反映了 19 世纪法国的重大历史进程和文学进程。雨果的《克伦威尔序言》的发表树起了浪漫主义的旗帜,成为法国浪漫主义的宣言书。其主要作品有《海上劳工》、《笑面人》、《九三年》、《巴黎圣母院》、《悲惨世界》等。

缪塞(1810—1857),法国浪漫主义作家。他是 19 世纪法国浪漫主义的四大诗人之一,被称为法国的"莎士比亚",创作了自传体小说《一个世纪儿的忏悔》,塑造了一个"世纪病"患者"阿克达夫"的形象。

亚历山大·仲马(1802—1870),又称大仲马,法国浪漫主义作家,自学成才,以小说和剧作著称于世。大仲马的通俗小说大都以真实的历史作背景,以其丰富的想象力构思了大量曲折离奇、传奇色彩浓厚的故事。《基督山伯爵》、《三个火枪手》是大仲马的代表作品。

亚历山大·小仲马(1824—1895),法国著名小说家,大仲马的儿子。其主要作品有《私生子》、《金钱问题》、《放荡的父亲》、《半上流社会》、《阿尔丰斯先生》、《福朗西雍》等。小仲马的作品大都以妇女、婚姻、家庭为题材,真实反映了社会生活的一个侧面,其代表作《茶花女》通过妓女玛格丽特同阿尔芒斯的爱情悲剧,揭露了虚伪的社会道德和门第观念。

普希金(1799—1837),俄国浪漫主义文学的重要代表,俄国现实主义文学的奠基人,被誉为"俄国文学之父"、"俄国诗歌的太阳"。其主要作品有诗歌《致恰阿达耶夫》、《致西伯利亚的囚徒》、《茨冈人》等。农民题材的小说《上尉的女儿》被誉为"俄罗斯生活的百科全书"。诗体小说《叶甫盖尼·奥涅金》是俄国现实主义的奠基之作。

裴多菲(1823—1849),匈牙利浪漫主义作家。1848 年匈牙利革命的领导人之一,不仅以诗歌作为战斗武器,而且亲身投入革命斗争,为民族解放献出了年轻的生命。其主要作品有长篇叙事诗《使徒》以及短诗《自由与爱情》。《自由与爱情》脍炙人口的诗句:"生命诚可贵,爱情价更高。若为自由故,二者皆可抛。"成为人们传诵的名句。

2. 批判现实主义文学

19 世纪中后期,首先在法、英两国形成了现实主义文学思潮,其影响迅速波及整个欧美文学界,成为两国近代文学的高峰,是世界文学史上最辉煌的时期。

现实主义文学具有明显的社会批判性特点,所以被高尔基称之为"批判现实主义"。批判现实主义作家大多出身于中小资产阶级,批判现实主义文学属于资产阶级范畴,其思想武器是以人性论为基础的人道主义,社会政治主张主要是改良主义,创作理论的哲学基础基本上是唯物论的反映论。因此,批判现实主义文学的主要特征是客观、真实地描绘现实生活,具有明显的批判性、暴露性和改良性。法国批判现实主义作家的代表人物有梅里美、福楼拜和司汤达等。

普罗斯佩·梅里美(1803—1870),法国现实主义作家,中短篇小说大师,剧作家,其主要代表作品《卡门》讲述了生性无拘无束的吉卜赛女郎从事走私的冒险经历。

福楼拜(1821—1880),19世纪中叶法国著名的批判现实主义作家,他是19世纪法国一位承前启后的作家。其主要代表作《包法利夫人》描写了一个在贵族资产阶级社会的腐蚀和逼迫下堕落毁灭的妇女爱玛的形象。小说描写外省一个富裕农民的独生女爱玛的悲剧性的一生。小说通过爱玛的悲剧,控诉了恶浊鄙俗的社会。作者以现实主义的深刻描绘,指出爱玛的悲剧是社会造成的。小说通过爱玛的悲剧既控诉了资本主义社会金钱关系的罪恶,又有力地揭露了资本主义社会精神的空虚和堕落。

司汤达(1783—1842),法国批判现实主义文学的奠基人之一,自称是"人类心灵的观察家"。创作了长篇小说《红与黑》,形象地展示了法国波旁王朝复辟时期广阔的社会生活和错杂的阶级矛盾,深刻地揭露和批判了封建贵族、教会的黑暗和罪恶,辛辣地嘲讽了资产阶级唯利是图的本质,表现了强烈的政治倾向。

巴尔扎克(1799—1850),法国19世纪批判现实主义文学的伟大代表。他创作的《人间喜剧》被誉为"资本主义社会的百科全书",深刻地揭露了金钱的罪恶,批判了资本主义社会中人与人之间赤裸裸的金钱关系。

英国批判现实主义作家以狄更斯、萨克雷、勃朗特姐妹等为代表。

狄更斯(1812—1870),英国著名的批判现实主义作家。他一生创作了14部长篇小说和许多中短篇小说。他的作品广泛而生动地反映了19世纪英国资本主义社会,描写了维多利维时代的精神。重要作品有《大卫·科波菲尔》、《艰难时世》、《双城记》、《荒凉山庄》等。

萨克雷(1811—1863),英国作家。成名作和代表作长篇小说《名利场》以辛辣讽刺的手法,真实描绘了1810—1820年摄政王时期英国上流社会没落贵族和资产阶级暴发户等各色人物的丑恶嘴脸和弱肉强食、尔虞我诈的人际关系。

夏洛蒂·勃朗特(1816—1855),其代表作《简·爱》,描写了一个谦谨、坚强而又有独立精神的女性简·爱的形象,在英国文学妇女画廊中独树一帜。

艾米莉·勃朗特(1818—1848),这位女作家在世界上仅仅度过了30年便离开了人间。但她唯一的一部小说《呼啸山庄》却奠定了她在英国文学史以及世界文学史上的地位。她与《简·爱》的作者夏洛蒂·勃朗特和她的小妹妹《爱格尼斯·格雷》的作者安妮·勃朗特(1820—1849)号称"勃朗特三姐妹",在英国19世纪文坛上大放异彩。

《呼啸山庄》描写了一个爱情和复仇的故事,深刻地揭示了一系列人物悲剧性的病态心理,具有重大现实意义。

俄国的批判现实主义作家代表人物有果戈里、陀斯妥耶夫斯基、契诃夫、托尔斯泰等人。以果戈里的创作为楷模,极力忠实于"自然"即现实,抨击反动腐朽的农奴制和专制制度。

果戈里(1809—1852),俄国批判现实主义文学的奠基人,对俄国文学的发展起到了巨大作用。果戈里还是俄国现实主义戏剧的奠基人之一,1836年创作的讽刺喜剧《钦差大人》揭露了贵族官僚阶级的冷酷,对小人物的遭遇表示了同情。1842年发表的代表作《死魂灵》是批判现实主义的典范作品,是俄国农奴制度崩溃时期农奴主阶级衰亡的历史,通过对封建贵族农奴主形象的描写揭示了专制农奴不可避免地走向崩溃的趋势。

陀斯妥耶夫斯基(1821—1881),俄国19世纪杰出的作家。其主要作品《罪与罚》、《白痴》《卡拉马佐夫兄弟》是作者一生创作的总结,突出反映了作者对人类存在的哲理性思考。《罪与罚》标志着作者创作的高峰,为作者赢得了世界声誉。

契诃夫(1860—1904),他以擅长剧作短篇小说著称。其主要作品有《小公务员之死》、《变色龙》、《脖子上的安娜》、《套中人》、《樱桃园》等。

列夫·托尔斯泰(1828—1910),俄国伟大的批判现实主义作家。他从19世纪中叶到20世纪初,在俄国文坛活动了近60年,创作了大量的文学作品,被无产阶级革命导师列宁评价为"在自己的作品里能以提出这么多重大的问题,能以达到这样大的艺术力量,使他的作品在世界文学中占了一个第一流的位子"。其代表作有《战争与和平》、《安娜·卡列尼娜》、《复活》等。

《战争与和平》生动地描写了1805年至1820年俄国社会的重大历史事件和各个生活领域。作者对人物的描写形象既复杂又丰满,常用对比的艺术方法,体裁在俄国文学史上是一种创新,超越了欧洲长篇小说的传统规范。

《安娜·卡列尼娜》通过女主人公安娜追求爱情而失败的悲剧和列文在农村面临危机而进行的改革与探索这两条线索,描绘了俄国从莫斯科到外省乡村广阔而丰富多彩的图景,先后描写了150多个人物,是一部社会百科全书式的作品。

《复活》是托尔斯泰的晚期代表作。作者通过男女主人公的遭遇淋漓尽致地描绘出一幅幅沙俄社会的真实图景,以清醒的现实主义态度对当时的全套国家机器进行了猛烈的抨击。

美国批判现实主义文学在19世纪80年代开始出现,马克·吐温、欧·亨利、杰克·伦敦等是其代表作家。

马克·吐温(1835—1910),美国批判现实主义最杰出的代表,是一位享誉世界的美国作家。他的作品揭露了美国资本主义社会民主自由的虚伪面目,暴露了美国社会拜金主义、种族歧视和侵略扩张的实质。马克·吐温在文学史上以一个幽默讽刺而闻名,其主要作品有《竞选州长》和《败坏了赫德莱堡的人》等。《竞选州长》抓住被收买的资产阶级报刊专事造谣诽谤这一典型特征,用极度夸张的手法,淋漓尽致地挖苦了资产阶级的"民主选举"。小说艺术手法极为泼辣大胆、尖锐有力,但却令人信服,做到了在艺术的夸张中再现生活的真实。

《败坏了赫德莱堡的人》借一袋金币的故事,无情地揭下了资产阶级诚实和道德的假面具,暴露了他们拜金主义的丑陋,讽刺了他们的伪善本质。作家把资产阶级的卑鄙贪婪暴露得体无完肤、淋漓尽致,对资产阶级的道德文明作了一个卓越的总结。

欧·亨利(1862—1910),美国著名的短篇小说家,一生著有300多篇小说。他的作品常以轻松幽默的笔调描写大都市里小人物的悲欢和"相濡以沫"的友谊,揭露资本主义社会虚伪无耻、尔虞我诈的社会风气。尤其像《警察与赞美诗》、《麦琪的礼物》、《最后的一片叶子》、《没有完的故事》、《黄雀在后》等代表作,是世界优秀短篇小说。

《麦琪的礼物》通过写在圣诞节前一天,一对小夫妻互赠礼物,结果阴差阳错,两人珍贵的礼物都变成了无用的东西,而他们却得到了比任何实物都宝贵的东西——爱,告诉人们尊重他人的爱,学会去爱他人,是人类文明的一个重要表现。

杰克·伦敦(1876—1916),美国著名的现实主义作家,被称为"美国无产阶级文学之父"。他来自社会的底层,因而始终是资本主义社会的坚决批判者。他的作品散发着浓郁的大自然气息,呈现出美国的鲜明民族色彩,不仅在美国本土广泛流传,而且受到世界各国人民的欢迎。其主要作品有《热爱生命》、《野性的呼唤》、《一块生排》、《铁蹄》等。

(六)现代文学

1. 无产阶级文学

无产阶级文学的出现与发展是19世纪后半期文学史上具有深刻影响和重大意义的文学现象。欧仁·鲍狄埃和玛克西姆·高尔基是这一时期的杰出代表。

欧仁·鲍狄埃(1816—1887),世界无产阶级的伟大诗人。14岁起开始创作诗,先后创作了《自由万岁》、《是人各分一份的时候》、《该拆掉的老房子》、《铁匠的梦》、《起义者》等大量歌颂无产阶级反对资产阶级斗争的诗歌,特别是在巴黎公社失败后,他于1871年6月写下了雄壮宏伟、载入史册的无产阶级的诗歌——《国际歌》,成为"全世界无产阶级联合起来"的战斗诗歌。

玛克西姆·高尔基(1868—1936),俄国伟大的无产阶级作家,被无产阶级革命导师列宁称之为"无产阶级艺术的最杰出代表"。1892年,高尔基发表短篇小说《马卡尔·楚德拉》,从此走上了文学创作道路。1898年,高尔基《特写与短篇小说集》出版,轰动俄国文坛,很快被译成多国文字,遂成为欧洲的知名作家。高尔基先后出版了自传体三部曲《童年》、《在人间》、《我的大学》,在这些作品中,高尔基根据自己童年的生活经历,真实描写了19世纪70年代至90年代俄国社会的面貌,具有深刻的现实意义。长篇小说《母亲》是高尔基最重要的作品。这部长篇小说第一次生动地描写了工人阶级反对地主、资产阶级专制统治的革命斗争,歌颂了无产阶级不屈不挠的革命精神和英雄气概,塑造了具有社会主义觉悟的无产阶级革命战士的光辉形象,奠定了社会主义现实主义的新型创作方法,在世界无产阶级文学史上具有划时代的意义。在《母亲》中,无产阶级的革命斗争构成了作品的主要情节,无产阶级革命战士成了作品的主人公,这是世界文学史上破天荒的大事。《母亲》的创作实践为后来的社会主义现实主义奠定了基础。

2. 现实主义文学

20世纪的两次世界大战,不仅造成了物质财富的巨大损失,而且给人类的心灵留下了难以愈合的创伤。因此,揭露帝国主义和法西斯主义的罪恶,控诉战争灾难,表达强烈的反战情绪是20世纪批判现实主义文学的一个重要主题,并涌现出了一批杰出的代表,他们的作品深刻反映了一代青年的痛苦、迷茫、觉醒与抗争。

1)苏联文学

苏联建立以后,社会主义现实主义被规定为文学的基本创作方法,要求从现实的革命中真实地、具体地描写现实,并以社会主义精神教育人民。主要作家有:马雅可夫斯基、阿·托尔斯泰、法捷耶夫、肖洛霍夫等。

马雅可夫斯基(1893—1930),著名俄国诗人,其代表作品《列宁》、《放开喉咙歌唱》。

长篇诗《列宁》是马雅可夫斯基创作道路上引人注目的丰碑,这首长篇诗以强烈的感情,高昂的格调,描写列宁战斗的一生,歌颂列宁高尚的人格、不朽的事业和光辉的思想,在文学史上第一次以诗歌的形式成功塑造了无产阶级革命领袖的艺术形象。

阿·托尔斯泰(1882—1945),著名俄国作家,其代表作长篇小说《苦难的历程》,广泛地描写了在旧世界崩溃和新世界诞生这一历史转折时期俄罗斯的生活,真实地再现了布尔什维克党领导俄人民取得的历史性胜利和俄国知识分子在大时代血与火的考验中,逐步走向革命的曲折道路。

法捷耶夫(1901—1956),苏联社会主义现实主义文学的杰出代表之一。其代表作品有长篇小说《青年近卫军》和《毁灭》等。

《青年近卫军》通过克拉斯顿诺共青团地下组织"青年近卫军"同德寇英勇斗争的故事,歌颂了苏联人民的爱国主义和革命英雄主义精神,塑造了性格各异、栩栩如生的青年英雄形象。《青年近卫军》无论思想内容和艺术技巧,都堪称是战后苏联文学中最优秀的作品之一。

长篇小说《毁灭》生动再现了1919年远东南乌苏里边区共产党员莱奋生率游击队与穷凶极恶的日本军队和白匪高尔察克展开浴血奋战的事迹。鲁迅于1931年将《毁灭》译成中文出版。

米哈依尔·肖洛霍夫(1905—1984),20世纪苏联文学的杰出代表,其代表作品有《静静的顿河》和《一个人的遭遇》等。

《静静的顿河》是肖洛霍夫的代表作,也是20世纪世界文学中一部很有影响的重要作品。它生动地描写了从第一次世界大战到国内战争结束这个动荡的历史年代顿河哥萨克人的生活和斗争,表现了苏维埃政权在哥萨克地区建立和巩固的艰苦过程及其强大生命力,揭示了一切反动落后势力必然失败灭亡的命运。《静静的顿河》篇幅宏大,人物众多,无论从反映生活的深度或广度来说,都称得上一部史诗性作品,获得诺贝尔文学奖。

《一个人的遭遇》写的是一个普通苏联人在卫国战争中家破人亡的悲惨遭遇,但折射出的是千千万万苏联人当时的共同遭遇。

2) 英法文学

英国20世纪前期的主要作家及作品有劳伦斯的《儿子与情人》、《查泰莱夫人的情人》,毛姆的《人性的枷锁》等。

戴维·赫伯特·劳伦斯(1885—1930),20世纪初叶英国著名的小说家和诗人。他一生著有10部长篇小说、40余篇中短篇小说、近千首诗和4部剧本。他的作品大都从两性关系入手,描写资本主义工业文明对人性的压抑和摧残,深刻揭示了现代人悲剧性的生活状况,表达了对充满自然精神的理想社会的向往。《儿子与情人》是劳伦斯一部重要的作品,为作家赢得了广泛声誉。小说以煤矿工人瓦尔特·莫莱尔一家人的生活为中心,描述了主人公保罗从出生到成年的整个过程,其中交织着夫妻、父子、母子和情人之间的复杂感情。小说具有很强的自传性,是作家早年生活的再现。

《查泰莱夫人的情人》是20世纪上半叶西方世界最有争议的作品之一。由于它对性爱做了大量直露的描绘,从问世之日起即被列为禁书,美英两国分别在1959年和1960年才对它解禁。其实,小说的主题是严肃的。通过两性关系的畸形或和谐,来揭示现代西方工业文明与人类生活的悲剧性冲突,进而阐明作家理想中的人际关系和社会关系。

毛姆(1874—1965),英国著名小说家、戏剧家。其长篇小说《人生枷锁》,通过年轻医生菲利普的生活与爱情经历,指斥虚伪的宗教与世俗观念乃是人生的枷锁,表明了对资本主义的批判态度。

法国在20世纪开创了长篇小说新题材,心理刻画向内心世界进一步深化。罗曼·罗兰(1866—1944)的代表作长篇小说《约翰·克利斯朵夫》是其中最成功的作品。这部巨著共10卷,以主人公约翰·克利斯朵夫的生平为主线,描述了这位音乐天才的成长、奋斗和终告失败,同时对德国、法国、瑞士、意大利等国家的社会现实作了不同程度的真实写照,控诉了资本主义社会对艺术的摧残。《约翰·克利斯朵夫》被誉为20世纪最伟大的小说。

3)德语国家文学

雷马克(1898—1970),德国著名作家,对帝国主义和法西斯主义的祸害有着惨痛的切身感受,他的作品大都描写德国人民在两次战争中所经历的厄运。他于1929年发表的早期小说《西线无战事》是有世界影响的优秀的反战小说。

这部小说取材于第一次世界大战,描写一个班的八个普通士兵的战壕生活。作家以白描的手法,逼真地描绘出一幅炮火纷飞、毒气弥漫、尸横遍野的战场惨相,着意表现战争的残酷与恐怖,控诉战争给人们造成精神与肉体上的巨大痛苦,反战情绪十分强烈。

斯蒂芬·茨威格(1881—1942),奥地利著名作家,擅长写小说、人物传记,以描摹人的内心著称。其代表作有中篇小说《象棋的故事》、短篇小说《一个陌生女人的来信》等。

《象棋的故事》是斯蒂芬·茨威格生前发表的最后一部中篇小说,小说以一个棋手博士的自述来讲述整个故事。作品对博士抵抗面对孤独的过程中的心理变化做了详尽、精辟的描写,从刚开始的无助到得到棋谱后的欣喜,再到最后的绝望,在心理的变化过程中我们看到了纳粹统治下的那个社会。《一个陌生女人的来信》讲述的是一个陌生的女人,在她生命的最后时刻,饱含着一生的痴情,写下了一封凄婉动人的长信,向一位著名的作家袒露了自己绝望的爱慕之情。小说以一名女子最痛苦的经历,写出了爱的深沉与奉献。高尔基曾由衷地赞赏这篇小说"真是一篇惊人的杰作"。

4)美国文学

20世纪美国的现实主义文学呈现多元局面。

西奥多·德莱塞(1871—1945),20世纪美国杰出的现实主义作家。作品真实地描绘美国生活和小资产阶级的迷茫,揭露资产阶级道德的虚伪和资产阶级民主自由的欺骗性。其代表作有《嘉利妹妹》、《珍妮姑娘》、"欲望三部曲"(《金融家》、《巨人》、《斯多噶》)、《美国的悲剧》等。《嘉利妹妹》是德莱塞的第一部长篇小说,叙述了一个美貌天真的农村姑娘到芝加哥谋生后的不幸遭遇。小说发表后被指责为"有伤风俗"、"有破坏性",招来了"强烈憎恨"和"激愤抗议",因而长期遭到查禁。

《珍妮姑娘》是德莱塞的代表作,描写了穷姑娘珍妮和富家子弟莱斯特相爱,后来孤独一生的惨状,作品对照鲜明,生动刻画了贫富悬殊。一边是衣食无着,贫困潦倒,一边是不劳而获,夜夜欢歌,反映了美国社会是富人的天堂、穷人的地狱。

"欲望三部曲"是德莱塞现实主义巨著,由《金融家》、《巨人》、《斯多噶》三部作品组成,最后一部由他的妻子续完最后一节,在他身后发表。"欲望三部曲"描写了19世纪末到20世纪初美国垄断资产阶级攫取财富和权力的过程,揭示资本主义从产生、发展到灭亡的不可抗拒的历史规律。

长篇小说《美国的悲剧》共3卷,以1906年纽约州赫基默县发生的一起情杀案为情节基础,通过描写穷教士儿子克莱特·格里菲斯为追逐金钱、地位而堕落为蓄意杀人犯的故事,揭示了利己主义恶性膨胀的严重后果以及美国社会金钱至上的生活方式对人的毒害作用。长篇小说《美国的悲剧》的发表使西奥多.德莱塞的声望盛极一时,标志着他的创作进入新阶段。

海明威(1899—1961),现代美国著名作家,对现当代美国和世界文学产生过重要的影响。海明威作为"迷惘的一代"的代表,作品反映了强烈的反战倾向和对未来的迷惘,主要作品有长篇小说《太阳照样升起》(被称为"迷惘的一代"的宣言书)、《永别了,武器》、《丧钟为谁而鸣》,中篇小说《老人与海》等。

《太阳照样升起》通过侨居巴黎的一群美国青年的生活透视了一代人精神世界的深刻变化,揭示了战争给人们生理上、心理上造成的巨大创伤,在一定程度上具有反战色彩。

《永别了,武器》是海明威的重要代表作,充分体现了海明威在创作思想和艺术上的特色。小说通过一个美国青年参加第一次世界大战前后的思想变化,以主人公和一个英国女护士的恋爱悲剧为主线,真实地反映了帝国主义战争的残酷和罪恶。

《丧钟为谁而鸣》是海明威流传最广的长篇小说之一,凭借其深沉的人道主义力量感动了一代又一代人。小说描写了美国青年罗伯特·乔丹志愿参加西班牙政府军,在纷飞的战火中,与被敌人糟蹋过的小姑娘玛丽亚坠入爱河,在炸桥的撤退途中,他把生的希望让给别人,自己却被炮弹炸断了大腿,独自留下狙击敌人,最终为西班牙人民献出了年轻的生命。

《老人与海》描写了一个老渔夫桑地亚哥孤单一人出海远航捕鱼的故事。老人在海上漂流了84天仍然一无所获。此后经过两天两夜的生死搏斗,终于捕获了一条特大的马林鱼,但是在归航途中,一大群鲨鱼围了上来,尽管老人奋力拼搏,终于抵挡不住凶猛鲨鱼的进攻,等他回到海岸时,马林鱼只剩一副巨大的骨架了。《老人与海》使海明威在1952年获普利策奖,两年后获诺贝尔文学奖。

3. 现代主义文学

20世纪上半期,现代各流派都强调要表现"现代意识",其中心就是危机感和荒诞感,共同主题是表现现代人的困惑,反映了西方资本主义世界的全面危机,是西方资产阶级知识分子精神危机的自我表现,具有较强的象征性、荒诞性和意识流特征。

意识流原来是一个心理学和哲学术语,把意识比喻为流动的"河流"或"流水"。20世纪20年代,欧美一些作家把这种理论直接借用到文学创作上,认为文学应表现人的意识流动,尤其是表现潜意识的活动。人的意识流动遵循的是"心理时间"而非物理时间,这就形成了意识流文学。

意识流文学作品采用不受时间和空间限制的自由联想和内心独白的表现手法,对其他文学流派有很大影响。

意识流文学的代表作家及作品有法国诗人瓦莱里(1871—1945)的《海滨墓园》;爱尔兰诗人、剧作家叶芝(1865—1939)的《驶向拜占庭》;美国庞德(1885—1972)的《地铁车站》等;奥地利现代小说家卡夫卡(1883—1924)的《变形记》、《城堡》;英国乔伊斯的《尤利西斯》,伍尔芙的《墙上的斑点》和《到灯塔去》;法国普鲁斯特的《追忆逝水年华》;美国"南方文学"代表福克纳的《喧哗与骚动》。

4. 存在主义文学

20世纪下半期,存在主义文学开始兴起。存在主义滥觞于20世纪30年代的法国,二战后达到发展的顶峰。它是现代派文学中声势最大、风靡全球的一种文学潮流。存在主义文学与存在主义哲学关系密切,其特征是理性多于形象,核心是"存在先于本质"。"荒谬"和"痛苦"是存在主义文学的基本主题。存在主义作家主要有萨特、加缪、波伏娃和梅勒。

5."黑色幽默"文学

20世纪60年代,风行美国的现代主义小说流派是"黑色幽默"。它是因美国作家弗里德曼编的一个《黑色幽默》的集子而得名,是一种用喜剧的形式来表现悲剧的内容的文学方法。西方评论家把它称之为"绞刑架下的幽默"。美国当代著名作家约瑟夫·海勒(1923—1999)被认为是"黑色幽默"的一面旗帜,其代表作《第二十二条军规》,以荒诞的形式,多角度、多层次地展示了一个充满自私、贪婪、虚伪、欺骗、专横、残忍、淫乱和疯狂的现实生活。

6.魔幻现实主义文学

20世纪中期拉丁美洲小说创作中出现了一个流派——魔幻现实主义。

魔幻现实主义文学作品大多以神奇、魔幻的手法反映拉丁美洲各国的现实生活,通过"魔法"所产生的幻景来表达现实生活。

魔幻现实主义文学作品,以拉丁美洲作家马尔克斯(1927—2014)的长篇小说《百年孤独》为标志。

《百年孤独》全书近30万字,内容庞杂,人物众多,情节曲折离奇,再加上神话故事、宗教典故、民间传说以及作家独创的从未来的角度来回忆过去的新颖倒叙手法,令人眼花缭乱。但阅毕全书,读者可以领悟到,作家是要通过布恩地亚家族七代人充满神秘色彩的坎坷经历来反映哥伦比亚乃至拉丁美洲的历史演变和社会现实,要求读者思考造成马贡多百年孤独的原因,从而去寻找摆脱命运捉弄的正确途径。

《百年孤独》是展现拉丁美洲作家马尔克斯魔幻现实主义手法的代表之作。它独特的艺术成就使马尔克斯登上1982年诺贝尔文学奖的领奖台。

第三节 教师的艺术素养

一、艺术鉴赏知识概述

(一)艺术鉴赏的概念、性质和特征

(1)概念:艺术鉴赏是指读者、听众和观众借由艺术作品而展开的一种积极、主动的审美再创造活动。

(2)性质:是人们对艺术作品进行的非反思性的审美接受活动。是人们在接受艺术作品的过程中,通过情感、感知觉、想象等各种心理因素的复杂作用进行艺术再创造,并获得审美享受的精神活动。

(3)特征:充满着感性和理性的统一;充满着情感与想象;充满着积极主动的审美再创造。

(二)艺术鉴赏的基本条件

(1)鉴赏者具备一定的艺术素养、文化知识、生活阅历和审美能力。

(2)鉴赏者必须和审美鉴赏对象之间建构起相应的审美关系。

(3)艺术品必须具有审美魅力、内涵和价值。

(三)艺术鉴赏的重要意义

艺术鉴赏集中表现在鉴赏主体总是根据自己的生活经验、艺术修养、兴趣爱好等对作品中的艺术形象进行加工改造。作为一种审美再创造活动,艺术鉴赏同艺术创作一样,也是人类自身力量在审美活动中的自我肯定与自我实现。

1. 艺术鉴赏的审美心理

艺术鉴赏的审美心理包括注意、感知、联想、想象、情感、理解等。以注意为例,艺术鉴赏的最初阶段就需要鉴赏主体的整个心理机制进入一种特殊的审美注意或审美期待状态,通过注意使鉴赏主体从日常生活的意识状态进入到艺术鉴赏的审美心理状态中去,使主体从实用功利态度转变为审美态度。

2. 艺术鉴赏的审美过程

艺术鉴赏的审美过程包括审美直觉、审美体验和审美升华三个阶段。从审美直觉的直观性和直接性,转而进入审美体验中,加强审美的想象力,通过理解,从而达到审美升华。

二、艺术鉴赏的一般规律及其在教育教学活动中的运用

要从审美心理出发用心去感受艺术家、作品的内涵,这能使欣赏者得到更深层次的升华。

1. 引导受教育者主动参与

艺术鉴赏活动需要主体的直接参与,全体学生通过亲历探究过程,自主学习、研究性学习和合作性学习,可以激发学生探究的兴趣,培养其独立精神,帮助其理解作品的内涵。

2. 为受教育者提供理性指导

只有在理性的指导下,学生的审美感知能力才能得到提高。因此,要懂得将概念知识深入浅出、通俗易懂地讲解给学生,在系统性的教学中逐步发展。

3. 自主探究,实现教育功能

艺术具有教育作用,教师要善于引导学生分析各种艺术形象的内涵,体会美学的价值和意义,通过艺术教育可以陶冶和净化人的情感,培养美好而和谐的情感和心灵,从而实现健康人格的建构。

第四节 教师的科学技术素养

一、中外科技名人及其主要成就

(一)中国科技名人及成就

1. 中国古代科技史上的代表人物及主要成就

《春秋》记载,公元前613年,"有星孛入于北斗",这是世界上公认的首次关于哈雷彗星的确切记录。

战国时期,出现了世界上最早的天文学著作《甘石星经》,其中有丰富的天文记载。

《墨经》中有大量的物理学知识,其中包括杠杆原理和浮力理论的记述,还有声学和光学的记载,尤其是关于光影关系、小孔成像等,写得很系统,被现代科学家称为"墨经八条"。

战国时期名医扁鹊,被后人奉为"脉学之宗",他采用的望、闻、问、切四诊法,成为我国中医的传统诊病法,两千多年来一直为中医所沿用。

西汉关于太阳黑子的记录,被世界公认为是有关太阳黑子的最早记录。

东汉科学家张衡,从日、月、地球所处的不同位置,对月食作了最早的科学解释。张衡发明制作的地动仪,可以遥测到千里之外地震发生的方向,比欧洲人制作地动仪早一千七百多年。

成书于东汉的《九章算术》是当时世界上最先进的应用数学,它的出现标志中国古代数学形成了完整的体系。

战国问世、西汉编订的《黄帝内经》,是我国现存较早的重要医学文献,奠定了我国医学的理论基础。

东汉的《神农本草经》,是我国第一部完整的药物学著作。

东汉的华佗擅长外科手术,被人誉为"神医",他发明的麻沸散,可以大大减轻病人的痛苦,这一发明比西方早一千六百多年。另外,东汉的张仲景,著有《伤寒杂病论》,后人称张仲景为"医圣"。

我国是世界上最早发明纸的国家,西汉前期已经有了纸。105年,东汉蔡伦改进了造纸术,人称"蔡侯纸"。

南朝的祖冲之精确地算出圆周率在3.1415926至3.1415927之间,这一成果比外国早近一千年。他著有《缀术》,对数学的发展作出了杰出的贡献。

北朝贾思勰所著的《齐民要术》,系统地总结了6世纪以前黄河中下游地区农牧业生产经验、食品加工与贮藏、野生植物的利用等,是中国现存最早最完整的农书。

西晋裴秀是中国古代杰出的地图学家,他绘制出《禹贡地域图》,还提出绘制地图的原则。

北魏郦道元所著的《水经注》,全面而系统地介绍了水道所流经地区的自然地理和经济地理等诸方面的内容,是一部历史、地理、文学价值都很高的综合性地理著作。

公元7世纪,中国发明了火药,并逐渐将其广泛用于军事,用来制造火器。南宋时发明了管形火器"突火枪",这开创了人类作战史的新阶段。

唐朝杰出的天文学家僧一行制定的《大衍历》,比较准确地反映了太阳运行的规律。僧一行还是世界上用科学方法实测地球子午线长度的创始人。

唐朝杰出医学家孙思邈所著的《千金方》,全面总结历代和当时医药学成果,并有许多创见,在我国医药学史上占有重要地位。

吐蕃名医元丹贡布编著的《四部医典》,在国内外有重要影响。

唐高宗时编修的《唐本草》,是世界上最早的、由国家颁行的药典。

隋朝工匠李春设计的赵州桥,是一座石拱桥,"奇巧固护,甲于天下",在世界桥梁史上占有重要地位。

11世纪中期,北宋平民毕昇发明了活字印刷术,欧洲人用活字排版印刷比毕昇晚了四个多世纪。

指南针在宋代航海交通上已普遍使用,指南针用于航海,对世界经济文化的交流和发展起到了巨大的推动作用。

北宋李诫编写的《营造法式》是我国建筑史上的杰出著作。

北宋科学家沈括所著的《梦溪笔谈》一书,总结了我国古代尤其是北宋时期的许多科技成就,在我国和世界科技史上占有重要地位。英国学者李约瑟称沈括是"中国科学史中最卓越的人物",《梦溪笔谈》是"中国科学史的里程碑"。

元朝杰出的天文学家郭守敬主持编订的《授时历》,一年的周期与现行公历基本相同,但问世比现行公历早300多年。

明朝李时珍的《本草纲目》,全面总结了16世纪以前的中国医药学,被誉为"东方医药巨典"。

明朝徐光启的《农政全书》,综合介绍了我国传统农学成就,建立了一个比较完整的农学体系。书中还将他与西方传教士合译的《泰西水法》一书的内容引入,介绍了欧洲先进的水利技术和工具。

明朝徐霞客的《徐霞客游记》是一部地理学巨著,书中对石灰岩溶蚀地貌的观察和记述,早于欧洲约两个世纪。

明朝宋应星著述的《天工开物》,总结了明代农业、手工业的生产技术,国外称之为"中国17世纪的工艺百科全书"。

2. 中国现当代科技史上的代表人物及主要成就

钱学森,著名科学家、物理学家,我国近代力学事业的奠基人之一。在空气动力学、航空工程、喷气推进、工程控制论、物理力学等技术科学领域作出许多开创性贡献,是中国两弹一星功勋奖章获得者之一。

钱三强,核物理学家,中国科学院院士,在"核裂变"方面成绩突出,是许多交叉学科和横断学科的倡导者,为中国原子能科学事业的创立和"两弹"研究作出了重要贡献。

邓稼先,物理学家,在核物理、理论物理、中子物理、等离子体物理、统计物理和流体力学等方面取得了突出成就,被称为"中国原子弹之父"。

周培源,著名力学家、理论物理学家、教育家和社会活动家,我国近代力学事业的奠基人之一。周培源在学术上的成就,主要为物理学基础理论的两个重要方面,即爱因斯坦广义相对论中的引力论和流体力学中的湍流理论的研究,奠定了湍流模式理论的基础;研究并初步证实了广义相对论引力论中"坐标有关"的重要论点。

钱伟长,著名力学家、应用数学家、教育家和社会活动家,我国近代力学的奠基人之一。擅长应用数学、物理学、中文信息学,著述甚丰,特别在弹性力学、变分原理、摄动方法等领域有重要成就。

吴有训,物理学家,中国近代物理学奠基人,教育家,为康普顿效应的确立作出了重要贡献。

严济慈,物理学家、教育家,中国光学研究仪器研制工作的奠基人,也是现代物理研究奠基者之一。

华罗庚,世界著名数学家,是中国解析数论、矩阵几何学、典型群、自安函数论等多方面研究的创始人和开拓者。

陈景润,在研究哥德巴赫猜想和其他数论问题上的成就极高,证明了哥德巴赫猜想中

"1+2"这个难题,被誉为哥德巴赫猜想第一人。

李四光,古生物学家、地层学家、大地构造学家、第四纪冰川学家,中国地质力学的创始人。化石新分类标准的提出、中国南方震旦纪与北方石炭纪地层系统的建立、中国东部第四纪冰川的发现与研究是他对地质科学的重大贡献。他为中国甩掉了"贫油"帽子,对中国原子弹和氢弹的研制成功有重大贡献。

竺可桢,地理学家、气象学家、中国现代气象学和地理学的一代宗师,是我国物候学研究的创始者、推动者。

侯德榜,著名科学家,杰出的化工专家,我国重化学工业的开拓者。主要成就有:揭开了索尔维法的秘密;创立了中国人自己的制碱工艺——侯氏制碱法;为发展小化肥工业作出了重大贡献。

袁隆平,农学家、杂交水稻育种专家,中国研究杂交水稻的创始人,世界上成功利用水稻杂交优势的第一人。他于1981年荣获我国第一个国家特等发明奖,被国际上誉为"杂交水稻之父"。

丁颖,著名的农业科学家、教育家、水稻专家,中国现代稻作科学主要奠基人。

詹天佑,中国近代铁路工程专家。主持修建了我国自建的第一条铁路——京张铁路;创造了"竖井施工法"和"人"字形线路。

茅以升,著名桥梁专家、土木工程学家、桥梁专家、工程教育家,主持修建中国第一座现代化桥梁——钱塘江大桥;中国土力学学科的创始人和倡导者。

童第周,生物学家,中国实验胚胎学的创始人。

张钰哲,中国现代天文学家,"中华"小行星的发现者。

梁思成,中国著名的建筑学家和建筑教育家。毕生从事中国古代建筑的研究和建筑教育事业,系统地调查、整理、研究了中国古代建筑的历史和理论,是这一学科的开拓者和奠基者。曾参加人民英雄纪念碑等设计,是新中国首都城市规划工作的推动者,新中国成立以来几项重大设计方案的主持者。新中国国旗、国徽评选委员会的顾问。

(二)外国科技名人及成就

阿基米德,古希腊哲学家、数学家、物理学家,主要成就为推出了几何体的表面积和体积的计算方法。

伽利略,意大利的著名物理学家。给出了匀变速运动的定义,导出 S 正比于 t^2 并给以实验检验;推断并验证得出,无论物体轻重如何,其自由下落的快慢是相同的;通过斜面实验,推断出物体如不受外力作用将维持匀速直线运动的结论。后由牛顿归纳成惯性定律。发现摆的等时性。伽利略的科学推理方法是人类思想史上最伟大的成就之一。

开普勒,丹麦天文学家,发现了行星运动规律的开普勒三定律,奠定了万有引力定律的基础。

牛顿,英国物理学家,发现了牛顿定律及万有引力定律,奠定了以牛顿定律为基础的经典力学。

胡克,英国物理学家,发现了胡克定律($F_{弹}=kx$)。

惠更斯,荷兰科学家,在对光的研究中,提出了光的波动说。发明了摆钟。

亨利·卡文迪许,英国物理学家,巧妙地利用扭秤装置测出了万有引力常量G。

库仑,法国科学家,巧妙地利用"库仑扭秤"研究电荷之间的作用,发现了"库仑定律"。

奥斯特，丹麦科学家，通过实验发现了电流能产生磁场。

爱迪生，美国发明家、企业家，拥有2000余项发明，对世界产生极大影响的有白炽灯、留声机、碳粒电话筒、电影摄像机等。

贝尔，美国发明家，发明了世界上第一台可用的电话机，被誉为"电话之父"。

玛丽·居里（居里夫人），法国著名波兰裔物理学家，原子物理的先驱者，"镭"发现者，曾两度获得诺贝尔奖。

爱因斯坦，20世纪最伟大的科学家之一。他提出了"光子"理论及光电效应方程，建立了狭义相对论及广义相对论，提出了"质能方程"。

瓦特，英国发明家，1776年制造出第一台有实用价值的蒸汽机，被誉为"工业革命之父"。

达尔文，英国生物学家，著有《物种起源》，提出生物进化理论。

孟德尔，奥地利现代遗传学之父，通过豌豆实验发现了遗传规律、分离规律及自由组合规律。

二、科学常识

（一）物理学常识

1. 牛顿运动定律

牛顿运动定律是牛顿提出的物理学的三个运动定律的总称，被誉为经典物理学的基础。

牛顿第一定律，又称惯性定律，是指一切物体在不受任何外力的作用下，总保持匀速直线运动状态或静止状态，直到有外力迫使它改变这种状态为止。这个定律明确了力和运动的关系并提出了惯性的概念。

牛顿第二定律，是指物体的加速度跟物体所受的合外力F成正比，跟物体的质量成反比，加速度的方向跟合外力的方向相同。公式：$F=ma$。

牛顿第三定律，是指两个物体之间的作用力和反作用力，在同一条直线上，大小相等，方向相反。

2. 麦克斯韦方程组

麦克斯韦方程组是麦克斯韦建立的描述电场与磁场的四个方程。在麦克斯韦方程组中，电场和磁场已经成为一个不可分割的整体。该方程组系统而完整地概括了电磁场的基本规律，并预言了电磁波的存在。以麦克斯韦方程组为核心的电磁理论，是经典物理学最引以为豪的成就之一。

3. 相对论

相对论是关于时空和引力的基本理论，主要由爱因斯坦创立，分为狭义相对论（特殊相对论）和广义相对论（一般相对论）。相对论的基本假设是相对性原理，即物理定律与参照系的选择无关。狭义相对论和广义相对论的区别是，前者讨论的是匀速直线运动的参照系（惯性系）之间的物理定律，后者则推广到具有加速度的参照系中（非惯性系），并在等效原理的假设下，广泛应用于引力场中。

狭义相对论最著名的推论是质能公式$E=mc^2$，它可以用来计算核反应过程中所释放的能量，并致使了原子弹的诞生。而广义相对论所预言的引力透镜和黑洞，也相继被天文观测所证实。

4. 分子运动论

分子运动论是从物质的微观结构出发来阐述热现象规律的理论。它的基本内容如下：

(1)物体是由大量分子组成的，分子永不停息地做无规则运动，分子之间存在着相互作用力。大量分子无规则的运动叫做分子的热运动。

(2)实际上，构成物质的单元是多种的，或是原子(金属)，或是离子(盐类)，或是分子(有机物)。在热力学中，由于这些微粒做热运动时遵从相同的规律，所以统称分子。

5. 热力学三定律

热力学第一定律即能量守恒与转化定律，其内容：在任何孤立的系统中，不论发生何种变化，无论能量从一种形式转化为另一种形式，或从一部分物质传递给另一部分物质，系统的总能量守恒。

热力学第二定律的内容：热能的传递具有不可逆性，即在没有外界作用的情况下，热能只会从热体传向冷体，而不可能从冷体传向热体。

热力学第三定律是系统的熵在绝对零度时为零，即不存在任何的无序。

(二)化学常识

1. 原子

原子是化学变化中的最小微粒，由原子核和围绕原子核运动的电子组成。它是化学反应的基本微粒，在化学反应中不可分割。

在公元前450年，希腊哲学家德谟克利特创造了原子这个词语。

2. 元素

具有相同核电荷数(质子数)的同一类原子总称为元素。到2007年为止，总共有118种元素被发现，其中94种存在于地球上。原子序数大于82的元素(铋Bi及之后的元素)都是不稳定的，会进行放射衰变。原子序数在83以下的某些元素，如原子序数为43和61的元素(锝Tc和钷Pm)没有稳定的同位素，会进行衰变。

3. 分子

分子是构成物质的微小单元，它是能够独立存在并保持物质原有的一切化学性质的较小微粒。分子一般由更小的微粒——原子构成。按照组成分子的原子个数可分为单原子分子、双原子分子及多原子分子；按照电性结构可分为有极分子和无极分子。

4. 离子

离子是指带电荷(正、负电荷)的原子或原子团。与分子、原子一样，离子也是构成物质的基本粒子之一。带正电荷的离子称阳离子，带负电荷的离子称阴离子。

5. 化合物

由两种或两种以上元素组成的纯净物叫做化合物。根据不同的分类方法，化合物可分为有机化合物和无机化合物，或者高分子化合物和低分子化合物，或者离子化合物和共价化合物等。

6. 化学品

各种元素组成的纯净物和混合物，无论是天然的还是人造的，都属于化学品。

7. 化学键

化学键是分子内或晶体内相邻两个或多个原子（或离子）间强烈的相互作用力的统称。

8. 分子间力

分子间力是不同分子之间的作用力，主要有氢键、范德华力、亲水作用/疏水作用等，这种作用力比化学键弱，容易打开或重新组合，但是是形成分子空间排列和架构的重要作用力，是现代化学的重要研究方向之一。

9. 化学反应

化学反应是一种物质转变为另一种物质的过程，涉及分子中元素的交换和化学键的转移、形成或消失。化学反应形成的改变既可令很多独立的分子结合，也可将一个较大型的分子拆开成为很多独立的小分子，甚至是同一分子内有原子移动，即使原子的数量没有改变，但仍会构成化学反应。

10. 质量守恒定律

在任何与周围隔绝的体系中，不论发生何种变化或过程，其总质量始终保持不变。或者说，化学变化只能改变物质的组成，但不能创造物质，也不能消灭物质，所以该定律又称物质不灭定律。

11. 能量守恒定律

能量既不会凭空产生，也不会凭空消失，它只能从一种形式转化为别的形式，或者从一个物体转移到别的物体，在转化或转移的过程中其总量不变。

12. 电荷守恒定律

电荷是物质的属性，它不是凭空产生或消失的，它只能从一个物体转移到另一个物体上，这就是电荷守恒定律。也可以表述为，在一个没净电荷出入其边界的系统，其中正负电荷电量的代数和保持不变。

（三）生物学常识

1. 细胞

细胞是由膜包围着的含有细胞核（或拟核）的原生质所组成，是生物体的结构和功能的基本单位，也是生命活动的基本单位。细胞能够通过分裂而增殖，是生物体个体发育和系统发育的基础。细胞是遗传的基本单位，并具有遗传的全能性。有成形细胞核的是真核细胞，反之，无成形细胞核的是原核细胞。

2. DNA

DNA，又称脱氧核糖核酸，是染色体的主要化学成分，同时也是组成基因的材料，有时被称为"遗传微粒"。

在繁殖过程中，父代将自己的DNA进行半保留复制传递到子代中，从而完成性状的传播。因此，DNA被称为"遗传微粒"。

3. 基因

基因是指携带有遗传信息的DNA或RNA序列，也称为遗传因子，是控制性状的基本遗传单位。基因通过指导蛋白质的合成来表达自己所携带的遗传信息，从而控制生物个体的性状表现。

4. 人类基因组

人类基因组共有 22 对常染色体和 1 对性染色体,性染色体又分为 X 染色体与 Y 染色体,含有约 30 亿个 DNA 碱基对。碱基对是以氢键相结合的两个含氮碱基,组成碱基对的碱基包括 A、T、C、G。

5. 新陈代谢

新陈代谢是生物体内全部有序化学变化的总称。它包括物质代谢和能量代谢两个方面。物质代谢是生物体与外界环境之间物质的交换和生物体内物质的转变过程;能量代谢是生物体与外界环境之间能量的交换和生物体内能量的转变过程。

在新陈代谢过程中,既有同化作用,又有异化作用。同化作用,又叫做合成代谢,是指生物体把从外界环境中获取的营养物质转变成自身的组成物质,并且储存能量的变化过程;异化作用,又叫做分解代谢,是指生物体能够把自身的一部分组成物质加以分解,释放出其中的能量,并且把分解的最终产物排出体外的变化过程。

6. 克隆技术

"克隆"本意是无性繁殖,它不靠性细胞而是生物的体细胞进行繁殖。它是利用生物技术由无性生殖产生与原个体有完全相同基因组的后代的过程。克隆羊"多莉"的诞生便是应用了克隆技术。

(四)地理学常识

1. 太阳系

由太阳、行星及其卫星、小行星、彗星、流星体和行星际物质构成的天体系统叫太阳系。

在太阳系中,太阳是中心天体,其他天体都在太阳的引力作用下,绕太阳公转。太阳系有八大行星,分别是水星、金星、地球、火星、木星、土星、天王星和海王星。

2. 银河系

银河系是一个由群星和弥漫物质集成的庞大天体系统。银河系是我们地球和太阳所在的恒星系统,是一个拥有一两千亿颗恒星,除仙女星系外最大的巨星系。

3. 光年

光年是天文学中常用的距离单位,光在真空中一年所走的距离叫光年。一光年等于 94650 亿公里,或 63240 天文单位,或 0.307 秒差距。

4. 厄尔尼诺现象

厄尔尼诺现象又称厄尔尼诺海流,是太平洋赤道带大范围内海洋和大气相互作用后失去平衡而产生的一种气候现象,是沃克环流圈东移造成的。正常情况下,热带太平洋区域的季风洋流是从美洲走向亚洲,使太平洋表面保持温暖,给印尼周围带来热带降雨。但这种模式每 2—7 年被打乱一次,使风向和洋流发生逆转,太平洋表层的热流就转而向东走向美洲,随之便带走了热带降雨,出现所谓的"厄尔尼诺"现象。

(五)现代新技术

1. 生物工程产业

生物工程产业是以现代生命技术的四大组成部分(微生物、酶、细胞、基因)为基础,逐步形成以动植物工程、药物及疫苗、蛋白质工程、细胞融合、基因重组、生物芯片及生物计算机等为基本内涵的工程产业。这个产业将改造和创建若干高效益的生物物质,使人类的生产和生活发生巨大变化。

2. 生物医学产业

在疾病诊断、医疗手术、人工合成材料新成就的基础上,在21世纪人类能安全地掌握生物的或人工的脏器(心、肺、肾、脾等)、骨骼、血管、知觉(视、听、嗅、味、触)的移植和再造技术,从而使新的医疗技术达到能对人体各单位进行有效替换和重建的高水平,生物医学产业必将成为令人瞩目的高技术产业之一。

3. 海洋生物技术

海洋生物技术兴起于20世纪80年代,是传统海洋生物学发展的一门新兴研究领域。目前,世界各国正在进行的海洋生物技术研究的内容,主要是以海洋生物为对象,综合应用基因工程、细胞操作技术和细胞培养技术等手段,进行海洋生物遗传性改造,或生产对人们有用的海洋生物产品。随着神经生物学、海洋生态学、海洋工程学、电子学,以及遥感技术和深海探测技术不断向海洋生物技术领域渗透,并与之相结合,海洋生物技术的研究范围将逐步拓宽。现在,人们正在研究的内容大体有三个方面:一是开发、生产和改造天然海洋产物,以便用作药物、食品、新材料;二是定向改良海洋动物、植物遗传特性,为海水养殖业提供具有生长快、品质高和抗病害的优良品种;三是培养具有特殊用途的"超级细菌",用来清除海洋环境的污染,或者生产具有特定生物功能的物质。

4. 纳米技术

就像毫米、微米一样,纳米是一个尺度概念,是一米的十亿分之一,并没有物理内涵。当物质到纳米尺度以后,大约是在1～100纳米这个范围空间,物质的性能就会发生突变,出现特殊性能。这种既不同于原来组成的原子、分子,也不同于宏观的物质的具有特殊性能的材料,即为纳米材料。如果仅仅是尺度达到纳米,而没有特殊性能的材料,也不能叫纳米材料。

5. 软件产业

在21世纪,世界范围内的信息处理和知识处理业务空前活跃,软件科学技术的发展和知识产业的成长将加快步伐;大量遍及各个领域的数据库、信息库、知识库将普遍建成并广泛应用。基本软件、应用软件、智能软件、专家系统等软件产业,在经济发展和国家安全中将占有越来越突出的地位。

6. 智能机械产业

在21世纪,传统的各种机械工具将广泛地与微电子、光电子和人工智能机械产业结合。这个产业提供的智能机器人、智能计算机、智能工具(智能汽车、船舶、火车、飞机、航天器等)、智能生产线、智能化工厂等,不仅在体力上,同时也在脑力上部分替代人类的各种劳动,使人类的智能获得新的解放,从而人类可以开展更富创造性的工作。

7. 太阳能产业

21世纪,人类将面临能源紧缺的困境。除寄希望于核能源之外,现实的选择是发展太阳能技术,研制和生产各种太阳能跟踪、捕获、转换和存贮装置,在地面和太空中更多地搜集和利用无污染的太阳能,建立起高技术的太阳能产业。

8. 空间技术

空间技术是探索、开发和利用宇宙空间的技术,又称为太空技术和航天技术。目的是利用空间飞行器作为手段来研究发生在宇宙空间的物理、化学和生物等自然现象。

空间技术自20世纪50年代崛起以来,以其辉煌的成就对国际政治、军事产生了深远影响,对人类经济、文明作出的贡献举世瞩目。几十年来,空间技术取得了重大的成就,其中各类卫星大显神通。我国也成功地研制出了神五、神六、神七载人飞船,并成功地实现了太空漫步。

三、中外常见科普读物

(一)中国常见科普读物

(1)多领域科普类书籍。如:《不知道的世界》,作者为李毓佩等,涉及天文、物理、化学等领域,内容丰富,通俗易懂。

(2)某个领域的科普书籍。如:《地质旅行》,作者为夏树芳,系统讲述地理和地质方面的基础知识。

(3)某个科学家的思想或成就。如:《华罗庚科普著作选集》,作者为华罗庚,本书收录了华罗庚教授的科普著作,体现了华罗庚科普工作的思想。

(4)其他包括交叉学科、科幻想象等。

(二)外国常见科普读物

(1)多领域。如:《十万个为什么》,作者是伊林(苏联)。这是一套专为中国儿童量身打造的科普读物,由"中国学生的第一套科普读物编写组"编写出版,它向读者展示了一个生动有趣的科普世界。翻开本套丛书,你会发现:科普知识不再像课本里讲述的那样乏味枯燥,而是变得鲜活生动起来;科普知识不再是抽象的定理和公式,而早已渗透到我们生活的方方面面。图文并茂的编排方式更让人赏心悦目,引导儿童徜徉其中,享受科普世界无穷无尽的乐趣。

(2)某个领域的科普书籍。如:《法布尔昆虫记》,作者是高苏珊娜。该套书有6本,法布尔的《昆虫记》是昆虫学家的观察手记,科学史中一部经典作品,它不但科学严谨,而且文采超群,也为法布尔赢得了"科学诗人"的美誉。这套从韩国引进的《法布尔昆虫记》实际上是一部改动很大的彩图故事书,根据法布尔著作中的一些知识点改编而成的童话故事,严格来说起名为《法布尔昆虫记》是很有问题的。不过抛开这个问题,单看书本身,它的故事非常有趣,图画也很棒,喜爱观察昆虫的孩子读起来爱不释手,应该说是一套非常优秀的科学童话故事。

第五节 教师的传统文化素养

一、天文历法

1. 四象

四象在中国传统文化中指青龙、白虎、朱雀、玄武,分别代表东、西、南、北四个方向,源于中国古代的星宿信仰。

2. 五更

我国古代把夜晚分成五个时段,用鼓打更报时,所以叫作五更、五鼓,或称五夜。

一更——黄昏、一鼓、甲夜——19—21点。

二更——人定、二鼓、乙夜——21—23点。

三更——夜半、三鼓、丙夜——23—1点。

四更——鸡鸣、四鼓、丁夜——1—3点。

五更——平旦、五鼓、戊夜——3—5点。

3. 二十四节气

二十四节气是我国古代历法的重要组成部分。

二十四节气的名称和顺序与对应的农历月份如下。

正月:立春、雨水。

二月:惊蛰、春分。

三月:清明、谷雨。

四月:立夏、小满。

五月:芒种、夏至。

六月:小暑、大暑。

七月:立秋、处暑。

八月:白露、秋分。

九月:寒露、霜降。

十月:立冬、小雪。

十一月:大雪、冬至。

十二月:小寒、大寒。

4. 四时

四时指春夏秋冬四季。

5. 干支

天干地支的合称。天干:甲、乙、丙、丁、戊、己、庚、辛、壬、癸;地支:子、丑、寅、卯、辰、巳、午、未、申、酉、戌、亥。十干和十二支依次相配,组成六十个基本单位,古人以此作为年、月、日、时的序号,叫"干支纪法"。

6. 纪年法

我国古代纪年法主要有以下四种。

(1)王公即位年次纪年法。以王公在位年数来纪年。

(2)年号纪年法。汉武帝起开始有年号(建元)。此后每个皇帝即位都要改元,并以年号纪年。如《岳阳楼记》中的"庆历四年春"等。

(3)干支纪年法。干支纪年是中国古代的一种纪年法。即以甲、乙、丙、丁、戊、己、庚、辛、壬、癸十天干和子、丑、寅、卯、辰、巳、午、未、申、酉、戌、亥十二地支按照顺序组合起来纪年。如甲子、乙丑等,经过六十年又回到甲子。周而复始,循环不已。我国传统纪年法依旧沿用干支纪年。如《五人墓碑记》:"予犹记周公之被逮,在丙寅三月之望。""丙寅"指公元1626年。

(4)年号干支兼用法。纪年时皇帝年号置前,干支列后。

二、古代称谓

1. 年龄称谓

12岁(女)——金钗之年。

13岁(女)——豆蔻年华。

15岁(女)——及笄之年。

16岁(女)——碧玉年华。

20岁(女)——桃李年华。

24岁(女)——花信年华。

始龀、韶年:男孩八岁。

束发:男子十五岁。

弱冠:男子二十岁。

而立:三十岁。

不惑:四十岁。

知天命:五十岁。

2. 别称

父母称高堂、椿萱、双亲。

妻父俗称丈人,雅称岳父、泰山。

兄弟称昆仲、棠棣、手足。

老师称先生、夫子、恩师。

学生称门生、受业。

学堂称寒窗、鸡窗,同学为同窗。

女婿称东床、东坦、娇客。

父母死后称呼上加"先"字,父死后称先父、先严、先考;母死后称先母、先慈、先妣。同辈人死后加"亡"字,如亡妻、亡兄、亡妹。夫妻一方亡故叫丧偶,夫死称妻为寡、孀,妻死称夫为鳏。

3. 讳称

天子、太后、公卿王侯之死称:薨、崩、百岁、千秋、晏驾、山陵崩等。

父母之死称:见背、孤露、弃养等。

佛道徒之死称:涅槃、圆寂、坐化、羽化、仙游、仙逝等。"仙逝"现也用于称受人尊敬的人物的死。

一般人的死称:亡故、长眠、长逝、过世、谢世、寿终、殒命、捐生、就木、溘逝、老、故、逝、终等。

三、传统思想文化

1. 秦

1)百家争鸣

春秋战国,思想家辈出,学派纷起林立,形成"百家争鸣"的局面,为中国思想文化之源。《汉书·艺文志》列出学派十家:儒家、道家、阴阳家、法家、名家、墨家、纵横家、杂家、农家和小说家。

2)先秦代表思想流派

先秦代表思想流派并对后世影响较大的有:孔子、孟子为代表的儒家,老子、庄子为代表的道家,韩非子为代表的法家。墨子为代表的墨家,在当时影响也很大,与儒家并称为"显学"。儒家说"爱人",墨家说"兼爱"。思想看似相近,但有差别。儒家"爱人"是"有差等"的,墨家"兼爱"是"无差等"的。

3)"天人合一"与"天人相分"

天人关系是中国先秦哲学争论的重要问题。天人关系的核心是人作为主体同他的周围世界客体的关系,也是思维同存在的关系。中国思想家很早就对哲学的基本问题进行了思考。

4)先秦重要著述

(1)六经。

六经指儒家奉为经典的六部先秦著述,即《诗经》、《尚书》、《礼经》、《乐经》、《周易》、《春秋》。六经亦称六艺。不过"六艺"另外一种含义是指六种基本能力,即礼、乐、射、御、书、数。

(2)《论语》。

孔子弟子编纂,主要记述孔子言行。

(3)《孟子》。

记录孟子言行的书。

(4)《道德经》。

老子著,也有人说此书为后人编纂。

2. 秦汉魏晋

1)"罢黜百家,独尊儒术"

汉武帝时董仲舒提出"罢黜百家,独尊儒术",借以统一思想,巩固中央集权制度。

2)东汉道教产生

道教产生于东汉,但是与神仙方术及各种先秦思想有关,特别是奉老子为教主。

3)东汉佛教传入

佛教从印度传入,一般认为是东汉明帝派人访求佛教经卷,以白马驮至洛阳,建白马寺。

4)玄学

魏晋时,何晏、王弼等以道家的老庄思想糅合儒家经义而形成的一种思潮。

3. 宋明

1)宋明理学

宋明理学(亦称道学),起于宋,是宋以后影响中国社会数百年的儒家学术思想。宋明理学的核心概念是"理"。"理"是一种理论抽象,其概念内涵复杂。理学家的思考,有探索意味,但宋明理学的历史局限性是十分明显的。

2)宋明理学代表人物

①周敦颐;②程颢;③程颐;④陆九渊;⑤王守仁。

4. 清

1）顾炎武

明末清初思想家，与黄宗羲、王夫之并称明末清初三大儒。其代表作为《日知录》，反映了他的"经世致用"思想。其名言"天下兴亡，匹夫有责"，成为民族精神的象征。

2）戴震

清代思想家，对程朱理学持批判态度，其代表作为《原善》，梁启超、胡适称之为近代"中国近代科学界的先驱者"。

3）严复

清末启蒙思想家，积极介绍西方思想，其翻译的《天演论》，将进化论思想引入中国。

4）康有为

近代中国推进思想变革的最重要的思想家之一，先后写了《新学伪经考》和《孔子改制考》，为戊戌变法奠定理论基础。

5）梁启超

近代中国启蒙思想家，戊戌变法时期重要的社会活动家，代表作有《饮冰室合集》。

四、古代地理

1. 中华

上古时期华夏族居四方之中的黄河流域一带，故称"中华"，后常用来泛指中原地区。如《三国志》："其地东接中华，西通西域。"今已成为中国的别称。

2. 九州

传说中的我国上古时期划分的九个行政区域，州名分别为冀、兖、青、徐、扬、荆、豫、梁、雍，后成为中国的别称。陆游诗云："死去元知万事空，但悲不见九州同。"《过秦论》中"序八州而朝同列"，秦居雍州，加上八州即九州。

3. 海内

古代传说我国疆土四面环海，故称国境之内为海内。王勃《送杜少府之任蜀州》："海内存知己，天涯若比邻。"司马光《赤壁之战》："海内大乱，将军起兵江东。"

4. 五岳

五大名山的总称，即东岳泰山、西岳华山、中岳嵩山、北岳恒山、南岳衡山。

5. 佛教四大名山

山西五台山、浙江普陀山、安徽九华山、四川峨眉山。

6. 山水阴阳

古代以山南、水北为阳，以山北、水南为阴。

五、科举制度

1. 孝廉

汉代察举制的科目之一。孝廉是孝顺父母、办事廉正的意思。实际上察举多为世族大家垄断，互相吹捧，弄虚作假，当时有童谣讽刺："举秀才，不知书；举孝廉，父别居。"

2. 科举

科举指历代封建王朝通过考试选拔官吏的一种制度。

3. 及第

及第指科举考试应试中选,应试未中的叫落第、下第。"登科"是及第的别称,也就是考中进士。

4. 进士

进士是科举考试的最高功名。贡士参加殿试录为三甲都叫进士。

5. 状元

科举制度殿试第一名,又称殿元、鼎元,为科名中最高荣誉。

6. 八股文

八股文,是明清科举考试的一种文体,也称制义、制艺、时文、八比文。八股文的文章一般文体固定,由八个部分组成。这八个部分分别是:破题、承题、起讲、入手、起股、中股、后股、束股。后四个部分每部分有两股排比对偶的文字,合起来共八股。八股文的题目一律出自四书五经中的原文。旧时科举,八股文要用孔子、孟子的口气说话,四副对子平仄对仗,不能用风花雪月的典故亵渎圣人。

7. 金榜

古代科举制度殿试后录取进士,揭晓名次的布告,因用黄纸书写,故而称黄甲、金榜。多由皇帝钦定,俗称皇榜,考中进士就称金榜题名。

8. 书院

唐宋至明清出现的一种独立的教育机构,是私人或官府所设的聚徒讲授、研究学问的场所,宋代著名的四大书院是今江西九江的白鹿书院、湖南长沙的岳麓书院、湖南衡阳的石鼓书院和河南商丘的应天书院。明代无锡有"东林书院",曾培养了杨涟、左光斗这样一批不畏阉党权势、正直刚硬廉洁的进步人士,他们被称为"东林党"。

9. 乡试

明清两代每三年在各省省城(包括京城)举行的一次考试,因在秋八月举行,故又称秋闱(闱,考场)。主考官由皇帝委派,考后发布正、副榜,正榜所取的叫举人,第一名叫解元。

10. 连中三元

科举考试以名列第一者为元,凡在乡、会、殿三试中连续获得第一名,被称为"连中三元"。据统计,历史上连中三元的至少有十六人。

六、传统习俗

1. 春节

我国传统习俗中最隆重的节日。

2. 元宵

我国民间传统节日,又称正月半、上元节、灯节。

元宵习俗有赏花灯、包饺子、闹年鼓、迎厕神、猜灯谜等。宋代始有吃元宵的习俗。元宵即圆子,用糯米粉做成实心的或带馅的圆子,可带汤吃,也可炒吃、蒸吃。

3. 清明

我国民间传统节日。按农历算在三月上半月,按阳历算则在每年4月5日或6日。

4. 端午

我国民间传统节日,又称端阳、重午、重五。端午原是月初午日的仪式,因"五"与"午"

同音,农历五月初五遂成端午节。

5. 中秋
我国民间传统节日,又称团圆节。农历八月在秋季之中,八月十五又在八月之中,故称中秋。

6. 重阳
我国民间传统节日。《易经》将"九"定为阳数,两九相重,故农历九月初九为"重阳"。

7. 十二生肖
十二生肖,是中国传统文化的重要部分,由12种源于自然界的动物即鼠、牛、虎、兔、龙、蛇、马、羊、猴、鸡、狗、猪组成,与地支配合用于纪年,顺序排列为子鼠、丑牛、寅虎、卯兔、辰龙、巳蛇、午马、未羊、申猴、酉鸡、戌狗、亥猪。

8. 少数民族节日
中华民族是一个大家庭,各民族有自己的不同节日,譬如,维吾尔族的肉孜节、古尔邦节,藏族的藏历新年,傣族的泼水节等。少数民族的节日,也是中华民族传统习俗中的一部分。

七、物质文化遗产

1. 十朝古都
西安,自周朝开始至唐,有十个王朝在此建都,故称十朝古都。

2. 九朝古都
洛阳,自东周开始至五代后唐,有九个王朝在此建都,故称九朝古都。

3. 六朝古都
南京,自三国东吴开始至南朝宋、齐、梁、陈,有六个王朝在此建都,故称六朝古都。

4. 宋五大名窑
宋代瓷器生产,以汝窑、官窑、哥窑、钧窑、定窑产品最为有名,后人统称为"宋代五大名窑"。

练习题

单项选择题

1. 我国古代四大发明中在北宋时候发明的是(　　)。
　　A. 造纸术和火药　　　　　　B. 活字印刷术和指南针
　　C. 火药和指南针　　　　　　D. 指南针和造纸术

2. 印刷术的发明是我国古代人民对世界文化的重大贡献。其中,雕版印刷术发明于(　　)。
　　A. 秦朝　　　B. 汉朝　　　C. 隋唐时期　　　D. 明清时期

3. 标志着中国进入太空新时代的是(　　)。
　　A. 中近程运载火箭发射成功　　　　B. "东方红"一号人造卫星升空
　　C. 返回式遥感卫星的发射　　　　　D. "神舟"五号载人飞船发射成功

4. 美国经济学家唐·帕尔伯格曾说:"他正引导我们走向一个丰衣足食的世界。""他"是谁?(　　)

A. 袁隆平　　　B. 钱学森　　　C. 邓稼先　　　D. 赵忠尧

5. 下列我国古代科技成就中，两项都属于同一领域的是（　　）。
   A.《千金方》和《本草纲目》　　B.《水经注》和《农政全书》
   C.《缀术》和《天工开物》　　　D.《齐民要术》和《梦溪笔谈》

6. 明朝时，对本草学做出伟大贡献的医药学家是（　　）。
   A. 孙思邈　　　B. 华佗　　　C. 张仲景　　　D. 李时珍

7. 用单个原子、分子制造物质的技术是（　　）。
   A. 纳米技术　　B. 新材料技术　　C. 电子技术　　D. 基因重组技术

8. "双百"方针提出后，在什么领域出现了"百花齐放，百家争鸣"的局面？（　　）
   A. 科学技术领域　　　　　　B. 文学艺术领域
   C. 科学技术和文学艺术领域　　D. 思想领域

9. 邓小平明确指出"科学技术是第一生产力"的论断，是在（　　）。
   A. 1978 年　　B. 1985 年　　C. 1988 年　　D. 1990 年

10. 下列属于我国改革开放以后取得的成就的是（　　）。
    A. 第一颗原子弹爆炸成功　　　B. 第一颗人造地球卫星发射成功
    C. "神舟号"系列飞船发射成功　　D. 中国返回式卫星发射成功

11. 清朝时，一位曾发誓来中国绝不下跪的外国使节，在看到太和殿时却一改初衷虔诚地跪地，并说："我跪的不是中国的皇帝，而是中国伟大的建筑。"这里"伟大的建筑"指的是（　　）。
    A. 故宫　　　B. 十三陵　　　C. 长城　　　D. 颐和园

12. 诸葛亮曾自称"布衣"，当时普通老百姓所穿服装的主要衣料应该是（　　）。
    A. 丝　　　B. 麻　　　C. 棉　　　D. 化纤

13. 某同学举办"中国古代科技发展"的图片展览，下列应该入选"宋元篇"的人是（　　）。
    ①祖冲之　　②毕昇　　③黄道婆　　④李时珍
    A. ①②　　　B. ③④　　　C. ②③　　　D. ①④

14. "舟师识地理，夜则观星，昼则观日，阴晦则观指南针。"这说明，中国古代四大发明之一的指南针，对于古人在哪一方面的活动有着重大的意义？（　　）
    A. 天文观测　　B. 地理测量　　C. 天气预测　　D. 航海探索

15. 世界上最早发明测量地震方位仪器的是（　　）。
    A. 祖冲之　　B. 僧一行　　C. 张衡　　D. 郦道元

16. 牛顿最辉煌的成就是（　　）。
    A. 创立微积分　　　　　　B. 建立经典力学体系
    C. 发现海王星　　　　　　D. 提出了光的微粒说

17. 人类历史上第一次能源革命源于（　　）。
    A. 水力的使用　　　　　　B. 原子能的使用
    C. 电力的使用　　　　　　D. 瓦特改良蒸汽机的发明

18. "两弹一星"的研制成功，对中国的现实意义是（　　）。
    A. 实现了社会主义工业化　　B. 在联合国中发挥的作用越来越大

C. 增强了中国的国防实力　　　　D. 迫使美、苏改善了对华关系

19. "五四"以后提倡科学和民主,当时引入的"科学"主要是(　　)。

A. 西方科学知识　　　　　　　B. 西方的技术

C. 西方的科研体制　　　　　　D. 西方的民主

20. 新中国建立后的十几年中,科技领域取得了巨大成就。下列科技成就在当时居世界之首的是(　　)。

A. 第一颗原子弹爆炸成功

B. 第一颗氢弹爆炸成功

C. 我国第一颗人造地球卫星成功进入预定轨道

D. 人工合成牛胰岛素结晶成功

练习题答案

1. B　2. C　3. D　4. A　5. A　6. D　7. A　8. C　9. C　10. C　11. A　12. B　13. C　14. D　15. C　16. B　17. D　18. C　19. B　20. D

第七章 教师的基本能力

 考试内容与要求

1. 教师的信息能力
➢具有运用工具书检索信息、资料的能力。
➢具有运用网络检索、交流信息的能力。
➢具有对信息进行筛选、分类、管理和应用的能力。
➢具有运用教育测量知识进行数据分析与处理的能力。
➢具有根据教育教学的需要,设计、制作课件的能力。

2. 教师的逻辑思维能力
➢了解一定的逻辑知识,熟悉分析、综合、概括的一般方法。
➢掌握比较、演绎、归纳的基本方法,准确判断、分析各种事物之间的关系。
➢准确而有条理地进行推理、论证。

3. 教师的阅读能力
➢理解阅读材料中重要概念的含义。
➢理解阅读材料中重要句子的含义。
➢筛选并整合图表、文字、视频等阅读材料的主要信息及重要细节。
➢分析文章结构,把握文章思路。
➢归纳内容要点,概括中心意思。
➢分析概括作者在文中的观点态度。
➢根据上下文合理推断阅读材料中的隐含信息。

4. 教师的写作能力
➢掌握文体知识,能根据需要按照选定的文体写作。
➢能够根据文章中心组织、剪裁材料。
➢具有布局谋篇、安排文章结构的能力。
➢语言表达准确、鲜明、生动,能够运用多种修辞手法增强表达效果。

 知识框架

	工具书检索信息能力
	网络信息检索与交流能力
教师的信息能力	信息筛选、分类、管理和应用能力
	运用教育测量知识进行数据分析与处理
	中学教学课件设计与制作

续表

教师的逻辑思维能力	逻辑基础知识
	推理
	论证
教师的阅读能力	理解阅读材料中重要概念的含义
	理解阅读材料中重要句子的含义
	阅读材料信息的筛选与整合
	分析文章结构,把握文章思路
	归纳内容要点,概括中心意思
	分析概括观点态度
教师的写作能力	常用文体写作
	材料组织与剪裁
	谋篇布局与文章结构安排
	语言表达与修辞手法

考题举例

国庆黄金周,小白和朋友们商量去外地旅游的事。小米说:如果不去绍兴,就去杭州吧。小黄说:如果不去杭州,就不去绍兴了。小刘说:咱们只去其中一处吧。小白据此提出的大家都能接受的意见是( )。

A. 另去他处   B. 两处都去   C. 只去绍兴   D. 只去杭州

【答案】D

第一节 教师的信息能力

一、工具书检索信息能力

（一）工具书的种类

工具书按反映对象及其作用,分为检索工具书和参考工具书两类。

1. 检索工具书

检索工具书一般包括书目、索引和文摘三类。

2. 参考工具书

常见的参考工具书包括字典、词典、百科全书、年鉴等。此外,还有手册、年表、图谱、政书、类书等。

（二）工具书检索的一般程序

(1)根据需要确定检索范围。

(2)熟悉和利用现有的对口工具书。
(3)查阅凡例和熟悉排检法,检索出所需资料。
(4)摘录和复制资料。
(5)整理资料。

二、网络信息检索与交流能力

(一)网络信息检索能力

信息时代,人们对信息的收集和处理大多通过信息技术来实现。其中,利用网络检索信息,利用计算机收集、整理信息和管理信息,已成为操作信息的主要方法。对于教师来说,用信息技术检索、收集和处理信息十分有用。

常用的网络信息检索方法一般有 3 种:直接访问网页、使用搜索引擎和查询在线数据库。

(二)网络信息交流能力

相较于面对面交流,网络信息交流具有非正式、主动、多向、无时空界限等特点。网络信息交流的方法有:通过局域网交流信息、收发电子邮件、即时通信、电子公告牌、博客、微博等。

(三)教师在网络信息交流中应注意的问题

1. 确保网络信息交流的规范性

由于虚拟环境减小了规范的压力,所以要注意缺乏道德自律能力而产生违背社会规范的行为。

2. 确保网络信息交流的真实性

网络是一个虚拟空间,需要对交流者及交流信息的真实性加以识别。

三、信息筛选、分类、管理和应用能力

(一)信息的筛选

1. 鉴别真伪

即看信息内容与已掌握的可靠数据资料是否有明显冲突,同一条信息内容是否自相矛盾,信息来源是否可靠,信息传输方式是否可靠。

2. 价值鉴定

即确定信息是否有价值并评估价值的大小。信息价值的高低取决于对信息的需求程度。

(二)信息的分类

信息分类的第一步是辨别信息的种类。即对信息做主题分析,分辨其所属类别;第二步是归类,即依据辨别种类的结果,将信息归位于分类体系中。

将信息归类后,可对信息作进一步分析。常用的分析方法有:
(1)归纳法和演绎法。
(2)比较法和分类法。
(3)分析法和综合法。

(4)定量分析和定性分析。

(5)系统分析法。

(三)信息的提炼

信息提炼是在信息分析的基础上,对信息内容和文字进行的再加工,即对质量还不高的信息材料,做必要的浓缩和提炼。信息的浓缩和提炼必须根据采用者的需求来加工。加工过程主要体现在内容和文字两个方面。

1. 信息内容

将没有用的部分去掉,把有价值的内容凸显出来;把"杂质"去掉,把本质挖掘出来;把虚的"水分"挤干,把实的内容留下。

2. 信息载体

即对信息文字、篇幅进行提炼。将多余的文字去掉,将过长的篇幅进行压缩,以达到用最少、最精炼的文字和篇幅承载最多、最大的信息量。

(四)信息的综合

信息的综合是对一定时间内获得的内容相同或相近的信息,按照一定的要求进行归纳、整理、加工和提炼,或者从中找出更重要的线索进行追踪,从而形成内容更为全面充实、理由更为充分、价值更高的系统性强、有一定深度的信息。

信息的综合即信息的综合归纳,具体方法有:

(1)阶段性综合归纳。

(2)专题性综合归纳。

(3)地域性综合归纳。

(4)追踪性综合归纳。

(五)信息的传递

信息传递是指信息经处理编写之后,由信息输出者迅速通过信息载体和信道,及时传递给信息接收者,即信息输出。当产生的结果又作为新的信息被输送回来,即信息反馈。

信息传递的方式有:

1. 口头传递

如开会、面谈等方式。

2. 书面传递

如邮寄、专递等方式。

3. 电信传递

如电话、传真、电报、网络等方式。

(六)信息的存储

信息存储即建立信息库,是指将有参考价值的各种信息采用相应的方法和载体存储起来,以备使用。信息存储有利于集中管理信息资料,有利于开发高层次的管理信息,有利于充分利用信息资源,提高管理工作效率。

1. 信息存储的程序

信息存储的程序包括登记、编码、排列。

2. 信息存储的方式

(1)从技术方式上说,有五种信息存储方式:文字纸张存储技术、缩微存储技术、声像存储技术、光盘移动硬盘存储技术、电子计算机存储技术。

(2)从存储手段上说,有两种信息存储方式:手工存储和计算机存储。

四、运用教育测量知识进行数据分析与处理

(一)教育测量知识的基本概念

1. 教育测量

教育测量有广义和狭义之分。从广义上说,教育测量是指运用测量手段对教育活动所进行的量的测定。它涉及的范围很广,凡是需要并能够测量的与教育有关的活动均在研究之列,如教育投入、教育过程各要素、教育效果等。从狭义上讲,教育测量专指按一定规则对学生的知识、智能、个性发展、思想品德等所进行的量的测定。通常所提及的多是狭义的教育测量。

2. 教育评价

教育评价是按照一定标准,运用科学可行的方法,对教育活动所进行的价值判断的过程。它包括对教学过程和教学效果的评价,诸如学校、教师的教学工作,课堂教学,教学方法、模式和内容,以及学生的学业成就、智能发展、个性发展、思想品德状况等评价。

3. 测验及其种类

测验是指通过一定的仪器和试题对所引起的受测者的行为样本进行测量的系统程序。教育测量的对象和内容是非常丰富的,测验作为教育测量的主要工具,种类也很多,可按照不同标准加以分类。

(1)按测验的功用分类:学绩测验,能力测验,人格测验。

(2)按测验的目的分类:诊断性测验,形成性测验,终结性测验(见表4-1)。

表4-1 诊断、形成、终结三种测验对照表

种类	目的	特点	时间
诊断性测验	预测摸底	比较正规	教学开始
形成性测验	矫正改进	灵活	教学进程中
终结性测验	鉴定	正规	教学结束

(3)按解释分数和方法分类:常模参照测验,目标参照测验(见表4-2)。

表4-2 常模参照测验和目标参照测验的对照表

种类	参照系	归属	作用	理想分布
常模参照测验	群体水平	相对评价	比较选拔	正态分布
目标参照测验	教育目标	绝对评价	鉴定	负偏态

4. 测量的要素

(1)参照点:分为绝对零点和相对零点。教育测量所应用的参照点都是相对零点。

(2)统一的单位。

(3)测量工具:教育测量常用的工具是试卷。

(二)教育测量的数据整理

在教育测量中,通过各种测验获得大量数据,这些杂乱无章的数据有三个问题:一是

看不清它们的分布形态,二是不了解它们的特征和变化规律,三是每个数据表达的意义含混模糊。因此,需要对零乱分散的数据进行整理和分析,以便在此基础上作出解释和评价。

常用方法有顺序排列表、频数分布表、频数直方图等。

(三)教育测量的数据统计

(1)算术平均数。

(2)方差。

(3)标准差。

(4)差异系数。

(5)标准分数(z分数)。

(6)难度。

(7)区分度。

(8)信度。

(9)效度。

第二节 教师的逻辑思维能力

一、逻辑基础知识

(一)概念

概念是反映事物(对象)本质属性和范围的思维形式,是思维的最基本单位,是构成推理、命题的要素。

概念的内涵和外延是概念最基本也是最重要的逻辑特征。

在概念的部分,考查的题型一般为概念的概括或限制,解答此类题目时要注意:

(1)概括和限制是在种属关系的概念之间进行的,同一关系、交叉关系、不相容关系或包含关系中的组成关系的概念都不可能进行概括和限制。

(2)概括和限制都有极限。概括的极限是范畴,限制的极限是单独概念。

【真题范例】

下列选项中,对概念所作概括,正确的一项是(　　)。

A. 将"启明星"概括为"太白星"

B. 将"火焰山"概括为"吐鲁番"

C. 将"中国文学"概括为"艺术哲学"

D. 将"长篇小说"概括为"文学作品"

【答案】D

(二)判断

判断就是对对象有所断定的思维形式。任何对象都具有一定的性质,也都处于一定的关系之中。判断对对象有所断定,就是断定对象具有或不具有某种性质或关系。所谓

"有所断定",就是要么肯定,要么否定。例如,实践是检验真理的唯一标准。

判断具有断定性和真假性的特点,根据不同的标准可以将判断分为不同种类。

首先,根据在判断的逻辑形式中是否含有"必然"、"可能"这些模态词,把判断分为非模态判断和模态判断。

其次,根据判断中是否包含其他判断,将非模态判断分为简单判断和复合判断;根据所含有的模态词的不同将模态判断分为必然判断和可能判断。

再次,根据是判定对象的性质还是断定对象之间关系,进一步将简单判断分为性质判断和关系判断;根据逻辑联结词的不同,进一步将复合判断分为联言判断、选言判断、假言判断和负判断。

【真题范例】

下列选择中,与"王静和李跃是军人"的判断类型不同的是(　　)。

A. 舒婷和海子是诗人　　B. 张继科和王储是冠军
C. 王山和李强是战友　　D. 腾格尔和韩红是歌手

【答案】C

二、推理

推理就是根据一个或者一些已知为真的判断推出一个新判断的思维形式。例如:①真理是不怕批评的,所以,怕批评的不是真理。②所有的金属都是导电的;铁是金属;所以,铁是导电的。③奴隶社会的法制是有阶级性的;封建社会的法制是有阶级性的;资本主义社会的法制是有阶级性的;社会主义社会的法制是有阶级性的;所以,所有阶级社会的法制都是有阶级性的。以上三例都是推理,例①是由一个已知判断推出一个新判断;例②、例③是由两个或两个以上已知判断推出一个新判断。

推理的种类包括类比推理、归纳推理和演绎推理。其中,类比推理包含正类比、负类比和正负类比;归纳推理包含完全归纳推理和不完全归纳推理;演绎推理包含简单判断推理和复合判断推理。

【真题范例】

俗话说:"舍不得孩子套不住狼。"下列各项中,对此句理解不正确的是(　　)。

A. 想套住狼,就要舍得孩子　　B. 只要舍得孩子,就能套住狼
C. 舍得孩子,也许能套住狼　　D. 只有舍得孩子,才能套住狼

【答案】B

三、论证

(一)论证的含义

论证就是由一个或一些已知为真的判断,通过推理来确定另一个判断的真实性或虚假性的思维过程。

论证是逻辑知识尤其是推理形式的综合应用。人们在日常生活和工作中,在认识事物和表达思想时,为了探求和阐发真理,为了揭露和驳斥谬误,常常需要引用某个或某些真实的判断作为依据,并由此推出所要确定的判断的真实性或虚假性,这就是论证。

（二）论证的种类

论证根据论证的目的，分为证明和反驳，也就是写作中所说的立论和驳论。

①喜马拉雅山脉在过去的地质年代曾经是海洋地区。因为地质学已经证明，凡是有水生生物化石的地质，都是地质史上的海洋地区。地质普查探明，喜马拉雅山脉的地层中遍布了珊瑚、苔藓、海藻等化石。因此，可以得知，喜马拉雅山脉在过去的地质年代里曾经被海洋淹没过。

②鲁迅曾经指出，倘若说作品愈高，知音愈少，那么推理起来，谁也不懂的东西，就是世界上的绝作了。

以上两例都是论证。例①由已知已真的判断确定了"喜马拉雅山脉在过去的地质年代曾经是海洋地区"这一判断的真实性；例②由已知为真的判断确定了"作品愈高，知音愈少"这一判断的虚假性，前者为证明，后者为反驳。

（三）论证的组成

论证由论题、论据和论证方式三个要素组成。论题就是需要被确定为真实性或虚假性的判断。论据就是用来确定论题真实性或者虚假性的判断。论证方式就是论题和论据之间的联系方式。

第三节 教师的阅读能力

阅读能力是指通过阅读获取信息的能力，包括：理解阅读材料中重要概念或句子的含义；筛选并整合图表、文字、视频等阅读材料的主要信息及重要细节；分析文章结构，把握文章思路；归纳内容要点，概括中心意思；分析概括作者在文中的观点态度；根据上下文合理推理阅读材料中的隐含信息等能力。

一、理解阅读材料中重要概念的含义

所谓"重要概念"，指的是那些与文段的整体内容或要传达的主要信息密切相关的概念。对于这些重要概念的理解是理解整个文段内容的基础。

考试时，对于显性的概念，考生需要注意它们在具体语境中的意义和作用；对于隐性的概念，要注意它们在文中特定的表达意义，包括概念的概括义、引申义、比喻义等。总之，考查对文中重要概念的理解，通常不是考查解释词语的本义的能力，而是要求阅读者既要把握其本来意义，又要综合上下文来考虑其在具体语境中的意义。

示例：李陵在匈奴生活了约 20 年，最后死在那里。他的躯体上一直覆盖着厚厚的冰雪。一个蒙羞的灵魂，一个堆积着厚厚冰雪的灵魂，一个插着无数把刀的灵魂，在两千多年前安息了。隔着两千年的岁月，李陵在冰雪中远去、远去。人们一直遥望着的，是那一个背影。人们感受到李陵灵魂里的<u>冰雪</u>。

文段中"冰雪"的含义是什么？

分析：分析文段可知，"冰雪"这一概念与文段的主旨密切相关，且临时被赋予了更深层次的含义。"冰雪"在文段中有两层含义：①"冰雪"暗示了李陵远离故土，最后客死在北方;②李陵一直生活在叛国的阴影中,这是"一个蒙羞的灵魂","冰雪"象征着他所承受的冷眼、指责和叛变罪名。

二、理解阅读材料中重要句子的含义

所谓"重要句子",指的是那些对文章表达起重要作用的关键性语句。

文中的重要句子包括:

(1)结构复杂,意思含蓄的句子。
(2)使用了修辞格的句子。
(3)在篇章结构上有重要作用的句子。
(4)含有指示代词的句子。
(5)高度概括、揭示中心、深寓感情的句子。

示例:研究人员指出,术语"生物降解"这个词的使用是不规范的。一些生产厂家说,这些产品如果在物理上发生了变化,则是可以生物降解的,它们一旦与其他物质混合,便会自然消失或者可以支持生物的成长。研究人员认为,真正的生物降解物质在需氧条件下可以分解成二氧化碳和水。在厌氧条件下它们则可以分解成甲烷和二氧化碳。然而,经他们试验的每个产品都不能降解,也不能达到上述标准。

文段中划横线句子的含义是指什么?

分析:划线句子是点明主旨的关键性语句。由文段可知,之所以说"生物降解"这个术语使用不规范,是因为经试验证明,"每个产品都不能降解,也不能达到上述标准",故划横线句子的含义是指"生物降解"这个说法名不副实。

三、阅读材料信息的筛选与整合

"筛选信息"是指从图表、文字、视频等多种阅读材料中,找出特定的信息或重要细节。"整合信息"是指将图表、文字、视频等阅读材料的各种信息整合起来,形成整体的认识,作整体的把握。

(一)获取信息的途径

(1)从文章的基本概念中获取信息。
(2)从重要的句子中获取信息。
(3)从运用的材料中获取信息。

(二)筛选、整合信息应注意的问题

(1)提取信息要准确。
(2)要准确理解文章语言。

四、文章结构与文章思路的分析和把握

(一)分析文章结构

在梳理文章结构时要依据结构特点的不同,注意不同的文体。一般而言,文章主要可以分为记叙文、议论文和说明文。在分析记叙文时,重点在于理清文章的线索,把握文章的脉络,例如以写人为主的文章,可以按照人物成长的阶段分析,或按人物所在的不同地

点分析,也可以按照人物感情的变化分析,还可以按照人物不同性格特征的不同条件分析;议论文主要靠摆事实、讲道理或者逻辑论证手法来表达作者的某种观点,主要运用定判断、推理等抽象的思维方式和语言形式来解释事物的本质意义或普遍规律;说明文则是对事物本身所固有的属性或本质的直接解说或介绍,在阅读时要注意说明的内容、顺序和方式,例如说明事物结构和事理的说明文,一般按照人们的认识规律和观察顺序安排结构,揭示事物发展过程的一般按照人们的认识规律和观察顺序安排结构。

(二)把握文章思路

在阅读时应把握文章思路,首先要分清层次,既包括分清全文的层次,也包括某一部分的层次;其次需要摸清各个部分之间的关系,具体指开头和结尾的关系,它们与主体部分的关系,以及前后照应的关系。摸清这种关系,即是分析结构的需要也是弄清写作思路的需要。

五、归纳内容要点,概括中心意思

归纳内容要点是"话或文章的主要内容",文章的内容要点就是文章的主要内容。

1. 归纳内容要点的途径

(1)找出相关的概括性语句。
(2)分析相关文字的层次。
(3)提取精要,独立归纳。

2. 归纳内容要点应该注意的问题

归纳内容要点的前提是对文章内容有准确的理解,对文章的写作思路有清晰的判断。在此基础上还应注意两点。

(1)尽可能用原文中的词语进行归纳。
(2)防止要点遗漏。

六、分析概括观点态度

作者在文中的观点态度,是文章思想内容的核心,也就是文章的意旨。

(一)作者的观点态度

片段阅读中有一种题型称为观点态度题,即要求考生通过阅读一段文字把握作者的观点态度、倾向性或者对某事的评价。如孙犁的散文《黄鹂》,由实而虚,经过几番推导,而不断飞跃,呈现出一种"哲理升华"情致美。读完全文,经过一番揣摩,就可以领悟到融入到艺术画面里的生活感受和得到的人生见解,感受到作者对美好事物的追求,以及对破坏人性和文艺"极致"的义愤。

(二)分析概括作者观点态度的技巧

(1)从概括性强的句子入手。
(2)从文中运用的材料入手。
(3)从作者的述评入手。

(三)分析概括观点态度应注意的问题

(1)要整体把握文章全文的倾向。
(2)要准确理解语句。

第四节 教师的写作能力

一、常用文体写作

（一）记叙文写作

1. 定义

记叙文是以记叙、描写为主要表达方式的文体,它以写人叙事、写景状物为主要内容。文章的中心思想通过写人、叙事表达。

2. 六要素

要搞清楚记叙文的六个要素,包括人物、时间、地点,以及事件的起因、经过和结果。

3. 分类

根据不同的记叙对象,记叙文可分为叙事记叙文、人物记叙文与写景记叙文三种。

4. 写作方法

1）空间转移式

人物的活动和事件的展开都要以一定的空间为背景,所以人们在写记叙文时也常常会采用空间转移式的结构。

示例:山上,飘逸的云朵,婆婆的树木,瑰丽的花朵,奇崛的岩石,每一处是一幅美丽的风景。屋前,几株梅、几枝兰幽幽地开花;屋后,挺直的松、苍翠的竹在风中摇曳,地上的青苔也仿佛跟着摇曳了起来。远处,苍翠的青山蒙着一层淡淡的薄纱,极力想掩饰住自己的那份绿,可是怎么遮挡得住呢？连空气中都似乎可以嗅到"绿色"的味道,苍翠欲滴是它最好的写照啊！（选自《我梦中的小屋》）

2）时序贯穿式

事件在一定的时段中发生、发展、变化,以时间为序,组织材料。按照时序安排材料,发生在不同时段的事件,要表明时间的变换,给读者鲜明的时间印象。

3）时空交互式

时空交互式是指将时间和空间相互糅合在一起,以此来组织材料和编排内容的一种结构。这种结构的记叙文,其内容一般都是时间跨度较大,而空间转移又比较频繁的人和事。采用"时空交互式",有利于对于不同时段、不同空间的人和事有条理地进行叙述。

示例:傍晚的太阳终于顶不住那沉重的夜幕,在昆虫和各种动物的催促下,终于被压下了地平线。……

这时,……

渐渐地,夜越来越深。这时,……

夜更深了,……（选自《精彩乡村夜》）

4）线索贯穿式

文章选取若干事件或片断,就需要用一条线索来贯穿,把大大小小的事件或片断有机地串联在一起,成为一个整体。有的文章以物为线索;有的文章以"意"为线索;有的文章以人物为线索。

5)平列展开式

选取不同角度的几个生活片断或将同一内容的几个侧面在同一层面上平列展开,构成一个统一的整体。

(二)议论文写作

1. 定义

议论文是以议论为主要表达方式,通过摆事实、讲道理,直接表达作者的观点和主张的常用文体。

2. 议论文的三要素

论点、论据和论证是议论文的三要素。论点是作者对所论述问题的见解和主张,是议论文的灵魂。论据是作者阐述论点的根据,让人信服。论证是用论据证明论点的过程。

3. 论证方式

立论和驳论是议论文的两种论证方式。立论是就一定的事件或问题正面阐述自己的见解和主张;驳论就是通过反驳错误或反动观点从而树立起自己的正确观点。

4. 结构形式

(1)并列式。文章各部分或各层次在几个层次、段落之间的关系是平行的。

(2)层进式。文章各部分或各层次之间是层层深入、步步推进的关系,其先后顺序有严格要求,不能随意改动。

(3)总分式。论证的层次之间是总论和分论的关系,或先总后分,或先分后总,或先总后分再总,这是根据需要而定的。

(4)对照式。两种事物之间的关系是一正一反,或通过正反对比来明确是非,或通过两个方面的对照突出其中一方面的正确性。这种结构方式往往能收到对比鲜明、是非清楚的效果。

5. 论证方法

(1)例证法。也叫举例说明,是以确凿的有代表性的事例证明论点。

(2)引证法。也叫道理论证,一般是指作者运用讲道理的方法来论证观点。

(3)对比论证法。是把同一事物的不同观点或优劣情况进行对照分析,运用正面的事实或道理同反面的事实或道理加以对比,来证明论点。

(4)比喻论证法。是用人们熟知的事物设喻,通过比喻来论证观点的正确。

(三)说明文写作

1. 定义

说明文是言简意赅、平实客观地对事物基本情况或性质特征进行解说与介绍的一种文体。

2. 特点

说明文具有客观性、准确性和条理性的特点。

3. 常见的说明方法

(1)举例子,即举实际例子来说明事物,以便读者理解。

示例:在建筑技术上有很多创造,在起重吊装方面更有意想不到的办法。如福建漳州

的江东桥,修建于八百年前,有的石梁一块就有两百来吨重,究竟是怎样安装上去的,至今还不完全知道。(选自《中国石拱桥》)

(2)引资料,可以通过引资料的方法来使说明的内容更充实具体。

示例:桥的设计完全合乎科学原理,施工技术更是巧妙绝伦。唐朝的张嘉贞说它"制造奇特,人不知其所以为"。(选自《中国石拱桥》)

(3)列数据,列数据可以使所要说明的事物具体化,以便读者理解。

示例:岳禹碑高1.7米,宽1.4米,碑文分9行,每行9字,计77字,末行空4字。(选自《岳禹碑》)

(4)分类别,将被说明的对象按照一定的标准划分为不同的类别,一类一类地加以说明。

示例:按屏的建造材料及其装饰的华丽程度,分为金屏、银屏、锦屏、画屏……(选自《说屏》)

(5)作比较,说明某些抽象的或者是人们比较陌生的事物,可以用具体的或者大家已经熟悉的事物和它比较,使读者通过比较得到具体而鲜明的印象。事物的特征也往往在比较中显现出来。

示例:有五千个席位的宴会厅又是另一番景象。它的面积有七千平方米,比一个足球场还大,设计的精巧也是罕见的。(选自《雄伟的人民大会堂》)

(6)下定义,用简明的语言对某一概念的本质特征做规定性的说明叫作下定义。下定义能准确揭示事物的本质,是科技说明文常用的方法。下定义的时候,可以根据说明的目的的需要,从不同的角度考虑。

示例:人是能制造工具并使用工具进行劳动的高级动物。

(7)画图表,为了把复杂的事物说清楚,还可以采用图表法来弥补单用文字表达的欠缺,对有些事物解说更直接、更具体。

一篇说明文单用一种说明方法的很少,往往综合运用多种说明方法。采用什么说明方法,一方面服从内容的需要,另一方面作者有选择的自由。

二、谋篇布局与文章结构安排

文章的结构和布局是指文章内部的组织构造。好的文章讲求结构紧凑,布局合理,要求文章有头有尾、层次分明、条理清晰、过渡自然、相互呼应,使文章具有完整性、连贯性、生动性。

(一)常见文章的结构和布局

文章的结构,是文章部分与部分、部分与整体之间的内在联系和外部形式的统一,是文章的"骨架",是谋篇布局的手段,是运用材料反映中心思想的方法。文章结构和布局方式有以下四种。

并列式:文章各部分的内容没有主次轻重之分。

总分式:先总述,再分说。这种关系还可以演变为"分—总"或"总—分—总"的结构方式。

对照式:将两部分内容或进行对比,或用一部分内容烘托另一部分内容。

递进式:文章的几部分内容逐层深入。

（二）作文结构和布局的基本要求

一般来说，作文的基本结构和布局分为开头、主体和结尾三个部分。进行谋篇布局时，一般都要考虑这三个部分的构成方式、内容及写作技巧。

1. 开头的常用方法

1）悬念倒叙法

截取事件的结局或某一事件发生的情况放在开端，作为文章的起点，先揭示出事物的矛盾，激发读者的阅读兴趣，扣人心弦。

2）气氛渲染法

在展开故事情节前，先描绘人物活动的环境，再展开记叙内容，引入具体情节，极力渲染其气氛，以此作为文章的起点，使人产生身临其境之感，进而了解文章所要表现的深刻主题。

3）开门见山法

顺叙的文章，截取事件的开端放在开头，直接展开记叙内容，落笔入题，紧扣文章内容。运用此法可以使文章简洁明了，十分紧凑。

2. 结尾的常用方法

1）首尾呼应，凸显主旨

首尾呼应是作文常用方法之一，一般情况是作者先在开头提出文章的中心，然后在结尾时再次强调，照应开头，从而使文章的中心鲜明突出。

示例：（首）都说生活的船不能没有理想的帆，都说生活的理想就是为了理想的生活，而理想的生活中最快乐的时光，便是梦想的花季。

（尾）花季中，我希望自己能永远记住先哲的那句良训：生活的船不能没有理想的帆。生活的理想就是为了理想的生活。（选自《把梦想带给花季》）

2）巧妙发问，引人深思

有时，使用反问或疑问作为结尾，更能让读者长久记住。

示例：自然的光、自然的香、自然的味、自然的美，这一切都源于自然。自然是伟大的，是神奇的。它与生活是那么的近，那么的紧。品味自然，不也就品味生活了吗？

3）抒情议论，气势非凡

就是把抒情和议论两种表达方式混合使用的方法，在文章的结尾表达作者的观点，一般是先抒情，后议论。

示例：春光似海，青春如花。青春是美丽的，美丽的青春在于奋斗，在于拼搏。愿天下的人们都能让自己的青春绽放出花一样的馨香。（选自《花样年华》）

（三）作文结构和布局的总体原则

1. 层次分明

结构布局时，首先需要围绕主题，形成文章的层次，并把材料加工组合，排列成文。常见的文章划分的层次形式有以下几种：纵式、横式、纵横混合式、总分式。

2. 合理分段

段落是文章的最小单位，划分段落要遵循以下几个原则：

(1)注意段落内容的内在联系。

(2)注意段落整体的匀称性,做到轻重得当、长短适度。
(3)注意段落的单一性和完整性。

3. 相互照应

相互照应使文章的结构显得紧凑,层次更为分明。照应的方式一般有以下两种:
(1)开头与结尾照应,即首尾呼应。
(2)行文与标题照应。

三、语言表达与修辞手法

(一)语言表达准确、鲜明、生动

准确即用词恰当,表意明确,它是对语言运用质量最基本也是最重要的要求,它要求用词能完全表达概念的内涵,切合语境与对象,涉及运用词语、选择句式、选择语气等方面的要求。

鲜明即意图清晰,态度明确,它是语言运用的原则之一,指遣词造句语意明确,条理清楚,能够把事物的性质、状态及事物间的复杂关系清晰告诉读者,给人以清晰的印象。

生动即语言讲究,表现力强,它要求用语具体形象,注意炼字炼词和修辞手法的运用,以及运用灵活的句式等。使用描绘性的词语和具体形象的写法,多用贴切的比喻和拟人等修辞,可使文章更加生动、有趣。

(二)常用的修辞手法

1. 比喻

比喻也叫打比方,通常由本体(被比喻的事物)、喻体(用来比喻的事物)和比喻词三部分组成。包括明喻、暗喻、借喻等方式。

示例:①他发现是我,头摇得像拨浪鼓似的。(明喻)
②千声万声呼唤你,母亲延安就在这里。(暗喻)
③取义成仁今日事,人间遍种自由花。(借喻)

2. 比拟

比拟即把物当作人来写,把人当作物来写,或把甲物当作乙物来写。比拟包括拟人、拟物两类。

示例:①油蛉在这里低唱,蟋蟀们在这里弹琴。(拟人)
②帝国主义夹着尾巴逃跑了。(拟物)

3. 夸张

夸张是指有意对客观事物言过其实,用来强调或突出事物某一方面的特征,表达某种强烈的思想感情。包括扩大夸张、缩小夸张、超前夸张三种类型。

示例:①飞流直下三千尺,疑是银河落九天。(扩大夸张)
②她的身体太弱,来阵风便能吹倒。(缩小夸张)
③这姑娘很怕羞,还没说话脸就红了。(超前夸张)

4. 排比

排比是指把结构相同或相似、内容相关、语气一致的三个或三个以上的短语或句子排列起来。包括短语排比和句子排比两类。

示例：①一个人的能力有大小，但只要有这点精神，就是一个高尚的人，一个纯粹的人，一个有道德的人，一个脱离了低级趣味的人，一个有益于人民的人。（短语排比）

②他们的品质是那样的纯洁和高尚，他们的意志是那样的坚韧和刚强，他们的气质是那样的淳朴和谦逊，他们的胸怀是那样的美丽和宽广！（句子排比）

此外，还有对偶、反复、设问、反问、对比、借代、反语、引用、双关、顶真、互文等修辞手法，不再一一赘述。

练习题

单项选择题

1．根据概念所反映的对象是否具有某种属性，可将概念分为（　　）。
　A．集合概念与非集合概念　　　　B．实体概念与属性概念
　C．普遍概念与单独概念　　　　　D．正概念与负概念

2．以下各选项中加下划线的语词表达集合概念的是（　　）。
　A．<u>教师</u>是人类灵魂的工程师
　B．印度是发展中国家，是<u>亚洲国家</u>
　C．<u>方老师</u>已经有35年教龄了
　D．谁不努力学习，谁就会被社会所淘汰，成为<u>落伍者</u>

3．以下各选项中加下划线的语词表达非集合概念的是（　　）。
　A．只有<u>人民群众</u>才是历史的创造者
　B．<u>中国女排队员</u>又获得了世界冠军
　C．鲁迅的书不是一天可以读完的，《祝福》是<u>鲁迅的书</u>
　D．我国的<u>高等院校</u>分布在全国各省市

4．如果两个概念的外延完全重合，则这两个概念之间的关系是（　　）。
　A．同一关系　　B．属种关系　　　C．交叉关系　　　D．矛盾关系

练习题答案

1．D　【解析】本题考查的是概念的分类。根据概念所反映的对象是否具有某种属性，可将概念分为正概念与负概念。正概念是指反映事物具有某种质的规定性的概念，如成年人；负概念是指反映事物不具有某种质的规定性的概念，如未成年人。

2．A　【解析】选项A中"教师"指整个教师集合体，是在集合意义下使用的；选项B中"亚洲国家"在这里专指印度，是在非集合意义下使用的；选项C中"方老师"是一个人，不是集合概念；选项D中"落伍者"对应前文的"谁"，是在非集合意义下使用的。

3．C　【解析】选项A中"人民群众"指全体人民群众，是在集合意义下使用的；选项B中"中国女排队员"指全体中国女排队员，是在集合意义下使用的；选项C中后一个"鲁迅的书"专指《祝福》，是在非集合意义下使用的，是非集合概念；选项D中"我国的高等院校"指全体高等院校的集合体，是在集合意义下使用的。

4．A　【解析】同一关系（全同关系）是指两个概念的外延完全重合的关系。

第八章 教师的职业技能

 考试内容与要求

1. 教学设计技能
➢理解教学设计的内涵、特征和基本功能。
➢把握教学设计的基本程序,并结合具体教学设计案例分析其教学设计的基本程序。
➢结合专业实际,并根据教学设计基本程序能独立设计一个教学方案。
2. 授课技能
➢理解语言技能、导入技能、讲解技能、示范技能、结课技能的概念。
➢理解语言技能、导入技能、讲解技能、示范技能、结课技能的构成要素及类型。
➢会用语言技能、导入技能、讲解技能、示范技能、结课技能设计教学过程。
3. 教研技能
➢了解说课技能的特点与功能,理解说课的概念。
➢熟悉说课的基本程序。
➢能熟练地说好一节课,并能评价同伴说课的效果,并提出合理的建议。

 知识框架

教学设计技能	教学设计的程序	含义:规划、设计、创设一套适合于学生需要、能解决问题的程序或操作步骤
		步骤:学习需要分析、教材内容分析、学习者分析、教学目标、教学策略、教学媒体、教学过程、教学设计评价
		教案编制的要求
授课技能	1.语言技能 2.导入技能 3.讲解技能 4.结课技能	含义 构成要素 技能类型
教研技能	说课技能	含义、要素与类型

科教兴国,教育是基础,教师是关键。社会对教师寄予了很高的期望,对教师提出了新的要求。教师同医生、飞行员一样也是一种专门职业,除了要有一套科学的专门知识外,还需要经过科学的、严格的专门技术训练。正是由于教师职业的特点及其职责的复杂性、特殊性,使得成为一名合格的教师,尤其是成为一名优秀的人民教师,并不是件容易的

事。这就要求教师应具备一定水平的技能,以保证教育教学工作能迅速、有效地进行。而这一定水平的技能在行为上的综合表现,就是教师的职业技能。教师职业技能是教师素质的具体体现,是教师在教育教学过程中,通过训练形成,并巩固下来的迅速、准确、流畅、熟练地完成教育教学任务的一系列行为及智力活动方式的总称。教师职业技能是教师必备的专业素质之一,具备一定水平的教师职业技能是顺利开展教育教学活动的基本条件。

本章主要探讨的是教师职业技能中的教学技能。在借鉴国内外诸家教学技能分类的基础上,根据现代教育理论,结合教学的特点和要求,依据课堂教学的一般流程,从教学过程各个不同阶段的具体要求出发,按照教学前、教学中、教学后三个课堂子系统,对教学技能体系进行分类,即教学准备技能,主要包括教学设计技能;教学实施技能,主要包括语言技能、导入技能、讲解技能、示范技能、口令技能和结课技能;教学反馈技能,主要包括说课技能。

第一节　教学设计技能

教学设计是教学中的一个重要环节,是连接教学理论与教学实践的桥梁,并是有效培养教师教学能力的重要途径。教学设计技能是教学技术行为和教师职业能力培训的先决性工作,它的主要任务是设计具体教学环节中的教学行为,为教师科学教学提供理论支持。

一、教学设计的含义

教学设计的定义一直以来都是研究者们关注的焦点。由于研究者们的视角不同,出发点不同,因而也有众多的诠释。

教学设计专家格斯塔弗森(K. L. Gustafson)指出,"教学设计"这一术语被用以描述包括分析教学内容、确定教学方法、指导实验和修改以及评定学习的整个过程。

美国学者肯普(J. E. Kemp)在《教学设计过程》一书中指出:"教学设计是运用系统方法与技术分析研究教学问题和需求,确立解决它们的方法和途径,并对教学结果做出评价的系统的计划过程。"

史密斯(P. Smith)等人将教学设计定义为:"教学设计是指运用系统方法,将学习理论与教学理论的原理转换成对教学资料、教学活动、信息资源和评价的具体计划的系统化过程。"

在我国,有学者认为:"教学设计是对整个教学系统的规划,是教师教学准备工作的组成部分,是在分析学习者的特点、教学目标、学习内容、学习条件及教学系统组成部分特点的基础上统筹全局,提出教学具体方案,包括一节课进行过程中的教学结构、教学方式、教学方法、知识来源、板书设计等。"也有学者认为:"所谓教学设计主要是以促进学习者的学习为根本目的,运用系统方法,将学习理论与教学理论的理论转换成对教学目标、教学内容、教学方法、教学策略和教学评价等环节的具体计划,创设教与学的系统过程或程序。"

从某种意义上来看,教学设计实际上是课程实施过程中的一个决策过程,教师要回答"为什么教"、"教什么"、"怎样教"、"教得怎样"等问题,对教学作出整体安排。可见教学设计的目的在于形成一个具有操作性的方案以指导教学,促进有效教学的产生。因此,我们对教学设计进行如下界定:教学设计是运用系统的方法,以学习理论和教学理论为基础,对教学需求、教学目标、教学内容、教学策略、教学评价等教学过程中相互联系的各个环节作出整体规划,创设教学"过程"或"程序"的一种系统化理论与方法。

二、教学设计的程序

教学设计从本质上讲,是对教学进行规划、设计、创设一套适合学生需要、能解决问题的程序或操作步骤。这些程序或操作步骤构成了教学设计的基本程序。

1. 学习需要分析

学习需要分析是一种差距分析,是指学习者在学习方面目前的状况与被期望达到的学习状况之间的差距。它是确定教学目标的依据。通过学习需要分析,提供尽可能确切可靠的和有代表性的信息,从而发现学生学习中实际存在的问题,并据此提出教学设计的方向,确定教学目标。

2. 教材内容的分析

教材内容的分析在于全面了解教材内容的显性特征与功能,对隐性特征加以分析,并充分挖掘教材的价值,确定教师应该"教什么"、学生"学什么"和"怎样学"等问题,以便更好地实现教学目标。

3. 对学习者的分析

学习者是教学活动的主体。教学设计的一切活动都是围绕学习者的行为展开的。对学习者进行分析可以使教学设计更适应其学习需要,更有针对性,并能更好地为教学设计目标确定、教学内容选择、教学策略运用、教学环境创设等提供现实依据,从而更好地促进学习者的有效学习。

4. 教学目标的设计

教学目标是教学设计、评价、修正的依据,是教学活动的出发点和归宿。教学目标表达了学习者通过学习取得的一种学习结果。因此,教学目标的表达应是明确的、具体的、可观察和测量的。

在描述教学目标时,首先要考虑教学目标的类型。一般把教学目标分成认知、动作技能、情感三个领域。具有代表性的理论是布鲁姆的目标分类和加涅的学习结果分类,它们都描述了制定教学目标系统的理论框架,对教学目标的设计有重要的指导作用。

5. 教学策略的设计

教学策略主要解决的是教师"如何教",学生"如何学"的问题。因此,教学策略主要研究以下问题:课的类型与结构、教学的顺序与节奏、教与学的活动、教与学的方法、教与学的形式、教学的时空安排、教学活动实现对策等。

6. 教学媒体的设计

教学媒体是指在教学过程中,根据教学目标和教学对象的要求与特点,合理地选择和运用现代教学媒体和教学软件,并结合传统的教学方式进行灵活教学。

7. 教学过程的设计

教学过程的设计是对影响教学活动诸因素(教师、学生、教学内容、教学环境、教学目标、教学方法等)的动态设计。一般可用流程图的形式简洁地反映分析和设计阶段的结果,表达教学过程,直观地描述教学过程中教师、学习者、学习内容、教学媒体等基本要素之间的关系,给教师提供一个有重要参考价值的教学设计方案。

8. 教学设计的评价

教学评价活动是伴随教学活动同步向前推进的。教学评价是根据教学目标,运用评价手段对教学过程的整个设计是否合理等问题进行全面的价值判断的过程。评价可采用形成性评价,也可采用终结性评价。如果发现预设方案不能达到期望目标时,应及时修改,以达到预期目标。

三、教案编制与案例

(一)学情分析

学生是学习的主体,学生当前的情况制约着其学习的开展,影响着教学目标的达成。教学设计的一切活动都是为了促进学生的学习。因此,对学生学习情况的分析是编制教案的一个重要方面。

首先,对学生一般特征的分析,即生理、心理和社会特点的分析。学生的生理特点分析主要包括当前阶段学生的生长规律;心理特点分析主要考虑学生当前年龄的个性发展特征、情感、态度、注意、思维等发展特征;社会特点分析主要考虑学生的人际交往特点、社会行为、社会角色认识及其价值观等。

其次,对学生学习起点能力的分析。教学活动必须建立在学生认知发展和已有知识经验基础之上。只有很好地了解学生的学习起点,才能更好地组织和引导学生进行有效的学习。学生起点能力分析与学习内容分析有着密切的关系,如果忽视对学生学习起点能力分析,那么学生学习内容的确定就会脱离学生的实际情况。

在实际教案编写中,对学生起点能力的分析应侧重于分析学生的知识、技能的基础,以及对学习内容的认识与态度。具体要做到以下几方面:

(1)对预备知识和技能的分析,即了解学生是否具备了进行新知识学习所必须掌握的知识与技能,这是学习新知识的基础。

(2)对目标知识和技能的分析,即了解学生是否已经掌握或部分掌握教学目标中要求学会的知识与技能,若已掌握,则无需对此部分进行教学,这样更利于有针对性地教学。

(3)对学生学习态度的分析,主要了解学生对此学习内容是否存在偏爱或讨厌的心理等。

(二)教学内容分析

教学内容是学与教相互作用过程中有意传递的主要信息。分析、钻研教学内容的目的在于能够充分挖掘教材的价值,使其更好地为实现教学的多种功能服务;并为教师和学生提供"如何教"、"如何学"的有效指导,明确教师应该"教什么"和学生应该"学什么",以更好地实现教学目标。

在教学内容确定以后,最需要明确的是教学的重点与难点。教学重点与难点是教案编制必备要素之一。教学重点是依据教学目标,在对教材进行科学分析的基础之上而确定的最基本、最核心的教学内容,一般一门学科所阐述的最重要的原理、规律都是教学重点。教学重点是客观的,它不以学习对象的不同而改变。教学难点包含两层意思:一是学生难以理解或不易掌握的知识和技能技巧;二是学生容易出错或混淆的内容。教学难点具有主观性,它不仅与教材有关,更与教学对象的学习能力有关。难点不一定是重点,也有些内容既是重点又是难点。难点有时又要根据学生的实际水平来定,同样一个问题在不同班级里不同学生中,就不一定都是难点。在一般情况下,使大多数学生感到困难的内容,教师要着力想出各种有效办法加以突破,否则不但这部分内容学生听不懂学不会,还会对理解以后的新知识和掌握新技能造成困难。

(三)教学目标制定

课时教学目标主要包括认知目标、技能目标、情感目标和发展目标四个方面。课时教学目标主要是依据单元教学目标,并针对教材所要解决的主要问题,以及结合学生的条件与起点水平制定的。要求教学目标要全面、具体、可观测、切实可行。

1. 编制教学目标的要求

(1)全面性。所谓"全面性"是指教学目标应包括认知目标、技能目标、情感目标和发展目标这四个维度。这四个维度的目标反映了课程的总目标。

(2)具体性。所谓具体是指不要说空话套话,而应该说明在什么活动过程中能获得什么,在一节课里能够具体实现的目标。

(3)合理性。即指要求的程度要符合教学大纲的要求和学生的实际发展水平。

2. 教学目标的表述

常见的教学目标描述方法有两种:ABCD法和三维目标描述法。

1)行为目标的ABCD法

ABCD法是马杰根据行为主义心理学思想提出的。他认为一个完整的行为目标必须包括四个要素。A(audience)——学习者。行为的主体,行为目标应该描述学生的行为,而不是教师的。规范的行为目标的开头应该是"学生应该……",书写时可以省略,但目标必须是针对学生而提出的。B(behavior)——行为。说明通过学习后学生能做什么,它是目标中最基本的成分。行为应该用明确的行为动词来描述,例如:对新教材的描述一般可使用"学习……初步掌握……建立……概念"。对复习内容的描述一般使用"复习……改进……提高……进一步提高"。对思想品德方面的描述一般可使用"培养……加强……发扬……调动"。C(condition)——条件。规定学生学习行为产生的条件,即评定学习结果的约束因素(包括环境、人、时间、信息等因素)。D(degree)——标准。规定符合要求的作业标准,即学生学习行为可接受的水平。

2)三维目标描述法

2001年6月,教育部颁发的《基础教育课程改革纲要(试行)》中提出了一种新的教学目标编写方法,即三维目标描述法,其分别是知识与技能目标,过程与方法目标,情感、态度与价值观目标。此三维目标中,知识与技能目标既是教学要追求的目标之一,又是培养和发展学生思维能力、解决问题能力,形成积极的情感体验,促进学生价值观变化的重要载体。过程与方法目标是教学的核心,是完成教学目标的媒介。这一目标的设置说明教师重视教学过程,强调学生探究知识的经历和获取知识的体验。情感、态度与价值观目标是教学的根本,体现了"以生为本"的教学理念。三维目标描述法体现了新课程的基本理念,集中体现了素质教育在学科课程中培养的基本途径,集中体现了学生全面和谐发展、个性发展和终身发展的客观规律。

(四)编写教学方案

教案的编写形式多种多样,如文字式、表格式、卡片式、教本眉批式等,教案一般应包括以下几个主要内容。

(1)教学课题及授课时间、班级等。
(2)教学目标。
(3)教学重点、难点。
(4)媒体、教具、学具的规格与数量。
(5)教学过程及时间分配。
(6)课后小结。

第二节 授课技能

根据传播理论,课堂教学过程是一个信息传播的过程。本节讨论的语言技能、导入技能、讲解技能和结课技能是师生在课堂上信息交流的方式和形式,也是教师应具备的基本技能。

一、语言技能

(一)语言技能的概念

自古以来,语言就是教师最主要的教学工具。教师的教育、教学语言是教师最基本、最重要的技能之一,教师的语言修养直接决定着教育、教学效果与质量。

教学语言技能是指教师用正确的语音、语调、语义,合乎语法逻辑结构的口头语言,对教材内容、学生问题等进行讲述、解释说明的行为方式。教师的教学语言技能水平是影响学生学习的重要因素,在引导学生学习、启发学生思维、传递多种信息方面具有重要作用。但是,教学语言的运用也常常与指导学生的观察、实验、讨论等学习活动结合进行。

(二)语言技能的构成要素

教学语言技能是课堂教学中师生交流、传递信息的工具,掌握好教学语言的声音技巧,讲究语言艺术会给教学带来良好的效果。

1. 语音与语调

语音是语言信息的载体和符号,教学中对语音的要求是发音标准、吐字清晰、不吃字,普通话规范。并且音量适中,教学语言有逻辑重音。

语调是指讲话时声音高低、声调升降的变化。语调能体现教师语言情感。教师应调控好语调的响度,语音的高低、强弱的起伏,并具有流畅度与感染力。

2. 语速与节奏

语速是指讲话的快慢。教师课堂教学时,应讲究语言节奏,有急缓和匀速之分;应该有逻辑停顿和情感停顿,并且能依据学生年龄,作出语速的调整,让学生有思考和吸收的时间。

节奏是指教学中的语速快慢、停顿等变化。节奏与语速及语音是个相对的表达方式,音的长短、停顿、快慢变化都会影响节奏的快慢。

3. 词汇与语法

词是语言系统中最基本的构成单位,没有词就没有语言。教师要有一定的词汇量,并能规范、准确、生动地运用于教学,才能正确表述信息内容。

语法是遣词造句的规则,按照这一规则表达语言,才能互相交流、被人理解。教师语言的逻辑性是教学科学化、高效率的保证,也是培养学生思维能力和表达能力的一种有效的方式,教师讲课要以某些知识点作为逻辑的依托,运用推理方式层层剖析事物,才可能使语言表述具有逻辑性。

(三)语言技能的类型

教学语言技能的类型多样,从表述方式看,可分为叙述性语言、描绘性语言、论证性语言、抒情性语言、启发性语言等五种。

1. 叙述性语言

叙述性语言是教师客观地向学生陈述科学文化知识的语言,常用来反映事物、人物活动等状况。一般对陌生的知识,可采用叙述性语言为学生作介绍。但需条理清楚,对过程顺序、事物之间的关系必须明确具体地交代。

2. 描绘性语言

描绘性语言常用来描述人物、事物和环境等。运用描绘性语言时,除条理要清楚外,语言也应丰富及富有感情色彩;生动活泼地把事实、事件、故事情节等形象地展现在学生面前,并且语调、语速应随内容的变化而变化。

3. 论证性语言

论证性语言通常是通过实例得出概念或通过现象、事实推导出结论,形成概念、法则和原理。此外,在下结论时,语言要简练、准确。

4. 抒情性语言

抒情性语言是教师在教学中抒发感情的语言,常能收到异乎寻常的效果。抒情性语言对感染学生、激发学生的阅读兴趣有重要作用。

5. 启发性语言

启发性语言是教师在教学中通过语言激发学生的学习主体性,引导学生经过积极思考,自觉探究并掌握知识,学会分析问题。启发性语言能激发学生的学习兴趣和热情。

表 8-1 为语言技能评价表。

表 8-1 语言技能评价表

语言技能要求	评价等级				权重
	优	良	中	差	
1.讲普通话、发音正确					0.1
2.语言清晰,音量、语速和节奏恰当					0.2
3.语句通顺,声调的起伏变化控制得好					0.2
4.用词准确、规范,正确使用专业术语					0.2
5.词汇丰富、语言简练、生动、条理性强,富有启发性					0.2
6.表达的情感与教学情境相适应,有感染力					0.1

二、导入技能

(一)导入技能的概念

"万事贵乎始"。导入是一节课的开始,是课堂教学中的重要一环。导入是指教师在一个新的教学内容或活动开始时,引起学生注意、激发学生兴趣,让学生产生学习动机、明确学习目的和建立知识间联系的教学活动方式。

导入技能是一项具有悠久历史渊源的基本教学技能,是教学过程中的重要环节,它广泛应用于各种类型的课堂教学中,并经常与提问、讲解等教学技能整合应用。精心设计的导入,能抓住学生的心弦,使学生情绪高涨,能更快地进入学习状态,产生良好的教学效果。

(二)导入技能的构成要素

一般而言,课堂教学的导入由以下几个方面的内容构成。

1. 唤起注意

注意是深入了解事物、提高工作效率的必要条件。导入的主要目的是吸引学生的注意,帮助学生收敛各种无关的思维活动和动作,使学生较迅速地进入学习准备状态。

2. 激发动机

学习动机是直接推动学生学习的内部动力,是激励人去行动的主观原因,常常建立在需要和兴趣的基础之上。成功的导入能够充分调动学生的主观愿望、学习兴趣、对知识的渴望和追求,并在学习中伴随着一种积极的情感体验。

3. 明确目标

当学生的学习动机激发出来之后,教师还要帮助学生认识新课题的教学目标,即预期通过教学,学生的知识、技能、能力和情感等将产生哪些变化,并明确按怎样的程序和运用什么方法去学习。这样可以引导学生去思考,使学生有目的、有意义地开展学习。

4. 建立联系

导入必须和新课题建立联系,才能自然地进入新知识的学习。如果导入所采用的资料和内容与所讲新知识之间没有联系,即使能引起学生的注意和兴趣也是无意义的,反而会把学生的注意力引偏,起不到导入的作用。

5. 进入课题

一个完整的导入过程的结尾阶段,教师应通过语言或其他行为方式使学生明确导入的结束和新课的开始。

虽然一个典型的导入过程由以上五个要素构成,但这五个要素的界限并不明显,甚至互相交融,共同成为教学活动的起始。当然,在实际操作过程中,教师也应根据实际教学情况灵活运用,做到科学性与艺术性、规范性与灵活性的统一。

(三)导入技能的类型

1. 直接导入

直接导入是最简单和最常用的一种导入方法。它是教师以简洁、明快的语言向学生提出学习课题和教学目标,以及学习内容的各个重要部分与教学程序,以引起学生的注意,并诱发学生对知识的兴趣和求知欲的导入方法。

2. 实例导入

实例导入是指运用现实生活中一些生动形象的实例或学生熟悉、关心的事例来引入新课题的一种导入方法。这种导入能使抽象的知识具体化,让深奥的道理通俗化,不仅能激发学生的学习兴趣,而且有助于学生对知识的理解,也可以将学生的学习向日常生活延伸。这种方法适用于各学科、各年龄阶段的学生,但运用时要注意,所选事例要典型、生动、具体、准确,且紧扣教材内容,适合学生的特点。

3. 演示导入

演示导入是指教师运用动作示范、实验、多媒体课件演示、录像等形式,为学习新课题提供生动形象的感性材料,吸引学生观察,提出新问题,进入新课题学习的导入方法。

4. 情景导入

情景导入需要教师利用语言、设备、图画、音乐、游戏、故事等各种手段,创设一个有趣味的情境,在情境中巧设机关,制造悬念,引起冲突,激疑引思,使学生处于积极学习状态的一种技法。主要适用于小学中、低年级学生,利用低年级学生热衷于模仿、想象力丰富、形象思维占主导地位的年龄特点进行生动活泼和富有教育意义的教学方法。

5. 故事导入

故事导入是指教师利用学生爱听故事、爱听轶闻趣事的心理,通过讲述与教学内容有关的具有科学性、哲理性的故事、寓言、传说等,激发学生兴趣,启迪学生思维,创设情境引出新课题,使学生自觉进行新知识学习的一种导入方法。

6. 游戏导入

游戏导入是指教师通过组织学生做与教学内容密切相关的活动或游戏,激发学生的学习兴趣,活跃课堂气氛,使学生在既紧张又兴奋的状态下不知不觉地进入学习情境的一种导入方法。利用游戏导入新课时,也应注意所选择的游戏要紧扣教材;具有新颖趣味性,能引起学生兴趣,激发学习动机;具有启发性,能促进注意力集中,提升思维能力,开发智力;能符合学生的年龄、性别、心理和生理特点。

表 8-2 为导入技能评价表。

表 8-2 导入技能评价表

导入技能要求	评价等级				权重
	优	良	中	差	
1. 导入能引起学生兴趣和进一步探索的积极性					0.20
2. 导入部分与课题衔接自然、恰当					0.15
3. 导入目的明确,与新知识联系紧密					0.20
4. 教师情感充沛,语言明确、清晰					0.10
5. 导入确实能将学生引入新课情境					0.20
6. 导入时间掌握得当、紧凑					0.15

三、讲解技能

(一)讲解技能的概念

讲解技能是课堂教学诸多技能中的一种基本技能,是教师运用语言及各种教学媒体引导学生对所学内容进行分析、综合、理解、概括等,掌握概念、原理、规律、法则等的教学行为方式。讲解不仅能引导学生在原有认识的基础上感知、理解、巩固和应用新知识、新概念和新原理,还可帮助学生明了得出结论的思维过程和探究方法,提升学生的认识能力和实际操作能力,培养学生的学习兴趣。

作为课堂教学的主要方式,讲解不但能在较短的时间内较简洁地传授大量的知识,省时、省力、高速、高效,而且能充分发挥教师的主导作用,最易实现对教学进程的控制,把握教学进度,因此,讲解技能在教学中作用显著。

(二)讲解技能的构成要素

1. 严谨的知识结构

讲解的知识结构是教师在分析学生的学习情况和教学内容的基础上,对讲解过程构架的安排。它能使学生明确学习目标,掌握新概念的内涵与外延,学习基本分析思路,了解相关知识的内在逻辑关系等。这不仅可以使讲解的条理清楚,也有利于引起学生思考。

在讲解时,首先要明确"讲解的结构"要做什么。讲解的结构是将讲解的总任务分解为若干个关键部分,每一部分讲解内容安排成一个序列,并在讲解实施中正确清晰地表现这一序列。其在课堂中的表现形式是通过提出系列化的关键问题和阶段性结论,形成清晰的讲解框架。其次,要知道怎样讲解。找出讲解内容中的关键部分,并建立新旧知识之间的联系和新知识中各要素之间的内在关系。

2. 清晰的语言

语言清晰流畅是讲解紧凑、连贯,语言准确、明白,语音和语速适合讲解内容和情感需要等。

讲解紧凑、连贯指两方面的内容:一是讲话连贯紧凑,没有吞吞吐吐和"嗯、啊"等游移拖沓的现象;二是讲解意义连贯紧凑,没有意义分散、跳跃现象。

讲解语言准确、明白就是语言中的句子结构完整、发音正确、用词准确。要做到准确,就要对讨论问题中的关键词事先找准,有所准备。要做到明白,就要将讲解中具体问题的结论与取得结论的依据或前提条件交代清楚,将依据与结论之间的关系交代清楚。

3. 典型的例证

例证是进行学习的重要手段。典型的例证能将事实或学生熟悉的经验与新知识、新概念联系起来,是启发理解的有效方法。举例的数量并不重要,重要的是所举的例子应与要讲的内容之间有密切的逻辑联系,并对此联系进行透彻的分析。

4. 恰当的强调

强调是成功讲解的一个重要部分。强调可以使学生重视重要的内容,减少次要内容的干扰。对重点内容的强调能更好地保证教学目标的实现,而对关键内容的强调能保证学生的思维顺利进行。

强调的方式多种多样,主要有直接用语言提示进行强调、用讲话声音或身体动作的变化进行强调、用标记进行强调、通过解答学生问题进行强调、通过接受和利用学生回答问题中有贡献的部分进行强调等。

5. 科学的连接

讲解结构中的系列化关键问题和相应的阶段性目标之间不是彼此孤立的,它们不仅有时间顺序,而且还有逻辑意义的联系。因此,在讲解中要仔细安排各步骤的先后次序,选择起连接作用的词语说明上述关系。

在讲解中,比较常用的连接有:现象和规律之间的连接、宏观规律与微观分析之间的连接、问题之间逻辑关系的表述、推理等。

6. 及时的反馈

教学的本质是通过师生的相互作用使学生得到发展。因此,在讲解中,教师要注意收集学生讲解效果的反馈信息,发现学生的困难、了解他们的理解程度、了解他们的兴趣和态度,并根据反馈信息及时调整讲解方式和速度,以提高讲解的质量,改善讲解的效果。

(三)讲解技能的类型

讲解技能的类型可依据不同的标准和层次进行划分。结合中小学教学的内容和特点,在这里提出说明式、描述式、问题中心式、操作中心式四种类型,它们既有各自的特性,又有共同性。

1. 说明式

说明式又称解释式或翻译式,即通过讲解将未知与已知联系起来。在教学中,说明式一般用于对具体的、事实性的知识(如专业术语、物质的结构、仪器的构造和性能等)或某些基本概念的讲解。其主要形式有翻译解释、意义解释、结构说明等。

2. 描述式

描述式又称记述式、叙述式,主要是帮助学生建立表象,发展学生的形象思维能力,使学生对所描述的事物的结构、外观、属性、变化等有比较形象的或有一定深度的认识。根据描述方式的不同又可分为结构要素性描述、顺序性描述。由于描述式讲解的内容主要是事物的结构变化过程,因此,描述式讲解大多用于讲解具体知识,提供表象,基本属于讲解的初级类型。

3. 问题中心式

问题中心式是以解答问题为中心的讲解,是在教学中常用于对学生进行能力训练、方法探究、答案求证的讲解类型。它属于高级类型的讲解。

问题中心式讲解一般模式为"引出问题—明确标准—选择方法—解决问题—得出结果(或结论)"。问题引出可以从各种事实材料导出;明确标准就是明确解决问题的具体要求;选择方法就是对各种方法、策略进行分析比较,定出最佳解题方法;解决问题要依据证据、例证,并运用逻辑思维方法来进行论证,最后得出结果。问题中心式讲解适用于重点、难点、智慧技能和认知策略的教学,通常配合提问、讨论等其他教学技能。

4. 操作中心式

操作中心式讲解是以训练学生的实际操作技能为中心的讲解,在教师结合示范和指导学生实际操作中应用,主要有对操作原理的说明;结合示范的讲解,包括指示观察要点、分析示范操作、指导操作要领等;指导学生练习的讲解,包括纠正错误操作、向学生提供反馈信息、指导学生掌握动作之间的联系和协调等。

表 8-3 为讲解技能评价表。

表 8-3　讲解技能评价表

讲解技能要求	评价等级				权重
	优	良	中	差	
1. 讲解语言流畅,对学生有吸引力、感染力					0.10
2. 讲解的深度、速度使学生有思考的时间、余地					0.15
3. 讲解的内容重点突出					0.20
4. 讲解的案例与所论证问题相关性强,使学生易于理解					0.20
5. 讲解中注意观察学生的反馈,对策恰当					0.20
6. 每段内容的强调性和总结性讲解明确具体					0.15

四、结课技能

(一) 结课技能的概念

结课与导入互为呼应,是导入的延续和补充。结课技能是教师完成一项教学任务时,通过归纳总结、重复强调、实践活动等对所教的知识或技能及时进行系统化、巩固和应用,使新知识稳固地纳入学生的认知结构中去的一类教学行为。结课技能是教师结束教学任务的方式,引导学生对所学知识及时复习、巩固和运用。

(二) 结课技能的构成要素

1. 简单回忆

简单回忆指教师利用课堂教学的结课环节,对教学内容进行简单回顾、厘清认识思路。这一过程一般以教师表述为主,语言简洁。

2. 概括要点

结课技能应用的核心是对新知识的深入加工,包括对新的知识信息的浓缩与提炼,揭示新旧知识之间的关系,以实现知识系统化。这就需要教师引导学生对所学内容的重点、关键和难点作进一步具体说明,进行巩固和强化。概括要点一般运用比较和提问的方法来进行。

3. 巩固练习

巩固练习指教师用精心设计的练习题,通过学生边练习、边总结的过程,巩固运用知识和归纳整理知识,促进新知识教学目标的实现。

练习的形式多样,包括书面练习、口答练习、实验习题、板演练习等。教师应根据不同的教学内容、不同学生的身心特点及教学条件,选定总结过程中适当的、可行的练习形式。

4. 拓展延伸

拓展延伸指在明确教学内容的基础之上,教师利用结课把前后知识联系起来形成系统,并对教学内容进行必要延伸的教学行为。

另外,值得注意的是,一堂课小结时间不宜过长,一般以 5 分钟为宜。

(三) 结课技能的类型

1. 总结归纳法

总结归纳法是指教师用准确简练的语言,提纲挈领地把整节课的主要内容加以总结概括,给学生以系统、完整的印象,促使学生加深对所学知识的理解和记忆,培养其综合概括能力。总结可以是教师讲,也可以是学生讲,还可以是教师说提纲、学生讲内容等。其特点是简明扼要、主线分明,能产生提纲挈领的作用。

2. 练习巩固法

练习巩固法是指教师通过提出启发性问题或让学生完成练习、作业的方式结束课堂教学,达到融会贯通、消化吸收的目的。课堂结束时的练习不宜太复杂,所涉及内容也不宜太多,同时也不宜太长。练习的内容应该是大多数学生都能适应,所有学生都可以接受,并已有所感受的内容,而且也是课堂所涉及的核心内容。

3. 承前启后法

承前是指与教学的起始阶段相呼应,导入阶段的悬念,预习中的疑问,到结束阶段应该得到回应,化问号为句号或感叹号,并予以强调;启后是指教师选择本节课本的知识作为下一节课的铺垫和伏笔,激发学生进一步学习的兴趣,便于下一节课的教学。启发性结束过程中对下一节课要学的内容应点到为止,以免有画蛇添足之感。

4. 拓展延伸法

拓展延伸式结课是指教师根据教材内容和实践教学目标的需要,在结课阶段指导学生向教材内容相关知识和社会生活实际延伸或补充教材内容,使课堂教学的终点成为开阔学生视野和联系实际生活起点的一种结课方式。这种结课方式给学生留下"言有尽而意无穷"的含蓄结尾,使学生展开丰富的想象,以进入知识的新天地。

表 8-4 为结课技能评价表。

表 8-4　结课技能评价表

结课技能要求	评价等级				权重
	优	良	中	差	
1. 结束部分的目标明确					0.10
2. 结束部分组织合理,师生互动,点评到位					0.15
3. 教师对知识的改扩建连贯、明确、具体、表述清楚					0.15
4. 总结内容是本节重点内容					0.15
5. 有利于学生对知识的强化					0.15
6. 能激发学生的学习兴趣,给学生留下进一步思考的空间					0.10
7. 布置作业,每个同学都能记下					0.10
8. 结束时间紧凑,效率高,不拖沓					0.10

第三节　教研技能

说课作为教学研究、教学交流的一种形式,近年来得到了广泛的运用。它要求教师在十几分钟内将一节课的教学内容、教学设计和教学过程及其理论依据用简明扼要的语言表达出来,既要说出"教什么"、"怎样教",还要说出"为什么要这样教"。通过说课,不仅可以提高教师理论素养和驾驭教材的能力,也有利于促进教师的教学反思,起到相互交流、共同促进的作用。

一、说课的概述

（一）说课的含义

说课是指教师运用口头语向其他教师或教研人员述说在课堂教学中如何以教育教学理论为指导，依据教学大纲和教材，根据学生的实际情况，进行教学设计的一种教研活动形式。它是教师将教学设计及其依据转化为"教学活动"的一种课前教研活动，也是督促教师业务文化学习、进行课堂教学研究和提高业务水平的重要途径，同时还是评估教学水平的有效手段。

（二）说课的特点

1. 理论联系实际

"说课"是课前对某个教学主题"怎样教"和"为什么这样教"的教学设计思路分析，重点是"为什么这样教"。说课不仅关注教学实践活动，更关注教学实践活动背后的理论依据的阐述。因而，说课可以有效地促进参与活动的教师将教育教学理论与教学实践相结合。如说"教学流程设计"时，需要以教学论中课堂教学的类型和结构的理论为指导，而在教与学的关系中就要依据教育学中老师为主导、学生为主体的关系的理论，这就极大地促进了教育教学理论与教学实践的结合。

2. 组织方便，效率高

说课不受时间、地点、教学设备的限制，可随时随地进行，也不受教学对象和参加人数的限制，只要两个人以上即可进行，组织起来非常方便。此外，单纯的说课一般时间较短，20～30分钟即可完成，但内容十分丰富，既包括教师对教材的理解掌握和分析处理，又包括教法设计；既要说清怎么教，又要讲出为什么这样教。

二、说课的内容

（一）说教材

主要说明"教什么"的问题和"为什么要教这些"的道理。即在个人钻研教材的基础上，说清本节课的教学内容的主要特点，它在整个教材中的位置、作用和前后联系，并说出教者是如何根据大纲和教材内容的要求确定本节课的教学目的、目标、重点、难点和关键的。

（二）说教法

主要是说明"怎样教"和"为什么这样教"的道理。在确定教学目的要求后，恰当地选择先进的教学方法至关重要。因此，要解释教者是用什么方法落实"双基"、渗透德育、培养能力、开发智力的；还要说出教者在教学中是如何发挥主导作用的，对关键、重要的知识点进行点拨，在能力生长点上强化训练，以及如何处理教与学、讲与练的关系；同时说明如何使用教具、学具或电教手段。

（三）说目标

教学目标是指教学活动的主体在具体教学活动中所要达到的预期结果。它既是课堂教学的出发点，又是教学的归宿和宗旨，它影响着课堂结构设计、教法和学法指导的确定。

正确说出某一教材内容需要达到的具体的课堂教与学的目标,即教什么,要达到的目的;学什么,要达到的要求。说目标,要紧扣总目标,掌握分目标,说清教学的小目标,如知识目标、技能目标、情感目标、发展目标等。

因此,确定教学目标一定要全面、具体和恰当。所谓"全面"是指要使用三维目标;"具体"则是不要空话套话,而应该说明在具体的活动过程,达到的具体目标,并要求这些目标在40分钟的课堂里能够具体实现的;"恰当"即要求的程度要符合教学大纲的要求、学生的实际情况。

(四)说学法

主要说明学生要"怎样学"的问题和"为什么这样学"的道理。要讲清教者是如何激发学生学习兴趣、调动积极思维、强化学生主动意识的;还要讲出教者是怎样根据年级特点和学生的年龄、心理特征,运用哪些学习规律指导学生进行学习的。

(五)说教学过程

说教学过程是说课的重点部分,因为通过这一过程的分析才能看到说课者独具匠心的教学安排,它反映了教师的教学思想、教学个性与风格。也只有通过对教学过程设计的阐述,才能看到其教学安排是否合理、科学,是否具有艺术性。

通常,教学过程要说清楚下面几个问题。

1. 教学思路与教学环节安排

说课者要把自己对教材的理解和处理,针对学生实际,借助哪些教学手段来组织教学的基本教学思路说明白。

说教学过程要把教学过程所设计的基本环节说清楚。但具体内容只需概括介绍,只要听讲人能听清楚"教的是什么"、"怎样教的"即可。不能按教案像给学生上课那样讲。

另外还需注意的一点是,在介绍教学过程时不仅要讲教学内容的安排,还要讲清"为什么这样教"的理论依据(包括大纲依据、课程标准依据、教学法依据、教育学和心理学依据等)。

2. 说明教与学的双边活动安排

要说明怎样运用现代教学思想指导教学,怎样体现教师的主导作用和学生的主体活动的和谐统一、教法与学法的和谐统一、知识传授与智能开发的和谐统一、德育与智育的和谐统一。

3. 说明重点与难点的处理

要说明在教学过程中,怎样突出重点和解决难点,解决难点运用什么方法。

4. 说明采用哪些教学手段辅助教学

要说明在什么时候、什么地方用教学辅助手段,以及这样做的道理等。

5. 说明板书设计

说教学过程还要注意运用概括和转述的语言,不必直接照搬教案,要尽可能少用课堂内师生的原话,以便压缩实录篇幅。

(六)说评价

课堂教学是对评价学生学业发展状况的重要环节,因此说课要说清如何进行教学评价及其理论依据。这里可以说明学生群体的最近发展区的巩固、认知的发展、技能的提高、情感的体验、价值观的认同、求知欲望的激发、创新思维的闪烁等,也可以说明对学生个体的评价方法、注意点等。

三、说课的注意事项

说课是在没有学生配合的情况下，一切靠说课者自己完成，时间不宜长。教师具有自信心、稳定力、应变力，消除心理紧张情绪，说课时才能从容自如。要做到以下几个方面：

（一）层次分明，说理精辟

说课不要面面俱到，不要将说课说得过细，应把主要精力放在说教学程序上，这是说课的重点。在说课中要多谈学生学习中可能碰到的困难和教师的教学策略。

（二）语言生动，整体流畅

说课有不同的类型、不同的目的，但都是要用语言来表述的。教师要加强说的能力，要有说的功夫。要注重语气、语调、语速，恰当运用教学语言。此外，说课整体要流畅，不能像作报告一样，而是要各个环节过渡自然。

（三）重点突出，主次分明

说课的重点应放在实施教学过程、完成教学任务、反馈信息、提高教学效率上。在有限的时间内完成说课就必须详略得当、简繁适宜，准确把握说课的"度"。此外，说课应注意避免重教法轻学法的倾向。

表 8-5 为说课技能评价表。

表 8-5　说课技能评价表

说课技能要求		评价等级				权重
		优	良	中	差	
1.说教材	（1）全面理解、把握课程标准					0.05
	（2）能准确、恰当地说明教学重点、难点并说明突出重点、突破难点的有效措施					0.05
2.说教学目标	明确、合理、具体、可操作					0.05
3.说教学对象	知识的基础起点、身心特点					0.10
4.说教法	（1）教学方法采用一法为主，多法结合，并说出选择的理论依据					0.05
	（2）教法设想符合教材特点和学生实际，有利于突出重点、突破难点					0.05
5.说学法	（1）学法指导明确、具体，紧扣教法，符合学情					0.05
	（2）注意启发学生思维，课堂提问设计巧妙，能引起学生的学习兴趣					0.05
6.说教学程序	（1）教学思路清晰，教学程序安排合理，各环节之间过渡自然、严谨巧妙					0.10
	（2）知识容量适当，难易程度合适，时间分配合理					0.05
	（3）能抓住关键，突出重点，突破难点					0.10
	（4）教学媒体的选择有效实用					0.05

续表

说课技能要求		评价等级				权重
		优	良	中	差	
7.说课艺术	(1)吐字清楚,措辞精当					0.05
	(2)语言生动、形象,表述准确无误					0.05
	(3)表情自然不紧张,举止得体有风度,态度谦和端庄					0.05
	(4)讲述节奏恰当,快慢适度					0.05
	(5)应变能力强,善于调控,能根据说课现场需要,合理增减内容					0.05

练习题

1. 什么是语言技能？语言技能包括哪几种类型？
2. 针对不同类型的课,怎样设计导入？
3. 什么是讲解技能？讲解技能有哪几种类型？
4. 什么是结课技能？试就一个教学内容撰写结课技能教案。
5. 说课技能包括哪些内容？有哪些基本要求？
6. 分组讨论：每人选择一个课时,进行备课,然后根据说课的设计方法进行组内说课练习。说课后,进行组内交流和讨论,组长记录讨论结果。

练习题答案

1. 教学语言技能是指教师用正确的语音、语调、语义,合乎语法逻辑结构的口头语言,对教材内容、学生问题等进行叙述、解释说明的行为方式。

语言技能包括叙述性语言、描绘性语言、论证性语言、抒情性语言、启发性语言等五种类型。

2. 针对不同类型的课,无论采用何种导入方式,首先要应该保证导入的目的性。设计导入时,要考虑教学内容的整体,要服从整体。其次,导入的内容与新课的重点紧密相关,能揭示新旧知识的关系。再次,教师设计导入能激发学生思考,活跃学生的思维,调动他们的求知欲和进取心,以便实现知识的正迁移,提高学习的自觉性和积极性。最后,导入要有趣,能使学生以最佳的心态投入到学习活动中去。

3. 讲解技能是课堂教学诸多技能中的一种基本技能,是教师运用语言及各种教学媒体引导学生对所学内容进行分析、综合、理解、概括等,形成概念、原理、规律、法则等的教学行为方式。

讲解技能有说明式、描述式、问题中心式、操作中心式四种类型。

4. 结课技能是教师完成一项教学任务时,通过归纳总结、重复强调、实践活动等对所教的知识或技能及时进行系统化、巩固和应用,使新知识稳固地纳入学生的认知结构中去的一类教学行为。

结课技能教案(略)。

5. 说课技能包括说教材、说目标、说教法、说学法、说教学过程、说评价。

说课是在没有学生配合的情况下,一切靠说课者自己完成,时间不宜长。这需要教师具有自信心、稳定力、应变力,消除心理紧张情绪,说课时才能从容自如。要做到以下几个方面:①层次分明,说理精辟;②语言生动,整体流畅;③重点突出,主次分明。

6.答案(略)。

本章参考文献

1. 刘芳,李颖.教师职业技能训练教程[M].北京:北京师范大学出版社,2014.
2. 李国毅.教师职业技能训练教程[M].武汉:华中科技大学出版社,2016.
3. 荣静娴,等.微格教学与微格教研[M].上海:华东师范大学出版社,2012.
4. 施小菊.体育微格教学[M].厦门:厦门大学出版社,2013.

第九章 教师的职业形象

 考试内容与要求

1. 教师职业形象概说
➢ 理解教师角色的特殊性。
➢ 把握教师职业形象的含义。
➢ 了解教师职业形象的基本内容。

2. 教师仪表
➢ 了解教师仪表的含义。
➢ 把握教师仪表的具体要求。

3. 教师仪态
➢ 了解仪态的含义和仪态的内容。
➢ 把握教师仪态的具体要求。

 知识框架

教师职业形象概说	职业形象	职业形象是指个人在职场中公众面前树立的印象,具体包括外在形象、品德修养、专业能力和知识结构这四大方面
	教师职业形象	教师职业形象是学生和家长对教师的具体印象和评价,是教师在品质、学识、才能、情趣、礼仪等方面的素养的综合体现,既有内在的内容,又有外在的表现
	教师职业形象组成	教师的道德形象——最基本的形象 教师的文化形象——教师形象的核心 教师的人格形象——教师形象的整体体现
教师仪表	仪表	仪表是指一个人的外表,它是个人整体形象的统称,除容貌、发型之外,还包括人的服饰、身体、姿态等
	教师仪表要求	穿着要得体、打扮要适宜、外观要整洁、语言要文雅、行为要端庄
教师仪态	仪态	仪态也叫仪姿、姿态,泛指人们身体所呈现出的各种姿态,它包括举止动作、神态表情和相对静止的体态
	仪态的内容	坐立行、面部表情、谈吐、举止
	教师仪态要求	举止文明、举止优雅、举止敬人、举止有度

第一节 教师职业形象概说

一、职业与职业形象

(一) 职业

人的社会生活可以分为三大领域,即家庭生活、职业生活和公共生活。职业生活是人的最基本的实践活动。所谓职业,就是为了满足社会生产和生活的需要,人们在社会生活中,由于社会分工和生产内部的劳动分工,对社会所承担的长期从事的具有专门业务和特定职责,并以此作为主要生活来源的社会活动。一般认为,可以从这样几个方面来认识职业的本质:职业是一种社会组织形式;职业是社会对人的角色安排;职业是人的自我实现的途径。①

对于教师职业而言,传统上它主要被看作是一种谋生的手段,20世纪六七十年代,美国学者劳蒂(Lortie)对其所作的经典研究就证明了这个事实。时至今日,随着教师职业的物质待遇、社会地位以及专业化程度的不断提高,教师职业正在成为教师实现对自身生命意义的建构和提升的手段。教师职业也是社会上诸多职业中的一种,它具有所有职业的共性。但同时,我们还必须看到,教师职业还具有不同于其他职业的个性,这是下文要着力探讨的内容。

(二) 职业形象

职业形象是指个人在职场中公众面前树立的印象,具体包括外在形象、品德修养、专业能力和知识结构这四大方面。它是通过个人的衣着打扮、言谈举止反映出其专业态度、技术和技能等。职业形象需要严格恪守一些原则性尺度。其中最为关键的就是职业形象要尊重区域文化的要求,不同文化背景的企业肯定对个人的职业形象有不同的要求,绝对不能我行我素破坏文化的制约,否则受损失的永远是职业人自己。其次,不同的行业、不同的企业,因为集体倾向性的存在,只有在个人的职业形象符合主流趋势时,才能促进自己职业的升值。

1. 职业形象与职业气质

职业形象是个人职业气质的符号,有些人对深色调的一贯喜爱,体现了他沉稳的个性;经常性地身着艳丽颜色或对比强烈的服装,可以展现激情四溢的作风;一丝不苟的服装款式预示着严谨态度,层层装饰的外表揭示着求新求变的心态……我们日常接触到的种种形象特点,就像标点符号写在每个职业人的脸上、身上,对职业成功有着重大意义。

职业形象要达到几个标准:与个人职业气质相契合、与个人年龄相契合、与办公室风格相契合、与工作特点相契合、与行业要求相契合。个人的举止更要在标准的基础上,在不同的场合采用不同的表现方式,在个人的装扮上也要做到在展现自我的同时尊重他人。职业形象就像个人职业生涯乐章上跳跃的音符,合着主旋律会给人创意的惊奇和美好的

---

① 朱金香.教师职业伦理学[M].北京:经济科学出版社,1999:10-17.

感觉,脱离主旋律则会打破和谐,给自己的职业发展带来负面影响。

2. 职业形象与职业成功

职业形象和个人的职业发展有着密切的关系。首先,个人的人性特征及特质通过形象表达,容易形成令人难忘的第一印象。第一印象在个人求职、社交活动中会起到很关键的作用。特别是许多人力资源部门在招聘员工时,对应聘者职业形象的关注程度要远远高于我们的估计,许多公司在面试中对职业形象方面关注的比重也很大。因为他们认定,那些职业形象不合格、职业气质差的员工不可能在同事和客户面前获得高度认可,极有可能令工作效果打折扣。

其次,职业形象强烈影响个人业绩。首当其冲的就是业绩型职业人,如果自己的职业形象不能体现专业度,不能给客户带来信赖感,所有的技巧都是徒劳,特别是对一些进行非物质性销售工作的职业人,客户认可更多的是人本身,因为产品对他们来说是虚的。即使是人力资源部门的人,如果在和政府机关、事业单位、合作伙伴打交道过程中,职业形象欠佳,极有可能把良好的合作破坏。

再次,职业形象会影响个人晋升几率。获得上司的认可是晋升的核心要素之一,如果因为在上司面前职业形象问题导致误会、尴尬甚至引发上司厌恶,业绩再好也难有出头之日。如果在同事同级层面上因为职业形象问题导致离群、被孤立、被排斥,也将难以获得晋升机会。

二、教师职业与教师职业形象

(一)教师职业

教师是社会上一类特殊的人,是"向学生传递人类积累的文化科学知识和进行思想品德教育,把他们培养成为一定社会所需要的人才的专业人员"[①]。在英语里,多将教师(teacher)定义为从事教学(teach)的职业人员。教学源于德文,原意是展示、表现、向他人演示,今义是"让某人学习或者获得某种知识与技能"。教师职业是一个富有个性角色特征的职业,相对于其他职业来说,教师在角色行为与劳动特点上表现出鲜明的个性特点。

1. 教师角色具有自主性

教师在从事具体的教育教学活动时,可以在遵循社会总体要求的前提下,自主选择达到目标的方式和途径,创造性地完成教育教学任务。在课堂教学情境中,教师更具有课程与教学的相对自主权。在课程设计、教学过程、学生动机、学生管理、学生评价等方面享有"法理"权威。无论是同事还是行政人员,都不能妨碍这种权威。并且教师专业化理论认为,教师角色的自主性应该包括教师有权独立制定适合自己的专业发展目标、计划和行动方案等。当然,由于教学还没有发展成为一门像医学、法律那样成熟的专业,教师目前所拥有的自主是有限的自主、相对的自主。

2. 教师角色具有多样性和发展性

教师所扮演的角色不是单一的,而是一个角色丛,表现出多样化的特征。在西方漫长的教育发展历史中,专制的和集权的社会政治体制对教育以及对教师的影响很大。在宗教思想和科学主义思想支配下,形成了传统的教师角色观。这种传统的教师角色观是建

---

① 董才纯.中国大百科全书·教育[M].北京:中国大百科全书出版社,1985:146.

立在教师中心和控制儿童的基本理念基础上的,将教师看作是"神父"和"专家",是"教育环境的设计师和规定者",是"学生行为的塑造者",是"知识的传授者"。在我国的传统中,教师所承担的角色也是多种多样的,而且其角色形象通常被喻为"君子"、"圣人"、"蜡烛"、"工程师"、"园丁"等等。可见,无论是国外还是国内,传统教师角色的定位都是多样化的。教师总是作为一种被规范、被要求、被塑造的对象,造成了严重的角色冲突和主体性的缺失。

教师角色还有发展性的特点。由于教师所从事的教育活动是一种特殊的社会活动,随着教育活动的时间、空间的变化,"教师与学生、教育内容以及各种教育环境之间构成不同的关系,表现出不同的行为,从而扮演着不同的角色。"①按照教师处于各个空间的作用和地位,当代西方对教师角色的各种描述可以归入四个向度——社会因素、学校、课堂情境和个人发展诉求下形成的以下四类角色:①社会角色——教师促进民族、国家、社会发展和经济发展的角色;②学校角色——教师作为学生家长、教师同事、教学管理人员(如校长等)和社区的合伙人,或者说合作者、合伙人角色;③课堂教学角色——教师作为"教学专家"和学生学习的"引领者";④自我职业角色——自我职业认同和自我角色重塑。②

在我国,人们现在倾向于认为教师是"作为教师的人"和"作为人的教师"的统一体。因此,传统的教师角色观发生了深刻变化,总结起来,这些变化突出地表现在三个方面。其一是教师的角色转型。如从传统的"君子、圣人"式的教师向具有民主、科学理性和人性化的教师发展;从充满道德色彩、社会本位的工具主义角色,转变为具有道德精神、崇尚法治、信守专业伦理、具有个性活力的教育实践主体、责权主体和生命主体。其二是教师角色的扩充。面对社会发展、教育变革和文化的多元化,教师应在担当知识和文化传承者的同时,成为终身学习者、研究者、反思型实践者(reflective practitioner),将文化的继承与创新、知识的教学与学习、教育的行动与研究,以及育人与育己整合成为一体,形成一种新的专业生活态度和生活方式。其三是教师角色的强化。教师职业向专业的提升,特别需要增强专业意识,培养专业精神,信守专业道德,加强专业学习、研究和培训,努力提高自身的专业实践水平和教育服务的质量。

在联合国教科文组织向国际教育局提供的报告中,指出了教师角色转换的一般趋势:①在教学过程中,教师应更多地履行多样化的职能,更多地承担组织教学的任务;②教师应从一味强调知识的传授转向重视组织学生学习,并最大限度地开发社区内部的新的知识资源;③教师应注重学习的个性化,改进师生关系;④实现教师间更为广泛的合作,改进教师与教师的关系;⑤教师应更广泛地利用现代教育技术,掌握必要的知识与技能;⑥教师应更密切地与家长和其他社区成员合作,更经常地参与社区生活;⑦教师应更广泛地参加校内服务和课外活动;⑧教师应削弱加之于孩子们身上——特别是大龄孩子及家长身上的传统权威。

3. 教师角色具有个体创造性

相对于社会上其他职业的从业者来说,教师角色行为表现出更为明显的个体性特点。这反映在以下两个方面。一方面,教师的劳动对象指向一个个学生,要使每个学生都能在

---

① 黄甫全.新课程中的教师角色与教师培训[M].北京:人民教育出版社,2003:10.
② 蒋衡.西方二十世纪七十年代以来关于教师角色的研究[J].高等师范教育研究,2002(6):10.

教师的培养下成长起来,那么,教师就必须充分了解每一个学生的特殊情况,根据其个性发展的需求与水平,实行因材施教和个性化教学。这种趋势在当今提倡尊重个性的时代进一步加强了。另一方面,教师的行为方式本身也具有较强的个体性特征。客观上,教师工作在时间和空间上对于同行来说,都是以个人活动为主,教学成绩的提高与自身的发展主要靠个体的活动来加以完成。主观上,按照劳蒂的观点,教师所持的是独立的成功观,强调个人奋斗,对其他人采取不干涉主义。[①] 相应地,其工作过程不可避免地表现出一定的个体性。正是因为教师角色与劳动的这种特征,决定了教师个人主义文化长期以来一直是教师文化的主流。在合作已经日益成为人们基本生活方式的今天,我们有必要运用多种调节手段(包括教师职业道德)来形成教师的合作文化,以推动教师与学生、与同事、与家长等主体实现充分合作。

4. 教师角色具有人格化特征

教师所从事的工作是培养人的活动。要实现这个目标,教师不仅要通过自己掌握的知识影响学生,还要通过自己的人格和道德力量,通过自己的言传身教去影响和感染学生。教师人格在教育工作中发挥着重要作用。崇高的教师人格对于推动学生的心灵来说是无价的。乌申斯基曾经指出:"教师人格对于年轻的心灵来说,是任何东西都不能代替的最有用的阳光;教育者的人格是教育事业的一切。在教育工作中,一切都应该以教师的人格为依据,因为只有从教师的人格的活的源泉中,才能涌现出教育的力量,任何规章制度,任何人为的机关,无论设想得多么巧妙,都不能代替教育事业中教师的人格。因为只有人格才能影响人格的形成和发展,只有性格才能形成性格。"可见,乌申斯基关于教师的人格论述不仅高度评价了教师人格的地位,而且也揭示了一个明显的事实——教师角色具有人格化特点。教师的这一角色特征,需要教师注意自己的人格和道德方面的修养,在职业劳动中充分发挥自己的高尚人格在教育中的感化作用和示范作用。

5. 教师角色具有弥散性和模糊性

教育教学活动是一项复杂的劳动。在其过程中,教师承担着促使受教育者社会化、激发学习热情、传递一定的价值规范、唤醒受教育者对社会及个人的责任感,并且能对事实和知识进行批判性的分析等艰巨的任务。个体教师根据自己的职责积极展开自己的工作。但是,对于学生的兴趣、行为、态度和价值观等的改变,很难断定是哪个教师劳动的直接结果,从而使教师角色的责任表现出一定的弥散性和模糊性,并由此引发教师角色的内在冲突,即教师个人希望看到自己角色扮演的成果的需要,与他的角色扮演中许多成果的"无形性"之间的矛盾,教师很难从自己的工作中获得满足感。对此,美国学者尼尔曾作过生动的描述:"大多数教师或多或少地感到他们的工作是一个无底洞。比起律师或医生来,教师感到自己的工作要更多地耗损心力……因为他们的工作似乎永远不会了结,永远看不到尽头。"[②]

上述方面既充分体现了教师身份的特殊性,也体现了教师职业劳动的复杂性、创造

---

① Dan C. Lortie. School Teacher: A Sociological Study[M]. Chicago: University of Chicago Press, 1975.
② 郑金洲. 若干教育隐喻探源[J]. 上海高教研究, 1997(9):12.

性、示范性和长效性等鲜明特点。并且,综合起来看,教师劳动的这些传统特色在新时期得到了强化。

(二)教师职业形象

教师职业形象是学生和家长对教师的具体印象和评价,是教师在品质、学识、才能、情趣、礼仪等方面的素养的综合体现,既有内在的内容,又有外在的表现。

我国古代有着丰富的论述教师职业形象的思想。如"智如泉涌,行可以为表仪者,人师也",谈到了作为教师应具备的基本条件;"师者,人之模范也",谈到了教师职业形象对学生身心发展的影响;"师者,所以传道受业解惑也",阐明教师作为传道、授业、解惑的实施者一直为人们所尊重,树立了教师职业的光辉形象;孔子长期从事教育工作,他对教师职业及其教师风范有着与别人不同的见解,他认为理想的教师要有为理想而"知其不可而为之"的执着奋斗精神;要有高尚的职业道德,以及忠于职守、诲人不倦、无私奉献的精神,如"爱之,能勿劳乎?忠焉,能勿诲乎?"要有优良的教师风范,以身作则,言传身教,"其身正,不令而行;其身不正,虽令不从","身教"重于"言教"等。后来的教育大师们也对教师形象作了论述,如孟子提出"乐教之师",董仲舒提出"圣化之师",朱熹提出"指引之师",陶行知提出"创造之师"等,这些论述都为后世的教师树立了典范。

教师的职业形象至少包括以下几个方面的内容:

1. 教师的道德形象——最基本的形象

"为人师表";"身正为范,学高为师"。强调教师的榜样、示范作用。

乐于奉献、坚持公正是时代对教师职业的基本伦理道德要求。奉献是教师职业责任感和使命感的具体体现。没有奉献精神就会失去教师职业的高尚性和纯洁性。

公正就是"公平"、"正义"、"合理"。没有公正的教育将使学生的心灵失去平衡,教育过程则失去"善"的价值。

2. 教师的文化形象——教师形象的核心

"才高八斗"、"学富五车"是教师的典型文化特征。传统形象受到了时代发展的严峻挑战。

文化资源的丰富,知识的迅猛发展和更新,要求教师不断学习并调整自己的知识结构;大众传媒的发展,学生也成为文化资源的拥有者,要求教师给学生的文化展示与交流提供时空和机会;培养创新精神和实践能力的时代要求,以及学生个性差异,要求教师改变教书匠的刻板形象,自觉、主动投身到改革大潮中。

3. 教师的人格形象——教师形象的整体体现

人格是一个人的整体心理面貌。教师的人格具体包括教师对学生的态度、教师的性格、气质、兴趣等。教师的人格形象是学生亲近或疏远教师的首要因素。理想教师的人格包括善于理解学生、富有耐心、性格开朗、情绪乐观、意志力强、有幽默感等。

总之,教师的职业形象应是道德形象、文化形象、人格形象三者统一的整体,教师的职业形象建设是一个不断设计与改造的过程,需要全社会对教师职业的地位、功能、条件进行科学认识,需要教师职业内部不断建立起自己的规范。

第二节 教师仪表

一、仪表

仪表是指一个人的外表,它是个人整体形象的统称,除容貌、发型之外,还包括人的服饰、身体、姿态等。仪表能反映一个人的精神面貌、朝气和活力,是传达给接触对象感官最直接、最生动的信息。

(一)仪容礼仪

1. 男士仪表的基本标准

(1)注意面部整洁,勤洗脸、勤剃须。

(2)头发的清洗与整型。

(3)身上不能有异味。

(4)不酗酒、不熬夜,精神振作。

(5)勤剪指甲。

(6)不戴多余饰物。

2. 女士仪表的基本标准

(1)发型文雅、庄重,梳理整齐,不要烫染夸张造型和颜色。

(2)化淡妆,面带微笑。

(3)指甲不宜过长,并保持清洁,涂指甲油需自然色。

(4)不宜用香味浓烈的香水。

(二)着装礼仪

1. 着装的基本原则

着装的"TOP"原则:时间(time)、场合(occasion)、地点(place)。

在不同的时代、不同的季节、不同的时间应穿不同的服装,在上班、社交、休闲等不同场合,着装也要有所不同。另外,考虑不同国家、不同地区所处的地理环境和自然条件以及生活习俗等,着装也要进行调整。

2. 着装注意事项

(1)着装要注意协调。所谓穿着的协调,是指一个人的穿着要与他的年龄、体型、职业和所处的场合吻合,表现出一种和谐,这种和谐能给人以美感。

(2)着装要注意色彩。色彩是服装给人们记忆最深的印象之一,而且在很大程度上也是服装穿着成败的关键所在。色彩对他人的刺激最迅速、最强烈、最深刻,所以被称为"服装之第一可视物"。对于一般人而言,在服装的色彩上要想获得成功,最重要的是要掌握色彩的特性、色彩的搭配,以及正装色彩的选择这三个方面。

(3)着装要注意场合。所谓穿着要注意场合,是说要根据不同场合来进行着装。例如喜庆欢乐的场合(包括庆祝会、欢乐会、生日、婚日纪念活动、婚礼聚会等),女士可以穿得色彩鲜艳、丰富一些,款式也可以新颖一些,以烘托活跃欢乐的气氛,男士可以穿白色或其他浅色西装、花色漂亮醒目的领带以表现男士轻松愉快的心情；隆重庄严的场合，如开幕闭幕式、签字仪式、出席重要会议、重要的会见活动、新闻发布会等，男士应西装革履，正规、配套、整齐、洁净、一丝不苟，女士应穿上套装或较为素雅端庄的连衣裙，体现职业女士在正式场合的风范。

二、教师仪表

教师是一个神圣的职业，自古以来，教师就承担着教书育人的重要职责。也正因为如此，教师的一言一行都必须遵循一定的规范，不能随性而为。人们通常喜欢用"为人师表"这四个字来形容对教师的要求。所谓为人师表，除在品德修养、学识的积累上要高人一等外，日常工作和生活中的着装也很重要。有人说，在学生面前，教师应该像一本吸引人的书，既有丰富厚实的内容，又有精美别致的装帧。也就是说，教师的外在仪表是十分需要注意的。

教师的仪表何以受到如此高的重视呢？教师的职责首先是教书育人，他们面对的是一群尚未确立人生观、价值观的未成年人，他们的一举一动都对学生思想的形成起着潜移默化的影响。中小学生常常会对自己的老师有一种崇拜心理，喜欢模仿老师的一举一动，包括老师的穿着和思维方式。如果一个老师的外在服装不够得体，势必会导致学生对"仪表"产生错误的认识。所以，教师服装打扮，是不能"随便"的。

那么，对于教师来说，什么样的仪表才算是得体呢？根据我国如今的教育形势，人们对教师的仪表往往有如下几点要求：

（一）穿着要得体

以前社会对教师的穿着要求很严，要穿清一色的黑、蓝、灰，这虽然体现了纪律性和严谨性，但因色调偏暗而显得死气沉沉。现在，人们的生活水平提高了，每个人开始有不同的时尚眼光。教师也是人，也有追求美感的权利，对于不同性格的教师，对于美也许会有不同的看法，因此可能会倾向于穿不同风格的衣服。从理论上来说，只要不是奇装异服，都可以接受。但是现在的课堂上还存在另一种问题，就是赶时髦和追名牌。如果教师身上的服饰随着穿衣潮流的变化而不断改变，或是教师本人太注重衣服的品牌，那么上课时，学生的注意力就难免会被吸引到与教学无关的地方。这必将大大降低教学质量，因此作为一名人民教师，穿着得体是十分必要的。

（二）打扮要适宜

打扮与穿着几乎占有同样重要的地位。每个老师都有爱美的权利，尤其对于女教师来说，化妆打扮是生活中不可缺少的一部分，不能简简单单地予以剥夺。但是打扮也有打扮的规矩，一定要适合自己的性别、年龄、长相和身体等方面的特点，不必整齐划一。同时，考虑到职业的特殊性，浓妆艳抹自然是不可取的。而一些人自以为彰显个性而留胡子、蓄长发，或描眉，或画眼线，实则弄巧成拙。教师最好的打扮还是越自然、真实越好，这也可在一定程度上拉近师生之间的距离。

（三）外观要整洁

我们都知道，一个人无论穿着多么有品位的衣服，如果他浑身邋里邋遢，不修边幅，是无法给人以好的印象的。外观整洁，同样是教师仪表的重要标志之一。一个教师是否讲究个人卫生,将直接影响到他在学生心目中的形象。因此,无论在何种情形下,教师都必须做到衣冠整洁,头发和胡子整齐,鞋袜干净,双手清洁并修好指甲。相反,一个教师要是长期不洗澡、不常剪指甲、不常理发、不常换衣服,上课随随便便、短衣短裤,下课乱七八糟、蓬头垢面,那他就难以给人以愉快的感受,同时也无法树立一个教师在学生心目中应有的崇高形象,这将为他的教学工作带来莫大的困难。

(四)语言要文雅

教师的仪表,不仅仅表现在教师的打扮和衣着上,而且表现在教师的谈吐和举止上。一位教师如何对学生说话,对于学生来说,完全反映了这位教师的思想情操、人格品质和学识水平。所以为了给学生留下良好的仪表印象,教师还应注意让自己的语言文雅,语气平和。虽然不是所有教师都能做到幽默风趣,但是适当地开一些小玩笑也可以缓解紧张的学习气氛,为学生也为自己舒缓心情。相反,如果一个教师的语言粗俗不堪,甚至低级下流,那么伤害了学生的感情不说,更重要的是失去了学生的信任,其自身也就无法再作为一个老师工作下去了。

(五)行为要端庄

教师是学生的教育者和引导者,教师的语言不仅要文明,有礼貌,而且行为一定要端庄,有修养,要合乎一定的规矩。只有行为端庄,才有利于树立自己的教师形象,获得学生的欢迎和爱戴,并且为学生树立良好的学习榜样,使学生受到深刻的精神感染。反之,如果教师行为轻浮放纵,松松散散,举止没有分寸,不仅会引起部分学生的厌恶,甚至还会对学生的未来行为准则起到坏的指向和诱导作用。所以,教师在教学过程中,一定要注意自己的一举一动,使自己的行为举止符合教师职业道德规范,给人以为人师表的感觉。

当然,仅凭以上几点是无法将教师仪表的要求完全阐述出来的。教师在教书的同时也承担着德育的重要职责,为了给学生一个良好的教师形象和学习氛围,身为教师的工作者们必定需要花费很多心思来完善自己的仪表。随着时代的推移,教育工作日渐繁重,教师们所面对的学生和教学任务也将越来越多样化。为了应对这一系列挑战,教师的仪表要求也会随之改变。教师仪表,只要做到符合自身风格,符合工作环境,符合大众审美观,那么,这样的仪表就是合格的。它在潜移默化的德育过程中,将成为一种无声的语言。

第三节 教师仪态

一、仪态

仪态也叫仪姿、姿态,泛指人们身体所呈现出的各种姿态,它包括举止动作、神态表情和相对静止的体态。

人们的面部表情,体态变化,行、走、站、立、举手投足都可以表达思想感情。仪态是表现一个人涵养的一面镜子,也是构成一个人外在形象的主要因素。不同的仪态显示人们不同的精神状态和文化教养,传递不同的信息,因此仪态又被称为体态语。不同国家,不同民族,以及不同的社会历史背景,对不同阶层、不同特殊群体的仪态都有不同标准或不同要求。资本主义国家的贵族阶层和统治集团的上层人物的仪态讲究绅士风度;不同宗教对其教徒也讲究具有宗教特征的仪态。我国几千年的封建社会历史,也逐渐形成很多对皇家宫室、对儒雅学士、对民间妇女等很多方面的仪态标准和要求。在社会主义社会,提倡讲文明、讲礼貌,个人仪态应当力求美化。

（一）仪态的内容

仪态包括以下方面的内容。

1. 坐立行

仪态是指人在行为中表现出来的姿势,主要包括站姿、坐姿、步态等。"站如松,坐如钟,走如风,卧如弓",是中国传统礼仪的要求,在当今社会中已被赋予更丰富的含义。随着对外交往的深入,我们要学会用兼收并蓄的宽容之心去读懂对方的姿态,更要学会通过完善自我的姿态去表达自己想要表达的内容。

2. 面部表情

面部表情力求目光和蔼,面带微笑,给人以如沐春风之感。

3. 谈吐、举止

声音大小传情达意的意义不同,应该根据听者距离远近适当调整;手势要自然优雅,尊重民俗,符合礼仪。另外,公众区、熟人、陌生人、个人以及亲密区的界域也大有不同。

（二）仪态美化的标准

注重仪态的美化有四个标准:

(1)仪态文明,要求仪态要显得有修养,讲礼貌,不应在异性和他人面前有粗野动作和形体。

(2)仪态自然,要求仪态既要规则庄重,又要表现得大方实在,不要虚张声势、装腔作势。

(3)仪态美观,这是高层次的要求。它要求仪态要优雅脱俗,美观耐看,能给人留下美好的印象。

(4)仪态敬人,是要求力禁失敬于人的仪态,要通过良好的仪态来体现敬人之意。

二、教师仪态

对于教师来说,遵守举止礼仪规范,即要求其举止合乎约定俗成的行为规范。其关键是要举止文明、优雅、敬人、有度。所谓举止文明,要求教师举止自然、大方、高雅而不俗,以表现出良好的个人文化素养;举止优雅要求教师举止规范美观,得体适度,不卑不亢,风度翩翩;举止敬人要求教师举止尊敬他人,以体现出对对方的尊重、友好与善意;举止有度要求教师举止适当、适时、适宜,能够配合相关的场合,符合常规。

（一）举止文明

作为一名现代人,尤其是为人师表的教师,举止文明是对其举止行为的最基本要求。举止文明,具体而言,就是要求教师的举止行为不仅可以显示出自己的良好行为习惯,而且还应当显示出自己的稳重与成熟。

在任何情况下,一位有修养的教师都应对自己的举止多加检点,并对一些具体细节倍加重视,这已不仅是个人生活中的"琐事",而且是一个人文化素质的表现。"内在美"有赖于"外在美"的表现,一名教师的个人教养和基本素质往往体现在其举止的具体细节中。例如,在公共场合乱扔果皮纸屑、随地吐痰,或者用手指去抠鼻孔、掏耳朵、剔牙,在外人面前整理个人服饰,都是极不礼貌的。个人应养成良好的卫生习惯,注意自备餐巾纸或手绢,上班前不要吃葱蒜、韭菜。尤其要强调的是,不能在公共场合吸烟。

此外,教师的举止还应该显示出自己的稳重与成熟。此举不仅可以说明自己的阅历丰富,而且也可以显示自己处事有方。因此,教师应努力做到稳健沉着、不温不火、有条不紊、泰然自若。例如,不要大声喧哗。尽管一些人性格爽直大方,但注意不要放开嗓门大声喧哗,也不要旁若无人地高声谈笑。在相互交谈时,声音的大小,以能使谈话对方听得清楚为宜。说话时,手势不要过多,也不能用手指或刀叉筷子指着对方说话,那样做显得既不礼貌又太过霸气。在图书馆、博物馆、医院等公共场所,应保持安静。在举行隆重的仪式时,或是在听演讲、听音乐时,都要保持肃静。同时要知道,在外人面前打哈欠,不论用什么方式都是失礼的。

教师还要努力使自己的举止不急不躁,切忌风风火火。在室外走动时,一般应保持正常速度,不宜快步疾走,或者狂奔而去。前去拜访他人时,应首先敲门或者按响门铃,获得许可后方可入内。千万不能直接推门而入,也不能用拳擂门或用脚踢门。与尊长通电话时,一般应由对方首先终止电话。在对方终止通话前就抢先挂上电话,是十分没有礼貌的。

(二)举止优雅

作为一种较高层次上的要求,教师的举止应该力求优雅,高雅脱俗,给人以美感。所谓举止优雅,就是要求一个人的举止动作漂亮好看,美观、自然、大方,能够给人以赏心悦目的感觉。其具体表现如下。

1. 举止美观

举止美观,是要求教师举止雅致耐看,给人以美感。例如,要站有站相,坐有坐相。坐时,腿不能摇晃;更不要跷二郎腿;女士要双腿并拢。站立时,身子不要歪靠一旁,也不能半坐在桌子上或椅背上。走路时,脚步要轻。不要在别人正在交谈或照相时,从中间穿越而过。在剧场、电影院,如必须从别人的座位之前穿越进出,则必须说声"对不起",侧身而过。

2. 举止大方

举止大方,指的是教师在举止上要显得洒脱、大方、不卑不亢。例如,在面对交往对象时,不论对方是熟人还是生人,是同性还是异性,都要敢于正视对方,以示对对方的尊重。否则就会给人以过于害羞、小家子气的感觉,甚至会让人产生目中无人或心怀不轨的误会。

3. 举止自然

举止自然,即教师的举止不能给人以勉强、局促、呆板、虚假、做作之感。举止自然的关键,就是要求教师在举止上力求美观大方的同时,做到顺理成章或水到渠成,防止过分程式化、过分脸谱化和过分戏剧化。否则,就会使举止显得勉强、做作、敷衍了事,或者矫揉造作、华而不实。

(三)举止敬人

每个人的举止,都十分明显地展现出对待他人的基本态度和看法。在一般情况下,教

师应该诚心诚意地通过自己的举止来向交往对象表达敬重之意,这就是举止敬人的基本含义。举止敬人有两方面的要求:

1. 表达重视

举止动作,往往可以向他人表达重视。

2. 表达敬意

举止动作,通常还可向他人表示敬意。

(四)举止有度

例如,行进时为贵宾开道,落座时请客人先坐,即表示重视;在尊长面前正襟危坐、不苟言笑,即表示尊重。举止有度,即要求教师在正式场合使自己的一切举止都合乎常规、符合身份、适应对象,并且注意具体场合。只有举止合"度",才称得上是举止得体。

1. 热情有度

在人际交往中,待人热情的人通常最受欢迎,但作为教师则一定要遵循"热情有度"的基本守则。具体而言,即在工作和生活中,教师既要注意为人热情,又要把握好为人热情的分寸。例如,自己的所作所为,应不影响对方、不妨碍对方、不给对方平添麻烦、不令对方感到不快或不便、不干涉对方的私人生活、不损害对方的个人尊严。千万不能过度热情而热情越位,从而导致好心办坏事。

2. 动作适度

动作适度,主要是要求教师在正式场合必须有意识地控制肢体动作的幅度,适度减少肢体动作,从而使自己的举止不至于让人感到夸张或者被人误解,并给人以教养良好、稳重而成熟的感觉。

总之,教师的仪态,往往反映出他们的综合素质和内在修养。特别是在对话活动中,教师在这方面给人所留下的印象往往会成为相互间进一步了解和交往的重要依据。因此,教师在各种场合都应当尊重他人,不卑不亢,落落大方、稳重自持,给人以良好的精神风貌。狂妄自大、举止轻浮,或者卑躬屈膝、唯唯诺诺,都会被人讥笑为浅薄无知、缺乏教养。

练习题

1. 什么是教师职业形象?
2. 教师职业形象由哪些内容构成?
3. 什么是仪表?教师的仪表有哪些要求?
4. 什么是仪态?仪态包括哪些内容?
5. 教师的仪态有哪些要求?

练习题答案

1. 教师的职业形象是学生和家长对教师的具体印象和评价,是教师在品质、学识、才能、情趣、礼仪等方面的素养的综合体现,既有内在的内容,又有外在的表现。

2. 教师职业形象包括以下内容:

(1)教师的道德形象——最基本的形象。

(2)教师的文化形象——教师形象的核心。

(3)教师的人格形象——教师形象的整体体现。

3.仪表是指一个人的外表,它是个人整体形象的统称,除容貌、发型之外,还包括人的服饰、身体、姿态等。

教师仪表具体要求:穿着要得体、打扮要适宜、外观要整洁、语言要文雅、行为要端庄。

4.仪态也叫仪姿、姿态,泛指人们身体所呈现出的各种姿态,它包括举止动作、神态表情和相对静止的体态。

仪态的内容包括坐立行、面部表情、谈吐和举止。

5.教师仪态要求包括举止文明、举止优雅、举止敬人、举止有度。

附:教师仪容仪表要求

教师仪容仪表要求

一、发型发式

教师要常理发,发型自然大方,男教师应注意修整边幅,女教师严禁染发,不做流行夸张的发型。

二、面部修饰

(1)工作期间不准浓妆艳抹,做过多修饰。

(2)不佩戴转移学生注意力的饰物(女教师不佩戴长而粗的项链,不佩戴手镯、手链、耳环,双手戒指不超过一只,手机如果有坠子的不要把坠子露在外面)。

(3)校园内不戴有色眼镜,不留长指甲,不涂本色外的其他颜色的指甲油。

三、课堂着装

(1)上衣要有领有袖,或两者必有其一。

(2)夏季不穿细带裙、露背装,不穿过透的服装,裙子一定要到膝盖或以下,颜色要严肃。

(3)不穿黑皮裙(黑色皮裙在国际社会,尤其在西方国家,被视为一种特殊行业的服装,是站街女郎用来标示身份的)。

(4)老师不穿小一号衣服(紧身衣)。

四、鞋

不穿超过5厘米的细高跟鞋,上课时不得穿拖鞋。(注意:体育老师可以穿运动装,上课时穿运动鞋,不穿皮鞋)

五、着装建议

脖子短:多穿U领或者V领的服装,不穿高领衫。体胖:应穿深颜色、竖纹衣服。体瘦:应穿色彩明亮度高的浅色服装。

教师言谈举止要求

一、走路

走路要端庄,不要手插裤兜走路,不要左顾右盼。没有特殊情况不要跑,上楼梯,要一步一个台阶。

二、课前

上课前,教师要把备课夹放在右腋下走向教室,到达教室门口,要在门旁立正站立,等候上课。

三、课堂站姿

(1)抬头、双目向前平视,面带微笑。

(2)躯干挺直,身体重心在两腿中间,没有特殊情况,不得坐着上课。

(3)不良的站姿:缩脖、塌腰、手放在兜里、撸臂。

四、接待家长

强调"三声":来有迎声,问有答声,去有送声。

五、与学生交谈

(1)目光注视对方,不要躲闪或游移不定,要坦然亲切。

(2)目光注视对方眼睛到下巴之间的区域。

(3)微笑是你的最大优点。对人微笑就是向人表明:"我喜欢你,你使我快乐,我愿意见到你。"

注意:教师讲普通话,使用文明礼貌用语,言谈举止文明礼貌,严禁讲粗话、脏话。

附录

附件1

教师教育课程标准(试行)

为落实教育规划纲要,深化教师教育改革,规范和引导教师教育课程与教学,培养造就高素质专业化教师队伍,特制定《教师教育课程标准(试行)》。

教师教育课程广义上包括教师教育机构为培养和培训幼儿园、小学和中学教师所开设的公共基础课程、学科专业课程和教育类课程。本课程标准专指教育类课程。

教师教育课程标准体现国家对教师教育机构设置教师教育课程的基本要求,是制定教师教育课程方案、开发教材与课程资源、开展教学与评价,以及认定教师资格的重要依据。

一、基本理念

(一)育人为本

教师是幼儿、中小学学生发展的促进者,在研究和帮助学生健康成长的过程中实现专业发展。教师教育课程应反映社会主义核心价值观,吸收研究新成果,体现社会进步对幼儿、中小学学生发展的新要求。教师教育课程应引导未来教师树立正确的儿童观、学生观、教师观与教育观,掌握必备的教育知识与能力,参与教育实践,丰富专业体验;引导未来教师因材施教,关心和帮助每个幼儿、中小学学生逐步树立正确的世界观、人生观、价值观,培养社会责任感、创新精神和实践能力。

(二)实践取向

教师是反思性实践者,在研究自身经验和改进教育教学行为的过程中实现专业发展。教师教育课程应强化实践意识,关注现实问题,体现教育改革与发展对教师的新要求。教师教育课程应引导未来教师参与和研究基础教育改革,主动建构教育知识,发展实践能力;引导未来教师发现和解决实际问题,创新教育教学模式,形成个人的教学风格和实践智慧。

(三)终身学习

教师是终身学习者,在持续学习和不断完善自身素质的过程中实现专业发展。教师教育课程应实现职前教育与在职教育的一体化,增强适应性和开放性,体现学习型社会对个体的新要求。教师教育课程应引导未来教师树立正确的专业理想,掌握必备的知识与技能,养成独立思考和自主学习的习惯;引导教师加深专业理解,更新知识结构,形成终身学习和应对挑战的能力。

二、教师教育课程目标与课程设置

(一)幼儿园职前教师教育课程目标与课程设置

幼儿园职前教师教育课程要帮助未来教师充分认识幼儿阶段的特性和价值,理解"保教结合"的重要性,学会按幼儿的成长特点进行科学的保育和教育;理解幼儿的认知特点和学习方式,学会把教育寓于幼儿的生活和游戏中,创设适宜的教育环境,保护与发展幼儿探究、创造的兴趣,让幼儿在愉快的幼儿园生活中健康地成长。

1. 课程目标

目标领域	目标	基 本 要 求
1 教育信念与责任	1.1 具有正确的儿童观和相应的行为	1.1.1 理解幼儿阶段在人生发展中的独特地位和价值,认识健康愉快的幼儿园生活对幼儿发展的意义。 1.1.2 尊重和维护幼儿的人格和权利,保护幼儿的好奇心和自信心。 1.1.3 尊重幼儿的个体差异,相信幼儿具有发展的潜力,乐于为幼儿创造发展的条件和机会
	1.2 具有正确的教师观和相应的行为	1.2.1 理解教师是幼儿学习的引导者和支持者,相信教师工作的意义在于帮助幼儿健康成长。 1.2.2 了解幼儿园教师的职业特点和专业要求,自觉提高自身的科学与人文素养,形成终身学习的意愿。 1.2.3 了解教师的权利和责任,遵守教师职业道德
	1.3 具有正确的教育观和相应的行为	1.3.1 理解教育对幼儿成长、教师自身发展和社会进步的重要意义,相信教育充满了创造的乐趣,愿意从事幼儿教育事业。 1.3.2 了解幼儿教育的历史、现状和发展趋势,认同素质教育理念,理解并参与教育改革。 1.3.3 形成正确的教育质量观,对与幼儿教育相关的现象进行专业思考与判断
2 教育知识与能力	2.1 具有理解幼儿的知识和能力	2.1.1 了解儿童发展的主要理论和儿童研究的最新成果。 2.1.2 了解儿童身心发展的一般规律和影响因素,熟悉幼儿年龄阶段特征和个体发展的差异性。 2.1.3 了解幼儿认知发展、学习方式的特点及影响因素,熟悉幼儿建构知识、获得技能的过程。 2.1.4 了解幼儿情感、社会性发展的特点,熟悉幼儿品德和行为习惯形成的过程和规律。 2.1.5 掌握观察、谈话、倾听、作品分析等基本方法,理解幼儿发展的需要。 2.1.6 了解幼儿期常见疾病、发展障碍、学习障碍的基础知识和应对方法。 2.1.7 了解我国教育的政策法规,熟悉关于儿童权利的内容以及维护儿童合法权益的途径
	2.2 具有教育幼儿的知识和能力	2.2.1 了解我国幼儿园教育的目标和任务,熟悉健康、语言、社会、科学、艺术等各领域的教育目标,学会以此指导自己的学习和实践。 2.2.2 了解幼儿教育的基本原理,理解整合各领域的内容、综合地实施教育活动的重要性,学会设计和实施幼儿教育活动。 2.2.3 了解幼儿的生活经验,学会利用实践机会,积累引导幼儿在游戏等活动中建构知识、发展创造力的经验。 2.2.4 掌握照顾幼儿健康地、安全地生活的基本方法和技能。 2.2.5 了解教育评价的理论与技术,学会通过评价改进活动与促进幼儿发展。 2.2.6 了解与家庭、社区沟通的重要性,学会利用和开发周围的资源,创设有利于幼儿发展的环境。 2.2.7 掌握幼儿心理健康教育的基本知识,学会处理幼儿常见行为问题。 2.2.8 了解0~3岁保育教育的有关知识和婴儿保育教育的一般方法。 2.2.9 了解小学教育的有关知识和幼小衔接的一般方法
	2.3 具有发展自我的知识与能力	2.3.1 了解教师专业素养的核心内容,明确自身专业发展的重点。 2.3.2 了解教师专业发展的阶段与途径,熟悉教师专业发展规划的一般方法,学会理解与分享优秀教师的成功经验。 2.3.3 了解教师专业发展的影响因素,学会利用以课程学习为主的各种机会,积累发展经验

续表

目标领域	目标	基 本 要 求
3 教育实践与体验	3.1 具有观摩教育实践的经历与体验	3.1.1 结合相关课程学习,观摩幼儿的生活和教育活动的组织与指导,了解幼儿园教育的规范与过程,感受不同的教育风格。 3.1.2 深入幼儿园和班级,参与幼儿活动,获得与幼儿直接交往的体验。 3.1.3 了解幼儿园保教工作的特点和幼儿园各部门工作的职责和要求,感受幼儿教育实践的丰富性和复杂性
	3.2 具有参与教育实践的经历与体验	3.2.1 了解实习班级幼儿的实际情况,在指导下设计教育活动方案,组织一日活动,获得对教育过程的真实感受。 3.2.2 参与各种教研活动,获得与幼儿园教师直接对话或交流的机会。 3.2.3 与家庭和社区合作,提高沟通能力,获得共同促进幼儿发展的实践经历与体验。 3.2.4 参与不同类型的幼教机构活动和幼儿教育实践活动
	3.3 具有研究教育实践的经历与体验	3.3.1 在日常学习和实践过程中积累所学所思所想,形成问题意识和一定的解决问题的能力。 3.3.2 了解研究教育实践的一般方法,经历和体验制订计划、开展活动、完成报告、分享结果的过程。 3.3.3 参与各种类型的科研活动,获得科学地研究幼儿的经历与体验

2. 课程设置

学习领域	建 议 模 块	学分要求		
		三年制专科	五年制专科	四年制本科
1. 儿童发展与学习	儿童发展;幼儿认知与学习;特殊儿童发展与学习等	最低必修学分40学分	最低必修学分50学分	最低必修学分44学分
2. 幼儿教育基础	教育发展史略;教育哲学;课程与教学理论;学前教育原理等			
3. 幼儿活动与指导	幼儿游戏与指导;教育活动的设计与实施;幼儿健康教育与活动指导;幼儿语言教育与活动指导;幼儿社会教育与活动指导;幼儿科学教育与活动指导;幼儿艺术教育与活动指导;0~3岁婴儿的保育与教育;幼儿园教育环境创设;幼儿园教育评价;教育诊断与幼儿心理健康指导等			
4. 幼儿园与家庭、社会	幼儿园组织与管理;幼儿园班级管理;家庭与社区教育;教育资源的开发与利用;幼儿教育政策法规等			
5. 职业道德与专业发展	教师职业道德;教育研究方法;师幼互动方法与实践;教师专业发展;教师语言技能;音乐技能;舞蹈技能;美术技能;现代教育技术应用等			
6. 教育实践	教育见习;教育实习等	18 周	18 周	18 周
教师教育课程最低总学分数(含选修课程)		60学分+18周	72学分+18周	64学分+18周

说明:
(1)1学分相当于学生在教师指导下进行课程学习18课时,并经考核合格。
(2)学习领域是每个学习者都必修的;建议模块供教师教育机构或学习者选择或组合,可以是必修也可以是选修;每个学习领域或模块的学分数由教师教育机构按相关规定自主确定

(二)小学职前教师教育课程目标与课程设置

小学职前教师教育课程要引导未来教师理解小学生成长的特点与差异,学会创设富有支持性和挑战性的学习环境,满足他们的表现欲和求知欲;理解小学生的生活经验和现场资源的重要意义,学会设计和组织适宜的活动,指导和帮助他们自主、合作与探究学习,形成良好的学习习惯;理解交往对小学生发展的价值和独特性,学会组织各种集体和伙伴活动,让他们在有意义的学校生活中快乐成长。

1. 课程目标

目标领域	目标	基本要求
1 教育信念与责任	1.1 具有正确的学生观和相应的行为	1.1.1 理解小学阶段在人生发展中的独特地位和价值,认识生动活泼的小学生活对小学生发展的意义。 1.1.2 尊重学生学习和发展的权利,保护学生的学习兴趣和自信心。 1.1.3 尊重学生的个体差异,相信学生具有发展的潜力,乐于为学生创造发展的条件和机会
	1.2 具有正确的教师观和相应的行为	1.2.1 理解教师是学生学习的促进者,相信教师工作的意义在于创造条件帮助学生快乐成长。 1.2.2 了解小学教师的职业特点和专业要求,自觉提高自身的科学和人文素养,形成终身学习的意愿。 1.2.3 了解教师的权利和责任,遵守教师职业道德
	1.3 具有正确的教育观和相应的行为	1.3.1 理解教育对学生成长、教师专业发展和社会进步的重要意义,相信教育充满创造的乐趣,愿意从事小学教育事业。 1.3.2 了解学校教育的历史、现状和发展趋势,认同素质教育理念,理解并参与教育改革。 1.3.3 形成正确的教育质量观,对与学校教育相关的现象进行专业思考与判断
2 教育知识与能力	2.1 具有理解学生的知识与能力	2.1.1 了解儿童发展的主要理论和儿童研究的最新成果。 2.1.2 了解儿童身心发展的一般规律和影响因素,熟悉小学生年龄特征和个体发展的差异性。 2.1.3 了解小学生的认知发展、学习方式的特点及影响因素,熟悉小学生建构知识、获得技能的过程。 2.1.4 了解小学生品德和行为习惯形成的过程,了解小学生的交往特点,理解同伴交往对小学生发展的影响。 2.1.5 掌握观察、谈话、倾听、作品分析等方法,理解小学生学习和发展的需要。 2.1.6 了解我国教育的政策法规,熟悉关于儿童权利的内容以及维护儿童合法权益的途径
	2.2 具有教育学生的知识与能力	2.2.1 了解小学教育的培养目标,熟悉至少两门学科的课程标准,学会依据课程标准制定教学目标或活动目标。 2.2.2 熟悉至少两门学科的教学内容与方法,学会联系小学生的生活经验组织教学活动,将教学内容转化为对小学生有意义的学习活动。 2.2.3 了解学科整合在小学教育中的价值,了解与小学生学习内容相关的各种课程资源,学会设计综合性主题活动,创造跨学科的学习机会。 2.2.4 了解课堂组织与管理的知识,学会创设支持性与挑战性的学习环境,激发学生的学习兴趣。 2.2.5 了解课堂评价的理论与技术,学会通过评价改进教学与促进学生学习。 2.2.6 了解课程开发的知识,学会开发校本课程,设计、实施和指导简单的课外、校外活动。 2.2.7 了解班队管理的基本方法,学会引导小学生进行自我管理和形成集体观念。 2.2.8 了解小学生心理健康教育的基本知识,学会诊断和解决小学生常见学习问题和行为问题。 2.2.9 掌握教师所必需的语言技能、沟通与合作技能、运用现代教育技术的技能

目标领域	目标	基 本 要 求
2 教育知识与能力	2.3 具有发展自我的知识与能力	2.3.1 了解教师专业素养的核心内容,明确自身专业发展的重点。 2.3.2 了解教师专业发展的阶段与途径,熟悉教师专业发展规划的一般方法,学会理解与分享优秀教师的成功经验。 2.3.3 了解教师专业发展的影响因素,学会利用以课程学习为主的各种机会积累发展经验
3 教育实践与体验	3.1 具有观摩教育实践的经历与体验	3.1.1 结合相关课程学习,观摩小学课堂教学,了解课堂教学的规范与过程。 3.1.2 深入班级,了解小学生群体活动的状况以及小学班级管理、班队活动的内容和要求,获得与小学生直接交往的体验。 3.1.3 密切联系小学,了解小学的教育与管理实践,获得对小学工作内容和运作过程的感性认识
	3.2 具有参与教育实践的经历与体验	3.2.1 在有指导的情况下,根据小学生的特点和教学目标设计与实施教学方案,经历1~2门课程的教学活动。 3.2.2 在有指导的情况下,参与指导学习、管理班级和组织班队活动,获得与家庭、社区联系的经历。 3.2.3 参与各种教研活动,获得与其他教师直接对话或交流的机会
	3.3 具有研究教育实践的经历与体验	3.3.1 在日常学习和实践过程中积累所学所思所想,形成问题意识和一定的解决问题能力。 3.3.2 了解研究教育实践的一般方法,经历和体验制订计划、开展活动、完成报告、分享结果的过程。 3.3.3 参与各种类型的科研活动,获得科学地研究学生的经历与体验

2.课程设置

学习领域	建 议 模 块	学分要求		
		三年制专科	五年制专科	四年制本科
1.儿童发展与学习	儿童发展;小学生认知与学习等	最低必修学分 20学分	最低必修学分 26学分	最低必修学分 24学分
2.小学教育基础	教育哲学;课程设计与评价;有效教学;学校教育发展;班级管理;学校组织与管理;教育政策法规等			
3.小学学科教育与活动指导	小学学科课程标准与教材研究;小学学科教学设计;小学跨学科教育;小学综合实践活动等			
4.心理健康与道德教育	小学生心理辅导;小学生品德发展与道德教育等			
5.职业道德与专业发展	教师职业道德;教育研究方法;教师专业发展;现代教育技术应用;教师语言;书写技能等			
6.教育实践	教育见习;教育实习	18周	18周	18周
教师教育课程最低总学分数(含选修课程)		28学分+18周	35学分+18周	32学分+18周

说明:
(1)1学分相当于学生在教师指导下进行课程学习18课时,并经考核合格。
(2)学习领域是每个学习者都必修的;建议模块供教师教育机构或学习者选择或组合,可以是必修也可以是选修;每个学习领域或模块的学分数由教师教育机构按相关规定自主确定

(三)中学职前教师教育课程目标与课程设置

中学职前教师教育课程要引导未来教师理解青春期的特点及其对中学生生活的影响,学习指导他们安全度过青春期;理解中学生的认知特点与学习方式,学会创建学习环境,鼓励独立思考,指导他们用多种方式探究学科知识;理解中学生的人格与文化特点,学会尊重他们的自我意识,指导他们规划自己的人生,在多样化的活动中发展社会实践能力。

1. 课程目标

目标领域	目标	基 本 要 求
1 教育信念与责任	1.1 具有正确的学生观和相应的行为	1.1.1 理解中学阶段在人生发展中的独特地位和价值,认识积极主动的中学生活对中学生发展的意义。 1.1.2 尊重学生的学习和发展的权利,保护学生的学习自主性、独立性与选择性。 1.1.3 尊重学生的个体差异,相信学生具有发展的潜力,乐于为学生创造发展的条件和机会
	1.2 具有正确的教师观和相应的行为	1.2.1 理解教师是学生学习的促进者,相信教师工作的意义在于创造条件帮助学生自主发展。 1.2.2 了解中学教师的职业特点和专业要求,自觉提高自身的科学与人文素养,形成终身学习的意愿。 1.2.3 了解教师的权利与责任,遵守教师职业道德
	1.3 具有正确的教育观和相应的行为	1.3.1 理解教育对学生成长、教师自身发展和社会进步的重要意义,相信教育充满了创造的乐趣,愿意从事中学教育事业。 1.3.2 了解人类教育的历史、现状和发展趋势,认同素质教育理念,理解并参与教育改革。 1.3.3 形成正确的教育质量观,对与学校教育相关的现象进行专业思考与判断
2 教育知识与能力	2.1 具有理解学生的知识与技能	2.1.1 了解儿童发展的主要理论和最新研究成果。 2.1.2 了解儿童身心发展的一般规律和影响因素,熟悉中学生年龄特征和个体发展的差异性。 2.1.3 了解中学生的认知发展、学习方式的特点及影响因素,熟悉中学生建构知识和获得技能的过程。 2.1.4 了解中学生品德和行为习惯形成的过程,了解中学生交往的特点,理解同伴交往对中学生发展的影响。 2.1.5 掌握观察、谈话、倾听、作品分析等方法,理解中学生学习和发展的需要。 2.1.6 了解我国教育的政策法规,熟悉关于儿童权利的内容以及维护儿童合法权益的途径
	2.2 具有教育学生的知识和能力	2.2.1 了解中学教育的培养目标,熟悉任教学科的课程标准,学会依据课程标准制定教学目标或活动目标。 2.2.2 熟悉任教学科的教学内容和方法,学会联系并运用中学生生活经验和相关课程资源,设计教育活动,创设促进中学生学习的课堂环境。 2.2.3 了解课堂评价的理论与技术,学会通过评价改进教学与促进学生学习。 2.2.4 了解活动课程开发的知识,学会开发校本课程,设计与指导课外、校外活动。 2.2.5 了解班级管理的基本方法,学会引导中学生进行自我管理和形成集体观念。 2.2.6 了解中学生心理健康教育的基本知识,学会处理中学生特别是青春期常见的心理和行为问题。 2.2.7 掌握教师所必需的语言技能、沟通与合作技能、运用现代教育技术的技能
	2.3 具有发展自我的知识与能力	2.3.1 了解教师专业素养的核心内容,明确自身专业发展的重点。 2.3.2 了解教师专业发展的阶段与途径,熟悉教师专业发展规划的一般方法,学会理解和分享优秀教师的成长经验。 2.3.3 了解教师专业发展的影响因素,学会利用以课程学习为主的各种机会积累发展的经验

续表

目标领域	目标	基本要求
3 教育实践与体验	3.1 具有观摩教育实践的经历与体验	3.1.1 观摩中学课堂教学,了解中学课堂教学的规范与过程,感受不同的教学风格。 3.1.2 深入班级或其他学生组织,了解中学班级管理的内容和要求,获得与学生直接交往的体验。 3.1.3 深入中学,了解中学的组织结构与运作机制
	3.2 具有参与教育实践的经历与体验	3.2.1 在有指导的情况下,根据学生的特点,设计与实施教学方案,获得对学科教学的真实感受和初步经验。 3.2.2 在有指导的情况下,参与指导学习、管理班级和组织活动,获得与家庭、社区联系的经历。 3.2.3 参与各种教研活动,获得与其他教师直接对话或交流的机会
	3.3 具有研究教育实践的经历与体验	3.3.1 在日常学习和实践过程中积累所学所思所想,形成问题意识和一定的解决问题的能力。 3.3.2 了解研究教育实践的一般方法,经历和体验制订计划、开展活动、完成报告、分享结果的过程。 3.3.3 参与各种类型的科研活动,获得科学地研究学生的经历与体验

2.课程设置

学习领域	建议模块	学分要求	
		三年制专科	四年制本科
1.儿童发展与学习	儿童发展;中学生认知与学习等	最低必修学分8学分	最低必修学分10学分
2.中学教育基础	教育哲学;课程设计与评价;有效教学;学校教育发展;班级管理等		
3.中学学科教育与活动指导	中学学科课程标准与教材研究;中学学科教学设计;中学综合实践活动等		
4.心理健康与道德教育	中学生心理辅导;中学生品德发展与道德教育等		
5.职业道德与专业发展	教师职业道德;教师专业发展;教育研究方法;教师语言;现代教育技术应用等		
6.教育实践	教育见习;教育实习	18周	18周
教师教育课程最低总学分数(含选修课程)		12学分+18周	14学分+18周
说明: (1)1学分相当于学生在教师指导下进行课程学习18课时,并经考核合格。 (2)学习领域是每个学习者都必修的;建议模块供教师教育机构或学习者选择或组合,可以是必修也可以是选修;每个学习领域或模块的学分数由教师教育机构按相关规定自主确定			

(四)在职教师教育课程设置框架建议

在职教师教育课程分为学历教育课程与非学历教育课程。学历教育课程方案的制定要以本标准为依据,考虑教师教育机构自身的培养目标、学习者的性质和特点,并参照在职教师教育课程设置框架;非学历教育课程方案的制定要针对教师在不同发展阶段的特殊需求,参照在职教师教育课程设置框架,提供灵活多样、新颖实用、针对性强的课程,确保教师持续而有效的专业学习。

在职教师教育课程要满足教师专业发展的多样化需求,充分利用教师自身的经验与优势,进一步深化和发展职前教师教育的课程目标,引导教师加深专业理解、解决实际问题、提升自身经验,促进教师专业发展。

课程功能指向	主题/模块举例
加深专业理解	当代教育思潮、教师专业伦理、学科教育新进展、儿童研究新进展、学习科学新进展等;也可以选择哲学、人文、科技等研究领域的一些相关专题
解决实际问题	学科教学专题研究、特殊儿童教育、青少年发展问题研究、学校课程领导、校(园)本课程开发、综合实践活动设计与指导、档案袋评价、学生综合素质评定、教学诊断、课堂评价、课堂观察、学业成就评价、信息技术与课程的整合、校(园)本教学研究制度建设等
提升自身经验	教师专业发展专题研究、教育经验研究、反思性教学、教育行动研究、教育案例研究、教育叙事等

三、实施建议

(1)各级教育行政部门要根据基础教育改革发展的需要,加强对教师教育课程的领导和管理,提供相应的政策支持和制度保障,充分调动各方面的积极性,做好教师教育课程标准实施工作。依据课程标准,加强教师教育质量的评估和监管,确保中小学和幼儿园教师培养质量。

(2)教师教育机构要依据课程标准,制定幼儿园、小学、中学教师教育课程方案,科学安排公共基础课程、学科专业课程和教师教育课程的结构比例。根据学习领域、建议模块以及学分要求,确立相应的课程结构,提出课程实施办法,制定配套的保障措施。建立课程自我评估制度,及时发现问题,总结经验,不断完善课程方案。

强化教育实践环节,完善教育实践课程管理,确保教育实践课程的时间和质量。大力推进课程改革,创新教师培养模式,探索建立高校、地方政府、中小学合作培养师范生的新机制。

(3)教师教育机构要研究在职教师学习的特殊性,提供有针对性的在职教师教育课程,满足不同学习者的发展需求。在职教师教育课程要反映相关研究领域的新进展,联系教育实际,尊重和吸纳学习者自身的实践经验,解决实际问题,增强在职教师教育课程的针对性和实效性。

附件 2

教师资格条例

第一章 总则

第一条 为了提高教师素质,加强教师队伍建设,依据《中华人民共和国教师法》(以下简称教师法),制定本条例。

第二条 中国公民在各级各类学校和其他教育机构中专门从事教育教学工作,应当依法取得教师资格。

第三条 国务院教育行政部门主管全国教师资格工作。

第二章 教师资格分类与适用

第四条 教师资格分为:

(一)幼儿园教师资格;

(二)小学教师资格;

(三)初级中学教师和初级职业学校文化课、专业课教师资格(以下统称初级中学教师资格);

(四)高级中学教师资格;

(五)中等专业学校、技工学校、职业高级中学文化课、专业课教师资格(以下统称中等职业学校教师资格);

(六)中等专业学校、技工学校、职业高级中学实习指导教师资格(以下统称中等职业学校实习指导教师资格);

(七)高等学校教师资格。

成人教育的教师资格,按照成人教育的层次,依照上款规定确定类别。

第五条 取得教师资格的公民,可以在本级及其以下等级的各类学校和其他教育机构担任教师;但是,取得中等职业学校实习指导教师资格的公民只能在中等专业学校、技工学校、职业高级中学或者初级职业学校担任实习指导教师。

高级中学教师资格与中等职业学校教师资格相互通用。

第三章 教师资格条件

第六条 教师资格条件依照教师法第十条第二款的规定执行,其中"有教育教学能力"应当包括符合国家规定的从事教育教学工作的身体条件。

第七条 取得教师资格应当具备的相应学历,依照教师法第十一条的规定执行。

取得中等职业学校实习指导教师资格,应当具备国务院教育行政部门规定的学历,并应当具有相当助理工程师以上专业技术职务或者中级以上工人技术等级。

第四章 教师资格考试

第八条 不具备教师法规定的教师资格学历的公民,申请获得教师资格,应当通过国家举办的或者认可的教师资格考试。

第九条 教师资格考试科目、标准和考试大纲由国务院教育行政部门审定。

教师资格考试试卷的编制、考务工作和考试成绩证明的发放,属于幼儿园、小学、初级中学、高级中学、中等职业学校教师资格考试和中等职业学校实习指导教师资格考试的,由县级以上人民政府教育行政部门组织实施；属于高等学校教师资格考试的，由国务院教育行政部门或者省、自治区、直辖市人民政府教育行政部门委托的高等学校组织实施。

第十条　幼儿园、小学、初级中学、高级中学、中等职业学校的教师资格考试和中等职业学校实习指导教师资格考试，每年进行一次。

参加前款所列教师资格考试，考试科目全部及格的，发给教师资格考试合格证明；当年考试不及格的科目，可以在下一年度补考；经补考仍有一门或者一门以上科目不及格的，应当重新参加全部考试科目的考试。

第十一条　高等学校教师资格考试根据需要举行。

申请参加高等学校教师资格考试的，应当学有专长，并有两名相关专业的教授或者副教授推荐。

第五章　教师资格认定

第十二条　具备教师法规定的学历或者经教师资格考试合格的公民，可以依照本条例的规定申请认定其教师资格。

第十三条　幼儿园、小学和初级中学教师资格，由申请人户籍所在地或者申请人任教学校所在地的县级人民政府教育行政部门认定。高级中学教师资格，由申请人户籍所在地或者申请人任教学校所在地的县级人民政府教育行政部门审查后，报上一级教育行政部门认定。中等职业学校教师资格和中等职业学校实习指导教师资格，由申请人户籍所在地或者申请人任教学校所在地的县级人民政府教育行政部门审查后，报上一级教育行政部门认定或者组织有关部门认定。

受国务院教育行政部门或者省、自治区、直辖市人民政府教育行政部门委托的高等学校，负责认定在本校任职的人员和拟聘人员的高等学校教师资格。

在未受国务院教育行政部门或者省、自治区、直辖市人民政府教育行政部门委托的高等学校任职的人员和拟聘人员的高等学校教师资格，按照学校行政隶属关系，由国务院教育行政部门认定或者由学校所在地的省、自治区、直辖市人民政府教育行政部门认定。

第十四条　认定教师资格，应当由本人提出申请。

教育行政部门和受委托的高等学校每年春季、秋季各受理一次教师资格认定申请。具体受理期限由教育行政部门或者受委托的高等学校规定，并以适当形式公布。申请人应当在规定的受理期限内提出申请。

第十五条　申请认定教师资格，应当提交教师资格认定申请表和下列证明或者材料：

（一）身份证明；

（二）学历证书或者教师资格考试合格证明；

（三）教育行政部门或者受委托的高等学校指定的医院出具的体格检查证明；

（四）户籍所在地的街道办事处、乡人民政府或者工作单位、所毕业的学校对其思想品德、有无犯罪记录等方面情况的鉴定及证明材料。

申请人提交的证明或者材料不全的，教育行政部门或者受委托的高等学校应当及时通知申请人于受理期限终止前补齐。

教师资格认定申请表由国务院教育行政部门统一格式。

第十六条　教育行政部门或者受委托的高等学校在接到公民的教师资格认定申请后，应当对申请人的条件进行审查；对符合认定条件的，应当在受理期限终止之日起30日内颁发相应的教师资格证书;对不符合认定条件的,应当在受理期限终止之日起30日内将认定结论通知本人。

非师范院校毕业或者教师资格考试合格的公民申请认定幼儿园、小学或者其他教师资格的,应当进行面试和试讲,考察其教育教学能力;根据实际情况和需要,教育行政部门或者受委托的高等学校可以要求申请人补修教育学、心理学等课程。

教师资格证书在全国范围内适用。教师资格证书由国务院教育行政部门统一印制。

第十七条 已取得教师资格的公民拟取得更高等级学校或者其他教育机构教师资格的,应当通过相应的教师资格考试或者取得教师法规定的相应学历,并依照本章规定,经认定合格后,由教育行政部门或者受委托的高等学校颁发相应的教师资格证书。

第六章 罚则

第十八条 依照教师法第十四条的规定丧失教师资格的,不能重新取得教师资格,其教师资格证书由县级以上人民政府教育行政部门收缴。

第十九条 有下列情形之一的,由县级以上人民政府教育行政部门撤销其教师资格:

(一)弄虚作假、骗取教师资格的;

(二)品行不良、侮辱学生,影响恶劣的。

被撤销教师资格的,自撤销之日起5年内不得重新申请认定教师资格,其教师资格证书由县级以上人民政府教育行政部门收缴。

第二十条 参加教师资格考试有作弊行为的,其考试成绩作废,3年内不得再次参加教师资格考试。

第二十一条 教师资格考试命题人员和其他有关人员违反保密规定,造成试题、参考答案及评分标准泄露的,依法追究法律责任。

第二十二条 在教师资格认定工作中玩忽职守、徇私舞弊,对教师资格认定工作造成损失的,由教育行政部门依法给予行政处分;构成犯罪的,依法追究刑事责任。

第七章 附则

第二十三条 本条例自发布之日起施行。

一九九五年十二月十二日

附件3

《教师资格条例》实施办法

第一章 总则

第一条 为实施教师资格制度,依据《中华人民共和国教师法》(以下简称《教师法》)和《教师资格条例》,制定本办法。

第二条 符合《教师法》规定学历的中国公民申请认定教师资格,适用本办法。

第三条 中国公民在各级各类学校和其他教育机构中专门从事教育教学工作,应当具备教师资格。

第四条 国务院教育行政部门负责全国教师资格制度的组织实施和协调监督工作;县级以上(包括县级,下同)地方人民政府教育行政部门根据《教师资格条例》规定权限负责本地教师资格认定和管理的组织、指导、监督和实施工作。

第五条 依法受理教师资格认定申请的县级以上地方人民政府教育行政部门,为教师资格认定机构。

第二章 资格认定条件

第六条 申请认定教师资格者应当遵守宪法和法律,热爱教育事业,履行《教师法》规定的义务,遵守教师职业道德。

第七条 中国公民依照本办法申请认定教师资格应当具备《教师法》规定的相应学历。

申请认定中等职业学校实习指导教师资格者应当具备中等职业学校毕业及其以上学历,对于确有特殊技艺者,经省级以上人民政府教育行政部门批准,其学历要求可适当放宽。

第八条 申请认定教师资格者的教育教学能力应当符合下列要求:

(一)具备承担教育教学工作所必须的基本素质和能力。具体测试办法和标准由省级教育行政部门制定。

(二)普通话水平应当达到国家语言文字工作委员会颁布的《普通话水平测试等级标准》二级乙等以上标准。

少数方言复杂地区的普通话水平应当达到三级甲等以上标准;使用汉语和当地民族语言教学的少数民族自治地区的普通话水平,由省级人民政府教育行政部门规定标准。

(三)具有良好的身体素质和心理素质,无传染性疾病,无精神病史,适应教育教学工作的需要,在教师资格认定机构指定的县级以上医院体检合格。

第九条 高等学校拟聘任副教授以上教师职务或具有博士学位者申请认定高等学校教师资格,只需具备本办法第六条、第七条、第八条(三)项规定的条件。

第三章 资格认定申请

第十条 教师资格认定机构和依法接受委托的高等学校每年春季、秋季各受理一次教师资格认定申请。具体受理时间由省级人民政府教育行政部门统一规定,并通过新闻媒体等形式予以公布。

第十一条 申请认定教师资格者,应当在受理申请期限内向相应的教师资格认定机构或者依法接受委托的高等学校提出申请,领取有关资料和表格。

第十二条 申请认定教师资格者应当在规定时间向教师资格认定机构或者依法接受委托的高等学校提交下列基本材料:

(一)由本人填写的《教师资格认定申请表》(见附件一)一式两份;

(二)身份证原件和复印件;

(三)学历证书原件和复印件;

(四)由教师资格认定机构指定的县级以上医院出具的体格检查合格证明;

(五)普通话水平测试等级证书原件和复印件;

(六)思想品德情况的鉴定或者证明材料。

第十三条 体检项目由省级人民政府教育行政部门规定,其中必须包含"传染病"、"精神病史"项目。

申请认定幼儿园和小学教师资格的,参照《中等师范学校招生体检标准》的有关规定执行;申请认定初级中学及其以上教师资格的,参照《高等师范学校招生体检标准》的有关规定执行。

第十四条 普通话水平测试由教育行政部门和语言文字工作机构共同组织实施,对合格者颁发由国务院教育行政部门统一印制的《普通话水平测试等级证书》。

第十五条 申请人思想品德情况的鉴定或者证明材料按照《申请人思想品德鉴定表》(见附件二)要求填写。在职申请人,该表由其工作单位填写;非在职申请人,该表由其户籍所在地街道办事处或者乡级人民政府填写。应届毕业生由毕业学校负责提供鉴定。必要时,有关单位可应教师资格认定机构要求提供更为详细的证明材料。

第十六条 各级各类学校师范教育类专业毕业生可以持毕业证书,向任教学校所在地或户籍所在地教师资格认定机构申请直接认定相应的教师资格。

第十七条 申请认定教师资格者应当按照国家规定缴纳费用。但各级各类学校师范教育类专业毕业生不缴纳认定费用。

第四章 资格认定

第十八条 教师资格认定机构或者依法接受委托的高等学校应当及时根据申请人提供的材料进行初步审查。

第十九条 教师资格认定机构或者依法接受委托的高等学校应当组织成立教师资格专家审查委员会。教师资格专家审查委员会根据需要成立若干小组,按照省级教育行政部门制定的测试办法和标准组织面试、试讲,对申请人的教育教学能力进行考察,提出审查意见,报教师资格认定机构或者依法接受委托的高等学校。

第二十条 教师资格认定机构根据教师资格专家审查委员会的审查意见,在受理申请期限终止之日起30个法定工作日内作出是否认定教师资格的结论,并将认定结果通知申请人。符合法定的认定条件者,颁发相应的《教师资格证书》。

第二十一条 县级以上地方人民政府教育行政部门按照《教师资格条例》第十三条规定的权限,认定相应的教师资格。

高等学校教师资格,由申请人户籍所在地或者申请人拟受聘高等学校所在地的省级人民政府教育行政部门认定;省级人民政府教育行政部门可以委托本行政区域内经过国家批准实施本科学历教育的普通高等学校认定本校拟聘人员的高等学校教师资格。

第五章 资格证书管理

第二十二条 各级人民政府教育行政部门应当加强对教师资格证书的管理。教师资格证书作为持证人具备国家认定的教师资格的法定凭证,由国务院教育行政部门统一印制。《教师资格认定申请表》由国务院教育行政部门统一格式。

《教师资格证书》和《教师资格认定申请表》由教师资格认定机构按国家规定统一编号,加盖相应的政府教育行政部门公章、钢印后生效。

第二十三条 取得教师资格的人员,其《教师资格认定申请表》一份存入本人的人事档案,其余材料由教师资格认定机构归档保存。教师资格认定机构建立教师资格管理数据库。

第二十四条 教师资格证书遗失或者损毁影响使用的,由本人向原发证机关报告,申请补发。原发证机关应当在补发的同时收回损毁的教师资格证书。

第二十五条 丧失教师资格者,由其工作单位或者户籍所在地相应的县级以上人民政府教育行政部门按教师资格认定权限会同原发证机关办理注销手续,收缴证书,归档备案。丧失教师资格者不得重新申请认定教师资格。

第二十六条 按照《教师资格条例》应当被撤销教师资格者,由县级以上人民政府教育行政部门按教师资格认定权限会同原发证机关撤销资格,收缴证书,归档备案。被撤销教师资格者自撤销之日起 5 年内不得重新取得教师资格。

第二十七条 对使用假资格证书的,一经查实,按弄虚作假、骗取教师资格处理,5 年内不得申请认定教师资格,由教育行政部门没收假证书。对变造、买卖教师资格证书的,依法追究法律责任。

第六章 附则

第二十八条 省级人民政府教育行政部门依据本办法制定实施细则,并报国务院教育行政部门备案。

第二十九条 本办法自发布之日起施行。

附件 4

《综合素质》(中学)考试大纲

一、考试目标

主要考查申请教师资格人员的下列知识、能力和素养:
(1)具有先进的教育理念。
(2)具有良好的法律意识和职业道德。
(3)具有一定的文化素养。
(4)具有阅读理解、语言表达、逻辑推理、信息处理等基本能力。

二、考试内容模块与要求

(一)职业理念

1. 教育观

理解国家实施素质教育的基本要求。

掌握在学校教育中开展素质教育的途径和方法。

依据国家实施素质教育的基本要求,分析和评判教育现象。

2. 学生观

理解"人的全面发展"的思想。

理解"以人为本"的涵义,在教育教学活动中做到以学生的全面发展为本。

运用"以人为本"的学生观,在教育教学活动中公正地对待每一个学生,不因性别、民族、地域、经济状况、家庭背景和身心缺陷等歧视学生。

设计或选择丰富多样、适当的教育教学活动方式,因材施教,以促进学生的个性发展。

3. 教师观

了解教师专业发展的要求。

具备终身学习的意识。

在教育教学过程中运用多种方式和手段促进自身的专业发展。

理解教师职业的责任与价值,具有从事教育工作的热情与决心。

(二)教育法律法规

1. 有关教育的法律法规

了解国家主要的教育法律法规,如《中华人民共和国教育法》《中华人民共和国义务教育法》《中华人民共和国教师法》《中华人民共和国未成年人保护法》《中华人民共和国预防未成年人犯罪法》《学生伤害事故处理办法》等。

了解《国家中长期教育改革和发展规划纲要(2010—2020年)》的相关内容。

2. 教师权利和义务

理解教师的权利和义务,熟悉国家有关教育法律法规所规范的教师教育行为,依法从教。

依据国家教育法律法规,分析评价教师在教育教学实践中的实际问题。

3. 学生权利保护

了解有关学生权利保护的教育法规，保护学生的合法权利。

依据国家教育法律法规，分析评价教育教学活动中的学生权利保护等实际问题。

（三）教师职业道德规范

1. 教师职业道德

了解《中小学教师职业道德规范》（2008年修订），掌握教师职业道德规范的主要内容，尊重法律及社会接受的行为准则。

理解《中小学班主任工作条例》文件精神。

分析评价教育教学实践中教师的道德规范问题。

2. 教师职业行为

了解教师职业行为规范的要求。

理解教师职业行为规范的主要内容，在教育活动中运用行为规范恰当地处理与学生、学生家长、同事以及教育管理者的关系。

在教育教学活动中，依据教师职业行为规范，爱国守法、爱岗敬业、关爱学生、教书育人、为人师表。

（四）文化素养

了解中外历史上的重大事件。

了解中外科技发展史上的代表人物及其主要成就。

了解一定的科学常识，熟悉常见的科普读物，具有一定的科学素养。

了解重要的中国传统文化知识。

了解中外文学史上重要的作家作品。

了解一定的艺术鉴赏知识。

了解艺术鉴赏的一般规律，并能有效地运用于教育教学活动。

（五）基本能力

1. 信息处理能力

具有运用工具书检索信息、资料的能力。

具有运用网络检索、交流信息的能力。

具有对信息进行筛选、分类、管理和应用的能力。

具有运用教育测量知识进行数据分析与处理的能力。

具有根据教育教学的需要，设计、制作课件的能力。

2. 逻辑思维能力

了解一定的逻辑知识，熟悉分析、综合、概括的一般方法。

掌握比较、演绎、归纳的基本方法，准确判断、分析各种事物之间的关系。

准确而有条理地进行推理、论证。

3. 阅读理解能力

理解阅读材料中重要概念的含义。

理解阅读材料中重要句子的含意。

筛选并整合图表、文字、视频等阅读材料的主要信息及重要细节。

分析文章结构,把握文章思路。

归纳内容要点,概括中心意思。

分析概括作者在文中的观点态度。

根据上下文合理推断阅读材料中的隐含信息。

4. 写作能力

掌握文体知识,能根据需要按照选定的文体写作。

能够根据文章中心组织、剪裁材料。

具有布局谋篇,安排文章结构的能力。

语言表达准确、鲜明、生动,能够运用多种修辞手法增强表达效果。

三、试卷结构

模 块	比 例	题 型
职业理念	15%	单项选择题 材料分析题
教育法律法规	10%	
教师职业道德规范	13%	
文化素养	12%	
基本能力	48%	单项选择题 材料分析题 写作题
合 计	100%	单项选择题:约39% 非选择题:约61%

四、题型示例

1. 单项选择题

(1)小明在课堂上突然大叫,有的同学也跟着起哄。下列处理方式,最恰当的一项是(　　)。

A. 马上制止,让小明站到讲台边

B. 不予理睬,继续课堂教学

C. 稍作停顿,批评训斥学生

D. 幽默化解,缓和课堂气氛

(2)"五岳"是我国的五大名山,下列不属于"五岳"的一项是(　　)。

A. 泰山　　　　B. 华山　　　　C. 黄山　　　　D. 衡山

阅读下面文段,回答问题。

子曰:"学而不思则罔①,思而不学则殆②。"(《论语·为政》)

【注释】①罔:迷惑、糊涂。②殆:疑惑、危险。

(3)下列对孔子这段话的理解,不正确的一项是(　　)。

A. 在孔子看来,学和思二者不能偏废,主张学与思相结合

B. 孔子指出了学而不思的局限,也道出了思而不学的弊端

C. 光学习不思考会越学越危险,光思考不学习会越来越糊涂

D. 孔子学与思相结合的思想,在今天仍有其值得肯定的价值

2. 材料分析题

阅读下面材料,回答问题。

学生王林在学校因同学给他起外号,将同学的鼻子打出了血。班主任徐老师给王林的爸爸打电话,让他下午到学校来。放学时,王林的爸爸刚来到校门口,等在那里的徐老师当着众人的面,第一句话就是:"这么点儿大的孩子都管不好,还用我教你吗?"

问题:

请从教师职业道德规范的角度,对徐老师的做法进行评价。

3. 写作题

请以"我为什么要当教师"为题,写一篇论述文。要求观点明确,论述具体,条理清楚,语言流畅。不少于1000字。

附件 5

2016 年上半年中小学教师资格考试

综合素质试题（中学）

一、单项选择题（本大题共 29 题，每小题 2 分，共 58 分）

在每小题列出的四个备选项中只有一个是符合题目要求的，请用 2B 铅笔把答题卡上对应题目的答案字母按要求涂黑。错选、多选或未选均无分。

1. 邱老师经常梳理教学工作中遇到的问题，并运用教育学、心理学知识分析问题的成因，寻找解决策略，邱老师在这一过程中扮演的主要角色是（　　）。
   A. 教育教学的研究者　　　　B. 行为规范的示范者
   C. 心理健康的维护者　　　　D. 学生学习的组织者

2. 康老师经常在班上开展"成语知识竞赛"、"演讲赛"、"辩论赛"等活动，营造运用语文知识的情境。康老师的做法有利于（　　）。
   A. 提高学生实践能力　　　　B. 发展学生的互补性
   C. 促进教师专业发展　　　　D. 减轻教师工作压力

3. 期末考试要到了，数学老师请综合实践活动课的吴老师把课时让给他上数学课，吴老师欣然同意。他们的做法（　　）。
   A. 合理，体现了教师双方的意愿　　　B. 不合理，不利于学生的全面发展
   C. 合理，有利于提高学生的成绩　　　D. 不合理，违背了团结协作的要求

4. 学校派骨干教师王老师外出参加培训。王老师说："我经常给别人做讲座，哪里还需要去接受培训？还是让刚参加工作的年轻人去吧！"关于此事的下列说法中，正确的是（　　）。
   A. 王老师具有团队协作的意识　　　B. 王老师具有专业发展的意识
   C. 王老师缺乏终身学习的意识　　　D. 王老师缺乏课程建设的意识

5. 依据《中华人民共和国教育法》的相关规定，某地拟设立一所新学校，下列不属于该学校设立必备条件的是（　　）。
   A. 有组织机构和章程　　　　B. 有充足的生源
   C. 有合格的教师　　　　　　D. 有稳定的经费来源

6. 某初中为提高生源质量，自行组织入学考试，实行跨学区招生。该学校的做法（　　）。
   A. 合理，学校有招收学生的权利
   B. 合理，学校有自主办学的权利
   C. 不合法，违反了尊重学生人格的规定
   D. 不合法，违反了免试就近入学的规定

7. 某县级政府为了提高本县的中考成绩，将辖区内两所初中列为重点学校，并给予政策倾斜。该县级政府的做法（　　）。
   A. 合法，县级政府有权自主管理
   B. 合法，有助于校际教育质量竞争

C. 不合法，不能设置重点校和非重点校

D. 不合法，应该平均分配各类教育资料

8. 张老师责令考试成绩不及格的小强听课半天写检查。张老师的做法（　　）。

  A. 合法，有助于警示其他学生　　　　B. 合法，教师有管理学生的权利

  C. 不合法，侵犯了小强的人身权　　　　D. 不合法，侵犯了小强的受教育权

9. 某教师积极参加学校工会活动，并对学校的改革发展建言献策。该教师行使的权利是（　　）。

  A. 教育教学权　　　　　　　　　　　B. 控告检举权

  C. 民主管理权　　　　　　　　　　　D. 培训进修权

10. 依据《中华人民共和国未成年人保护法》，对未成年人的社会保护不包括（　　）。

  A. 预防未成年人沉迷网络　　　　　　B. 禁止拐卖、虐待未成年人

  C. 履行监护职责，抚养未成年人　　　D. 任何人不得在中小学教室吸烟

11. 初中生晓东放学后在校外玩耍时不慎摔伤。对此事故，承担责任的主体应是（　　）。

  A. 晓东　　　　　　　　　　　　　　B. 学校

  C. 晓东及学校　　　　　　　　　　　D. 晓东及其监护人

12. 根据《国家中长期教育改革和发展规划纲要（2010—2020年）》规定，下面不属于改革教育质量评价和人才评价制度的做法是（　　）。

  A. 探索多种评价方式　　　　　　　　B. 网上综合素质评价

  C. 建立多样的平均标准　　　　　　　D. 树立终结性评价理念

13. 孙老师把没有按时完成作业的学生赶到操场上，让他们在冷风中把作业写完，说要让学生明白学习的艰辛。这说明，孙老师没有做到（　　）。

  A. 关爱学生　　　B. 因材施教　　　C. 廉洁从教　　　D. 严谨治学

14. 钟老师在班上设立"进步展示台"，分类展示在不同方面有进步的学生。这表明钟老师（　　）。

  A. 不以分数为评价学生的唯一标准

  B. 不关心学生的全面发展

  C. 不注重与学生家庭密切联系

  D. 不主动与教师密切合作

15. 班主任苏老师发现，承担本班数学教学任务的林老师经常让学生罚站。面对这种情况，苏老师应该（　　）。

  A. 严厉批评林老师，责令其立即改正

  B. 耐心与林老师交流，探讨更好的学生管理办法

  C. 学习借鉴林老师的做法，提升自己的课堂管理能力

  D. 尊重林老师的主动权，不干预林老师的这种课堂管理行为

16. 蒋老师的亲戚开办了一家培训公司，希望蒋老师推荐自己班上的学生参加辅导班，或者提供班上学生的联系方式。面对这种情况，蒋老师应该（　　）。

  A. 推荐学生参加辅导班，促进学生全面发展

  B. 坚决拒绝亲戚的请求，并说明自己的理由

C. 提供学生的联系方式,推荐学生参加辅导班
D. 仅提供学生的联系方式,不推荐学生参加辅导班

17. 微积分学的创立,极大地推动了数学的发展,过去很多初等数学束手无策的问题,运用微积分,往往能迎刃而解。下列科学家中,与微积分理论创立和发展没有重大关系的是(　　)。
   A. 牛顿　　　　B. 柯西　　　　C. 爱因斯坦　　　D. 莱布尼茨

18. 人类社会经历了三次科技革命,第一次科技革命的标志是(　　)。
   A. 蒸汽机的发明　　　　　　　B. 纺织机的发明
   C. 电力的发明　　　　　　　　D. 电子计算机的发明

19. 战国时代有七个强大的诸侯国争雄称霸,史称"战国七雄"。下列选项中,不属于"战国七雄"的是(　　)。
   A. 齐国　　　　B. 鲁国　　　　C. 楚国　　　　D. 秦国

20. 下列名医中,与"刮骨疗伤"这一故事有关的是(　　)。
   A. 张仲景　　　B. 李时珍　　　C. 华佗　　　　D. 扁鹊

21. 中国素称"礼仪之邦",礼仪文化是中国传统文化的重要组成部分。下列选项中,不属于中国传统礼仪文化的是(　　)。
   A. 女士优先　　B. 亲疏有别　　C. 慎终追远　　D. 礼尚往来

22. 下列成语中,不是出自《论语》的是(　　)。
   A. 升堂入室　　B. 教学相长　　C. 诲人不倦　　D. 有教无类

23. 下列明清作家与其戏曲作品,对应不正确的是(　　)。
   A. 李渔——《窦娥冤》　　　　B. 孔尚任——《桃花扇》
   C. 洪昇——《长生殿》　　　　D. 汤显祖——《牡丹亭》

24. "四书五经"是古代典籍中的经典。下列选项中,含有《周颂》的典籍是(　　)
   A.《春秋》　　B.《诗经》　　C.《周礼》　　D.《易经》

25. 我国不同民族的室内装饰与居住环境各有特色。下图的民居室内装饰反映的民族特色是(　　)。
   A. 彝族特色
   B. 壮族特色
   C. 藏族特色
   D. 汉族特色

26. 在 Word 中,如果双击某行文字左端的空白处,被选中的区域是(　　)。
   A. 该行　　　　B. 全文　　　　C. 该段　　　　D. 该页

27. 演示文稿 PowerPoint 的基本组成单元是幻灯片,下列工具栏按钮可以插入新幻灯片的是(　　)。

A.　　　　　　B.　　　　　　C.　　　　　　D.

28. 下列选项中的概念关系,与"土豆"和"马铃薯"一致的是(　　)。

A. 坦克——战车   B. 录音机——录音笔
C. 萝卜——青萝卜   D. 番茄——西红柿

29. "医生都穿白衣服,所以,有些穿白衣服的人留长头发。"下列选项中,这一陈述的必要前提是( )。

A. 有些医生留长头发   B. 有些医生不留长发
C. 穿白衣服的人不留长发   D. 穿白衣服的人都是医生

二、材料分析题(本大题共3小题,每小题14分,共42分)

阅读材料,并回答问题。

30. 材料:

大学毕业后,曲老师到一所农村中学当历史老师,至今已有八年了。在此期间,有的同事调到条件更好的学校去了,有的则步入了职业倦怠期,有几所条件更好的城区学校想引进他,但他总是拒绝说:"我从小在农村长大,明白农村孩子也需要良好的教育,这里的孩子离不开我。"

为了成为一名优秀的历史老师,曲老师经常翻阅各种期刊杂志,以及时了解历史学科的新信息,他还经常向经验丰富的教师学习,为了提升自己分析和解决问题的能力,曲老师不断学习科学研究方法,并运用这些方法解决了一些教学问题。

曲老师说:"台上一分钟,台下十年功,当教师仅靠大学时代所学的知识远远不够。"他坚持每天至少进行一个小时的阅读,多年来从未间断过,他的阅读范围很广,除了研读历史领域的经典著作之外,他还广泛学习法学、地理学、社会学、美学等各个领域的知识。

问题:请结合材料,从教师观的角度,评析曲老师的行为。(14分)

31. 材料:

从教二十余年,洪老师的很多事迹,让学生终生难忘。

一年秋天,学生们刚开始上课,外面突然大雨倾盆,班上三名学生晒在宿舍外面的被褥被淋湿了,洪老师就让他们晚上住在自己家里,还给他们做饭吃;一名学生从几十里外的山区乘汽车来校时,生活费被盗,洪老师除与有关部门协调外,还自己掏钱替学生垫付伙食费;有一次,校外不良青年来到学校,拿刀威逼学生,索要学生财物,她奋不顾身地保护学生,而后积极向有关部门呼吁,净化校园周边环境,同时向学生讲解自我保护的方法。

有一年春季刚开学,一位老人把她的孙女小芳领到洪老师的面前。老人说:"小芳以前一直跟着打工的父母在外地,转了几次学,学习成绩不好。她害怕老师和同学们嫌弃她,希望老师多费心。"洪老师说:"小芳是我的学生,我会尽心去教的。只要她肯努力,踏实学,认真做事,就是好学生。"在洪老师有针对性的帮助和指导下,小芳进步很快,初中毕业时以优异成绩考上了高中。

洪老师很注重对自己的教育教学成败进行反思总结。她的教育随笔《我的表扬何以会成为学生的压力》《如何让文言文不再枯燥难学》《如何让学生在青春期不恐慌》《班主任怎样才能赢得科任教师的支持》相继获奖,大家都说她是名副其实的好老师。

问题:请结合材料,从教师职业道德的角度,评析洪老师的行为。(14分)

32. 材料:

传统戏曲表现为两种形态,一种存在于民间,称为民间戏曲。另一种是文人在民间戏曲的基础上,不断丰富其表现手段,具有了较高的审美性和审美价值而形成的戏曲艺术,而戏曲现代化，更多的是指戏曲艺术的现代化。

在戏曲现代化的过程中，人们把注意力过多地集中在戏曲现代题材和思想内容的表现上，而忽视了戏曲艺术作为一种艺术样式所具有的本质特征。现代生活题材当然是现代戏曲艺术应该表现的内容之一，甚至是重要的内容之一，但通过古代生活题材同样也可以反映当代人的思想意识和精神生活。戏剧理论家张庚先生对此有明确的认识，认为戏曲现代化的重心就是如何"以中国人的审美标准和方式，表现现代生活与现代意识"，"在历史剧中贯穿着作者当时的时代精神"，所以"也不一定只有描写当代生活的戏才配称为现代化的戏曲，现代人写的历史剧一样也能成为很好的现代戏"。而另一方面，戏曲艺术之所以成为戏曲艺术，在于它独特的戏曲表达形式，也就是说，不在于其表达的思想内容是什么，而在于其如何表达这些思想内容。戏曲艺术的审美价值就在于其可以反复欣赏的独特的形式美，是形式与内容两者和谐、有机的统一。作为一种古老的传统艺术，戏曲的形式尤其重要，而时下的戏曲现代化虽在"形式美"上做了一些尝试，但力度显见不足，也缺乏系统性，而且过度强调对现代生活的反映。这正是戏曲艺术现代化的主要困境所在。

戏曲是一种大众艺术，它的根在民间，戏曲艺术的每次发展、繁荣，民间大众都发挥了积极的作用。然而，反观当代有一种越来越不尊重和漠视民间的趋势，当然，民间戏曲决不会因为我们忽视它而自动消亡，因为它与民间的生活息息相关。人们会发现，某些方面民间戏曲在追求其现代转型的道路上走得更远更稳，在一些地区，它甚至已经融进了人们的现代精神文化生活，成为他们文化生活不可或缺的一部分。我们有充分的理由相信，这也会是实现传统戏曲现代转型的一把密匙。

(摘编自刘桢、毛忠《中国戏曲的现代转型与本质回归》)

问题：
(1)戏曲现代化过程中应重点关注哪两个方面？请结合文本，简要说明。(4分)
(2)文章认为应如何走出戏曲艺术现代化的困境？请简要分析。(10分)

三、写作题(本大题1小题，50分)

33.阅读下面的材料，按照要求作文。

这个世界上有很多种生活，如果命运将你推向任何一种，都别奇怪，别怨天尤人，它并没有剥夺你幸福的权利。在任何一种生活里，我们都能找到属于自己的幸福。

根据材料所引发的思考和感悟，写一篇论说文。

要求：角度自选，立意自定，标题自拟，不少于1000字。